Serie Historia y Ciencias Sociales
Editor General: Greg Dawes
Editor encargado de la serie: Carlos Aguirre

Prensa tradicional y liderazgos populares en Brasil

Ariel Goldstein
Universidad de Buenos Aires

Raleigh, NC

© 2017 Ariel Goldstein

Reservados todos los derechos de esta edición para:
© 2017, Editorial *A Contracorriente*

All rights reserved for this edition for:
© 2017, Editorial *A Contracorriente*
Campus Box 8601
Raleigh NC, 27695-8106

ISBN: 978-1-945234-02-6

Ninguna parte de este libro, incluido el diseño de la cubierta, puede reproducirse sin permiso del editor.

No part of this book, including the cover, may be reproduced without expressed permission from the editor.

Library of Congress Control Number: 2016944732

Library of Congress Cataloging-in-Publication data on file.

ISBN 10: 1-945234-02-4
ISBN 13: 978-1-945234-02-6

Corrección y revisión por Pura Pérez de Arends
Diseño de cubierta: SotHer

Foto retrato de Getúlio Vargas por Joana Rangel (2006), bajo licencia Creative Commons 2.0 Generic
Foto "Luiz Inácio Lula da Silva Painted Portrait" por Thierry Ehrman (2010), bajo licencia Creative Commons 2.0 Generic

Esta obra se publica con el auspicio del Departamento de Lenguas y Literaturas Extranjeras de la Universidad Estatal de Carolina del Norte.

This work is published under the auspices of the DEPARTMENT OF FOREIGN LANGUAGES AND LITERATURES at NORTH CAROLINA STATE UNIVERSITY.

Distributed by the University of North Carolina Press, www.uncpress.org

Tabla de contenidos

Agradecimientos   11

Prólogo   13

Introducción   17
Populismo y nacional-estatismo en la historia brasileña   17

Capítulo 1   43
Prensa y política en Brasil   43
  1.1. Prensa, periodismo y política en Brasil   43
  1.2. *O Estado de S.Paulo*: el liberalismo conservador   57
  1.3. *O Globo*: del periódico de Marinho al imperio mediático   63

Capítulo 2   73
Prensa y política durante el segundo gobierno de Getúlio Vargas (1951-1954)   73
  2.1. Vargas y el varguismo: trayectoria social y política   73
  2.2. *O Globo* y *O Estado de S.Paulo* frente a las elecciones de 1950: visiones opuestas de la democracia   83
  2.3. El segundo gobierno de Vargas y la prensa: partidismo y polarización   91

Capítulo 3   101
El segundo gobierno de Vargas en los editoriales: *O Globo* y *O Estado de S.Paulo*   101
  3.1. Selección y justificación de coyunturas   101
    3.1.1. El comienzo del gobierno: de la asunción presidencial al discurso del 1° de mayo   101
    3.1.2. El caso *Última Hora* y Goulart en el Ministerio de Trabajo   102
    3.1.3. La crisis de agosto de 1954   104
  3.2. *O Globo* por encima de los antagonismos y la intransigencia de *O Estado de S.Paulo*   105

3.3. El presidente, la administración y las representaciones sobre el mundo
social 114
3.4. La cruzada moral de la prensa 128
3.5. "Permanencia" de la dictadura y revolución constitucionalista en
O Estado de S.Paulo: virtud cívica y conmemoración 145
3.6. "Comunismo, subversión y república sindicalista": el consenso contra
Vargas y Goulart 156
3.7. El atentado a Carlos Lacerda: momento de condensación y cerco de la
prensa 183
3.8. El suicidio de Vargas: la preservación del orden y la "aceleración del
duelo" 208

Capítulo 4 241
Prensa y política durante el primer gobierno de Lula da Silva (2003-2006) 241
   4.1. Lula y el PT: del "nuevo sindicalismo" al "paz y amor" 241
   4.2. La campaña de 2002: el ascenso del "líder pragmático" en *O Estado
S.Paulo* y en *O Globo* 246
   4.3. El primer gobierno de Lula y la prensa: de la expectativa a la
confrontación 251

Capítulo 5 259
El primer gobierno de Lula en los editoriales de *O Globo* y *O Estado de
S.Paulo* 259
   5.1. Selección y justificación de coyunturas 259
      5.1.1. La reforma de la jubilación 259
      5.1.2. El mensaláo y las acusaciones de corrupción 261
      5.1.3. Las elecciones de 2006 263
   5.2. Lula: del "líder pragmático" al "populismo chavista" 264
   5.3. La cruzada moral y el PT como "partido corrupto" 305
   5.4. Las relaciones del gobierno con el MST: "apagar el fuego con gasolina" 327
   5.5. El incidente Petrobras en Bolivia: la tradición perdida de Itamaraty y la
"diplomacia bolivariana" 344
Conclusión 353

Conclusiones finales 373
   La naturalización del orden político. El temor y el desprecio al *queremismo* 373

La moralización de la política 381

Referencias bibliográficas 387

Agradecimientos

Este trabajo se ha enriquecido por la ayuda y disposición de varias personas. Un especial agradecimiento a Gerardo Aboy Carlés, que con dedicación y sugerencias indispensables me fue acompañando para que pudiera elaborar este estudio. Fernando Azevedo, desde Brasil, me proporcionó muy valiosas recomendaciones, que fueron de gran importancia para la realización de esta investigación.

Por supuesto, siempre importantes en mi formación han sido y serán Mario Toer y Pablo Martínez Sameck, con su lectura atenta de mis trabajos. Waldo Ansaldi, atendiendo a mis consultas y haciéndome valiosas sugerencias, resultó una importante referencia.

También es necesario mencionar a los jurados de mi tesis de maestría: Franco Castiglioni, Martín Becerra y Philip Kitzberger, quienes con sus comentarios en la defensa de ese trabajo realizado en el IDAES (Universidad Nacional de San Martín) contribuyeron para enriquecer esta nueva y más amplia elaboración. Igualmente relevante ha sido la contribución de los jurados de mi tesis de Doctorado en Ciencias Sociales en la Universidad de Buenos Aires: Vicente Palermo, Philip Kitzberger e Inés Nercesián, que con agudas observaciones ayudaron sin dudas a mejorar esta producción.

En Brasil, encontré a varios especialistas de destacada trayectoria que me ayudaron con sus interpretaciones: Daniel Aarão Reis, Jorge Ferreira, Sergio Fausto, Boris Fausto, María Helena Capelato, Andrea Casa Nova Maia, Aloysio de Carvalho, Jean Tible, Letícia Nedel, Aluizio Maranhao, Alzira Abreu, Fernando Lattman Weltman, Eugenio Bucci, Ana Paula Goulart y Luis Antonio Dias. El profesor Carlos Fico me orientó y además me facilitó de contactos con profesores brasileños que sirvieron en mi última estadía. Un agradecimiento también para este erudito de los medios brasileños, Alberto Dines, que con sus conversaciones ilumina sobre épocas que ya no existen. Otro agradecimiento al profesor Lincoln Secco, que aportó comentarios sugerentes y el envío de sus trabajos sobre el tema. También me han ayudado los trabajos y comentarios de Francisco Panizza, Mauro Porto y Pierre Ostiguy.

Agradezco a Patricio Tierno, que me recibió en la Universidad de San Pablo con afecto y atento a enviarme bibliografía desde allí.

José Alfredo Vidigal Pontes resultó una fuente importante para hallar referencias históricas relacionadas con *O Estado de S. Paulo*. Lo mismo puedo decir del periodista José Neumanne, que me abrió distintas posibilidades para conocer la relación entre prensa y política. También Edmundo Leite, coordinador del archivo histórico del O *Estado*. Con respecto a *O Globo*, agradezco a Aluizio Maranhao por la ayuda.

Un agradecimiento a Joaquín Linne, Mara Burkart y Federico Ghelfi por sus lecturas sugerentes sobre partes de este trabajo. También a Santiago Dematine y Ana Sigal por haberme facilitado una estadía más interesante y provechosa en San Pablo.

Los comentarios realizados por el evaluador designado por la editorial *A Contracorriente* para la revisión de este trabajo con vistas a su publicación como libro fueron de relevancia para enriquecer su elaboración final.

Al CONICET por haberme posibilitado, por medio de dos becas de posgrado, la realización de esta investigación.

A mi familia, por el afecto y por apoyar mi vocación. A Tania, con quien me une un lazo de amor y es muy importante en mi vida.

Prólogo

Por Lincoln Secco[1]

Son pocos los libros que combinan creatividad en la elección de su objeto y una imprevista oportunidad histórica. Está de más decir que el tema adquirió una alarmante actualidad en este momento en que otro ciclo de gobiernos populares parece concluir bajo los ataques de la gran prensa.

Pero el autor no tuvo suerte únicamente. Es obvio que toda la historia es también la del presente y que la elección del objeto no fue casual. Ariel Goldstein consiguió todavía más: su libro aprovecha el momento de su edición también porque su escritura sitúa al pasado de forma muy cercana al lector, lo que le permite dialogar con un público que va mucho más allá del estrictamente académico.

El estilo del autor entrecruza la historia de un período singular sea en notas al pie, o como "paréntesis narrativos". Así, expone las viñetas y caricaturas de la época. Analiza los editoriales de los periódicos y reconstruye las formas que terminaron por condensar las reacciones de las clases dominantes contra los personajes que éstas consideran amenazantes para un orden oligárquico. El vínculo entre la prensa tradicional y los liderazgos populares en Brasil es un tema que aún no había sido desmenuzado con una investigación empírica tan extensa.

El ejemplo máximo de la nueva contribución ofrecida por el autor resulta el análisis del papel de la prensa en el desenlace político provocado por el atentado de la calle Toneleros, en el cual estuvo involucrado Gregório Fortunato, el antiguo guardaespaldas de Vargas. El intento de asesinato a Carlos Lacerda, portavoz de la prensa opositora, fracasó, pero un Comandante de la Aeronáutica que lo acompañaba fue atacado mortalmente.

Se preparó a partir de entonces una especie de Golpe militar-mediático. Es que la Aeronáutica usurpó las investigaciones de los órganos judiciales competentes y centró la lucha contra Vargas en aquello que fue conocido como la "República del Galeão", aeropuerto donde se situaba su base militar en Río de Janeiro. Los órganos de la prensa reflejaban las investigaciones y acusaciones contra el gobierno.

---
1 Profesor de Historia Contemporánea en el Departamento de Historia de la Universidad de San Pablo (USP-Brasil).

El autor comparó aquel momento crucial de la historia brasileña con otra crisis, la de 2005. Allí se trató de la anticipación de una lucha por el poder que debería darse en las elecciones del año siguiente. El llamado *mensalão* se originó en la denuncia de que el Ministro José Dirceu pagaba una mensualidad para comprar apoyos en el Congreso. Por varios meses la prensa atacó exclusivamente al Partido de los Trabajadores (PT) e intentó movilizar a sus lectores de clase media para derribar al presidente Lula.

Una comparación de dos momentos históricos supone riesgos que el autor de este libro consiguió superar con maestría. Ariel Goldstein eligió las posiciones políticas asumidas por dos tradicionales órganos de la prensa frente al segundo gobierno de Vargas y el primer gobierno de Lula. Corresponde recordar que desde que las masas urbanas emergieron como factor político, no existió ningún intento de golpe de Estado en Brasil que no contara con el apoyo de la gran prensa.

El autor ha demostrado, a pesar de las diferencias de énfasis en las posiciones de estos dos importantes periódicos, el modo en que se produjo una unidad de propósito: la desestabilización de gobiernos de orientación laborista donde *O Estado de S. Paulo* alberga una ideología que se remonta al liberalismo oligárquico de la élite paulista, mientras *O Globo*, de Rio de Janeiro, era principalmente comercial y sensacionalista.

Las crisis que estos periódicos ayudaron a crear fueron momentos de "condensación" del discurso opositor. El término elegido por el autor es suficiente para revelar cómo algunas crisis políticas llegan a un punto sin retorno y el papel indispensable que la prensa tiene al posibilitar un golpe de Estado.

Está claro que esta prensa siempre reconstruye su historia como defensora de la democracia. Hay quien puede afirmar que los periódicos aquí estudiados jamás mostraron una responsabilidad directa de Vargas en el atentado de la calle Toneleros, por ejemplo, o de Lula en la compra del apoyo parlamentario. La adhesión de la prensa a la intervención militar se habría debido exclusivamente a la incapacidad del gobierno para garantizar su sustentación política. Sin embargo, no se dice que la desestabilización del gobierno se debió en gran medida a una permanente campaña opositora de la propia prensa…

La historia es una forma de la política, y es utilizada para reinventar tradiciones como la de *O Estado de S. Paulo*. Habiendo participado de todas las reacciones contra el llamado "populismo" desde 1932, aquél periódico conformó un cuadro ideológico bastante preciso: habría sido siempre liberal. En la guerra civil de 1932 había luchado por la libertad contra la dictadura de Vargas. En otros momentos su adhesión a articulaciones golpistas había sido hecha siempre contra gobiernos que, aunque electos, habrían atentado contra las instituciones debido a la corrupción, el mesianismo y el autoritarismo. La corrupción se volvía una característica exclusiva de las fuerzas "populistas"; la relación directa con un electorado "pasivo" atentaría contra los partidos a favor de una "República Sindicalista"; y el líder sería naturalmente proclive a una dictadura contra la libertad de prensa.

Para Goldstein hay más que simple propaganda en ese discurso. Hay una "naturalización" de un orden social que no debe ser cuestionado.

Tanto en el gobierno de Vargas como después, la prensa creó personajes que resumían toda la "perversión ética" de una izquierda que no tendría límites en su ambición por implantar una dictadura en Brasil: João Goulart en el Ministerio de Trabajo de Vargas; José Dirceu como primer ministro informal de Lula; las relaciones entre Vargas y Perón, en el pasado; las de Lula con Chávez, después; finalmente, de la misma forma que el antiguo Partido Trabalhista Brasileño (PTB), ahora el Movimiento de los Sin Tierra (MST) y el PT buscarían "colonizar el Estado"...

Es evidente que los cambios de forma son importantes y Ariel Goldstein los captura con mucha sensibilidad. La sociedad civil se tornó más compleja y, a diferencia del PTB en el pasado, el PT fue un partido estructurado desde abajo hacia arriba y con un pequeño pero expresivo apoyo de los sectores medios y los intelectuales. El anticomunismo (y, después, el *antipetismo*) de la prensa también se modificó. El componente militar prácticamente desapareció del discurso opositor durante el escándalo del mensalão, ya que no había un clima de Guerra Fría o la crisis del principal *commodity* brasileño de los años 1950: el café.

O Estado de S. Paulo y *O Globo* son parte del sistema de medios del oligopolio que controla casi toda la información en Brasil. Eso les permite exhibir una gran plasticidad hermenéutica. Pueden cambiar sus narrativas de forma abrupta sin encontrar oposición. Fue así en el primer gobierno de Lula, cuando contrapusieron la figura del presidente pragmático y defensor de las políticas económicas responsables al PT, que estaría formado por sindicalistas "corporativos".

El autor nos muestra cómo se modificó esa postura de intervención cautelosa en el debate público hacia la de un ataque cerrado al gobierno, al PT, a la Central Única de Trabajadores (CUT) y al MST. Ese cambio político se explicaba por la percepción por parte de la prensa de que el PT podría eternizarse en el poder debido al carisma de Lula y a la organización del partido en miles de municipios. En la época se "denunció" la informatización de los directorios municipales y el intento del PT de comprar una sede nacional propia como pruebas de eso.

Aunque hubiera, como en la época de Vargas, los que deseaban el *impeachment* de Lula, la mayoría de la oposición se inclinó por otra estrategia: movilizar el tema de la corrupción para hacer "sangrar" al gobierno con el propósito de que Lula no tuviera un apoyo electoral suficiente para la reelección.

Lula fue reelecto y el PT conquistó en las urnas cuatro mandatos presidenciales. La culpa sería de los electores pobres, ya que finalmente estos votarían de acuerdo con sus intereses materiales. La defensa de elevados principios éticos sería una peculiaridad de los sectores medios, mejor informados por… la prensa.

Como la idea de una República no acepta el sufragio restringido, ésta tendría que ser salvada de la corrupción y del sindicalismo de otra forma. Así, con un pequeño espacio pluralista o ninguno, la prensa oligopólica siempre tiende a unificarse en torno a un nuevo golpe de Estado.

Introducción

Populismo y nacional-estatismo en la historia brasileña

Este estudio se propone analizar en forma comparada los encuadres y discursos que los periódicos *O Estado de S.Paulo* y *O Globo* promovieron durante las coyunturas críticas del segundo gobierno de Vargas (1951-1954) y el primer gobierno de Lula (2003-2006). Particularmente, nos interesa focalizar en una comparación sobre las construcciones ideológicas que la prensa realizó sobre la imagen de estos mandatarios y de sus vínculos con otros actores políticos relevantes, tales como los partidos políticos, los sindicatos, los sectores populares y los sectores dominantes.

Para comenzar, justificamos nuestra comparación entre el segundo gobierno de Vargas y el primer gobierno de Lula, así como indagaremos sobre las similitudes y diferencias de estos procesos en torno a los conceptos de "populismo" y "nacional-estatismo" en Brasil.

Al haber concluido el período de dos presidencias comprendido entre 2003-2010 con un 80% de aprobación por parte de los brasileños, siendo más profundo y coherente en las políticas implementadas durante su segundo mandato que en el primero (Fortes & French, 2012), Lula fue definido por Perry Anderson (2011) como el político más exitoso de su tiempo. Durante sus mandatos, las políticas sociales, la principal de ellas Bolsa Familia, así como el crecimiento económico y la activación del consumo popular, produjeron el ascenso económico y social en los sectores empobrecidos del país, 39 millones entre 2003 y 2011 (Neri 2012; citado en Tible 2013).

En referencia a este proceso, emergieron debates sobre el liderazgo presidencial de Lula y las transformaciones introducidas durante estos años de gobiernos de hegemonía del Partido de los Trabajadores (PT). Singer (2009; 2010; 2012), con su concepto de "lulismo", ha postulado la hipótesis de un "realineamiento electoral", que se habría producido a partir del denominado escándalo del "mensalão"[1] en 2005. Las acusaciones de corrupción originadas por el "mensalão", así como la respuesta del gobierno frente a esta crisis política, produjeron el alejamiento de una parte de los sectores medios que habían votado al candidato petista en las elecciones de 2002. Sin embargo, el efecto de las políticas sociales entre los más pobres daría nacimiento al fenómeno del "lulismo", que implicaría una nueva y específica relación de Lula con los sectores de bajos ingresos del Nordeste. Esta nueva representación que el PT comenzaría a ejercer, convirtiéndose en un "partido de los pobres", sustituiría la polarización tradicional de izquierda y derecha por la polarización entre "ricos" y "pobres" que era característica del período getulista. A partir de esta hipótesis, Singer (2009) ha señalado que el gobierno de Lula, al definir que la conquista de la igualdad no requiere un movimiento de clase organizado, como al apostar por un Estado fortalecido que tiene el deber de proteger a los más pobres, posibilita el retorno de un debate sobre el populismo que había sido clausurado con el golpe de 1964.

Cuando Lula sufrió presiones por el clima adverso proveniente de determinados periódicos y la oposición política a partir de la proyección en la esfera pública de estos escándalos, que suponían un importante escollo para la continuidad de su gobierno, recuperó como forma de defensa un discurso de matriz getulista. Éste consistía en señalar que no renunciaría frente a los intentos "desestabilizadores" de las elites, buscando apoyo político y dirigiendo su interpelación hacia los pobres del país. En aquel contexto, hablando de forma directa a sus adherentes en actos en el interior de Brasil, Lula se presentaría como un defensor de los intereses del "pueblo" contra las "elites", recuperando la retórica y la emotividad del varguismo.

Las similitudes entre ambos procesos políticos se explicarían por la existencia de continuidades entre el "nuevo" sindicalismo del cual emergió Lula hacia fines de la dictadura, y el "viejo" sindicalismo creado por el proyecto "nacional-estatista" (Ferreira 2012; Aarão Reis 2014b) impulsado por Vargas. En este sentido, Aarão Reis (2004) señala que Lula emergió como líder político a partir de las estructuras sindicales de matriz corporativista (Gomes 1994) heredadas del modelo de Consolidación de las Leyes del Trabajo (CLT), impulsadas por Vargas durante el *Estado Novo*.

El Partido de los Trabajadores (PT) se opondría en sus inicios, en 1980, a la tradición del sindicalismo varguista, declarando Lula, que provenía de aquella estructura corporativa, que la "CLT estaba para los trabajadores como la AI-5 había estado para la sociedad brasileña" (Aarão Reis 2004).[2] El partido se anunciaba como crítico respecto de lo que consideraba las formas de ejercicio de la política propias del sindicalismo tradicional, las cuales entendía en términos de una subordinación de los trabajadores a los dictados de los líderes sindicales. Esta diferenciación se forjó incorporando la crítica al varguismo de la sociología paulista—como las tesis de Francisco Weffort sobre el populismo—y la crítica al modelo sindical "nacional-estatista", a partir de lo que se definía como el "nuevo sindicalismo" surgido en la región del ABC de San Pablo a fines de la dictadura, del cual era expresión el liderazgo de Lula.

De este modo, las experiencias vinculadas al varguismo tenían una connotación negativa en la política y la intelectualidad de izquierda, siendo asociadas a las condiciones que habrían posibilitado el golpe de 1964, que había derrocado al gobierno de João Goulart (Gomes 1994). Francisco Weffort fue Secretario General del PT durante los años '80, influenciando las ideas del partido con una visión crítica sobre papel del populismo en la política brasileña (Gomes 1994). Sin embargo, durante los años '90 se produciría, bajo la presidencia partidaria de José Dirceu, un viraje político en el PT desde la izquierda hacia el centro político, que le permitiría tornarse más competitivo electoralmente (Anderson 2011; Secco 2011). Esta situación iría acompañada de una progresiva aproximación de Dirceu al *trabalhismo*, luego de haberlo criticado inicialmente, acercándose a las tesis sobre la necesidad de aspirar a un "desarrollo nacional policlasista" (Tible 2013). Lula, que no provenía de una tradición varguista—como era el caso de líderes como Leonel Brizola del Partido Democrático Trabalhista (PDT)—incorporaría el legado de Vargas una vez en la presidencia.

Aarão Reis (entrevista, 2014) sostiene que Lula sería un heredero de Getúlio, en tanto su gobierno había promovido la conciliación de clases, una cultura política "nacional-estatista", el desarrollo social, así como ofendería las tendencias elitistas y liberales que esperan un diálogo de igual a igual con los políticos tradicionales. El PT incorporaría en su ideario referencias al getulismo, en tanto Getúlio es uno de los líderes preferidos de las clases populares. Desde esta visión, Lula se habría colocado como heredero de Vargas, y ejemplo de ello sería que el ex presidente presentaría a su sucesora Dilma Rousseff, en la campaña electoral de 2010, como quien iría a "cuidar del pueblo" (Aarão Reis 2014). Esta idea de que Dilma iría a "cuidar del pueblo", en lugar de que sea la sociedad la que cuide de sus gobernantes, supondría la recuperación de una imagen paternalista heredada del getulismo (Aarão Reis 2014). En un sentido similar, Secco señala:

> Lula contribuyó a eso al invocar nítidamente el legado de Getúlio Vargas. Manchó sus manos con petróleo, imitando al viejo líder y, públicamente, se comparó a éste al declarar que lo acusaban injustamente por la corrupción del país. Pero también como Vargas nunca evitó la represión en contra de quien estaba a su izquierda y siempre ha tratado de conciliar, nombrando ministros con las dos manos: la izquierda y la derecha...

La élite de Sao Paulo, por su parte, nunca "perdonó" a Getúlio Vargas, así como jamás aceptó a Lula y al PT por más que ellos asumieron posiciones conservadoras y tranquilizadoras para las clases dominantes (Secco 2014).[3]

La afectividad política[4] que han sido capaces de inspirar en sus seguidores Vargas y Lula, posiblemente no sea comparable a la provocada por otros líderes políticos en la historia brasileña.[5] Ambos tenían otra condición que los asimilaba. En un país de gran extensión, caracterizado por una diversidad de tradiciones y culturas regionales, tuvieron la capacidad para condensar en sus apelaciones los "distintos rostros" del pueblo.

En la campaña por las elecciones presidenciales de 1930, con su candidatura por la Alianza Liberal, que lo enfrentaría con Julio Prestes, representante de las elites de San Pablo, Vargas se atrevería a viajar hacia los estados alejados del centro del país, hasta entonces inexplorados por otros candidatos. Posteriormente, el tren en el que viajó hasta la capital de la República para asumir el Gobierno Provisorio durante la revolución de 1930, lo pondría en contacto con regiones no visitadas por otros líderes políticos hasta el momento (Neto 2012). A la vez, durante la campaña de 1950 para la presidencia, Vargas volvería a recorrer distintos lugares distantes del centro del país. Como señala Skidmore con respecto a aquella campaña:

> En Río de Janeiro, centro de fuerza comunista en 1945-1947, sintió que necesitaba algo más fuerte, y apareció como populista: "si soy elegido el 3 de octubre, en el acto de asunción, el pueblo subirá conmigo las escaleras del Catete. Y conmigo se quedará en el gobierno". En Minas Gerais era el sobrio estadista; en Bahía, el discípulo elocuente del liberalismo de Ruy Barbosa; en el nordeste, el campeón de una cruzada contra las sequías. (Skidmore 1975, 108)

En un sentido similar, Fortes & French (2012) han destacado que tras la derrota con Collor de Mello en 1989, Lula tomaría la decisión de no competir a ningún otro cargo que no fuera la presidencia de la República, comenzando a recorrer el país de punta a punta con las "Caravanas de la Ciudadanía". Así, "adquirió un incomparable conocimiento dinámico de la realidad que le permitiría integrar a su discurso político ejemplos concretos y relevantes, cualquiera fuera la materia de la que se trate" (Fortes & French 2012, 203). De este modo, el dirigente del PT reorganizaría su papel como líder político recorriendo gran parte del país, incluyendo localidades lejanas del centro, hasta el momento no visitadas por otros candidatos. Durante su primer gobierno, en sus discursos frente al Consejo Económico y Social, aparecería en una faceta racional que diferiría notablemente de sus emotivos discursos en el Nordeste o en Minas Gerais. Lula era, en San Pablo, el estadista riguroso que brindaba cifras y números para divulgar el crecimiento del país en distintas áreas. En el Nordeste, el hombre que remitió a su biografía y sus orígenes populares, que lo asimilaba a uno más entre los pobres con expectativas de mejorar su condición social.

Getúlio Vargas y Lula da Silva, cada uno en el contexto y la época que les tocó vivir, supieron incorporar una conjugación de las distintas tradiciones culturales y regionales, los distintos Brasil, como una condición fundamental para la consolidación de sus liderazgos nacionales de adhesión popular.

Sin embargo, resulta necesario subrayar la existencia de notables diferencias entre ambos líderes políticos, en términos de su origen social y de sus modalidades de construcción política. Mientras Getúlio provenía de la oligarquía de un estado periférico como Rio Grande do Sul, y allí del pueblo de São Borja, en el caso de Lula, éste provenía del Nordeste, siendo el primer presidente que había nacido en la miseria (Singer 2012). Así también, el PT, en tanto único partido de masas existente en Brasil luego de la transición democrática (Anderson 2011), se diferencia de la débil articulación que habría tenido en los años '50 el Partido Trabalhista Brasileiro (PTB), dependiente especialmente del liderazgo carismático de Vargas (D'Araujo 1992). Considerando esta última cuestión, autores como Samuels y Zucco (2014) dan mayor relevancia al petismo que al lulismo, en tanto diferencian al PT de lo que entienden como los históricos partidos "personalistas" en la región. Para estos autores, Vargas construyó un sistema partidario subordinado a él, lo que no formaría parte del liderazgo y la trayectoria de Lula (Samuels & Zucco, 2014). Estos analistas destacan que el petismo sería la identidad partidaria más fuerte del país. Considerando esto, el lulismo sería un fenómeno superpuesto y dependiente del petismo, de la identificación que produce el programa del PT—y Lula como encarnación de ese programa—entre los electores. Además, señalan que mientras Vargas se encargó de crear un sistema partidario subordinado a su figura, el PT difiere de esa subordinación en su autonomía con respecto a Lula. Señalan los autores que:

> Lula se diferencia de los líderes populistas brasileños históricos como Leonel Brizola, Getúlio Vargas (padrino político de Brizola), y João Goulart (hermano real de Brizola por derecho). Esas tres figuras son recordadas más como líderes carismáticos individuales que como líderes de poderosas organizaciones partidarias. Aunque Lula ciertamente ha adquirido preeminencia histórica debido a su carisma y cualidades de liderazgo personal, nadie etiqueta al PT como un partido personalista. Por consiguiente, tal vez el lulismo no es la fuente clave del éxito del PT. En cambio, las fuentes del ascenso del PT son sus raíces profundas en la sociedad civil, su fuerza organizativa y su articulación de un perfil programático relativamente coherente y consistente. (Samuels & Zucco 2014, 131)

También con el propósito de señalar las diferencias entre ambos procesos se pronuncian Anderson y De Oliveira, al señalar que:

> Vargas construyó su poder incorporando trabajadores recién urbanizados en el sistema político, como beneficiarios pasivos de sus cuidados, con una legislación laborista proteccionista y una sindicalización castrada desde la cima para abajo ... El ejercicio de poder de Lula no incluyó nada de eso. Su ascenso fue basado en un movimiento sindical y un partido político mucho más moderno y democrático que cualquier cosa que Vargas o Perón habían alguna vez imaginado. (Anderson 2011, 33)

Generalmente, se compara a Lula con Vargas. Esa comparación es impropia porque Lula no es un institucionalizador, mientras que Vargas lo fue. Todas las modernas instituciones del Estado brasileño son de origen varguista, pero Vargas colocó la política social en el centro del debate político, hacía las reformas al estilo de una revolución pasiva. Actualmente, ni el tema de la desigualdad o el de una política social estructural ocupan el centro de la agenda política brasileña, sino que ahora lo ocupa el tema de la política contra la pobreza, y es por ahí que se construye el lulismo (De Oliveira 2011, 69).

Una cuestión que estos autores resaltan es que cuando Getúlio construye su vínculo "paternalista" con los sectores populares, era la primera vez que el pueblo aparecía como parte del juego político. En la época de Lula, las políticas públicas ya estaban consolidadas. Estas diferencias marcan los horizontes de acción, estableciendo diferencias entre ambos contextos.[6]

Hay otro aspecto importante a considerar, que resulta el modo en que las acciones de estos líderes en el pasado, sus trayectorias previas, determinaron los gobiernos que vamos a comparar. En el caso de Getúlio, su pasado dictatorial y los resentimientos que éste había provocado, con la censura y la represión a los opositores políticos durante su gobierno autoritario del *Estado Novo*, formarían parte del contexto de su segundo gobierno, entre 1951-1954, constituyendo un aspecto fundamental para sus adversarios y adherentes, aspecto que en el caso de Lula no estaría presente.

En este sentido, podemos resaltar que mientras Vargas condujo durante el *Estado Novo* una dictadura, teniendo un gobierno constitucional y democrático únicamente en su último mandato, Lula durante toda su trayectoria ha presentado apego con respecto al sistema democrático. Por supuesto, el contexto social y político influenció las distintas estrategias de acceso al poder. Así, los significados de la "democracia" eran distintos durante los años '30, con el estallido de la crisis económica en los Estados Unidos y el ascenso de las experiencias europeas que cuestionaban el liberalismo, en comparación con el contexto en el cual Lula emerge a la arena política, que coincide con el derrumbe del campo socialista y la afirmación de los principios de la democracia liberal en el mundo.[7]

Un elemento que debemos destacar para la comparación supone la diferencia en el resultado de ambos procesos políticos. Así, Vargas terminó su segundo gobierno suicidándose tras una larga crisis política en 1954 (cuya revisión constituirá un tema central de este trabajo). Inversamente a esta situación, Lula finalizaría sus dos presidencias en 2010 con una popularidad avasalladora, situación que le permitiría designar en forma exitosa a su sucesora, Dilma Rousseff, quien triunfaría en la contienda electoral de aquel año, siendo elegida como primera presidenta mujer de los brasileños.

En su vinculación con la prensa, parece haberse producido un proceso inverso. Vargas fue aumentando las desconfianzas de la prensa como garante del "orden" a lo largo de los años, llegando a su punto máximo durante su segundo mandato. En este sentido, según relata el periodista Samuel Wainer, en 1949 el poderoso empresario de medios Assis de Chateaubriand utilizaría la promoción del retorno de Vargas para "asustar a la burguesía" (Wainer 1987). Por el contrario, Lula fue reduciendo las desconfianzas (Azevedo 2009) y presentándose como un candidato confiable para los sectores del poder financiero, hasta llegar a las elecciones de 2002.[8]

La comparación entre el segundo gobierno de Vargas y el primer gobierno de Lula se justifica porque, a diferencia de su primer gobierno, marcado por una revolución en 1930 y por la dictadura del *Estado Novo* en el período 1937-1945, el segundo gobierno de Vargas se desarrolló en el marco del régimen democrático constitucional inaugurado en 1945, y su triunfo se produjo en elecciones, lo que habilita la comparación. Además, éste fue el gobierno durante el cual Vargas decidió apoyarse en los trabajadores (Fausto, 2006), defendiendo como programa "el incremento de la industrialización del país como una forma de superar la pobreza y el subdesarrollo, así como la expansión y el fortalecimiento de la seguridad social" (Ferreira 2012, 300). Esta mayor orientación social-reformista de Vargas lo acercaría a la orientación de Lula durante su primer gobierno,[9] especialmente en la resistencia que ambos experimentaron por parte de las elites políticas y económicas frente a las reformas que aspiraron a introducir.[10]

Ambos líderes, que tenían orígenes sociales opuestos, la oligarquía de Rio Grande do Sul y la miseria nordestina, fueron aproximándose en sus trayectorias a lo largo de los años. Vargas, que comenzó siendo un fiel exponente de un proceso de "modernización conservadora" durante su primer gobierno, propuso durante su último mandato medidas nacionalistas que afectaban el lucro de las empresas multinacionales, buscando el apoyo político de los trabajadores. Lula, que nació del sindicalismo y fue el líder de una organización situada durante los años '80 en la izquierda radical, fue cambiando su orientación hacia el centro político, proponiendo en 2002 un programa más moderado. La naturaleza del poder y del gobierno en Brasil, con la tradición consensual de acuerdos entre elites, llevaría a ambos mandatarios a desarrollar políticas moderadas, considerando también su ausencia de reformas frente al poder terrateniente.[11]

En este sentido, Hunter (2014) encuentra tres similitudes entre los procesos políticos dirigidos por estos líderes: 1) Estrategias de inclusión social dirigidas desde arriba hacia abajo que involucran una baja movilización de los sectores populares, dirigiendo procesos de modernización pasiva/conservadora, 2) El aspecto personalista de ambos. La autora sostiene que Vargas era visto como un padre benévolo, y Lula como un generoso proveedor, 3) Ambos establecieron un vínculo de acomodación con las elites. Así como Vargas no atacó a la oligarquía tradicional ni aspiró a mejorar la vida de los pobres del mundo rural, Lula estableció políticas de conciliación con los líderes de negocios, la comunidad financiera y la elite del *agro business*.

Ahora bien, ¿cómo situar los procesos políticos mencionados en relación con el concepto de "populismo"? Un punto de partida se encuentra en las consideraciones sobre el denominado "ciclo getulista", que habría abarcado desde 1930 a 1964 (Lamounier 2005). Para abordar aquel "ciclo" han tenido especial relevancia los trabajos de Weffort de los años '60 sobre el "populismo", así como los trabajos más recientes de Gomes (1994) y Ferreira (2012) sobre el concepto de "trabalhismo".

Weffort interpretó el populismo como un proceso de transformación de la sociedad brasileña que comienza con la Revolución de 1930 y que se manifestaría de dos formas: como estilo de gobierno y como política de masas (Gomes 1996, 7). Este proceso expresa una crisis de hegemonía de los grupos oligárquicos, que son desplazados en sus funciones de dominación política, pero también refleja la incapacidad de las "nuevas" clases sociales para recomponer esa crisis de hegemonía. Para esta corriente, la política populista se caracterizaba por la emergencia de un estado de compromiso social y por la aparición de los sectores populares en la escena (Capelato 2013, 60). En este trabajo clásico centrado en explicar la emergencia del varguismo, Weffort buscaría captar el movimiento contradictorio de politización que produce el fenómeno populista, al señalar que "lo que esta relación paternalista entre líder y masas contiene esencialmente, desde el punto de vista político, es, a pesar de la asimetría típica de todo paternalismo, el reconocimiento de la ciudadanía de las masas, el reconocimiento de su igualdad fundamental dentro del sistema institucional" (Weffort 1999, 147). La ambigüedad como característica distintiva de este fenómeno quedaba reflejada en que para éste autor, el populismo representaba "un mecanismo a través del cual los grupos dominantes ejercían su dominación y, a la vez, un medio de amenazar potencialmente esa dominación" (Weffort 1999, 136). A partir de este proceso de incorporación política que se inicia en 1930, la presión popular de las masas sobre las estructuras del Estado se convertirá en un factor determinante del proceso político y "las formas de adquisición o de preservación del poder estarán cada vez más impregnadas de la presencia popular" (Weffort 1999, 142). En este contexto:

> Condicionadas desde el comienzo por la crisis interna de los grupos dominantes, las masas populares urbanas penetran en la política brasileña. Ellas representan la única fuente social posible de poder personal autónomo para el gobierno y, en cierto sentido, se transformarán en la única fuente posible de legitimidad para el Estado mismo. (Weffort 1999, 144)

A partir de los años '60, el fenómeno del populismo sería incorporado a una nueva agenda de investigaciones que pretendía responder sobre las razones que habrían producido el golpe del '64. En este contexto intelectual y político, el sociólogo Octávio Ianni llegaría a la conclusión de que las causas del golpe residirían en el agotamiento de la experiencia populista, comprendida entre 1945-1964 (Gomes 1996; Capelato 2013). Según esta visión, cuando se restringieron los márgenes de redistribución económica (1960), y existió una verdadera movilización política popular, se produjo una crisis de la manipulación política populista.

Para Gomes, esta perspectiva concibe a los actores como sujetos pasivos, en tanto destinatarios y objetos de la manipulación. En este marco, el trabajo de esta autora titulado *La invención del trabalhismo* (1994) procuraría adoptar una posición crítica frente a esta corriente, a la vez que exploraba la idea de que el proceso de construcción histórica de la clase trabajadora se habría producido sin un modelo sobre un curso a ser alcanzado. En este sentido, la autora procuraba considerar a la clase trabajadora apartada de purismos ideológicos, dando especial importancia a lo que consideraba como la propia historia de constitución de esa clase en Brasil (Gomes 1996). En este sentido, tanto Gomes (1996) como Ferreira (2012), se plantearían en una posición crítica con respecto a los aportes de la sociología paulista, que identificaban como determinada por la idea de la subordinación de las bases sindicales a los líderes "pelegos".[12] Para Ferreira, frente a estas teorías de la subordinación y ausencia de autonomía de los trabajadores frente a sus líderes políticos, las nuevas investigaciones que se producirían demostrarían una mayor autonomía y relaciones de mayor simetría entre los trabajadores de las bases y los líderes sindicales. En este sentido, Ferreira critica lo que denomina como la "teoría del populismo", dado que:

> La expresión sugiere la existencia de una clase trabajadora "pasiva", carente de una "verdadera conciencia" y por lo tanto "manipulada" por políticos cínicos y mentirosos en un régimen carente de un sistema partidario consistente. El *trabalhismo*, a su vez, surge, históricamente, a partir de 1942, traduciendo un conjunto de ideas, creencias, valores y formas de hacer política que pasaron a integrar la cultura política en Brasil. Un proceso, por lo tanto, histórico. Se trata, en este caso, de comprender a la clase trabajadora como sujeto de su historia, con sus decisiones, cuyo desempeño en los partidos y sindicatos excedía al personalismo. (Ferreira 2012, 318)

Por otra parte, una cuestión que atraviesa este debate tiene que ver con lo que Aarão Reis y Ferreira reconocen como la importancia del "trabalhismo" en forjar lo que denominan como una cultura política "nacional-estatista" (Aarão Reis 2014b), que perduraría por varias décadas en la política del país. Ferreira sostiene que este proyecto comenzaría a desarrollarse con la crisis del liberalismo originada en los años '30, contexto en el cual se produciría la llegada al poder de Vargas. Para Aarão Reis, la tradición "nacional-estatista" se habría originado con el régimen autoritario del *Estado Novo* (Aarão Reis 2014b) inaugurado a partir de 1937, que conllevó un proceso de centralización estatal, con una voluntad de integración y unificación nacional. Señala este historiador que:

> El análisis de la cultura nacional-estatista en su génesis, a través de los discursos de su líder, Getúlio Vargas, evidencia algunos dispositivos estratégicos, entre los cuales son relevantes: a) un Estado centralizado e integrador, al cual se subordinan todas las "particularidades egoístas" la idea es distinguida como la marca registrada de una "nueva era"; b) un ideario nacionalista, unificador; c) el apoyo de las fuerzas armadas—Getúlio es un líder civil, pero el poder es ejercido sobre la base de y bajo la supervisión del Ejército (asistido por la Marina); d) amplias alianzas sociales, incluyendo

a los trabajadores urbanos y rurales, siempre bajo vigilancia y tutela; e) concepciones de modernización e industrialización en nombre de las cuales todos los sacrificios son exigidos; f) una política exterior de afirmación nacional (Aarão Reis 2014b, 18).

Esta cultura política sobreviviría a la muerte de Vargas, reanimada por el gesto trágico de su suicidio frente a una grave crisis político-militar. El autor destaca que en los años siguientes se recupera la tradición nacional-estatista, que se consolidaba luego de la desaparición de Vargas con la alianza entre el PTB y el Partido Comunista de Brasil (PCB) (Aarão Reis 2004, 4). Sin embargo, la dictadura iniciada en marzo de 1964 desplazaría a Goulart, un heredero de la tradición nacional-estatista, pretendiendo finalizar con la "Era Vargas". A pesar de ello, luego de una primera etapa de interregno liberal del gobierno de Castelo Branco, donde la dictadura intentaba enterrar esta tradición, durante la presidencia de Ernesto Geisel la misma sería retomada. El proyecto militar comprendería en el ejercicio del poder y tras experimentar resistencias imprevistas, que las fuerzas e instituciones vinculadas al proyecto nacional-estatista del estado centralizado y el sindicalismo corporativo se expresaban en liderazgos herederos del getulismo, que podían ser aprovechados también en la estructuración del nuevo orden (Aarão Reis 2004, 6). Con el "milagro económico" del período de Médici y la industrialización fomentada por Geisel, las políticas de desarrollo industrial que habían sido aplicadas por Vargas serían retomadas (Ferreira 2012, 306).

En 1995, cuando asumió su mandato presidencial, Fernando Henrique Cardoso, declaró que venía a dar vuelta la página de la herencia de Vargas. La pretensión de Cardoso de erradicar la herencia nacional-estatista a partir de una serie de privatizaciones que se había propuesto, lo enfrentó con la oposición del PT y el sindicalismo. Con el ascenso de Lula a la presidencia, comenzó a hablarse de una era Vargas nuevamente, con el papel central en la economía que volvía a tener el Estado, así como a partir de una estrategia desarrollista que buscaba el entendimiento entre fracciones de clase progresistas del país (Bresser-Pereira 2013, 22). En este sentido, según Aarão Reis, la cultura política nacional estatista se mantendría viva entre las izquierdas, asumiendo un papel relevante durante los gobiernos de Lula. Señala el autor que durante estos gobiernos

El prestigio del Estado aumentó como nunca a medida que las políticas de distribución de la renta (Bolsa Familia, créditos de nómina, subsidios a los alimentos básicos) y la asignación de recursos (líneas de financiamiento ofrecidas por instituciones estatales) eran asumidas por éste, haciendo que en el Estado convergieran, cada vez más, las demandas y las negociaciones (Aarão Reis 2014b, 27).

A pesar de las similitudes que hemos señalado, existen ciertas especificidades con respecto a los debates sobre la utilidad del concepto de "populismo" en relación con estos líderes.[13] Sobre este concepto existe una extensa bibliografía, que no es nuestro propósito abordar en este estudio. Sin embargo, nos gustaría marcar ciertas diferenciaciones, para las cuales aprovecharemos los desarrollos de autores que consideramos pertinentes de acuerdo a los propósitos de este trabajo.

En este sentido consideramos el trabajo de Aboy Carlés, quien señala diferencias entre lo que denomina como identidades populares e identidades populistas. El autor indica que las identidades políticas populares no están relacionadas necesariamente con la ocupación por parte de los sujetos de una determinada posición social, sino con "una gramática de construcción identitaria que en muchos casos puede ser interpretada como el proceso de 'construcción de un pueblo'" (Aboy Carlés 2013, 21). Dentro de las identidades populares, el autor identifica para el análisis de los procesos políticos a las "identidades con pretensión hegemónica". Aboy Carlés señala que "a diferencia de las identidades parciales que reafirman su propia especificidad, las identidades con pretensión hegemónica aspiran, como las identidades totales, a cubrir al conjunto comunitario, o al menos a una porción lo más amplia posible de este" (Aboy Carlés 2013, 34). En el caso de las identidades con pretensión hegemónica, según el autor

> No hay en ellas un enemigo completamente irreductible ni un espacio identitario completamente cerrado e impermeable a su ambiente. Estas identidades políticas toman mucho más la forma de manchas, con variados espacios de superposición con otras identidades adversarias, que la alineación regimentada que muchas veces es atribuida a otro tipo de identidades. (Aboy Carlés 2013, 36)

De este modo, las diferencias entre el varguismo y el lulismo tendrían que ver con el grado de avance en la pretensión hegemónica de estas identidades. En este sentido, para el autor, la especificidad de las identidades populistas refiere a que las mismas construyen contraposiciones binarias entre el "pueblo" y la "oligarquía" que "evocan el fenómeno mucho más vasto de identidades que emergen reclamando para sí la representación de un supuesto 'verdadero país', hasta entonces expoliado por una minoría que aparece como una mera excrecencia irrepresentativa" (Aboy Carlés 2013, 37). A partir de la exclusión parcial de una parte de la comunidad y la reivindicación de la otra parte como el todo, el populismo reproduce la tensión "entre la representación de una parcialidad y la representación de la comunidad en su conjunto." (Aboy Carlés, 38). Esta tensión también se expresa entre el populismo y la democracia liberal, donde la aspiración hegemonista se renueva, encarnando tanto la ruptura como la integración de la comunidad política. Esto supone un mecanismo pendular que—a veces alternativa, a veces simultáneamente—excluye al campo opositor del *demos* legítimo (Aboy Carlés 2013, 39).

A diferencia de estas tensiones entre el populismo y la democracia liberal que presentaba el varguismo, excluyendo al campo opositor del *demos* legítimo y aspirando a hegemonizar la representación de la comunidad en su conjunto, el lulismo se ha conformado como una identidad popular, limitada en sus aspiraciones hegemónicas por ejercer una representación del "verdadero país". Esta última identidad mantiene en forma intermitente aspiraciones de representarse como la expresión del "pueblo brasileño", pero sin la pretensión de excluir a las "elites" del *demos* legítimo. Esto supone evaluar las distancias entre el carácter populista del segundo gobierno Vargas y las *intervenciones populistas* (Panizza 2013) de Lula, que emergieron en un momento determinado de su gobierno, que va desde mayo de 2005 a octubre de 2006, comenzando con el estallido del escándalo del mensalão.

Para comprender esta cuestión, resulta pertinente retomar el concepto de Panizza (2013) de *intervenciones populistas*. El autor señala al populismo como una estrategia de identificación política y de relaciones de antagonismo. Para el autor, este modo de identificación política incluye las siguientes dimensiones:

> i) «hablar como el pueblo» (la irrupción simbólica de un indicador de exclusión en la esfera pública); ii) «hablar por el pueblo» (dar voz a las reivindicaciones de aquellos que no se sienten representados en el sistema); iii) una estrategia política (la política del antagonismo) y iv) una promesa normativa de redención. (Panizza 2011, 33).

En este sentido, Panizza destaca que las apelaciones populistas son compatibles con una variedad de formulaciones ideológicas y configuraciones institucionales, pero sus efectos están contenidos dentro de las instituciones políticas. De este modo, los actores políticos usan las interpelaciones populistas en combinación con otros modos de identificación política, por lo cual tiene mayor sentido hablar de *intervenciones populistas* que de actores populistas o regímenes.

Durante los años '50, el personalismo que era característico del sistema político no pudo resistir la polarización producida por el varguismo y sus opositores. En este marco, la superposición de las identidades políticas del getulismo y el anti getulismo con los clivajes partidarios no favorecieron el compromiso democrático que hubiera reducido la confrontación (Lamounier, 2005). En cambio, el fortalecimiento del sistema partidario posterior a la transición democrática en Brasil posibilitó una estabilidad (Panizza 2013) que supone que Lula tuvo *intervenciones populistas* en determinados momentos, especialmente durante el mensalão, pero estaba contenido por un sistema de partidos que impedía una mayor polarización y permitía un procesamiento institucional de los clivajes sociales.

Hemos realizado este repaso para justificar nuestra comparación sobre la actuación de la prensa durante el segundo gobierno de Vargas y el primer gobierno de Lula, así como para comprender las similitudes y diferencias de estos procesos en torno a los conceptos de "populismo" y "nacional-estatismo" en Brasil. Este trabajo se propone estudiar en forma comparada los encuadres y discursos que los periódicos *O Estado de S.Paulo* y *O Globo* promovieron durante las coyunturas críticas del segundo gobierno de Vargas (1951-1954) y el primer gobierno de Lula (2003-2006). Particularmente, nos interesa focalizar en una comparación sobre las construcciones ideológicas que la prensa realizó sobre la imagen de estos mandatarios y de sus vínculos con otros actores políticos relevantes, tales como los partidos políticos, los sindicatos, los sectores populares y los sectores dominantes.

Como hipótesis relevantes para esta investigación, postulamos que los dos periódicos adoptaron en la mayor parte de ambos mandatos una postura de oposición frente al gobierno. Sin embargo, mientras *O Estado de S.Paulo* lo haría desde un discurso con mayor preeminencia ideológica, situado en un espectro que Fonseca (2005) y Biroli (2004) han denominado como "liberal-conservador", criticando a Vargas y a Lula de forma moralizante, *O Globo* lo haría preferentemente de un modo "sensacionalista", acompañando los vaivenes de la coyuntura y explotando comercialmente los "escándalos políticos" (Thompson 2000).

El trabajo muestra cómo, a pesar de ocupar en el mercado posiciones distintas, ambos periódicos mostrarían afinidad en la construcción de estereotipos descalificadores hacia aquellos actores que aspiraban a introducir reformas sociales, como João Goulart durante su estadía en el Ministerio de Trabajo en el gobierno de Vargas, o el Movimiento de los Sin Tierra (MST) durante el gobierno de Lula. En estos contextos, surgirían por parte de ambos periódicos las denuncias de "subversión" frente a aquellos actores acusados de querer destruir el orden social. De este modo, nuestro trabajo muestra que estos periódicos varían en cuestiones sustantivas, a la vez que manifiestan afinidades frente a determinados actores que eran interpretados por ambos como conducentes a una radicalización de estos procesos sociales y un cuestionamiento del *statu-quo*.

Otra hipótesis supone que *O Estado de S.Paulo* demostraría durante los años '50 una mirada elitista y descalificadora hacia Vargas, y especialmente, hacia Vargas en relación con sus adherentes como "ignorantes y desprovistos de formación", que habrían sido "seducidos por el engaño de un líder demagógico", postulando una equivalencia negativa entre el líder popular y sus adherentes. Esta visión sería actualizada para interpretar la relación de Lula con sus electores, e incluso *O Estado de S.Paulo* señalaría que Lula sería una continuidad de Vargas en este sentido.

El trabajo contribuye a visualizar las características de aquello que se puede denominar como la *naturalización del orden político* por parte de la prensa, lo que significa, en una sociedad jerárquica y elitista como la brasileña, la intención de rechazar las pretensiones de reforma social como externas a sus tradiciones, señalando que la realización de las mismas acarrearía la destrucción de los cimientos de "la nación". Para esta *naturalización del orden político* se revelaría como una condición necesaria la *moralización de la política* (Rubim 2007), entendida como la asunción por parte de la prensa de una posición que pretende subordinar con valores morales a la esfera de los asuntos públicos. Éste sería un recurso utilizado en ambos períodos por parte de los medios para incrementar su audiencia y sus posibilidades de pautar la agenda frente a las definiciones políticas de los gobiernos. De este modo, a partir de subordinar la política a la distinción entre políticos "honestos" y "corruptos", la prensa pretendería excluir al litigio por la igualdad (Ranciere 1996) como la lucha central de los procesos democráticos.

Finalmente, el estudio también permite comprender cómo el atentado de Toneleros, en 1954, así como el escándalo del mensalão en 2005, oficiarían como *momentos de condensación*, en los cuales se produciría la unificación y redefinición de determinados significados pre-construidos por la prensa que tendían a descalificar estos mandatarios y sus gobiernos.

En esta introducción, desarrollaremos el marco teórico con el cual trabajaremos, así como las limitaciones metodológicas para la selección del objeto de estudio y las coyunturas de análisis.

En el capítulo 1, continuaremos con una recapitulación sobre la relación entre medios, periodismo y política en Brasil. Luego realizaremos una reconstrucción de las trayectorias de los periódicos a analizar, en términos de sus tradiciones ideológicas, posiciones políticas y estrategias de mercado.

En el capítulo 2, expondremos la trayectoria social y política del varguismo, para luego analizar ciertos editoriales de *O Estado de S.Paulo* y *O Globo* frente a la campaña presidencial de 1950. Finalmente, desarrollaremos un análisis introductorio de la relación entre prensa y política durante el segundo gobierno de Vargas.

En el capítulo 3, luego de describir en forma sintética las coyunturas de análisis, expondremos el análisis de contenido de los periódicos durante el segundo gobierno de Vargas.

En el capítulo 4, expondremos la trayectoria de Lula y el PT, para luego analizar ciertos editoriales de *O Estado de S.Paulo* y *O Globo* frente a la campaña presidencial de 2002. Finalmente, desarrollaremos un análisis introductorio de la relación entre prensa y política durante el primer gobierno de Lula.

En el capítulo 5, luego de describir en forma sintética las coyunturas de análisis, expondremos el análisis de contenido de los periódicos durante el primer gobierno de Lula.

Finalmente, en las conclusiones desarrollaremos los aspectos comparativos del análisis de contenido de la prensa, señalando similitudes y diferencias entre los hallazgos de ambos períodos.

Marco teórico para el análisis: encuadres, ideologías y análisis del discurso

Para nuestro estudio hemos definido, como señala Porto (2002), la conveniencia de adoptar un enfoque que combine un análisis tanto cuantitativo[14] como cualitativo, con el propósito de analizar tanto las regularidades y repeticiones estadísticas, como las especificidades discursivas desplegadas por los editoriales de los periódicos en cada coyuntura.

Es por ello que en nuestro marco teórico recurriremos a dos vertientes para el análisis. Desde lo cuantitativo, un papel organizador de nuestro trabajo lo cumplirá la teoría de los encuadres desarrollada por Gamson y Modigliani (1989). Esta teoría se desarrolla sobre la base de los análisis de McCombs y Shaw sobre el *agenda setting*. Estos últimos autores señalan que los medios no pueden tener mucho éxito en decirle a las personas qué pensar, pero son eficientes en determinar aquello sobre lo cual las personas deben pensar. Esta teoría, en su enunciado original, se centra en el estudio de la agenda de los medios de comunicación y en cómo ésta establece o fija la agenda del público (Sádaba 2008). Posteriormente, los investigadores encontraron que la cobertura de los medios afecta dos niveles: aquello sobre lo cual el público piensa (*agenda setting*) y también cómo el público piensa sobre estos temas (*frames*) (Porto 2002). En este sentido, la teoría del *framing* define un encuadre como una idea central que organiza y provee sentido a los acontecimientos, defendida por grupos sociales que pretenden ejercer influencia en la esfera pública, sugiriendo "qué es un tema". A partir de esta idea se seleccionan y tornan relevantes determinados aspectos de una realidad para promover definiciones, causas y consecuencias de los eventos, y apelar a principios para promover determinados cursos de acción (Entman 1993). En palabras de Entman:

> El encuadre involucra esencialmente selección y relevancia. Encuadrar significa seleccionar algunos aspectos de una realidad percibida y hacerlos más relevantes en un texto comunicativo, de forma de promover una definición particular sobre el problema, una interpretación causal, una evaluación moral y/o una recomendación de tratamiento para el ítem descrito. (Entman 1993, 52)

Gamson y Modigliani, conciben el discurso de los medios en función de una serie de paquetes interpretativos que proveen significado a determinados temas. Cada paquete tiene una estructura interna, y en su centro hay una idea central organizadora, o encuadre, para dar sentido a los eventos relevantes, proponiendo qué es un tema (Gamson y Modigliani 1989, 3). Señalan los autores que no todos los símbolos son igualmente potentes, ya que ciertos paquetes tienen una ventaja, porque sus ideas y lenguaje se relacionan con aspectos culturales. Las resonancias incrementan la influencia de un paquete, hacen que este aparezca natural y familiar. Así, ciertos encuadres resuenan con narraciones culturales, con historias, mitos y cuentos tradicionales que son parte de una herencia cultural. De este modo, los paquetes son exitosos en el discurso de los medios a partir de una combinación de resonancias culturales, actividades de propaganda, y su adaptación a las normas de los medios y sus prácticas. En este sentido, señala Sádaba que "los *frames* no sólo aparecen en los textos, sino que de algún modo se encuentran también en el emisor, el receptor y la cultura donde aparece el mensaje. Los mensajes establecen significados que las audiencias comprenden en el mismo contexto cultural" (Sádaba 2008, 95). De este modo, un aspecto resaltado por la teoría de los *frames* tiene que ver con la cultura dentro de la cual esos encuadres son emitidos y recibidos por las audiencias, lo que puede denominarse como el contexto cultural.

Especialmente atinada para nuestra investigación resultará la definición que hace Porto (2002) sobre los encuadres interpretativos. Señala el autor que:

> Los encuadres interpretativos operan en un nivel más específico y poseen una independencia relativa en relación a los periodistas que los relatan. Los encuadres interpretativos son patrones de interpretación que promueven una evaluación particular de temas y/o eventos políticos, incluyendo definiciones de problemas, evaluaciones sobre causas y responsabilidades, recomendaciones de tratamiento, etc. (Porto 2002, 15)

Concibiendo los encuadres como patrones de interpretación, que tienden a sedimentar contextos de significación con una productividad propia que se va reforzando, se evidencian sus referencias comunes con el análisis semiológico de Barthes (2004), que se estructura en torno a la noción de mito. Esta vinculación nos permite, habiéndonos referido a ciertos autores que han considerado la especificidad de los encuadres, desplegar otra de las vertientes teóricas de nuestro análisis. En este sentido, a nivel cualitativo, recurriremos a los desarrollos sobre las ideologías formulados por Ansart (1983), Barthes (2004) y Amossy y Pierrot (2003), así como a las nociones de discurso político de Verón (1987). Estos autores nos permitirán aproximarnos hacia la estructuración ideológica, que supone reconocer la vinculación existente entre el discurso y sus condiciones de producción, que se manifiesta en los editoriales de *O Estado de S.Paulo* y *O Globo*.

Barthes (2004) sostiene que el mito constituye un sistema de comunicación, un modo de significación y una forma. Para el autor, la función del mito no es ocultar o hacer desaparecer, sino deformar el sentido de las primeras significaciones (Barthes 2004). En palabras del autor:

> El mito es una palabra *robada y devuelta*. Solamente la palabra que se restituye deja de ser la que se había hurtado: al restituirla, no se la ha colocado exactamente en su lugar. Esta pequeña ratería, este momento furtivo de un truco, constituye el aspecto transido del habla mítica. (Barthes 2004, 218, cursivas en el original)

En este sentido, el semiólogo reconoce al mito como un sistema que se constituye a partir de una cadena semiológica previamente existente; es decir, *es un sistema semiológico segundo* (Barthes 2004, 205). En las imágenes o conceptos

> El mito sólo reconoce en ellas una suma de signos, un signo global, el término final de una primera cadena semiológica. Y es precisamente este término final el que va a

convertirse en primer término o término parcial del sistema amplificado que edifica. Es como si el mito desplazara de nivel al sistema formal de las primeras significaciones.(Barthes 2004, 206)

El autor aborda así las productividades que involucran el juego semiológico característico del mito:

> La semiología nos ha enseñado que el mito tiene a su cargo fundamentar, como naturaleza, lo que es intención histórica; como eternidad, lo que es contingencia. Este mecanismo es, justamente, la forma de acción específica de la ideología burguesa ... Al pasar de la historia a la naturaleza, el mito efectúa una economía: consigue abolir la complejidad de los actos humanos, les otorga la simplicidad de las esencias, suprime la dialéctica, cualquier superación que vaya más allá de lo visible inmediato, organiza un mundo sin contradicciones puesto que no tiene profundidad, un mundo desplegado en la evidencia, funda una claridad feliz: las cosas parecen significar por sí mismas. (Barthes 2004, 238-239)

En vinculación con el concepto de mito de Barthes, aparece el de estereotipo de Amossy y Pierrot. Los autores señalan que el estereotipo se relaciona con lo preconstruido tanto al resultar un tipo de construcción que pone en marcha lo preafirmado como al instalar lo preconstruido como una huella de discursos y juicios previos cuyo origen se ha borrado (Amossy y Pierrot 2003, 113). De este modo, el estereotipo aparece como un instrumento de categorización que permite distinguir un "nosotros" de un "ellos" (Amossy y Pierrot 2003, 49).

Otra definición importante para el abordaje cualitativo de nuestro análisis supone el concepto de ideología política de Ansart. El autor señala que:

> Una ideología política se propone señalar a grandes rasgos el sentido verdadero de los actos colectivos, trazar el modelo de la sociedad legítima y de su organización, indicar simultáneamente a los detentores legítimos de la autoridad, los fines que la comunidad debe proponerse y los medios para alcanzarlos. (Ansart 1983, 28)

Para este autor, el discurso propio de las ideologías políticas se caracteriza por una continua reactivación de los valores que jerarquizan y diferencian a los sectores sociales. En este sentido, la ideología se expresa en "discursos prácticos que se conforman a las exigencias de la pareja legitimación/invalidación" (Ansart 1983, 31).[15] Una característica que identifica el autor, supone la posibilidad dinámica de la ideología política para proporcionar a todo comportamiento una significación universal y pretender, por ese medio, su control (Ansart 1983, 174).[16] El autor sostiene que la ideología dominante pretende ocultar las distancias sociales, confundiendo a los actores en una unidad que niega las asimetrías (Ansart 1983, 179). Además, la concepción de la ideología elaborada por Ansart supone como características la detención de la lucidez dialéctica y una naturalización del pensamiento.[17]

Los conceptos de los autores que hemos visto nos permiten aproximarnos al análisis del discurso ideológico como naturalización de la arbitrariedad e historicidad de las relaciones de dominación. De esta manera, y según la perspectiva de los autores, el discurso ideológico, el estereotipo y el juego semiológico del mito, son capaces de producir una deformación en las representaciones sobre las relaciones sociales que sostienen la dominación.

Por su parte, el enfoque de análisis del discurso propuesto por Eliseo Verón define las "estrategias" enunciativas de los actores políticos como constituidas por un "núcleo" invariante y un sistema de variaciones.[18] En este sentido, Verón señala:

> La descripción de intercambios discursivos implica que trabajamos en diacronía: los intercambios ocurren en el tiempo. Y una misma estrategia *varía a lo largo del tiempo*. Por lo tanto, aun en el plano de la caracterización de *una* estrategia discursiva, se nos plantea el mismo problema de diferenciar un "núcleo" invariante y un sistema de variaciones. (Verón 1987, 14-15)

Según el análisis propuesto, se aspira a estudiar la dimensión ideológica de estos discursos, que implica reconstruir la relación entre el discurso y sus condiciones *sociales* de producción.[19] La perspectiva de análisis de los discursos sociales de Verón identifica en el discurso político la existencia de un *prodestinatario*, un *contradestinatario* y un *paradestinatario*. El primero es un destinatario positivo, la posición que apunta a un receptor que "participa de las mismas ideas, que adhiere a los mismos valores y persigue los mismos objetivos que el enunciador" (Verón 1987, 17). Por otra parte, identifica al segundo como un destinatario negativo que está

> Excluido del colectivo de identificación: esta exclusión es la definición misma del destinatario negativo.... El lazo con éste reposa, por parte del enunciador, en la hipótesis de una *inversión* de la creencia: lo que es verdadero para el enunciador es falso para el contradestinatario e inversamente. (Verón 1987, 17).

Además, el autor conjetura como propio de los contextos democráticos la existencia de un tercer tipo de destinatario del discurso político: los "indecisos". En este sentido, señala que:

> Si la 'figura' del prodestinatario está asociada a la presuposición de creencia y la del contradestinatario a una inversión de la creencia, la posición de los 'indecisos' tiene, en el discurso político, el carácter de una hipótesis de *suspensión* de la creencia. Designaremos esta posición como la posición del *paradestinatario*. *Al paradestinatario va dirigido todo lo que en el discurso político es del orden de la persuasión*. (Verón 1987, 17, cursivas en el original)

Para Verón, las relaciones que se establecen entre los discursos constituyen una configuración material, comprensible como una red de relaciones enunciativas.

El autor propone así un estudio que se centra en esta dinámica de relaciones, ya que ésta "es la materia de los intercambios entre actores sociales en el seno de los procesos políticos" (Verón y Sigal 1988, 251).

Nuestro abordaje se inscribe en el campo interdisciplinario inaugurado por los estudios brasileños de "Medios y Política" (Lima 2006; Porto 2002; Azevedo y Rubim 1998) que contienen a la sociología de la comunicación y a la ciencia política. Esta área incluye la investigación sobre la construcción de la agenda pública, los discursos políticos, los encuadres, la opinión pública y los escenarios de representación política (Azevedo y Rubim 1998). De este modo, se aborda la relación entre la comunicación mediática y los procesos políticos, así como las posiciones de los medios frente a los núcleos de poder, dentro y fuera del Estado.

Definidos los recursos teóricos para la realización de nuestro análisis cualitativo y cuantitativo, pasaremos a una descripción de la metodología empleada para la selección de nuestro objeto de estudio y las definiciones pautadas para el recorte realizado sobre el mismo.

Criterios para la selección del objeto de estudio y las coyunturas

Para este estudio, hemos definido analizar los editoriales de dos periódicos, *O Globo* y *O Estado de S. Paulo*, durante dos períodos históricos distintos. Estos dos períodos fueron el segundo gobierno de Getúlio Vargas (1951-1954) y el primer gobierno de Lula da Silva (2003-2006). La selección de los periódicos *O Globo* y *O Estado de S.Paulo* fue llevada a cabo considerando cuatro criterios. El primero es que los mismos tuvieron, más allá de sus modificaciones, presencia en los dos períodos que abarca nuestro análisis. El segundo es que ambos medios de prensa continuaron perteneciendo a las mismas familias, los Marinho para *O Globo* y los Mesquita para *O Estado de S.Paulo*, más allá de las variaciones producidas, como veremos, en el mercado de prensa y en los modelos periodísticos. Esta permanencia en el tiempo, a la vez que su pertenencia a los mismos dueños, constituye una continuidad que permite estudiar a los mismos en dos períodos históricos distantes.

El tercer criterio fue el de la representación regional, en un país como Brasil que se caracteriza por los regionalismos. En este sentido, se procuró elegir un periódico como *O Globo* que fuera representativo de Río de Janeiro, considerando la importancia que esta ciudad tenía en los años '50 como capital política del país (posteriormente sería trasladada a Brasilia en 1960 por el gobierno de Kubitschek). Por otra parte, se eligió un periódico como *O Estado de S.Paulo*, representativo de la visión de las elites y ligado a las familias tradicionales de San Pablo, donde se encuentran los mayores capitales del país y poderosos espacios de influencia político-corporativos.

Un cuarto criterio, la tirada, indica que durante los años '50, *O Estado de*

S.Paulo era el periódico paulista más importante (Pilagallo 2012), así como *O Globo* era el vespertino más vendido[20] en Río de Janeiro, ya que entre 1950 y 1954 vendería todos los años entre 100.000 y 120.000 ejemplares diarios (Goulart 2007). Con respecto al período correspondiente al 2003-2006, *O Estado de S.Paulo* y *O Globo* han sido elegidos por encontrarse también entre los periódicos de mayor tirada a nivel nacional. Según el Instituto Verificador de Circulaciones, en el año 2003 *Folha de S.Paulo* encabezaba las ventas con 314.908, luego *O Globo* con 253.410 y luego *O Estado de S.Paulo* con 242.755.

En este estudio concebimos a los periódicos como un ecosistema de significaciones y producción de sentido, donde las distintas secciones que se encuentran al interior del mismo interactúan de forma compleja.[21] Considerando esto, se ha definido analizar para complementar las posiciones de los editoriales, sobre las cuales se centra este estudio, otras expresiones que aparecen en los medios de prensa, como titulares, columnas de opinión y caricaturas, seleccionados en función de las conveniencias del análisis para cada coyuntura específica.

Entendemos que los discursos constituyen "sistemas de posiciones conflictivas" que se definen en función de la distancia o la afinidad[22] (Ansart 1983) y "redes de relaciones enunciativas" como materia de intercambio entre los actores sociales (Verón y Sigal 1988). En un sentido similar, en referencia a los medios de prensa, Sidicaro (1993), autor de un estudio histórico sobre los editoriales del diario argentino *La Nación*, señala que la especificidad de la actuación política de un periódico se define al interior de un sistema de relaciones con otros actores políticos. El autor indica que:

> *La Nación*, al igual que todo actor político significativo, elaboró sus ideas a partir del entramado de relaciones del que participó. Sobre ese sistema de relaciones propuso explicaciones y sugirió orientaciones, y en ese proceso fue construyendo su identidad y sus ideas. Fue un *productor producido*, cuyo pensamiento reflejó los avatares de una realidad que contribuía a instituir y, por esa vía, se instituía a sí mismo. (Sidicaro 1993, 521)

Teniendo en cuenta esto, han sido considerados ciertos discursos de los presidentes Vargas y Lula, cuando los editoriales hicieran referencia a los mismos, para comprender el entramado de relaciones en el cual se situaron los medios de prensa que fueron objeto de nuestro análisis. A su vez, serán tomados los discursos de otros políticos para clarificar, ante ciertas coyunturas donde esto se requiera, las posiciones asumidas por sus espacios, lo cual nos permitirá situar las posiciones de los periódicos en un marco más amplio de relaciones contextuales con otros actores, y así objetivar sus posicionamientos. Esto significa que cuando en una temática o coyuntura haya un actor que adquiera centralidad para una cuestión específica, el discurso de ese actor será relevado en aquella ocasión.[23]

Para complementar nuestra estrategia metodológica, fueron realizadas entrevistas a editores y responsables del archivo de ambos periódicos, así como a funcionarios de gobierno, periodistas y académicos especializados. También fueron consultados los archivos históricos de otros periódicos importantes de ambos períodos, tales como *Folha de S.Paulo*, *Última Hora*, *Tribuna da Imprensa* y *Diario de S.Paulo*, y la revista *Carta Capital* para situar contextualmente nuestro objeto de análisis en relación con otros discursos circulantes.

Se definió abordar ambos períodos en función de determinadas coyunturas críticas, seleccionadas considerando que durante las mismas se desarrollaron las principales tensiones y alineamientos asumidos por los actores políticos. Es por ello que el análisis del período correspondiente al segundo gobierno de Vargas fue delimitado en función de las siguientes tres coyunturas:

1) Desde la asunción del presidente hasta el discurso del primero de mayo (1951), que abarcaría los primeros 100 días del gobierno, del 31 de enero de 1951 hasta el 10 de mayo de 1951.

2) El caso *Última Hora* y la estadía de Goulart al frente del Ministerio de Trabajo (1953-1954), que abarcó 234 días, del 20 de mayo de 1953 al 22 de febrero de 1954.

3) La coyuntura de agosto de 1954, el suicidio de Vargas y la asunción de Café Filho (1954), que abarcó 92 días, del 01 de junio de 1954 al 31 de agosto de 1954.

Los tres períodos de análisis durante el segundo gobierno de Vargas abarcaron 426 días. Por otra parte, para el primer gobierno de Lula fueron seleccionadas estas tres coyunturas:

1) La reforma de la jubilación (2003), del 01 de mayo de 2003 al 27 de noviembre de 2003, 211 días.

2) El escándalo del "mensalão" (2005), del 14 de mayo de 2005 al 09 de noviembre de 2005, 180 días.

3) La campaña electoral y las elecciones presidenciales de 2006 (2006), 01 de mayo de 2006 al 29 de octubre de 2006, 182 días.

Los tres períodos de análisis durante el primer gobierno de Lula abarcaron 573 días.

Durante el período Vargas, como hemos visto, la selección de 426 días representa el 74% de los días correspondientes al período de Lula, que son 573. Este 16% más de editoriales que abarcamos para el período de Lula se justifica porque este último presidente llegó al fin de su mandato, a diferencia del de Vargas, cuyo mandato fue interrumpido por el suicidio. Esta diferencia supone que el primer gobierno de Lula tuvo 1460 días, es decir, un 11% más que el de Vargas (1301 días).

Con respecto al período de Vargas, fueron leídos 1452 editoriales de *O Estado de S.Paulo*, de los cuales se seleccionaron para el análisis particular 325. Con respecto a *O Globo*, fueron leídos 499 editoriales, de los cuales se seleccionaron para el análisis particular 79.

Con respecto al período de Lula, fueron leídos 1716 editoriales de *O Estado de S.Paulo*, de los cuales se seleccionaron para el análisis particular 444. Con respecto a *O Globo*, fueron leídos 925, de los cuales se seleccionaron para el análisis particular 192. Esta menor proporción de editoriales entre un periódico y otro se debe a que mientras *O Estado de S.Paulo* presentaba tres editoriales o más por día, *O Globo* presentaba 1 o 2, dependiendo del día.

Los editoriales fueron leídos para seleccionar aquellos que serían objeto de análisis. Estos últimos fueron clasificados como relevantes de acuerdo a la teoría de los encuadres. Los mismos fueron agrupados en categorías/encuadres[24] que fueron definidas de forma emergente a partir de su lectura, identificando las temáticas que sobresalían en repetición y relevancia por parte del periódico.[25] Al delimitar nuestras categorías de clasificación a determinados encuadres, consideramos que respondían a las temáticas centrales impulsadas por los periódicos en su papel de formadores de opinión durante las distintas coyunturas. A su vez, los mismos debían responder a los criterios de nuestra investigación, orientada a analizar las percepciones y construcciones ideológicas relativas a la imagen de estos presidentes y de su relación con las bases sociales de apoyo, con los sindicatos, con los sectores dominantes y con los partidos políticos.[26] De este modo, fueron seleccionados aquellos editoriales que hacían referencia y se centraban sobre estas cuestiones.

Para el análisis de los datos, se definió clasificar a cada editorial en una sola categoría/encuadre, en función de su "temática dominante" (Miguel & Coutinho 2007), referenciándose en última instancia al título del editorial para la definición de la "temática dominante" cuando existiera más de un encuadre manifiesto en el editorial. Estas definiciones se realizaron pensando en una clasificación cuantitativa que pudiera oficiar de orientación para el análisis textual cualitativo, centrado en las posiciones políticas de los periódicos a partir del análisis de sus discursos editoriales.

En este sentido, hemos producido un estudio que pretende reconocer qué encuadres y discursos asumieron dos periódicos importantes de la prensa (Becerra & Mastrini 2009; Nunomura 2012) frente a dos gobiernos que han marcado la política brasileña, implementando reformas que produjeron la oposición de ciertos actores políticos representantes de los intereses de los sectores dominantes (Sader 2010; Secco 2014). De este modo, el trabajo se propone estudiar en forma comparada los encuadres y discursos que los periódicos *O Estado de S.Paulo* y *O Globo* promovieron durante las coyunturas críticas del segundo gobierno de Vargas (1951-1954) y el primer gobierno de Lula (2003-2006).

La selección de la prensa por sobre otros medios de comunicación para el estudio de las relaciones entre medios y política responde tanto a las necesidades acotadas de este trabajo, como a la cuestión señalada por autores como Azevedo (2006), respecto de que los periódicos en Brasil poseen una importante influencia en la esfera pública—a pesar de su baja circulación en términos netos—por su incidencia sobre las élites formadoras de opinión. Esto produce luego una réplica en otros medios como la televisión, que posee una masiva audiencia en Brasil.

Una vez descrito el enfoque teórico-metodológico de nuestra investigación, pasaremos a un recorrido histórico sobre la relación entre la prensa y la política en Brasil.

Notas

1   La crisis política del "mensalão" surgió a partir de las tensiones que se produjeron al interior de la heterogénea alianza que el PT había compuesto a nivel parlamentario para garantizar la "gobernabilidad" (PL, PPS, PTB y PDT). En mayo de 2005, la revista *Veja* publicó la transcripción de un video donde se acusaba al diputado de la coalición gubernamental Roberto Jefferson del Partido Laborista Brasileño (PTB), de estar detrás del desvío de dinero en la empresa pública de Correos. El entonces diputado, que habría intuido que no recibiría en este contexto apoyo del Palacio del Planalto (Pilagallo 2012), decidió en consecuencia realizar una serie de denuncias que tuvieron un efecto explosivo. En una entrevista el 6 de junio a la *Folha de S.Paulo*, acusó al PT de estar pagando una mensualidad a los parlamentarios de la base aliada a cambio de apoyo al gobierno de Lula en el Congreso. La conmoción que la denuncia de estos escándalos produjo en la opinión pública tuvo por efecto: una importante erosión del capital político del gobierno, un incremento en la polarización entre el gobierno y la oposición, así como la apertura de varias Comisiones Parlamentarias de Investigación (CPI) encargadas de investigar los acontecimientos en el Congreso.
2   La AI 5 se refiere al Acta Institucional N° 5 promulgada en 1968, que supuso un endurecimiento de la represión y el aumento de las restricciones a las libertades públicas durante la dictadura brasileña.
3   Texto inédito cedido por el autor. Por cuestiones de espacio, hemos definido traducir todas las citas en portugués e inglés al español, dejando únicamente su traducción a este último idioma.
4   Un elemento que ha sido revalorizado en los últimos años frente a las teorías "racionalistas" del comportamiento político, ha sido la cuestión de los afectos en la política. Esto ha sido destacado por autores como Laclau (2007), Mouffe (2007) y Panizza (2013).
5   El caso de João Goulart, presidente entre 1961-1964, si bien podría ser incluido entre los líderes reformistas, difiere de aquellos que serán objeto de análisis en este trabajo. Goulart, según Fico (entrevista, 2014) fue promovido como dirigente por su cercanía como hijo político de Vargas, por lo cual no tendría la autonomía y el liderazgo que tuvieron Vargas y Lula. A pesar de ello, el gobierno de Goulart resultaría importante en la historia política del país.
6   Agradezco este comentario a la historiadora Letícia Nedel.

7   Algunos autores como Nobre (2012) han criticado esta comparación entre Vargas y Lula por considerarla improcedente en función de las diferencias de contextos. Por supuesto, entre ambos períodos ha habido cambios notables. Durante el período 1945-1964, los analfabetos, que representaban el 51% de la población en 1950, estaban excluidos del derecho a votar (Fortes y French 2012, 210). En 2002, el electorado se había ampliado considerablemente, a partir del reconocimiento al voto de los analfabetos en 1988. El clima de guerra fría y rechazo al comunismo también resultaba una característica del segundo gobierno de Vargas, que no estaría presente en el período de 2002. De hecho, el PT pretende ser una respuesta principalmente a dos fenómenos: una alternativa de izquierda crítica tanto del populismo varguista como de las experiencias del socialismo del siglo XX.

8   Una diferencia relevante entre ambos períodos reside en los avances tecnológicos que inciden en la circulación de la información. En este sentido, Aguiar (2004) señala que en comparación con los días actuales, los años '50 en Brasil constituían la "edad de piedra", ya que no existían ni el fax ni las computadoras. En este sentido, destaca que una comunicación telefónica entre Río y San Pablo llevaba horas para completarse. Según el autor, en aquél entonces, los acontecimientos eran conocidos por la población que estaba fuera del eje Río de Janeiro-San Pablo sólo días después de sucedidos.

9   A su vez, la elección del primer gobierno de Lula para nuestro análisis se vincula con que fue durante este período que se desarrolló el mayor grado de conflictividad con los medios. Durante el segundo gobierno de Lula (2007-2010), posiblemente las relaciones entre estos sectores hayan sido más amenas. Según la distinción del politólogo brasileño Celso Roma entre los dos mandatos de Lula, en una conversación vía correo electrónico (3 de abril de 2012): "Podemos decir que fueron dos gobiernos distintos, en términos de la situación política y del contexto económico. Eso puede haberse reflejado en el cambio de la relación entre los medios y el gobierno Lula: más crítica en el primer mandato, más complaciente en el segundo."

10 Sin embargo, es necesario agregar, como me han señalado Bohoslavsky y Secco, que la línea de continuidad entre Vargas y Lula no es solamente una evidencia empírica, sino una construcción ideológica en función de determinados intereses políticos. Según Secco (entrevista, 2014), esta construcción sería justificadora del "pacto conservador" y de la ausencia de interés de cambio radical de los gobiernos del PT. De modo que esta concepción, por las características peculiares que tendría el *lulismo*, justificaría un conservadurismo que sería "inherente" a los sectores populares.

11 Agradezco a Waldo Ansaldi este último comentario.

12 Esta polémica sobre las visiones del "populismo" se inserta en una disputa político-historiográfica, donde autores como Ferreira (2011b) y Almeida Neves (2012) han procurado rescatar la figura de Goulart, que es considerada en sus trabajos como subestimada por la historiografía tradicional a partir de una "construcción del olvido" (Almeida Neves 2012). Para estos historiadores, esta construcción remitiría al juzgamiento de su figura únicamente en función de su actuación durante los meses de 1964, señalándolo como un "incompetente", e ignorando su importancia como líder "trabalhista".

13 Es importante señalar que en este trabajo será necesario diferenciar entre las concepciones académicas referidas al populismo, y los usos histórico-políticos que se han hecho del mismo como adjetivación descalificadora por parte de los medios de prensa.

14 Porto (2002) afirma: "La mejor solución es adoptar un enfoque integrado que incluya tanto un análisis de contenido cuantitativo, como un análisis textual de cuño más cuali-

tativo" (18-19).
15 Según Ansart (1983):
   [L]a legitimación se consigue mediante un proceso parcial de selección de datos, pero, lo específico de una ideología política es construir un doble razonamiento de invalidación y validación de los sistemas de poder. El discurso demuestra el carácter ilegítimo o inferior de todas las otras posibilidades históricas o, al menos, la inadecuación de todo otro modelo para la situación presente. Al hacer esto, debe designar y proveer las interpretaciones necesarias para la condena de las otras formas de poder. (33)
16 Para Ansart (1983):
   El solo discurso de legitimación, al mismo tiempo que racionaliza el poder establecido, oculta el drama inherente a todo poder, que es su arbitrariedad histórica. Lo que importa precisamente transformar es su esencia discutible, tornándola en una validez que hará que la pregunta ¿qué te ha hecho rey? se silencie. (178)
17 En Ansart (1983):
   La modalidad ideológica de pensamiento tiende, de esta manera, por motivos eminentemente dinámicos, a bloquear el proceso indefinido del pensamiento, a fijar en un sistema deductivo el descubrimiento inagotable de las dialécticas sociales. Si se puede caracterizar el movimiento de la investigación intelectual como una dialéctica permanente entre preguntas renovadas y su verificación, entre la razón constituyente y la razón constituida, la ideología debe detener esta inquisición incesante y construir una estructura con sus afirmaciones. La ideología señala el período de la sistematización y la detención de la lucidez dialéctica. (178)
18 Según afirma Verón (1987),
   la definición de un 'tipo' supone la definición de una serie de variantes del mismo, que no son otra cosa que diferentes *estrategias* dentro del mismo juego. La definición general del 'tipo' supone la definición de un 'núcleo' invariante y de un sistema de variaciones, sin lo cual la descripción de las relaciones inter-discursivas dentro del campo en cuestión es imposible. (14-15, cursivas en el original)
19 Verón (1987) dice:
   El concepto de dimensión ideológica de un discurso (o de un tipo de discurso) designa la relación entre el discurso y sus condiciones *sociales* de producción: esta relación se concreta en el hecho de que el discurso en cuestión exhibe ciertas propiedades que se explican por las condiciones bajo las cuales ha sido producido. Un aspecto fundamental de la problemática de la dimensión ideológica de los discursos sociales es, precisamente, la cuestión de los *tipos* de discurso. Los diferentes tipos de discursos se distinguen por una estructuración diferente de su dimensión ideológica, es decir, de la relación que guardan con sus condiciones de producción. (22, cursivas en el original)
20 En tanto *O Globo* era en la época el diario vespertino de mayor circulación (Lattman Weltman & Abreu 1994), seleccionaremos las ediciones vespertinas de *O Globo*, en el caso de los días donde hubiera tanto una edición del periódico matutina como vespertina.
21 Agradezco este comentario de Martín Becerra con respecto a mi Tesis de Maestría. Para justificar esta cuestión, nos basamos en lo que señala Florencia Levín con respecto a su trabajo sobre las caricaturas del diario argentino *Clarín* entre 1973-1983. La autora sostiene que "los lectores de *Clarín* pudieron encontrar en los mensajes humorísticos no sólo una

reinterpretación en clave humorística de las noticias informadas sino también una mirada del mundo relativamente autónoma, que muchas veces tensionó e incluso contradijo los sentidos asumidos por el diario en su línea editorial" (Levín 2013, 32).

22 Según Ansart (1983):
> En esta totalidad del campo, cada expresión extrae su verdadera significación de sus relaciones de distancia y afinidad con otras expresiones, se define por su situación en tales relaciones internas. Estas últimas son de conflicto o de proximidad, y toda posición asumida se lleva a cabo por invalidación de las posiciones rivales y la legitimación de las idénticas. (59)

23 Las columnas de los líderes partidarios fueron analizadas en cuanto presentaran una relación con las temáticas referidas en los editoriales del periódico. Esto es así dado que la centralidad de nuestro trabajo se enfoca en los editoriales, resultando el análisis de ciertas columnas firmadas por los líderes partidarios un complemento que permite objetivar las posiciones asumidas por los periódicos respecto de los acontecimientos del período.

24 Hemos definido trabajar con encuadres específicos para cada periódico, dado el interés cualitativo del estudio, con el interés de comparar qué tipo de encuadre promueve cada periódico frente a los mismos acontecimientos, y no cuántos editoriales se dedican a cada encuadre común en términos temáticos. Es decir, centrar la cuestión en las diferencias cualitativas más que cuantitativas, siendo esta clasificación cuantitativa un orientador para el estudio cualitativo.

25 Esto no significa, como señala Porto (2002), que ciertos editoriales por más que no se repitan no sean importantes al definir la línea editorial del periódico.

26 La cuestión de la política exterior fue incluida sólo cuando la misma hubiera resultado fundamental para explicar la política interna. En este estudio, consideramos que ello fue así durante las acusaciones de representar una "república sindicalista" hacia Vargas, así como durante la crisis externa en el gobierno de Lula por la estatización de Petrobras por parte del gobierno boliviano de Evo Morales. Estos dos hechos marcaron el curso de la política interna en Brasil durante estos gobiernos. Esta definición también se justifica porque, como muestra en su investigación Levín (2013), en muchas ocasiones los medios de prensa utilizan los acontecimientos externos para aludir a la política interna a través de comparaciones, metáforas y otras imágenes.

Con respecto a la economía, los editoriales referidos a esta materia no fueron estudiados en forma sistemática. La economía como esfera específica no fue tomada, aunque sí en relación con otros aspectos. Fueron tomados algunos editoriales de materia económica que se articulan con una evaluación del proceso político general. Así, fueron considerados ciertos editoriales en la coyuntura de la reforma de la jubilación del gobierno de Lula, ya que el debate público durante aquella coyuntura estuvo marcado por las definiciones económicas.

Capítulo i

Prensa y política en Brasil

1.1. Prensa, periodismo y política en Brasil

A principios del siglo XX, los medios de prensa en Brasil se caracterizan por representar la expresión y la defensa de ideas políticas, actuando como órganos de difusión, con mayor o menor distancia, de determinados partidos. Como señala Goulart (2007) para el caso de Rio de Janeiro, el periodismo que allí se desarrolló desde 1821 era ideológico, militante y panfletario. La autora destaca que era más importante para los periódicos tomar posición que informar, aspirando a producir una interpelación de los lectores para las distintas causas. La prensa, de este modo, era uno de los principales instrumentos de la lucha política, y por lo tanto, era principalmente de opinión (Goulart 2007, 17). A su vez, se le atribuía a la prensa liberal de oposición una función que, como señala Capelato, tenía que ver con la realización del "ideal de las luces" en Brasil. Esta autora indica que los periodistas y el rol esperado de los mismos suponía que "ellos se distinguían por la capacidad de renuncia, esfuerzo, inteligencia y un alto grado de educación moral y cívica. A estos 'seres intachables' correspondía la difusión de las Luces hacia el conjunto de la sociedad" (Capelato 1986, 66). Sin embargo, aquellos ideales deudores de la tradición del liberalismo, referidos a lo que debía ser el comportamiento de la prensa y de los periodistas, coexistieron durante el siglo XX tanto con restricciones políticas a las libertades como con la defensa de intereses políticos y partidarios. En este sentido, señala Goulart:

> Los periódicos brasileños nunca pudieron asumir, por ejemplo, el papel de *watchdogs* que les estaba reservado en el ideario norteamericano. Nunca consiguieron ejercer, de hecho, una vigilancia sobre la acción del Estado, en el sentido clásico del liberalismo, ya que nunca mantuvieron una distancia suficiente de los personajes públicos. La prensa siempre ha tenido una relación simbiótica con la política. (Goulart 2007, 271)

De este modo, el desarrollo de la prensa en Brasil se distanciaba de los principios norteamericanos, estando marcada no sólo por los ideales de la ilustración y la racionalidad de las instituciones, sino también por prácticas patrimonialistas que apuntan a preservar la dominación oligárquica. Así, la prensa se situaba al interior de estas tensiones que existían entre las pretensiones formales del país y la búsqueda de preservar la dominación por parte de las élites que detentan el poder político y económico. Esto se vincula con aquello que Albuquerque (2005) denomina como el "poder moderador", que refleja la ambivalencia de las instituciones existentes,

> la creación del Poder Moderador refleja una actitud muy ambivalente sobre las instituciones y los procedimientos liberales. Por un lado, éstos eran pensados para ser *sine qua non* requisitos para el reconocimiento de Brasil como un país civilizado y respetable. Por otra parte, había una fuerte sensación de que, abandonadas a su propia suerte, esas instituciones podrían producir la anarquía y el caos. De acuerdo con este punto de vista, la existencia de tres poderes independientes en el gobierno era bueno en principio, pero peligroso en la práctica, ya que podría generar un gobierno desequilibrado. (487)

Capelato reflexiona sobre la ambigua función que cumplía la prensa liberal a principios del siglo XX en el país. La concepción que la prensa tenía acerca de su "misión educadora" tenía que ver tanto con la preparación al pueblo para desempeñar sus actividades cívicas, como con una preocupación por evitar la movilización popular (Capelato 1986). Cuando la prensa se dirigía al poder, su discurso estaba centrado en la crítica a los gobernantes. Pero cuando se dirigía al "pueblo", se resaltaba la necesidad de respetar el orden social (Capelato 1986, 77).

Las raíces patrimonialistas y de dominación jerárquica como el modo de ejercicio del poder de las élites en el país, se reflejaban también en la concepción que se tenía sobre el papel de los periodistas con respecto al "gobierno", el "público" y el "pueblo". La concepción del "pueblo" como una masa inculta era complementaria de esta concepción de los periodistas como "intérpretes de las luces", quienes debían tanto arrogarse en "representantes" de estas audiencias, como ejercer una función de control para que las mismas no se rebelaran frente al orden, siéndoles inculcados los valores cívicos. De este modo, la concepción tutelar del periodista en relación con su público manifestaba a principios del siglo XX una visión expresiva de las condiciones de dominación histórica de las élites del país. Como vemos, una de las preocupaciones centrales de la prensa liberal paulista consistía en mantener la tutela y en prevenir la denominada "anarquía de las masas". Para ello, la prensa debía guiar en el voto, como "intérpretes de las luces", a lo que desde esta perspectiva sería un pueblo ignorante y desinformado.

Otra característica reiterada en la relación entre la prensa y la política durante este siglo sería la sostenida imposición de restricciones autoritarias por parte del poder político, lo cual iría incrementándose con la emergencia de distintos conflictos. Uno de los primeros acontecimientos donde se expresaría esta censura se produciría a partir de la eclosión de la revuelta de los "tenentes", en 1922, que llevaría al entonces presidente Epitácio Pessoa a decretar el estado de sitio (Pilagallo 2012). Así, la prensa que en aquella contienda se había alineado con los "tenentes", sufriría restricciones. Sin embargo, esta sería una práctica que ya tenía antecedentes, dado que, como señala Pilagallo:

> La restricción a la prensa fue intensa en la década de 1920, pero la censura a los medios de comunicación no era nueva para los periodistas más experimentados. Desde los albores de la República, los sucesivos gobiernos habían creado una serie de leyes para amordazar a la prensa, en contraste con el clima de libertad de prensa durante el Segundo Reinado (Pilagallo 2012, 77).

También, el "mineiro" Arthur Bernardes, que gobernaría el país entre 1922-1926, lo haría con la prensa bajo censura y los decretos reiterados que autorizaban el estado de sitio. Durante su mandato, aquellos que denunciaban al gobierno eran exiliados en la isla de Trinidad, a más de mil kilómetros de la costa de Espírito Santo, que Bernardes había transformado en un presidio político (Neto 2012). Durante el gobierno de Washington Luís (1926-1930), última expresión del dominio oligárquico conformado entre Minas Gerais y San Pablo, también se mantendrían, a pesar del fin del estado de sitio, las restricciones a la libertad de prensa. Como señala Pilagallo, Washington Luís "otorgó al gobierno amplios poderes para frenar los reclamos salariales, cerrar sindicatos y colocar en la ilegalidad al Partido Comunista Brasileño (PCB)" (Pilagallo 2012, 78).

La revolución de 1930, que pondría fin al dominio de las oligarquías tradicionales, conduciendo al frente del gobierno a Getúlio Vargas, introduciría en la prensa nuevas y profundas diferencias. Las disputas existentes al interior de la alianza que había llevado al poder a Vargas, entre los sectores liberales y los sectores más ligados a los militares, se reflejarán en las distintas visiones respecto de la prensa (Pilagallo 2012, 93). A su vez, Sodré señala que:

> Como la mayoría de los periódicos vinculados a la situación anterior a 1930 no tenía aún condiciones materiales para volver a circular, surgiría una nueva prensa de oposición a partir de las divergencias entre las corrientes victoriosas del movimiento de Octubre. El *Diario Carioca* de Río, que ganó autoridad con aquél movimiento, habría de romper con el gobierno poco después de que este estuviera instalado. En febrero de 1932, un grupo de oficiales del Ejército saqueó su redacción en la plaza Tiradentes. (Sodré 2007, 277)

Las tensiones entre las aspiraciones de los sectores militares vinculados al gobierno y los sectores de la prensa que habían apoyado la revolución de 1930, pero que ahora exigían avanzar hacia una nueva constitución irían creciendo, siendo parte del conflicto que llevaría a la revolución de 1932 en San Pablo, acontecimiento durante el cual la radio se destacaría por primera vez (Sodré 2007). A su vez, las posiciones asumidas por los medios de prensa frente a estos conflictos, manifestaron la ausencia de un consenso en la lucha contra las arbitrariedades y la censura impuestas desde el poder político. Las exigencias contra la censura estaban insertas en un marco de competencia entre los periódicos. Los defensores de la libertad de prensa se callaban cuando los periódicos censurados eran los del bando contrario (Capelato 1986, 100).

De este modo, la victoria de la revolución de 1930 no fortaleció la libertad de prensa, sino que el nuevo gobierno instrumentó la censura en varios momentos. Así fue como en 1932 los periódicos paulistas fueron censurados durante la insurrección para evitar estímulos a la revolución a través de noticias y comentarios (Capelato 1986). Posteriormente, la prensa mostraría un nuevo proceso de subordinación a las necesidades del poder político, a partir del escenario de restricción de las libertades que tendría lugar como consecuencia del frustrado levantamiento encabezado por el líder comunista Luis Carlos Prestes en 1935. En este contexto, la prensa fue adhiriendo, en pos de la preservación del orden, al discurso autoritario y contra las libertades, que sería justificado como necesario para impedir la amenaza del comunismo (Capelato, 1986).

A partir de los primeros años del gobierno de Vargas, y especialmente durante la dictadura del *Estado Novo* (1937-1945), la prensa se encontraría bajo una estricta censura. Los ideólogos del *Estado Novo* eran críticos de la prensa liberal, al vincularla con la difusión de ideas que producirían la "anarquía social" (Capelato 1986). Todos los medios de comunicación, como el teatro, el cine, la radio y los periódicos, serían sometidos a censura. Fue atribuida a la prensa el servicio de utilidad pública, lo que significaba que todos los periódicos debían publicar los comunicados del gobierno. Si esa exigencia no era cumplida, llevaba a prisión al director del periódico.[1]

A su vez, Vargas iniciaría la utilización sistemática de los medios de comunicación desde el poder, haciendo uso de la propaganda para la construcción de su legitimidad política. Durante su primer gobierno, se crearía el Departamento de Propaganda y Difusión Cultural (DPDC) entre 1934 y 1937, el cual se bautizaría como Departamento de Prensa y Propaganda (DIP) a partir de 1939.[2] Desde allí, bajo la dirección del periodista Lourival Fontes, se haría énfasis en la construcción de un relato nacional que exaltaba la figura del presidente como "padre de los pobres". De este modo, el DIP construyó esta imagen sobre el presidente, la cual era sustentada por la prensa censurada, que únicamente publicaba noticias favorables al gobierno (Liedtke 2008, 33). Agrega Goulart al respecto:

El DIP era responsable de la supervisión de los medios de comunicación. Tenía la tarea de hacer cumplir todas las normas y disposiciones legales relativas al funcionamiento de la prensa en el país. Además, le incumbía aplicar sanciones, la cobranza de impuestos y multas, así como el otorgamiento de exenciones, premios y subvenciones. Controlaba hasta las relaciones laborales entre los diferentes medios

El registro de las empresas y sus funcionarios era condición necesaria tanto para el funcionamiento de las primeras, como para el ejercicio de la profesión por parte de los segundos (Goulart 2007, 32).

A su vez, Vargas haría uso del período de expansión de la radio, el cual sería estimulado desde el Estado, para difundir su proyecto de gobierno (Liedtke 2008).[3] Con el *Estado Novo* y el nuevo rol desempeñado por la prensa, tendiente a reproducir y exaltar los actos y propósitos del régimen, la idea liberal del público y de la prensa haciendo rendir cuentas a los gobiernos desapareció (Capelato 1986). Esta autora destaca que la utilización de los medios durante el *Estado Novo* tuvo una gran importancia en la construcción de la legitimidad de la dictadura, así como un papel central en la construcción de un culto a Vargas que se mantendría una vez que su gobierno fuera desplazado.

Con el fin de la segunda guerra mundial y la democratización de 1945, la prensa experimentaría un período de recuperación de la libertad de expresión, acompañado de lo que distintos autores han denominado como un proceso de modernización, que se produciría especialmente durante la década del '50. Durante aquellos años, la prensa participaría de un proceso que la llevaría a la adopción de patrones periodísticos más distantes de la literatura y la opinión y más afines a los ideales norteamericanos del periodismo "objetivo" y profesionalizado (Goulart 2007). En los años '50 se vería el surgimiento de nuevos periódicos, como el caso de *Última Hora*, dirigido por el periodista Samuel Wainer, en 1951. Este periódico representaría una renovación en los patrones tradicionales de la prensa del país. Como señala Goulart:

> La década de 1950 es por lo general considerada por la historiografía de la prensa como un momento de profundas transformaciones en el periodismo nacional, especialmente en Río de Janeiro. Las reformas de la redacción, gráficas y editoriales del *Diario Carioca* en 1950 y del *Jornal do Brasil* en 1956, así como la aparición de periódicos innovadores, como *Tribuna da Imprensa* en 1949 y *Última Hora* en 1951, son considerados puntos de referencia de una nueva etapa de la prensa brasileña. (Goulart 2007, 10)

De un modo similar, Albuquerque y da Silva indican que durante estos años, los cambios en la economía y la política brasileñas posibilitaron este proceso de modernización de la prensa, que se posicionaría "con un ojo en el mercado cada vez más competitivo y el otro en las disputas entre las facciones políticas" (Albuquerque y da Silva 2009, 377). Esta ambigüedad de la prensa se mantendría, ya que el proceso de modernización hacia patrones más profesionales en el ejercicio de la actividad periodística coexistiría con las tensiones en torno a la defensa de posiciones políticas, en un ambiente polarizado como el de los años '50. La vuelta de Vargas introduciría un proceso de polarización en la prensa, cuyas expresiones más importantes serían *Última Hora* de Samuel Wainer en defensa del gobierno y *Tribuna da Imprensa* de Carlos Lacerda, atacando al presidente.[4] El regreso de Getúlio, en 1951, encontraría a la prensa de San Pablo contra el presidente, dando espacio a las acusaciones de la UDN. La crítica hacia Vargas iría *in crescendo* hasta su suicidio en 1954 (Pilagallo 2012).

La presidencia de Juscelino Kubitschek (1956-1961), durante la cual se impulsó la consigna de "cincuenta años en cinco", introdujo un proceso desarrollista del cual sería expresión la construcción de Brasilia como capital del país. Este impulso desarrollista fue traducido también a la prensa en sus ideales de modernización (Barbosa 2007). A la vez, la modernización y profesionalización darían lugar a la consolidación de la actividad empresarial, que pasó a predominar por sobre la política en la determinación de las estrategias de la prensa (Goulart 2007). Sin embargo, las pretensiones de asunción de Kubitschek como presidente y de Goulart como vicepresidente, se encontrarían con la acción opositora de ciertos medios de prensa, principalmente del líder udenista Carlos Lacerda a través del periódico que dirigía, *Tribuna da Imprensa*, que atacaba de forma insistente lo que entendía como una vuelta del getulismo. Durante 1955, Lacerda y el ala más radicalizada de la Unión Democrática Nacional (UDN),[5] exigirían el golpe militar y la impugnación de la victoria de Juscelino Kubitschek, que desde esta perspectiva vendría a restaurar la alianza *getulista*. A pesar de ello, los periódicos se encontraban divididos entre aquellos que apoyaban la legalidad constitucional y aquellos que estaban contra la asunción (Goulart, 2007: 35).

En este período Lacerda procuraría, con las críticas de corrupción a Kubitschek por la construcción de Brasilia, impulsar la candidatura presidencial de Janio Quadros, para proyectar sus propias aspiraciones al gobierno del estado de Guanabara.[6] La renuncia de Quadros, que conduciría a la asunción presidencial del hasta entonces vice-presidente "trabalhista" João Goulart en 1961, introduciría un período de inestabilidad que desembocaría en el golpe de 1964. Pilagallo (2012) advierte que, en el transcurso de este mandato,

> con la excepción de *Última Hora*, que apoyaba a Goulart, la gran prensa contribuyó, con mayor o menor involucramiento, para el desenlace de la crisis: la *Folha* tuvo un papel periférico, correspondiente con la influencia que tenía; el *Diário de S.Paulo* ocupó el espacio de mayor visibilidad; y *O Estado* se destacó como el gran protagonista. (156)

Durante el gobierno de Goulart, fue creada la Red de la Democracia para articular ideológicamente a sectores civiles y militares para ejercer la oposición contra el gobierno (Carvalho 2010). Biroli (2004) sostiene que el golpe de 1964 sería expresión de una característica del pensamiento de las elites, "el desprecio por la política en sus elementos de confrontación y lucha, acompañado de una difundida desconfianza en los procesos electorales y en la capacidad de discernimiento de la población en general" (Biroli 2004, 89). *O Globo* y *Correio da Manha* serían entusiastas defensores del golpe militar, especialmente este último con sus editoriales titulados "¡Basta!" y "¡Fuera!", a principios de 1964 (Capelato 2013). El apoyo en bloque de la prensa contra el "comunismo", cuya encarnación era señalada en el gobierno de Goulart, sería un aspecto que conduciría a la demonización de este proceso político, legitimando la intervención militar (Carvalho 2010). Como indica Carvalho (2010), hubo un discurso incorporado por los representantes de la prensa liberal carioca durante el gobierno de Goulart,

> que alentó a los militares como institución a asumir las funciones de gobierno, con el propósito de proyectar sobre la sociedad sus valores de jerarquía y disciplina. En un marco en el cual los sectores conservadores exigen respeto a la ley, la prensa carioca pasó a recordar el papel histórico de los militares, o la misión de mantener el orden frente a lo que denominaban como el riesgo de la desintegración de la unidad nacional. (177)

Una vez concluido el golpe, los periódicos que habían conspirado contra el presidente o los que habían apoyado el golpe militar reaccionaron con euforia a la instalación del nuevo régimen, y la mayoría saludó en sus editoriales esta victoria sobre el "populismo radicalizado" (Pilagallo 2012, 171). Durante la fase inicial de la dictadura, cuando todavía existía en la práctica libertad de expresión, la prensa no manifestaría disidencias con el gobierno militar (Pilagallo 2012, 177).

A la vez, este régimen adoptaría una política de modernización de la prensa, que junto con la imposición de la censura, sería parte de una estrategia vinculada con la ideología de la seguridad nacional (Abreu 2005, 53). Hasta los años '70, las empresas periodísticas eran controladas por sus propietarios, siendo éstos fundamentales en la definición en la orientación política y de las noticias de los medios de prensa. A partir de entonces:

> Las transformaciones técnicas, acompañadas de nuevos métodos racionales de gestión, alentaron una renovación en la dirección empresarial y en la dirección de las redacciones. Desde las décadas de 1970 y 1980, el poder de las empresas adoptaría otra dimensión: no estaba más en las manos de un solo propietario. (Abreu 2005, 55)

La autora destaca que también se producirían transformaciones en el campo periodístico durante el período, ya que los periodistas fueron asumiendo una posición de prestigio frente a sus audiencias, siendo figuras capaces de atraer lectores para los periódicos (Abreu 2005). Este proceso de modernización en la prensa coexistió con la autocensura de los periódicos, así como con la censura impuesta por el régimen, ya que los mismos no podían referirse a temas políticos sensibles (Pilagallo 2012). Lentamente, estas restricciones y la conducción autoritaria de los militares fueron distanciando a jefes de importantes redacciones del régimen. En tanto la expectativa de numerosos actores era la de una intervención militar breve, las aspiraciones de continuidad del régimen ocasionarían el distanciamiento de ciertos medios. La prensa iría tomando distancia del régimen a medida que aumentaba la censura, en especial luego del Acto Institucional Número 5, en diciembre de 1968 (Abreu 2005, 55).

Durante el período de apertura política pretendido por el militar Ernesto Geisel, que gobernaría entre 1974-1979, se proveería de mayor libertad a la prensa, con el propósito de que ésta ataque a la línea dura de los militares que estaban contra la apertura.

A principios de los años '80 se produciría la campaña por las "Directas ya", que estimularía movilizaciones de amplios sectores de la ciudadanía en la demanda de elecciones directas, y la prensa sostendría una posición ambigua frente a estos acontecimientos. Con la excepción de la *Folha de S.Paulo*, que adoptaría desde el comienzo una posición de especial compromiso con esta causa, el resto de la prensa tardaría en dar importancia a estas movilizaciones (Pilagallo 2012, 229).

Albuquerque plantea que con la transición democrática los medios estarían en condiciones de ejercer el rol del "cuarto poder", justificando este ejercicio con la retórica norteamericana de la "objetividad". En este sentido, los negocios durante la dictadura proveyeron a éstos de una ampliación de recursos, y su papel ejercido durante la transición democrática les proporciona un capital simbólico frente a la ciudadanía (Albuquerque 2005, 497). De este modo, a partir de entonces la prensa comienza a ejercer un nuevo "poder moderador", donde "los periodistas brasileños se perciben a sí mismos como mediadores entre las elites políticas, más que entre las élites y el público" (Albuquerque 2005, 496).

Porto (2012) ha señalado la mayor autonomía que ha ido adquiriendo el sistema de medios con respecto al poder político desde la transición democrática iniciada en los años '80. En aquellos años en América Latina, el fin del autoritarismo de las dictaduras iniciadas en los años '70, supuso la adopción de un patrón periodístico más distante y crítico hacia los poderes gubernamentales, investigando a modo de "monitoreo ciudadano" las violaciones a la ética pública de políticos y funcionarios. Waisbord (2000) se ha referido a esta nueva función del periodismo como "perro guardián" en contextos pos dictatoriales, cambio notorio en una región que se había caracterizado históricamente por los vínculos patrimoniales entre el Estado y los grupos privados de medios, bajo una escasa reglamentación de estas operaciones (Waisbord 2000; 2013). En este proceso ocurrido a nivel regional, el caso brasileño encarnó una adaptación a esta nueva modalidad periodística, centrando las denuncias en torno a la corrupción gubernamental. De este modo, la cultura del "denuncismo" es asociada al periodismo de investigación entre fines de la dictadura y el proceso de redemocratización (Abreu 2005).

Sin embargo, a nivel de la concentración mediática, se mantuvo en Brasil una situación de oligopolización, producida desde la dictadura militar, que involucra una trama densa de relaciones con las elites políticas regionales (Rubim & Colling 2006;

Lima 2006). A su vez, unos pocos grupos familiares detentan la propiedad cruzada de los principales diarios, revistas y canales de televisión, lo que supone una reducción de la diversidad en la confrontación de opiniones y un estrechamiento del debate público (Azevedo 2008).

Los periódicos más importantes, dirigidos a las élites, la clase media urbana (Fonseca 2005) y los formadores de opinión, tienen circulación especialmente en el eje Río de Janeiro-San Pablo, a diferencia de la masiva audiencia nacional que posee la televisión en el sistema de medios (Azevedo 2006). Como indica Azevedo:

> Orientada para la élite y para los formadores de opinión, estos periódicos compensan la baja penetración en las clases populares con una gran capacidad de producir agendas, formatear cuestiones e influenciar percepciones y comportamientos tanto en el ámbito político-gubernamental como en el público en general, este último a través de los líderes de opinión o a través de la repercusión de la línea de los periódicos en la televisión abierta (Azevedo 2006, 29).

La presidencia de José Sarney (1985-1990) sería clave para la formación de una nueva articulación de intereses entre las oligarquías estatales y los imperios mediáticos locales, el llamado "coronelismo electrónico", que consolidaría el poder de los grupos oligárquicos sobre las radios, las señales televisivas, los periódicos y las revistas (Porto, 2012; Sader, 2013). Este proceso contaría con la participación de los principales actores de la transición democrática como parte de este nuevo esquema de poder. Como señala Porto:

> En el período de la Asamblea Constituyente (1987-1988), Sarney presionó a sus miembros para aprobar dos medidas claves. Movilizó recursos y aliados para mantener el presidencialismo como el sistema de gobierno del país, en contra de la tendencia de la Asamblea en favor de un sistema parlamentario. También cabildeó activamente la Asamblea para aprobar el límite de cinco años para su mandato como presidente, oponiéndose a los intentos por limitar su mandato a cuatro años. Para lograr el éxito en ambos casos, Sarney y su ministro de comunicación, Antonio Carlos Magalhães, utilizaron ampliamente las licencias de radiodifusión como moneda política para comprar apoyo político en la Asamblea Constituyente. (Porto 2012, 63)

En las elecciones de 1989, las primeras en disputarse de forma directa, se enfrentaron en el balotage electoral Collor de Mello por el Partido de la Reconstrucción Nacional (PRN)[7] y Lula como candidato del PT. Este último, en ese entonces, manifestaba un discurso radical a tono con su partido, y el discurso de Collor denunciaba el ataque a la propiedad privada que representaría el PT. La prensa paulista—*Folha de S.Paulo* y *O Estado de S.Paulo*-, así como las *Organizaciones Globo* y la revista *Veja*, hicieron conocido su posicionamiento en favor del "Cazador de Marajás".[8] Fonseca (2005), por su parte, ha propuesto lo que denomina como un consenso de cuatro grandes periódicos (*Jornal do Brasil*, *O Globo*, *Folha de S.Paulo* y *O Estado de S.Paulo*) para la formación de una agenda ultraliberal en Brasil, que habría servido de soporte para el programa económico y político promovido por la candidatura de Collor de Mello.

La preferencia de la *Red Globo* se hizo explícita a partir de un debate durante la segunda vuelta de las elecciones de 1989, el cual fue editado en favor de Collor y en contra de Lula (Pilagallo 2012). En este sentido, según Kucinski "los barones de la prensa dieron la contribución decisiva a la campaña de la burguesía para 'derrotar a Lula a cualquier precio', en la disputa presidencial de 1989" (Kucinski 1998, 106). Continúa el autor diciendo que:

> En la disputa presidencial de 1989, el papel de Roberto Marinho fue dominante, ayudando a crear al candidato y después a elegirlo. A partir de las primeras noticias de *Veja*, Roberto Marinho y la TV Globo erigieron al joven gobernador de Alagoas 'cazador de marajás' en mito. Un héroe anticorrupción en el escenario imaginario de la TV. Collor personifica el mito mediático con eficacia. (Kucinski 1998, 109)[9]

Sin embargo, resulta necesario considerar otros aspectos de esta cuestión, como lo hace Porto (2012). En este sentido, el analista indica que el triunfo de Collor no se debió únicamente a la manipulación de Roberto Marinho de las elecciones, sino a otros factores, como la baja popularidad de Sarney y a la utilización por parte del candidato de una "sofisticada estrategia de marketing político que hacía uso de los propios valores de los periodistas para transformarse a sí mismo en una figura política nacional" (Porto 2012, 81).

Esta situación produjo la primera derrota electoral de Lula y el triunfo de un presidente que, luego de varias acusaciones de corrupción, sería sometido a un *impeachment* que contó con el apoyo de la sociedad civil movilizada en 1992, produciendo su reemplazo por el vicepresidente Itamar Franco. Durante el proceso de *impeachment* que llevó a la destitución de Collor de Mello, la prensa paulista jugó un papel importante en las denuncias de corrupción que la prestigio frente a la sociedad (Pilagallo 2012).

A partir de su cargo como Ministro de Economía durante la presidencia de Itamar Franco (1992-1994) despuntará el liderazgo de Fernando Henrique Cardoso (FHC), que había estabilizado exitosamente la moneda en Brasil por medio de su implementación del Plan Real. En las elecciones presidenciales de 1994, FHC se enfrentaría a Lula. En esta elección, el Plan Real se volvió un factor determinante, pero la mediación de la prensa contribuyó a su éxito, al apoyar el plan económico desde el comienzo (Mundim 2010, 87). En este sentido, distintos estudios indican que en 1994 los medios influenciaron la conducta del voto de un modo indirecto, dando una cobertura de noticias favorable al Plan Real, y a otras políticas favorables asociadas al candidato Fernando Henrique Cardoso (Porto 2012, 87).

En las elecciones de 1998, la creencia por parte de los electores de que a pesar de la vulnerabilidad externa que manifestaba la economía brasileña, FHC sería el mejor administrador frente al contexto negativo que existía a nivel internacional, le habría permitido la reelección al líder del Partido de la Social Democracia BrasileñaSDB (Pilagallo 2012).[10] Sin embargo, este encuadre que habría proporcionado a la crisis una explicación internacional y no local, fue desarrollado por los medios. Los medios jugaron un papel encuadrando la crisis económica como el resultado de problemas a nivel internacional, excluyendo visiones alternativas, como las de los candidatos opositores (Porto 2012, 90). Para Rubim:

> La disputa presidencial de 1998 viene siendo analizada de forma insistente como una elección que 'no existió', como una contienda silenciada por los medios … La manifiesta convergencia de estrategias evidencia de modo explícito la formación de un bloque político-mediático casi monolítico congregando a la candidatura de FHC y los medios en 1998, con graves perjuicios para el desarrollo de la competencia electoral, de la democracia y de la cultura democrática en el país. (Rubim 2004, 9)

Lietdke agrega que durante las presidencias de Fernando Henrique Cardoso existió sintonía entre la agenda del gobierno y la agenda de los medios, en torno al Plan Real y posteriormente, con respecto a las privatizaciones. Los medios, según el autor, adhirieron a la disminución del tamaño del Estado, reaccionando en forma positiva a la privatización de sectores estratégicos de la economía nacional, como las telecomunicaciones, los transportes y la energía (Liedtke 2008, 36).

De forma sintética, Azevedo (2009) señala que durante estas tres elecciones de 1989, 1994, y 1998, más allá de sus diferencias contextuales y de agendas, la literatura académica que analizó el comportamiento de los medios muestra que la mayoría de los autores consideran que éstos beneficiaron a los adversarios del PT (Azevedo 2009, 49).

En la campaña de 2002, la contratación del experto en marketing Duda Mendonça para diagramar la estrategia petista, tenía por fin reducir el impacto negativo construido históricamente por los medios de comunicación. Señala Rubim que para Lula una de las cuestiones esenciales para realizar una elección competitiva,

> se situaba de forma cristalina en el ámbito de la disputa de imagen y respondía por la denominación competencia, o mejor, por la atribución y reconocimiento públicos de una competencia para gobernar el país.… El desafío de demostrar una capacidad para gobernar el país implicó el enfrentamiento estratégico de, por lo menos, dos atributos, problemáticos en términos electorales, ambos asociados a la anterior imagen pública de Lula: su radicalidad y su falta de preparación para gobernar, siendo este último aspecto determinado por el preconcepto social con relación a la falta de título universitario de Lula. (Rubim 2004, 23-24)

Para ciertos análisis, la cobertura de los medios de comunicación durante las elecciones de 2002 fue neutral o positiva para el candidato petista. Como indican

Año	Posición predominante de la prensa	Imagen predominante del PT en los medios
1989	Desfavorable	Socialista y radical: anti sistema e "irresponsable"
1994	Desfavorable	Socialista y radical: anti sistema e "irresponsable"
1998	Desfavorable	En transición, pero con un pasado radical que inspira desconfianza
2002	Favorable o neutra	Socialdemócrata, integrado al sistema y responsable
2006	Desfavorable	Socialdemócrata, integrado al sistema, pero clientelista y corrupto

Tabla 1. Análisis de la cobertura de la prensa durante las última elecciones brasileñas. Fuente: Azevedo 2009, 55.

Aldé, Mendes & Figueiredo (2007), a partir del momento en que la campaña de Lula adhiere al *establishment*, los medios le abrieron un canal favorable. Hasta *O Estado de S.Paulo*, que manifestaba públicamente su apoyo por Serra, habría mostrado menciones positivas hacia Lula en sus noticias a partir de julio de 2002.

La campaña de 2002 fue la cristalización de una orientación petista hacia el centro del espectro político que cambió la percepción del candidato en el electorado y los medios, que dejaron de ver al PT como un actor político anti sistema. Esta orientación representó un cambio fundamental en su búsqueda del acceso a la presidencia, dado que durante el primer período partidario del PT (1989-1994), los medios habían construido la imagen de un partido de izquierda radical, sin experiencia gubernamental, hostil a la economía de mercado y la democracia representativa. En 2002, cuando el PT adopta esta moderación ideológica y se integra al sistema político, los medios tienden a admitirlo como un partido "responsable e integrado" y cambian su posicionamiento hacia cierta aceptación (Azevedo 2008).[11] Sin embargo, como señala Porto, a pesar de una cobertura más equilibrada, los medios jugaron un papel significativo al encuadrar el principal tema de la campaña, la economía, en los términos del riesgo que supondría la competencia electoral para la estabilidad de las inversiones (Porto, 2012: 92). En este sentido, Azevedo (2009) ha desarrollado la Tabla 1 (page 54) para el análisis de la cobertura de la prensa en las últimas elecciones brasileñas.

A pesar de esta cobertura más moderada en los medios hacia la candidatura petista en 2002, durante el transcurso del gobierno de Lula éstos irían cambiando desde la ambigüedad inicial a una postura crítica y de posterior oposición. Como indican Rubim & Colling:

> Al lado de unos medios más pro-gobierno, que buscaban agradar al gobierno, como fue el caso de la Rede Globo—en crisis financiera debido a sus complicadas inversiones, incluso en la televisión—otros medios cada vez más críticos se anunciaban. La

revista Veja aparece claramente como la vanguardia de esta actitud. El diario *Folha de S.Paulo*, aunque por caminos diferentes, también adoptaba fuertes posiciones críticas frente al gobierno. (Rubim & Colling 2006, 65)

La oportunidad para el pase a la ofensiva de los medios se produjo con el "mensalão" en mayo de 2005. Este acontecimiento supuso el despliegue de un escenario de conflictividad que cambió la relación entre el gobierno del PT y los medios, que asumieron un lugar destacado. A partir de allí, los medios buscaron prácticamente anticipar el mandato y el momento electoral para marcar el final de un gobierno que resultó siempre extraño a las elites tradicionales del país (Rubim & Colling 2006). La cobertura mediática durante la crisis política de 2005-2006 se centró en una búsqueda del escándalo periodístico y en la reducción de la política a una dimensión moralizante (Rubim & Colling 2006). A su vez, Lima (2006) analiza que desde mayo de 2005 hasta las elecciones de 2006, varios medios brasileños practicaron un periodismo de insinuación y se alinearon con la oposición partidaria en una campaña de anticipación del fin del mandato del presidente Lula para disipar sus posibilidades de reelección. Para este autor, que realiza un análisis de la cobertura de la crisis política de 2005-2006 efectuado por la gran prensa, los medios adoptaron un posicionamiento de "presunción de culpa" (Lima, 2006). Este analista ha concebido la participación de los medios en la crisis política de 2005-2006 dentro de lo que denomina como la voluntad de producir un "escándalo político mediático". Las críticas propias de la cobertura periodística de esta crisis política presumían que el gobierno de Lula era el más corrupto de la historia de Brasil y que el PT había tomado el Estado por asalto (Bezerra 2008).

Nunomura (2012) ha investigado el desempeño durante el escándalo del mensalão de la revista *Veja* y el periódico *Folha de S.Paulo*. El autor llega a la conclusión de que la revista *Veja* actuó como un medio de oposición al gobierno Lula durante este escándalo político, mientras que la *Folha de S.Paulo*, si bien se comportó de forma crítica hacia el gobierno, lo hizo de forma equitativa con el tratamiento dispensado al poder político durante el gobierno de FHC.

La estrategia utilizada por los medios ha sido analizada como la adopción de un discurso udenista moralizante en "una búsqueda desenfrenada por el escándalo en la cobertura periodística de la política... una actitud que reduce, en forma significativa, la política a una dimensión puramente moralizante, con el pretexto de obtener una política conjugada con la ética" (Rubim 2007, 39).

La interpretación dominante que ciertos medios produjeron sobre el "escándalo del Mensalão" instaló una división que produjo un realineamiento en las percepciones políticas (Mundim 2010b). Una porción importante de los sectores medios con acceso a la prensa escrita, que hasta 2005 habían apoyado al candidato petista, se inscribió en el discurso de moralización de la política de oposición al gobierno brasileño, orientado por la demanda de una "defensa de la legalidad frente a la corrupción". Por otra parte, la demanda de una "defensa de la legitimidad de la autoridad presidencial", fue apropiada por los sectores populares, dentro de los cuales se amplió el apoyo al oficialismo (Soares 2006). El discurso de *moralización de la política* fue incorporado principalmente por sectores medios de las regiones del Sur del país, con una posición económica favorable, no beneficiarios del Plan Bolsa Familia y con una mayor atención hacia las noticias de los medios. En cambio, en los sectores populares del Norte y el Nordeste que reciben el Plan Bolsa Familia y se han visto beneficiados por las políticas de inclusión del gobierno brasileño, se incrementó el apoyo al oficialismo (Mundim 2010b). Finalmente, en las elecciones de 2006, Aldé, Mendes & Figueiredo señalan que:

> *O Globo* y *O Estado de S.Paulo* no quisieron dar espacio a opiniones positivas respecto de Lula. Mientras sucedía eso, *Folha de S.Paulo* permitió que opiniones divergentes tuvieran espacio en el periódico.... Sin embargo, es esencial que se traiga a colación que, en lo referido a las opiniones emitidas sobre el presidente Lula, hay una notable convergencia entre los tres periódicos. Eso significa decir que la faceta más equilibrada y pluralista de la *Folha* desaparece cuando se trata de evaluar la postura del presidente Lula al comando de la nación y juzgar su agenda programática. En este caso, también la *Folha* abrió poco espacio para el debate, manteniendo un fuerte trazo anti-Lula en sus partes editorializadas. (Aldé, Mendes & Figueiredo 2007, 82-83)

Una percepción similar mantiene Porto, al indicar que durante las elecciones de 2006, la cobertura sobre Lula fue predominantemente negativa, así como estuvo focalizada en las denuncias de corrupción contra el presidente y su partido. En este sentido, distintos estudios sobre esta coyuntura identificaron una focalización de los medios en los casos de corrupción que involucraron a Lula y al PT (Porto 2012; Kitzberger 2014).

A diferencia de los análisis que concibieron el triunfo del PT en las elecciones de 2006 como una confirmación de la "derrota de los medios" (Lima 2006), lo ocurrido no supone que se haya anulado la incidencia de estos últimos. Lo que se produjeron fueron nuevos alineamientos como efecto de la producción de sentido de las distintas mediaciones que atraviesan el espacio público. El triunfo de Lula en 2006 no implicó una reducción de la influencia de los medios sobre la población, sino la conjugación de los discursos mediáticos con otras mediaciones que complejizaron los efectos producidos (Mundim 2010). Los realineamientos fueron expresión de formas alternativas de comunicación y de factores como la comunicación directa que el presidente logró establecer con segmentos de la población a través de viajes, discursos y un programa semanal de radio, llamado "Café con el Presidente", que se emitía en Radiobrás (Lima 2006, 63).

1.2. O Estado de S.Paulo: el liberalismo conservador

Desde su fundación, en 1875, con el nombre de *A Província de S.Paulo*, este periódico se caracterizaría por defender los ideales republicanos y la abolición de la esclavitud (Bezerra de Paiva 2006). A partir de 1891 sería dirigido por la familia Mesquita, involucrándose a fondo en la historia política del país, "defendiendo las convicciones liberales de la familia propietaria y reflejando los intereses de un sector poderoso del empresariado y la clase media paulistas" (Conti 1999, 612).

Bezerra de Paiva (2006) señala la importancia de los editoriales, a partir de los cuales el periódico marcaba su posición, y a los que recurría para defenderse de sus detractores. Así, los mismos fueron utilizados en forma sistemática por el matutino a lo largo de su historia (Bezerra de Paiva 2006, 1).[12]

Un antecedente importante para esta investigación lo constituye el estudio sobre los editoriales de *O Estado de S.Paulo* durante los años 1920/30 de Prado & Capelato (1980), titulado *El Bravo Matutino: Prensa e ideología en el periódico "O Estado de S.Paulo"*. Una característica a considerar del periódico indicada por las autoras remite a su ideología liberal y su defensa del orden social, considerando como subversivo aquello que excede su cosmovisión de naturalización de las jerarquías sociales (Prado & Capelato, 1980). En este punto, resaltan "la perspectiva de clase dominante que se traduce muy claramente en la visión elitista y conservadora de la sociedad por parte del periódico" (Prado & Capelato 1980, 21). Según quien fue su jefe editor, Claudio Abramo, el periódico es "anti-estado, anti-trabajadores, anticomunista y anti-iglesia" (Abramo 1989, 35; citado en Waisbord 2000). Fonseca (2005), por su parte, realiza una caracterización que coincide con la propia dePrado & Capelato:

> El periódico *O Estado de S.Paulo* se caracteriza por defender posiciones liberal-conservadoras y tradicionalistas. Su existencia secular hizo que su visión del mundo se haya tornado una amalgama, una vez que su perfil en la doctrina liberal convive con la defensa recalcitrante del orden, de la autoridad, de la jerarquía social y también de la reacción a la movilización popular y a los derechos sociales. (Fonseca 2005, 173)

Prado & Capelato (1980) indican que antes de la revolución de 1930, el periódico venía siendo crítico de la política tradicional, llamando de autoritarios a Arthur Bernardes y Washington Luís por su pretensión centralizadora de la autoridad estatal. De este modo, *O Estado de S.Paulo* sería favorable a la fórmula de Getúlio Vargas-João Pessoa de la Alianza Liberal para las elecciones, apoyando luego la revolución de 1930, con la expectativa de que esta última devolviera el poder a las "elites intelectuales". Sin embargo, a partir de la llegada al poder de Vargas en 1930 y el desarrollo de un gobierno centralizador de la autoridad estatal (Fausto B. 2003),

> los representantes del periódico se alzaron contra el fortalecimiento del poder central, en disminución de la autonomía de San Pablo, responsabilizando a los *tenentes* por

esa situación. Temían que la actitud de Vargas con relación a San Pablo y su insistencia en la postergación del retorno a la Constitución encubrieran la intención de institucionalizar un gobierno dictatorial. (Prado & Capelato 1980, 44)

El periódico se sumaría a las exigencias por el nombramiento de un interventor "civil y paulista" para San Pablo, distinto de los militares nombrados por Vargas, y que representara los "intereses paulistas" (Neto 2013; Prado & Capelato 1980). Esta resistencia contra las pretensiones centralizadoras del gobierno de Vargas y la defensa del protagonismo de los intereses de San Pablo, llevarían al periódico a apoyar la revolución constitucionalista de 1932 (Pilagallo 2012). Este apoyo se relacionaba con la interpretación de que el movimiento revolucionario vendría a terminar con la desmoralización de las costumbres públicas y la vulneración de los principios democráticos, permitiendo el retorno al poder de las "elites intelectuales" que "reintegrarían la política en la órbita de la 'justicia y de la moralidad'" (Prado & Capelato 1980, 39). En este sentido,

> para los ideólogos del periódico lo que San Pablo pretendía era liberar a Brasil de un despotismo que la nación no merecía y que se constituía en una de las mayores vergüenzas de su historia (26 de agosto de 1932); al paso que la dictadura, en su deseo de destrucción, procuraba armar a los pobres contra los ricos, los obreros contra las otras clases, el norte contra el sur, y Brasil contra San Pablo, sin importarle que se produjeran la subversión total de la sociedad y la destrucción del orden jurídico (27 de agosto de 1932). (Prado & Capelato 1980, 49)

De este modo, la participación del periódico en la frustrada rebelión paulista de 1932 se fundaría en "la lucha por la vuelta de San Pablo al comando de los destinos políticos nacionales" (Prado & Capelato 1980, 51). El movimiento constitucionalista de 1932 determinaría la identidad del periódico, así como consolidaría su posición anti-varguista. Sin embargo, a partir del alzamiento comunista de 1935, *O Estado de S.Paulo* alentaría el proceso de restricción de las libertades, considerando que esta sería la única opción para salvar al país del comunismo, apoyando la ley de Seguridad Nacional de Vargas e incluso exigiendo medidas más contundentes (Prado & Capelato 1980). De todos modos, las tensiones con el gobierno continuarían creciendo, ya que en 1940, durante la dictadura del *Estado Novo*, el periódico sería intervenido y pasaría cinco años bajo la tutela del Departamento de Prensa y Propaganda (DIP). Pilagallo (2012) indica que:

> El *O Estado*, fue entonces acusado de tramar una revolución y de haber convertido las dependencias de la empresa en un centro de actividades subversivas. Mientras los directores y periodistas estaban presos, el gobierno federal bajó un decreto, el 1 de abril, creando el Consejo Nacional de la Prensa, con la función de designar representantes para sustituir a los directores apartados de sus funciones. Días después, Abner

Mourão, redactor-jefe de *Correio Paulistano*, asumía la dirección del *Estadao* como representante del DIP. (Pilagallo 2012, 115)

Durante la intervención entre 1940-1945, el matutino sería utilizado como instrumento de propaganda gubernamental. Con la caída de Vargas y el comienzo del período democrático, el periódico sería devuelto a sus dueños en diciembre de 1945. A partir de entonces, con la recuperación del matutino por parte de la familia Mesquita, *O Estado de S.Paulo* emprendería una furiosa lucha contra Vargas y sus partidarios (Dulles 1984, 370), expresando su resentimiento por los ataques sufridos. Desde 1945, el director de *O Estado*, Mesquita Filho, participaría de la Unión Democrática Nacional (UDN), la cual representaba con su crítica liberal y moralizante, con arraigo en los sectores medios, la oposición radical al varguismo.

El triunfo de Dutra en 1945, aliado a las fuerzas del getulismo, así como la elección de Getúlio para senador por San Pablo, serían interpretados por *O Estado de S.Paulo* como una continuidad en la sumisión de la clase trabajadora a las estructuras del *Estado Novo* (Neto 2014). Es por ello que la familia Mesquita interpretaría el retorno electoral de Vargas en las elecciones presidenciales de 1950 como una maniobra que amenazaba el orden democrático, ya que subsistirían sus intenciones autoritarias. En palabras del historiador del periódico Vidigal Pontes:

> A partir de 1945 el periódico se reintegra como una voz independiente, en oposición al gobierno estatal de Adhemar de Barros y el federal de Eurico Gaspar Dutra. Con la victoria de Vargas en 1950, esta oposición será más fuerte todavía. El candidato apoyado por los Mesquita y la UDN, el Brigadeiro Eduardo Gomes no logró seducir a las masas.
>
> Con este panorama, ha de suponerse que los Mesquita observaran a Vargas con desconfianza. Para ellos, Vargas había aceptado el juego democrático sólo por formalidad, pero podría romperlo en cualquier momento. (Vidigal Pontes, entrevista 2014)

En un trabajo clásico, Benevides caracteriza a *O Estado de S.Paulo* como parte de la UDN, en tanto el periódico compartiría con esta fuerza política premisas ideológicas centrales. En este sentido, señala sus similitudes,

> *O Estado de S.Paulo*, más allá de la tradición antigetulista, expresaba aquello que podría significar el "liberalismo restringido" de los *bachareis* paulistas. Los editoriales reflejaban, con aguda frecuencia, algunas de las posiciones constantes de la retórica udenista: la denuncia de la "irresistible" tendencia de masas para lo "despreciable", en el ejemplo extremo de Plínio Barreto; la defensa de propietarios rurales, especialmente de los productores de café (la denuncia de la confiscación del tipo de cambio): la condena de la "hegemonía" estatal en la economía; la defensa de la intervención "salvadora" de las Fuerzas Armadas, y así, la combinación con las tesis lacerdistas y golpistas de los "estados de excepción"; y la representación ambigua de las aspira-

ciones de las "clases medias", en la mitificación de sus temores de "proletarización". (Benevides 1981, 237)[13]

El matutino se destacaría como un firme opositor durante todo el mandato de Vargas, hasta su suicidio, cuando canalizaría las exigencias por su renuncia (Pilagallo, 2012). Sin embargo, en 1955, la victoria de los candidatos vinculados al varguismo fue experimentada por el periódico como un resultado del mantenimiento del engaño producido durante los 15 años de dictadura del *Estado Novo*. Desde esta visión, las "masas iletradas" fueron vinculadas al coronelismo y la manipulación por parte de una elite corrupta (Biroli 2004, 92). Señala Pilagallo que entre el fin del gobierno de Vargas y el inicio del gobierno de Kubitschek, *O Estado de S.Paulo* estimulaba la quiebra de la legalidad democrática, siempre que, desde su perspectiva, fuera por el bien de la nación. Los periódicos paulistas estaban alineados al udenismo, y compartían "el moralismo denuncista, el temor al comunismo, el anti-estatismo, el anti-populismo y la visión favorable al capital extranjero" (Pilagallo 2012, 144). El triunfo de Janio Quadros en las elecciones presidenciales de 1961 produjo ilusiones en *O Estado de S.Paulo* de que fuera derrotado el getulismo y prevaleciera la "victoria de la democracia" (Dulles 1984, 373). Luego, con el golpe de 1964, *O Estado de S.Paulo* saludaría la victoria de la "democracia liberal" por sobre la tradición del "populismo y el fascismo" establecida por Vargas y sus sucesores (Dulles 1984, 375). Mesquita Filho apoyaría el golpe que destituyó a Goulart a pesar de su liberalismo. Éste suponía que los militares permanecerán en el poder como máximo tres años y luego promoverán elecciones para que los civiles volvieran al gobierno (Conti 1999, 615). Pilagallo señala que:

> El papel de Mesquita en 1964 tenía el peso del periódico que él dirigía. Derrochando salud financiera y prestigio editorial, el *Estado* vivía su auge. En San Pablo, no había polo de influencia más fuerte en la formación de la opinión pública. El matutino no solo dirigía la participación política de la elite local, sino que le servía de farol en cuestiones culturales. (Pilagallo 2012, 164)

Para el editorialista de *O Estado de S.Paulo*, Antonio Carlos Pereira,[14]

> el periódico apoyó la revolución del '64 porque creía que *Jango* Goulart estaba preparando un golpe sindicalista y comunista. El periódico apoyó, pero unos meses después de la revolución, cuando el presidente Castelo Branco decidió prorrogar su mandato e institucionalizar las medidas de emergencia, medidas de emergencia que el periódico continuó diciendo que eran necesarias, el *Estadao* rompió con él y fue una ruptura pública. Fueron una serie de editoriales rompiendo con él en agosto del '65, el periódico había roto con Castelo Branco, o sea con la revolución. Algunas personas dicen que la ruptura sólo viene en el '68, no es cierto. Porque el periódico no admitía que fueran transformadas en permanentes aquellas medidas que eran restrictivas de la libertad. (entrevista, 2014)

Al igual que el otro editorialista entrevistado (Neumanne), Pereira se refiere al golpe de 1964 como "revolución", tomando como propio el modo en que se auto definían los militares para legitimar el golpe. Además, estos editores resaltan la resistencia del periódico frente a la dictadura como si hubiera sido instantánea, cuando varios autores destacan que esto recién se produciría luego de varios años de apoyo.

Para Pilagallo (2012), *O Estado de S.Paulo* tendría una actitud de inicial aprobación frente al gobierno militar. A partir de 1968, el periódico adoptaría una línea editorial crítica al autoritarismo frente al gobierno de Costa e Silva, lo cual le ocasiona conflictos con la dictadura. *O Estado* sería uno de los periódicos de la prensa paulista que no aceptaría la autocensura, por lo cual le sería impuesta la censura de su material periodístico (Pilagallo 2012). Como señala Pilagallo "la situación no fue muy diferente hasta mediados de 1972. Por casi cuatro años, desde la promulgación del Acta Institucional 5, el periódico también se subordinó a la presión del gobierno, aceptando las órdenes contenidas en los billetes de censura" (Pilagallo 2012, 180). Sin embargo, a diferencia de otros medios de prensa, la tensión existente entre las autoridades militares y este grupo empresarial tenía características distintivas, como destacó entonces quien fuera director de *O Estado de S.Paulo*, Ruy Mesquita:

> Hoy existe esa especie de acuerdo de caballeros entre el periódico y el gobierno que nos permite por lo menos justificar al público la no publicación de noticias ... Ellos con nosotros tienen una condescendencia especial, basada en nuestra actuación en el tiempo de la conspiración revolucionaria. (Mesquita 1978; citado en Pilagallo 2012, 182)

A partir de la apertura política que se produce durante los años '80 y el reclamo que emerge por la realización de elecciones directas, en lo que se denominó como la campaña por las "Directas ya", el matutino de los Mesquita sería "cauteloso en relación al movimiento, desconfiando inicialmente de las intenciones de la oposición. Como otros medios, el periódico solo apoyó la campaña después del acto político en la Praça da Sé" (Pilagallo 2012, 230).

Durante las elecciones de 1989, *O Estado de S.Paulo* apoyaría de forma explícita la candidatura de Collor de Mello (Fonseca, 2005), así como según Kucinski fue el que definió las líneas del ataque que suponía "caracterizar al PT como atrasado y antidemocrático, a Lula como ignorante y a la militancia petista como una 'milicia' organizada para la violencia." (Kucinski 1998, 110). Sin embargo, desde el inicio del gobierno el periódico se distanciaría de Collor (Pilagallo 2012), para apoyar posteriormente el Plan Real de Fernando Henrique Cardoso en vistas a las elecciones de 1994 (Pilagallo 2012). Para el editorialista José Neumanne, "el *O Estado de S.Paulo* siempre tuvo una conexión casi familiar con Fernando Henrique".[15] También Antonio Carlos Pereira indica que el gran motivo del apoyo al gobierno de FHC por parte del matutino fueron las reformas económicas. Pereira señala además que "Fernando Henrique era más sobrio, moderado, y no tenía la ambición desmedida que tiene Lula" (entrevista, 2014).

Durante la campaña electoral de 2002, mientras la *Folha de S.Paulo*, apelando a su tradición de independencia, mantuvo una posición equilibrada frente a las elecciones, *O Estado de S.Paulo* manifestó en forma explícita su apoyo al candidato del PSDB, José Serra. Aldé señala que durante las elecciones de 2002:

> *O Estado de S.Paulo* fue el periódico más parcial analizado. En verdad, la condición declarada de apoyar al candidato de gobierno tornaría, según los editores del propio diario, la cobertura más transparente para el lector. Único periódico en involucrarse explícitamente, a través de editoriales y declaraciones, en la candidatura del Planalto, *O Estado S.Paulo* evidencia eso en una distribución bastante clara de noticias negativas y positivas. La cobertura sobre las elecciones es la más pro-gobierno entre las estudiadas, divulgando los hechos de campaña generados por el tucano, una cobertura significativamente más positiva que la de los otros periódicos. (Aldé 2004, 124)

Un rasgo a señalar del periódico resulta su bajo pluralismo interno para acoger en sus páginas visiones alternativas al ideario liberal. A diferencia de la *Folha de S.Paulo*, que ha hecho de la pluralidad un valor periodístico relevante, estableciendo polémicas que se definen por oposición de perspectivas en sus páginas de opinión, así como cuenta con un Ombudsman que expone una visión crítica sobre la cobertura del periódico (Pilagallo 2012), *O Estado de S.Paulo* posee una baja pluralidad para la expresión de visiones que contrasten con su cosmovisión conservadora del orden social. Para el editorialista José Neumanne:

> Nunca ha habido grandes cambios, en el periódico es muy fácil hacer editoriales, ya que éste tiene posiciones muy fijas y determinadas. A tal punto que cuando hay un cambio histórico, el periódico sigue siendo fiel a su posición y rompe con el cambio histórico de sus antiguos aliados, que es el caso de la revolución del '64, donde claramente el periódico fue fiel a sus convicciones de una república liberal contra la república sindical, contra la izquierda, y luego los militares dan un golpe, y cuando los militares dan el golpe el periódico se siente traicionado y mantiene la línea. Después el periódico resiste la dictadura todo el tiempo, pero cuando cae la dictadura, el periódico tampoco cae en el canto de sirena del populismo, la vuelta del populismo de izquierda de los años '60, a través de Lula. (entrevista, 2014)

María Helena Capelato destaca que *O Estado de S.Paulo* expresa en su historia un "liberalismo-conservador", el liberalismo excluyente de la elite bien pensante y distinta del populacho, que bebería en el *botequim* y cambia el voto por zapatos. Se trata de un periódico de las elites ilustradas, que se propone formar al pueblo para llegar a la civilización (Capelato, entrevista, 2014). Se caracteriza por ser un medio que "le habla al poder", en una relación tutelar que pretende construir hacia el gobierno, propia de quien habla en representación de los grupos dominantes: los sectores financieros, los organismos internacionales, EE.UU. y los sectores medios "ilustrados", atribuyéndose la experiencia de quienes conocen finamente los problemas de administrar la cúpula del gobierno. Este pensamiento, como veremos, se caracteriza por una definición restrictiva sobre el ejercicio del poder, que correspondería sólo a aquellos que son capaces de hacer coincidir su alto origen social con el ejercicio de la dirección política nacional. Señala sin embargo el coordinador del archivo histórico de *O Estado de S.Paulo*, Edmundo Leite, que:

> Hoy los editoriales son más equilibrados, siguen algunos principios. Antes eran más agresivos y expresaban más una opinión personal que la opinión de una empresa. Y como esta es una empresa familiar, la figura de los propietarios era muy fuerte, era la opinión de los dueños, era la opinión de Julio Mesquita, Julio Mesquita Filho y la familia, aunque tuvieran otras personas, pero creo que estaba mucho más pegado a la figura de la familia Mesquita. Hoy, por supuesto que esto también existe pero es más equilibrado, con principios, reflexión, incluso si el periódico está en contra, uno observa que el tono antes era más fuerte. Hoy en día creo que el lenguaje es más equilibrado (entrevista, 2014).

1.3. O Globo: del periódico de Marinho al imperio mediático

La historia del surgimiento de *O Globo* nos remite a la ciudad de Río de Janeiro en 1925. El 29 de julio de aquel año, Irineu Marinho, un periodista experimentado que había trabajado en varios medios de prensa y fundado *A Noite* (1911), decide crear un nuevo vespertino, *O Globo*. Sin embargo, Irineu Marinho moriría unas semanas después de la aparición de este medio. Con la muerte de su padre, su hijo Roberto Marinho tomaría la decisión de no asumir en forma inmediata la dirección del periódico, sino de ir formándose para hacerlo posteriormente. Mientras tanto, elegiría al principal colaborador de su padre, el periodista Euricles de Matos, para que asumiera la dirección de *O Globo*. Como destaca el editor del periódico, Aluizio Maranhao,[16]

> Roberto era un chico de poco más de veinte años, *bon vivant*, hijo de un padre rico y tiene el buen sentido de no asumir la dirección del periódico, va a acompañar y ser reportero, bajo la tutela de quien era hasta entonces la mano derecha del padre, llamado Euricles de Matos. Y allí él es reportero, va haciendo todo dentro del periódico. Euricles muere en 1931, y en ese momento Roberto Marinho tiene suficiente experiencia y asume la dirección, y allí se desarrolla toda su trayectoria. (entrevista, 2014)

Maranhao define la línea editorial del periódico como en favor del libre mercado, la democracia representativa, y contra el "autoritarismo de izquierda y de derecha", siendo "anti populista, anti fascistas y anti comunistas". Además, otra característica que resalta del periódico es que "siempre fue muy legalista, con la excepción de 1964. De 1925 a 1964, el vespertino se pronunció contra todos los intentos de quebrantar la Constitución" (entrevista, 2014).

Con respecto a la relación con el primer gobierno de Getúlio, Maranhao señala que el vespertino, en tanto era crítico de la Vieja República, apoyaría la revolución de 1930 estimulada por Vargas. Aunque el periódico criticaba la revolución constitucionalista de San Pablo en 1932, por considerarla divisoria para el territorio del país y por enfrentar a los brasileños, sería también crítico de la ausencia de una convocatoria por parte de Getúlio a una Asamblea Constituyente. Para Maranhao, desde entonces comenzaron a existir tensiones con Getúlio. En el sitio web de la memoria del periódico, se señala que la relación con éste comenzaría a complicarse cuando *O Globo* apoyó la aprobación de una nueva constitución, en 1932. En 1934, como represalia, el periódico sería suspendido por 48 horas.[17]

Maranhao indica que un aspecto editorial que se haría visible en este contexto sería la posición del periódico "contra los dos extremos", tanto el fascismo representado por los integralistas, como el Partido Comunista. El vespertino le exigiría a Getúlio en forma reiterada distanciarse tanto de uno como del otro. Agrega también el editor que *O Globo* comenzaría a desconfiar de Getúlio cuando éste fuera adquiriendo una faceta más "populista", lo cual se produciría hacia fines de su primer gobierno:

> Pasa 1937, y la faceta populista de Getúlio, ese populismo nunca fue aceptado por *O Globo*. El periódico siempre fue muy crítico de ese populismo getulista. El getulismo, que termina desembocando en el *trabalhismo*, crea dos partidos, el PTB y el PSD. Crea estos dos partidos para albergar las distintas corrientes que orbitaban a su alrededor, y el periódico nunca lo aceptó, siempre fue crítico del populismo, nunca aceptó el *trabalhismo* y la hipertrofia del Estado como el gran actor en la sociedad.... A medida que el Vargas populista/*trabalhista* se va haciendo más visible el periódico se distancia ... Mientras tanto, el periódico busca alternativas en el juego político para oponerse al getulismo. En las elecciones de 1950, Getúlio se presenta y se presentan candidatos liberales, y el periódico se opone, no quería a Getulio. Él gana, y el vespertino se mantiene en una línea de oposición. (Maranhao, entrevista, 2014)

Porto sostiene que durante el período de 1930-1945, *O Globo* tuvo inicialmente una política editorial cautelosa, estableciendo un acuerdo político con Vargas durante su primer gobierno. Sin embargo, el periódico se pronunciaría luego por el fin de la dictadura del *Estado Novo* (Porto 2012, 59). Con respecto al mismo período, Goulart (2007) indica que:

> Desde su fundación, *O Globo* adoptó una línea discretamente conservadora. De hecho, hasta la segunda guerra mundial, el periódico tenía poco peso en la política nacional, a pesar de contar ya con una tirada significativa. Durante el Estado Novo, como la mayoría de los periódicos, cedió a la presiones del gobierno y adoptó una

actitud favorable al régimen. En aquel momento, Roberto Marinho llegó a participar en el Consejo del DIP. Pero a medida que el gobierno se debilitaba, el periódico se fue posicionando a favor de la amnistía y de las elecciones libres. En 1945, terminó apoyando a la UDN y la candidatura de brigadeiro Eduardo Gomes a la Presidencia de la República, repitiendo el apoyo en 1950. (Goulart 2007, 73)

La autora destaca que la cobertura de la segunda guerra mundial, a principios de los años '40, le permitió a *O Globo* un aumento significativo de su tirada, en la medida en que publicaba reportajes de la situación en el frente europeo, destacando la actuación de la FEB.[18] Además subraya que en los años '50, con una tirada de 100 mil ejemplares, el periódico era el vespertino de mayor circulación en Río de Janeiro. Sus lectores se ubicaban en las clases media y alta, pero también tenía llegada a los sectores populares (Goulart 2007, 73). Pese a ciertas variaciones en su línea editorial en función de los vaivenes políticos y comerciales, el anticomunismo del periódico se destacaría como una característica constante a lo largo del tiempo (Goulart 2007, 74).

Durante el segundo gobierno de Vargas, Marinho daría espacio a Lacerda[19] en la *Radio Globo*, para que éste hiciera denuncias contra el presidente en el programa *Conversación en Familia*. En 1954, Lacerda continuaría con sus ataques radiales en el programa *Parlamento en Acción*. Los discursos de Lacerda eran difundidos en *O Globo*.

El sitio web del periódico sostiene que cuando se produjo el atentado de Toneleros,[20] "el periódico informó sobre el crimen con gran énfasis, pero en los días posteriores publicó artículos recomendando el respeto a la ley y el mantenimiento de la normalidad constitucional".[21] También allí se resalta que, aunque *O Globo* fue opositor a las políticas del gobierno, no conspiró para desestabilizar a Vargas o desplazarlo del poder, sino que mantuvo su legalismo. A su vez, según esta visión, luego del suicidio, *O Globo* defendería la asunción de Café Filho a la presidencia, evitando juzgar al presidente difunto[22]. Abreu & Lattman Weltman (1994) señalan de un modo similar la moderación del periódico en este contexto,

> analizando la posición de *O Globo* durante este período, parece incomprensible la reacción popular desencadenada contra este diario, que mantenía una orientación más moderada, si se compara con otros periódicos. Sin embargo, la Radio Globo, que pertenecía al mismo propietario, mantuvo una posición muy radical contra Vargas, que se expresaba a través del programa *El parlamento en acción* del periodista Raúl Brunini, que daba cobertura a las posiciones de Carlos Lacerda y de la UDN. De esta manera, el periódico sufrió represalias por causa de las posiciones de otro medio de comunicación. (Abreu & Lattman Weltman 1994, 40)

Por su parte, Porto señala que *O Globo* fue parte de la campaña anti-gubernamental, dado que en la crisis política de 1954, Marinho se sumó a la oposición virulenta contra Vargas. Además, el autor resalta que durante el período democrático de 1945-1964, el imperio de medios de Marinho tuvo un rol político activo (Porto, 2012: 59). Para Goulart, durante este gobierno, *O Globo* asumió una oposición moderada, luego apoyando a Café Filho dada la proximidad del vespertino con la UDN (Goulart 2007, 75). Según la autora, a nivel comercial, las empresas de Roberto Marinho serían durante la década del '50 de las más beneficiadas, obteniendo préstamos del Banco de Brasil por más de un millón de dólares en condiciones de pago ventajosas (Goulart 2007, 31).

Para Maranhao, *O Globo* se posicionaría de forma crítica frente a la candidatura a la presidencia en 1955 de Juscelino Kubitschek, ya que éste era del PSD y se establecía como continuidad moderada del "trabalhismo" getulista. Según el sitio web de *O Globo*, la construcción de Brasilia fue uno de los puntos de la oposición que Marinho mostró con JK, dado que entendía la transferencia de la capital de Rio de Janeiro a Brasilia como un vaciamiento político de la ciudad.[23]

A su vez, en la búsqueda de Marinho de una alternativa anti-trabalhista, el vespertino apoyaría a Janio Quadros en las elecciones posteriores. Con la renuncia de Quadros, el periódico respaldaría la asunción del vice-presidente João Goulart, dada su tradición legalista. Posteriormente, *O Globo* apoyaría el golpe militar de 1964. Según Maranhao, el vespertino se posicionaría "contra el plebiscito por la vuelta del presidencialismo de *Jango* y apoya a los militares, como todos apoyaron en aquel momento". Sin embargo, como hemos visto, el periódico *Última Hora* no apoyaría el golpe militar (Pilagallo 2012). Esto es preciso destacarlo dado el señalamiento de Maranhao de que "todos" los medios de prensa habrían apoyado el golpe. Posiblemente, esta declaración tiene por pretensión crear la idea de que existía un consenso entre los medios de prensa de entonces, para disolver la responsabilidad específica de este medio en un conjunto más amplio, justificando la posición de *O Globo* en aquella coyuntura. Durante la crisis de 1964, según un suplemento de *O Globo* tras la muerte de Roberto Marinho en 2003, este último:

> Apoyó el movimiento militar, en su opinión el camino para preservar las 'instituciones democráticas amenazadas por la radicalización ideológica' en los últimos meses del gobierno de *Jango*. Era un gesto de lealtad a los 'tenientes y *bachareis*', al lado de quienes estaba desde 1930.[24]

El período de la dictadura sería beneficioso para las Organizaciones Globo, ya que la alianza con los militares le permitiría a la empresa dirigida por Marinho la consolidación de un enorme poder en el mercado de medios. Guimarães & Amaral (1988) consideran que el grupo Globo consolida sus operaciones durante el gobierno dictatorial de Garrastazu Médici, entre 1970 y 1974. A partir de allí, el grupo Globo se convierte en un gran conglomerado mediático y se amplía de forma constante. Señala Porto con respecto a la TV Globo que, "el canal apareció justo después del golpe militar de 1964 contra el presidente reformista João Goulart. La mayoría de los medios de comunicación, entre ellos *O Globo* de Marinho, apoyaron activamente el golpe de Estado y el régimen autoritario que le siguió" (Porto 2012, 60). Como destaca Liedtke:

> En este período, la Red Globo amplió sus actividades, con el apoyo de los militares y los recursos financieros ilegales del grupo norteamericano *Time-Life*, pasando a ser considerada por muchos analistas la voz oficial del régimen, que fue ampliada con la exhibición del primer noticiero en red: el 'Jornal Nacional', de 1969. Por lo tanto, si a partir de Getúlio Vargas los presidentes centraban su fuerza discursiva en la radio y la prensa, durante los gobiernos militares, la televisión se convirtió en el medio predominante en la sustentación de los intereses del régimen. (Liedtke 2008, 35)

Además, durante la década de 1970, *O Globo* llevaría a cabo un proceso modernización tecnológica y administrativa, implementado varios cambios editoriales que lo llevarían a liderar el mercado de la prensa en Rio de Janeiro (Goulart 2007, 75).

Distintos estudios han documentado la fuerte alianza de intereses entre la dictadura militar y el imperio de medios de Roberto Marinho, quien brindó su apoyo al proyecto del régimen de integración nacional y económica (Porto 2012, 61). Goulart coincide en que el imperio construido por las Organizaciones Globo se debió, en parte, al apoyo brindado por el régimen militar. Tanto con subsidios como con irregularidades jurídicas, como el caso *Time-Life*, la empresa fue construyendo una estructura de eficiencia técnica y administrativa. La autora agrega que a medida que se estructuraba la televisión, se fortalecía el periódico (Goulart 2007, 163). Entre fines de 1960 y principios de 1970, la TV Globo emergería como el grupo dominante de medios, con un control casi monopólico del mercado televisivo (Porto 2012). Entre 1965 y 1985, TV Globo se convirtió en el grupo de medios dominante y en una organización cerrada y poco plural.[25]

Una cuestión que ha sido resaltada por distintos autores es la ausencia o la escasa cobertura brindada por la TV Globo a las manifestaciones de las "Directas ya". Esta posición del grupo de medios se habría producido en función de sus lazos con el gobierno militar. La TV Globo, ignorando los actos iniciales, comenzaría a cubrir las manifestaciones sólo cuando las mismas se hubieran convertido en un movimiento inocultable a nivel nacional, comenzando a contar con la adhesión de importantes segmentos de la sociedad (Pilagallo 2012, 233). En este sentido, la ausencia de cobertura de la TV Globo a las "Directas ya" se convirtió en un símbolo de su modelo autoritario de periodismo y de su línea conservadora (Porto 2012, 62). Durante aquellas manifestaciones, un cántico de los activistas era "El pueblo no es bobo, abajo la Red Globo". Según Maranhao:

> El periódico tardó en entender el momento de cambio que fue representado allí por el movimiento de las elecciones directas. El periódico y la televisión, que reflejaban la

opinión de Roberto Marinho ... sólo en la fase final de la campaña, él se dio cuenta de que aquello tenía un tamaño enorme.... La llamada gran prensa siempre fue a favor de la transición negociada, para que no hubiera una nueva ruptura. El Dr. Roberto muy cauteloso, apoyó al gobierno de Figueiredo, que fue el último gobierno militar que no quería elecciones directas para su sucesión, sino para la siguiente. Pero al final de este movimiento se hizo una cobertura profesional. (entrevista, 2014)

Como consecuencia del enorme poder acumulado por este grupo de medios durante la dictadura, la democracia que surgiría en 1985 estaría seriamente condicionada por el dominio de este conglomerado, que tenía la capacidad para ejercer una potente influencia en la esfera pública (Porto 2012, 2). Este último autor señala que a comienzos de la recuperación democrática, la TV Globo resultaba una organización de medios "cerrada", con fuertes lazos con el Estado y un pluralismo limitado en la representación de distintos puntos de vista sociales y políticos.

En la transición, Antonio Carlos Magalhães sería designado Ministro de Comunicaciones en función de los intereses de Marinho, así como este último tendría gran influencia en la composición de los gabinetes de Neves y luego de Sarney. Tancredo Neves confirmó el nombramiento de Magalhães con Marinho (Porto 2012). Porto indica también que la amistad del presidente Sarney con Marinho se convirtió en un componente central de su estrategia de comunicación (Porto 2012, 106).

Con la redemocratización, Marinho volvería a buscar alternativas contra el *trabalhismo getulista* y, ahora, también contra el PT. En las elecciones de 1989, el periódico habría apoyado inicialmente una "salida socialdemócrata" encarnada en Mario Covas. Pero con la caída de la candidatura de Covas, Marinho, terminaría apoyando a Collor de Mello, dado el rechazo que tenía hacia las alternativas del PT y de Brizola (Maranhao, entrevista, 2014). Como hemos visto, el empresario de medios tendría un papel relevante en la construcción y proyección de la candidatura del joven gobernador de Alagoas (Kucinski 1998). En este sentido, un acontecimiento clave sería el debate entre Collor y Lula en la segunda vuelta de 1989. Señala Porto con respecto al mismo que:

> Es cierto que Lula tuvo un bajo desempeño en el debate, pero, como hemos visto, el resumen transmitido por el noticiero prime-time de la TV Globo tuvo contundentes desigualdades cuantitativas y cualitativas en el tratamiento de los candidatos. La controversia que siguió al debate fue tan importante que los ejecutivos de la TV Globo decidieron que la red nunca más volvería a emitir resúmenes de los debates entre los candidatos. (Porto 201, 85)

Por otra parte, frente al proceso de *impeachment* por corrupción a Collor, Marinho le daría su apoyo hasta el final, a pesar de las dudas que tenía sobre su relación con éste. Esto se produciría por el miedo de Marinho de que la caída de Collor pudiera fortalecer una alternativa política más a la izquierda, como representaban entonces Lula o Brizola (Porto 2012, 111). Este autor identifica que durante los años '90 se produciría un proceso de apertura en las Organizaciones Globo que comenzaría a cambiar el rumbo que había adoptado la misma desde la dictadura como organización cerrada a la pluralidad de visiones. Maranhao indica en este sentido:

> Desde entonces, el periódico defiende sus propuestas y critica a las políticas y las personas si están en contra de sus propuestas. El periódico se tornó más pluralista a partir de los años '90. Y allí es el propio ambiente político-institucional de la democratización, la caída del Muro de Berlín, la democracia. El periódico comenzó a admitir artículos a personas que no admitía antes. Y eso se fue consolidando. El pluralismo se refleja en las columnas de los colaboradores fijos y eventuales que nosotros editamos, y esa es mi parte, la parte de los artículos de opinión. Eso está muy reflejado allí. (entrevista, 2014)

Como señala Porto, hubo una apertura en el sistema de medios brasileño, incluyendo a la TV Globo, que redujo la tendencia anti-petista que había caracterizado las coberturas durante los inicios de la carrera política de Lula (Porto 2012, 115).

El periódico sería favorable a Cardoso durante las dos contiendas electorales,[26] y cuando Lula se postula para las elecciones de 2002, estaría en presencia de una organización de noticias más abierta y plural, lo cual se reflejaba en la cobertura realizada por la Globo durante las elecciones presidenciales de 2002.[27] En las elecciones de 2002, la TV Globo promovería una cobertura equilibrada y extensa de los candidatos (Porto 2012). Señala Maranhao en este sentido que "la primera fase de la administración de Lula en la que él adopta herramientas de política económica de Fernando Henrique, con Palocci y Meirelles, contó con el apoyo del periódico. Esto por causa de medidas objetivas, una política monetaria restrictiva, la reducción del gasto" (entrevista, 2014). Esta visión es reforzada por los señalamientos de Porto, que indican que la cobertura de la TV Globo sobre los primeros meses del gobierno de Lula se caracterizó por un tono positivo (Porto 2012, 115). Sin embargo, con la emergencia del mensalão cambiaría esta posición, ya que según Maranhao, "en el mensalão, crítica exacerbada, completo apoyo al Supremo. Nosotros fuimos encima de este escándalo, así como en el "mensalão tucano" de Minas Gerais, que fue noticia exclusiva del periódico". Finalmente, a medida que fue cambiando la orientación económica del gobierno, esto también sería criticado por el periódico, que se posicionaría contra el intervencionismo estatal (Maranhao, entrevista, 2014).

Rubim & Colling (2006) señalaron que en los inicios de la presidencia de Lula, el grupo Globo asume un posicionamiento más moderado, dada la situación de crisis económica de sus inversiones y su pretensión de agradar al gobierno. Otro estudio sostiene que durante el período de elecciones de 2006, el diario *O Globo* adoptaría un posicionamiento donde las menciones negativas a Lula como candidato serían significativamente superiores a las positivas (Aldé, Mendes y Figueredo 2007).

Lima (2006) ha centrado su análisis en los últimos cuarenta años de relación del Grupo Globo con las elites políticas, a partir de su legitimación del régimen militar, su rechazo a la campaña de las elecciones directas en 1984, su apoyo a Collor de Mello en 1989, a Fernando Henrique Cardoso en 1998; y siendo "el equilibrio de la balanza" durante la crisis política de 2005-2006. El autor analiza cuatro hipótesis para explicar el poder de Globo en Brasil: 1) la convicción sobre su propio poder (basado en su masiva audiencia), 2) las condiciones institucionales favorables (en medio de la acefalia político-partidaria), 3) la identidad entre lo público y lo privado (para Lima, Roberto Marinho creía realmente que tenía una "misión" personal que se confundía con el interés del país) y 4) el rol del Grupo Globo como actor de legitimación de las elites dominantes en Brasil.

Notas

1. Fundación Getúlio Vargas, "Directrices del Estado Novo – La prensa", http://cpdoc.fgv.br/producao/dossies/AEraVargas1/anos37-45/EducacaoCulturaPropaganda/Imprensa (consultado el 19 de junio de 2015).
2. "Laurival Fontes", *Dicionário Histórico Biográfico Brasileiro pós 1930* (2ª ed.) (Rio de Janeiro: Editora Fundación Getúlio Vargas, 2001).
3. Además, en este período se conformaría el primer imperio de comunicación brasileño, los *Diarios Asociados*, dirigido por Assis Chateaubriand, quien resultaría un "estratega en el uso de los medios para alcanzar sus objetivos políticos y económicos" (Liedtke 2008, 33). El grupo se tornaría el mayor conglomerado mediático de América Latina (Goulart 2007).
4. Esta cuestión, así como los detalles del período referido al segundo gobierno de Vargas, serán desarrollados extensamente en el próximo capítulo.
5. Principal fuerza de oposición al getulismo durante el período 1945-1964. Las características de esta fuerza política serán analizadas con mayor detalle en el capítulo 2.
6. Ver entrada sobre "Carlos Lacerda" en el Centro de Pesquisa y Documentación de Historia Contemporánea del Brasil (CPDOC), Fundación Getúlio Vargas, http://cpdoc.fgv.br/producao/dossies/AEraVargas2/biografias/carlos_lacerda (consultado el 19 de junio de 2015).
7. Este partido había sido constituido para propiciar especialmente la candidatura de Collor, al modo de lo que se ha denominado "partidos-taxi", sin densidad de representación como tales y definidos de forma excluyente en torno a una candidatura personal específica.
8. Así se había denominado a Collor en función de su anunciada campaña en contra de los altos sueldos y la corrupción de los funcionarios públicos.
9. Referido a la edición en el *Jornal Nacional* del segundo debate, Porto señala que "el episodio se convirtió en uno de los momentos más controvertidos de la historia de la TV Globo y en un símbolo de la manipulación instrumental de esta red en la cobertura de noticias con fines políticos" (Porto 2012, 85).
10. Fernando Henrique Cardoso pudo presentarse a las elecciones de 1998 aspirando a un

segundo mandato presidencial, luego de viabilizar en 1997 una reforma electoral que le permitiría la reelección.

11 Este proceso no tuvo que ver sólo con la "moderación", sino con una reflexión partidaria interna acerca de las condiciones necesarias para alcanzar la presidencia en el marco de una determinada correlación de fuerzas.

12 Estudios académicos importantes analizaron la participación de *O Estado de S.Paulo* en momentos decisivos de la historia republicana brasileña, tomando como objeto de investigación los editoriales, genero que expresaría de manera privilegiada las posiciones ideológicas de los propietarios del periódico y que serían utilizados como instrumentos de acción política" (Bezerra de Paiva 2006, 2).

13 Señala Edmundo Leite, coordinador del archivo histórico de *O Estado de S.Paulo*, en una entrevista (24 de marzo de 2014) que "Carlos Lacerda era muy cercano, tenía una relación con los Mesquita. Él admiraba a los Mesquita y los Mesquita lo admiraban también. El periódico no llegó a ser tan partidista aunque las causas convergieran. El periódico a veces se involucra con algunos políticos. Cuando el periódico presenta aversión a un político uno lo ve claramente, como con Adhemar de Barros. Con Lacerda tenían intereses y perspectivas en común".

14 Antonio Carlos Pereira comenzó como periodista en Brasilia, cubriendo el Palacio del Planalto durante la dictadura militar, entre 1964-1974. Luego fue jefe de redacción en Brasilia, para ser posteriormente jefe de reportajes. Después fue editor de los domingos, así como editor del suplemento de cultura. Actualmente es editorialista. Entrevistado el 24 de marzo de 2014.

15 José Neumanne Pinto ingresó a *O Estado de S.Paulo* en 1986 para ser editor de política, habiendo sido jefe de redacción de *Jornal do Brasil* en Rio. Luego fue editorialista del periódico, y luego de un período durante el cual asesoró al político José Eduardo de Andrade Vieira (PTB), volvió a ser editorialista en *O Estado de S.Paulo*. Escribe los editoriales todos los días y escribe un artículo firmado en la página 2 cada 15 días. Entrevistado el 20 de marzo de 2014 en San Pablo.

16 Lluizio Maranhao es editor de opinión de *O Globo* desde 2001. Trabajó allí durante la campaña de Lula en 2002, y desde el final del gobierno de Fernando Henrique Cardoso. Maranhao trabaja también en el sitio web Memoria Globo, que es el proyecto de las Organizaciones Globo para recopilar y analizar documentos sobre la historia de este grupo de medios. Entrevistado el 28 de marzo de 2014 en Rio de Janeiro.

17 Ver entrada"*O Globo* y el primer gobierno Vargas", Memoria Globo, http://www.robertomarinho.com.br/obra/o-globo/o-inicio/o-globo-e-o-primeiro-governo-vargas.htm (consultado el 06 de mayo de 2015).

18 Fuerzas Expedicionarias Brasileñas (FEB) que envió Brasil a pelear en la segunda guerra como parte de su política de acercamiento y apoyo al bloque de los Aliados.

19 Maranhao indica que Marinho "era amigo de Carlos Lacerda, ellos se distanciarían después del '64. Marinho apoyó el golpe y Lacerda, cuando vio que no había elección presidencial pasó a la oposición y a Marinho no le gustó esto. Por su relación de amistad y afinidad ideológica, interesaba a Marinho dar espacio a Lacerda en la Radio Globo. Pero la posición del periódico era de serenidad. Nosotros creemos que es falsa la acusación de que el periódico conspiró, hizo oposición pero no conspiró".

20 El atentado consistió en una serie de disparos dirigidos al periodista opositor Carlos Lacerda por parte de sicarios enviados por Gregorio Fortunato, jefe de la guardia presiden-

cial de Vargas, en una emboscada nocturna en la puerta de su casa, en la calle Toneleros, produciendo la muerte de quien lo acompañaba, el oficial de la Aviación Rubens Vaz. El episodio tendría una gran repercusión, conduciendo a una crisis política insuperable para el gobierno de Getúlio. Los detalles de este episodio serán desarrollados con extensión más adelante.

21 Ver entrada "El suicidio del Presidente", Memoria Globo, http://www.robertomarinho.com.br/obra/o-globo/o-inicio/o-suicidio-do-presidente.htm (consultado el 6 de mayo de 2015).
22 Ibídem.
23 Ver entrada "*O Globo* y los años JK", Memoria Globo, http://www.robertomarinho.com.br/obra/o-globo/na-rua-irineu-marinho/o-globo-e-os-anos-jk.htm (consultado el 10 de abril de 2015).
24 "Coherencia en la vida pública y en el periodismo", *O Globo*, 7 de agosto de 2003.
25 Según el editor del archivo histórico de *O Globo*, Gustavo Villela (25 de junio de 2014), a partir de 1974 el periódico dejaría de ser vespertino, o tener dos ediciones diarias, para tener una sola edición matutina.
26 Según Maranhao (entrevista, 2014): "El periódico y toda la gran prensa vieron como un gran avance a Fernando Henrique, la política contra la inflación fue exitosa".
27 Bezerra (2008) estima que durante el período electoral de 2002, el diario *O Globo* adopta una posición de distanciamiento y pretendida neutralidad frente a los acontecimientos electorales. No se hacían referencias a la campaña en los editoriales, pero sí a través de sus articulistas, como Tereza Cruvinel y Márcio Moreira Alves. El miedo y la incerteza fueron los elementos tematizados centralmente durante la contienda por este diario.

Capítulo 2

Prensa y política durante el segundo gobierno de Getúlio Vargas (1951-1954)

El Partido Comunista, los comunistas en general, no tenían la misma posición de Lacerda. Lacerda representaba la extrema derecha, golpista, pero el partido no tenía esa posición, apoyaba a Getúlio, pero tampoco iba a la calle a defender a Getúlio. Ahora, después del suicidio, ahí cambió todo. La gran mayoría de la población salió a la calle, y hasta personas que estaban contra Getúlio … recuerdo que en el momento en que Getúlio se suicidó, estaba en un bar al lado del Palacio del Catete, tomando un café cuando el Reporter Esso dio la noticia por la radio de que Getúlio había terminado en el suicidio. Hasta ese momento en el bar, las personas estaban hablando mal de Getúlio, y cuando se dio la noticia hubo un silencio y un hombre gritó: "¡Mataron al viejito!", y ahí comenzó una protesta y fue todo el mundo a la calle contra Lacerda y a favor de Getúlio y esto fue creciendo, cambiando la situación totalmente.

Ferreira Gullar, poeta brasileño[1]

2.1. Vargas y el varguismo: trayectoria social y política

Getúlio nacería en el pueblo de São Borja, cerca de la frontera con el territorio argentino, en 1882. Su familia era lo que podemos denominar como un "clan político", con gran influencia en la política de aquella localidad y un poco menor a nivel de la región de Rio Grande do Sul. Su padre, el general Manuel Vargas, era un importante líder, y su hermano Viriato sería intendente de São Borja en varias ocasiones.

Vargas se formaría en la tradición de Julio de Castilhos y Borges de Medeiros, dos caudillos históricos de la política de Rio Grande. Este linaje del Partido Republicano Riograndense (PRR) se caracterizaba por la defensa del papel de las élites en la dirección de los asuntos públicos, promoviendo una conducción verticalista y jerárquica, que pretendía representar las ideas positivistas del "orden y progreso" (Neto 2012). Los gobiernos de estos líderes manifiestan la creencia en una fuerte intervención estatal, así como un rechazo a la política partidaria y el parlamentarismo.

Borges de Medeiros, presidente durante décadas de Rio Grande do Sul, buscaría una aproximación con los trabajadores desde la intervención estatal como un modo de consolidar el orden político (Neto 2012). Getúlio comenzaría como defensor del PRR y de Borges de Medeiros en el parlamento de Río Grande, como parte de una renovación partidaria juvenil, desde sus tiempos de militancia estudiantil. Esta formación y su ascenso político dentro de aquella estructura partidaria, se conjugarían con la crisis del liberalismo de los años '30.

Por otra parte, en 1922 se produciría en Brasil la rebelión de los "tenentes" en el Fuerte de Copacabana, quienes marcarían con nuevas exigencias la política del país (Neto 2012). En 1924, con el aniversario de aquel levantamiento, se produciría un nuevo alzamiento en San Pablo, con el protagonismo de los militares Juarez Távora y Eduardo Gomes. El movimiento apelaba por una moralización y modernización de las costumbres políticas, en un orden restrictivo caracterizado por el dominio de las oligarquías regionales:

> Los rebeldes creían que, frente a la corrupción ancestral de las élites civiles y la supuesta pasividad de las clases populares—o el 'populacho', como decía el líder *tenentista* Juarez Távora—, les corresponde a los militares la condición de árbitros supremos de la sociedad. Fundamentalmente autoritarios, rechazaban la acción política de los partidos y apoyaban la revolución como la única forma posible para promover un cambio efectivo. (Neto 2012, 219)

Con la búsqueda de Washington Luís de atraer el apoyo de Rio Grande do Sul, Getúlio sería convocado como "Ministro de Fazenda" del gobierno federal, en representación de las aspiraciones de su estado y de su partido (PRR) (Neto 2012). A partir de su participación en el gobierno, Getúlio iría construyendo una relación especial con Assis de Chateaubriand, dueño de *O Jornal*, como fuente privilegiada del empresario de medios en el Palacio del Catete (Neto 2012). Getúlio operaría desde *Fazenda*, facilitando dinero para crear un diario, *Cruzeiro*, que solidificaría el vínculo entre ambos, siendo una base para la construcción futura de su poder.

Posteriormente, Vargas renunciaría al ministerio de "fazenda", para candidatearse al gobierno de Rio Grande do Sul, apoyado por el ala joven del PRR, mientras mantenían sus reservas Borges de Medeiros y el ala tradicional, quienes finalmente apoyan su candidatura. La fama de Getúlio como político conciliador atraería el interés de la oposición de Río Grande por su candidatura, que prefería su candidatura a una encabezada por la fracción tradicional del partido.

Vargas utilizaría ese estilo conciliador para promover una tregua entre las fracciones oficialistas y opositoras de Rio Grande, obteniendo el apoyo de la oposición para su gestión como presidente estatal, lo cual le permitiría proyectar luego su candidatura al Palacio del Catete. Posteriormente, sacaría rédito de las tensiones estatales para la sucesión presidencial de 1930, dadas las rispideces que mostraba el pacto entre

Minas Gerais y San Pablo, el cual suponía la alternancia presidencial entre los dos estados para la reproducción de su poder político. Estas tensiones se debían a que Minas exigía—según le correspondía en función de las reglas de la "política de los gobernadores"—un candidato propio, mientras San Pablo quería presentar a un paulista, Julio Prestes, para garantizar la continuidad de la política financiera de Washington Luís (Prado & Capelato 1980, 35).

El escenario proporciona así un margen a Vargas para crear expectativas de apoyo en ambos lados y armar un juego propio (Neto 2012). De este modo, Getúlio lograría componer una alianza con Minas Gerais para lanzar una candidatura de unión entre Minas y Río Grande. La alianza luego se compondría entre Rio Grande, Minas Gerais y Paraíba, llevando como candidato a la vicepresidencia al entonces gobernador de este último estado, João Pessoa. A su vez, Getúlio y sus colaboradores buscarían una aproximación hacia los tenentistas, con la pretensión de obtener su apoyo a la candidatura de la Alianza Liberal. Esto se vinculaba con la aspiración de defender la victoria por la fuerza, frente al poder del Catete, si el resultado no fuera considerado o hubiera fraude (Neto 2012). La campaña realizada por Vargas sería innovadora en relación con el estilo de los políticos de la Vieja República, ya que "en lugar de la vieja oratoria de frac y sombrero, la campaña de Getúlio Vargas adoptaría un lenguaje ardiente, moderno, más adecuado a aquellos tiempos de cambios vertiginosos en los hábitos y costumbres del país" (Neto 2012, 362).

Así también, el candidato de la Alianza Liberal incorporaría en su discurso de campaña referencias a la "cuestión social", hablando de la necesidad de garantizar ciertos derechos a los trabajadores. Esto apuntaba a marcar diferencias con el entonces presidente Washington Luis, al cual se acusaba de tratar esta cuestión como mero asunto de policía (Neto 2012). La derrota de la Alianza Liberal frente a la candidatura de Julio Prestes, sacando este último 1.091.709 votos frente a los 742.794 de Vargas, y venciendo en todos los estados con excepción de los que conformaban la alianza, produciría inicialmente la intención de los gauchos de cesar con sus aspiraciones nacionales. Sin embargo, luego irían generando acercamientos entre los líderes de los tres estados de la derrotada Alianza, en conjunción con los jefes tenentistas, para coordinar una eventual insurrección armada. Frente al resultado electoral, la posición de Vargas sería ambigua con respecto al reconocimiento de la derrota.

De un modo inesperado, el asesinato de João Pessoa, vicepresidente de la fórmula electoral de la Alianza Liberal, por un adversario político de Paraíba el 26 de julio de 1930, tras tocaría el escenario político. Este acontecimiento, que sería vinculado con las intenciones del gobierno federal, terminaría desencadenando la insurrección armada de 1930. Antes de que el avance militar dirigido por el militar Góes Monteiro llegara a Río de Janeiro, una junta compuesta por tres militares depuso a Washington Luis, pretendiendo hacerse con el poder antes que Vargas. Sin embargo, luego la junta invitaría a Vargas a asumir la presidencia de la república, tras la amenaza de este último de continuar el avance militar hasta San Pablo (Neto 2012). En tanto Vargas, descontento con la actuación en la conspiración del Partido Democrático (PD), definió la ocupación militar de San Pablo.

En noviembre de 1930, Getúlio comenzaría a gobernar por decreto, luego de suspender la Constitución Federal y disolver el Congreso, destituyendo a intendentes y gobernadores estatales, así como instituyendo un tribunal de excepción para juzgar crímenes políticos (Neto 2013, 14). Los representantes del "tenentismo" que apoyaban al gobierno, consideraban que la vuelta al orden constitucional significaba traer nuevamente la "politiquería" que la revolución aspiraba a terminar con la instalación de una nueva república (Neto 2013, 15). Las tensiones del gobierno quedarían evidentes desde el comienzo, ya que mientras los liberales exigían la realización de una Asamblea Constituyente, los tenentistas creían que no sería tiempo de ello aún, dada la supuesta ausencia de madurez de la sociedad, creyendo en la necesidad de una elite ilustrada que fuera capaz de dirigir los destinos del país. El gobierno interpretaría la convocatoria a una Constituyente como una vuelta al "viejo orden" dominado por las oligarquías estatales, y por ello intentaría demorar este proceso.

El gobierno provisorio de Vargas se caracterizaría por introducir una mayor intervención estatal, así como el planeamiento económico basado en una centralización de las decisiones (Neto 2013, 85). De un modo similar, Lamounier asocia la emergencia del liderazgo carismático de Vargas con un proceso simultáneo de legitimación y de personalización del poder, que involucra la implementación de una extensa agenda de estabilización económica, modernización administrativa y refuerzo del poder central (Lamounier 2005).

Getúlio promovería la organización de la sociedad en términos de una representación corporativa, en tanto las asociaciones de clase de patrones y empleados debían ser reconocidas por el Ministerio de Trabajo. A su vez, el nuevo gobierno demostraría un interés inédito por la cuestión social (Neto, 2013). Como señala Ferreira, "trabajo, riqueza y ciudadanía se convirtieron en partes integrantes del discurso estatal. El ideal de la 'justicia social' comenzó a convertirse en una referencia en la interlocución entre el Estado y la clase trabajadora" (Ferreira 2012, 298).

Durante sus primeros quince años de gobierno, Vargas emprendió una centralización del poder estatal, provocando fuertes tensiones con las oligarquías estatales (Fausto 2003). Como destaca Neto (2013), desde el inicio del Gobierno Provisorio, San Pablo se convertiría en un foco de tensión. En menos de un año y medio, Getúlio nombraría a cuatro interventores para el estado de mayor peso económico, pero ninguno de ellos conseguiría apoyo al frente del cargo. Además, el gobierno pretende controlar la producción de café, creando el Consejo Nacional del Café. Esto sería un motivo más para el enfrentamiento entre Getúlio y los productores y líderes políticos paulistas.

Así, el gobierno federal se encontraría con la resistencia de las distintas fuerzas políticas paulistas, desde el oligárquico Partido Republicano Paulista (PRP) hasta el PD, que resolverán juntar sus fuerzas contra el Catete. A pesar del nombramiento por Getúlio de un interventor "civil y paulista", de acuerdo a las exigencias de San Pablo a principios de 1932, "el discurso nativista, que mezclaba chauvinismo, xenofobia e indignación ciudadana, sedujo a los estudiantes, persuadió a las capas medias, y reagrupar a las elites" (Neto 2013, 77). Ciertas alas del movimiento paulista, aunque no fueran mayoritarias, alimentaban la pretensión separatista de un San Pablo libre de la "opresión" del gobierno central (Neto 2013).

La rebelión paulista que se iniciaría en julio de 1932, encontraría al resto de los estados en adhesión al gobierno provisorio. Quien estaría encargado de la represión al movimiento sublevado sería el militar Góes Monteiro, quien diseñaría la estrategia de aislamiento de los rebeldes. Señala Neto que "en cuanto a la guerra contra San Pablo, Góes continuaría estableciendo todas las definiciones, con el apoyo irrestricto de Getúlio. Eso haría de él, al final del conflicto, uno de los hombres más prestigiosos de la República—y el militar más poderoso de todo el ejército" (Neto 2013, 110). Una vez producida la derrota de San Pablo, para conciliar, Getúlio nombraría como interventor a Armando Salles de Oliveira, cuñado de Julio de Mesquita Filho.

En 1933, el gobierno convocaría a una elección para designar a los representantes para la Asamblea Constituyente, obteniendo un resultado favorable, que le permitiría la mayoría en la Asamblea. La nueva constitución aprobada en 1934, de contornos liberales, respetaba más las autonomías de los Estados, incorporaba principios exigidos por los *tenentistas*, así como reconocía también varios derechos a los trabajadores (Neto 2013, 189). Vargas sería elegido en forma indirecta como presidente constitucional.

A partir de entonces, Getúlio promovió su acercamiento hacia los integralistas, a la vez que se mantendrá distante de sus dirigentes, desatando una cruzada anticomunista con la aprobación de un Consejo Superior de Seguridad Nacional compuesto por la acción conjunta de todos los ministros, el Ejército y la Marina (Neto 2013, 202). Luego crearía la Ley de Seguridad Nacional, que preveía castigos a "crímenes considerados contra el orden político y social" (Neto 2013, 205). Como hemos mencionado, se crearía el DPDC, bajo la dirección de Lourival Fontes, que exaltaba la figura de Vargas a través de la propaganda, a la vez que instrumentan la censura en los medios. Luego, durante el *Estado Novo*, el DIP alcanzaría el rango de ministerio, así como Lourival Fontes obtendría cada vez mayor poder al interior del gobierno (Neto 2013). Según Lamounier "el proceso político pasó a tener como energía vital la devoción de las masas populares a la persona del Presidente. Devoción popular y apoyo difuso, anónimo, sin condiciones ni intermediarios: un capital político que sólo el beneficiario puede utilizar" (Lamounier 2005, 105).

En noviembre de 1935 estallaría una insurrección comunista, liderada por el dirigente Luis Carlos Prestes, que sería rápidamente derrotada por el gobierno federal. Desde entonces, Getúlio se encargaría de conformar organismos orientados a la represión a la izquierda, con el encarcelamiento de Prestes y otros comunistas. También decretaba la suspensión de la Alianza Nacional Libertadora (ANL), que era la representación partidaria legal de las fuerzas comunistas, acorde a las directivas de la Internacional. De este modo, sería creada por el gobierno la Comisión de Represión al Comunismo. Con la alusión a la "amenaza comunista", Vargas establecería el estado de guerra, lo que le permitiría definir los contornos de la sucesión presidencial programada a nivel electoral, que luego no se realizaría por el golpe del *Estado Novo*. El llamado Plan Cohen, que sería difundido en los medios militares, alertaba sobre una conspiración comunista para construir un gobierno de izquierda radical en Brasil (Neto 2013, 304). Esto le permitiría a Vargas obtener el apoyo de los militares para dar un "golpe preventivo". Los partidos políticos quedaron extinguidos, así como el escudo y la bandera de cada uno de los estados.[2]

La constitución de 1937, elaborada por el Ministro de Justicia Francisco Campos, tendría similitudes con la *Carta del Lavoro* de la Italia de Mussolini, una constitución de tipo corporativa. En este sistema corporativista, el centro de la construcción *getulista* fueron la Consolidación de las Leyes del Trabajo (CLT). Así, el Estado le daba el monopolio de la representación por cada categoría, de los patrones o los trabajadores, a un único sindicato, que era considerado el interlocutor oficial frente al gobierno, siendo que este último debía reconocer la existencia oficial de la entidad (Lamounier 2005, 116).

Entre los rituales del *Estado Novo*, se encontrarán los actos donde Vargas se refería a los "trabalhadores do Brasil". El Día del Trabajo, 1º de mayo, pasó a tener centralidad en la revitalización del vínculo entre el Estado y los trabajadores, ya que:

> Era siempre una celebración de masas en la que el propio Presidente en persona se encontraba y hablaba con los trabajadores. Más que eso, era una fecha que pasó a ser esperada por los trabajadores, puesto que era la ocasión en la que se anunciaba una iniciativa gubernamental de peso en el campo del derecho social: el regalo de la fiesta. (Gomes 1994, 217)

En el contexto de la segunda guerra mundial, y luego de reiteradas ambivalencias con respecto a su alineamiento internacional, considerando el interés brasileño por la instalación de una siderúrgica con apoyo norteamericano, el país tomaría posición por el frente de los Aliados. Mientras el Ministro de Guerra, Eurico Dutra y el Jefe del Estado-Mayor del Ejército, Góes Monteiro, mostraban sus simpatías por el Eje, el Ministro de Relaciones Exteriores, Osvaldo Aranha, tendía sus lazos con Estados Unidos (Neto 2013, 357). Vargas aprovecharía el poder de negociación brindado por la guerra frente a las potencias para obtener el financiamiento de la siderúrgica (Neto 2013, 385). De este modo, con el acuerdo de financiar una modernización del equipamiento del ejército y la siderúrgica por parte de Estados Unidos, Brasil se dispondría a romper relaciones con el Eje en 1942. Esto supondría también el apoyo brasileño a los aliados por medio de las Fuerzas Expedicionarias Brasileñas (FEB), que lucharían a fines de la segunda guerra en el campo de los Aliados. La entrada de Brasil en el conflicto bélico mostraba las contradicciones de un gobierno "que se disponía a luchar contra el totalitarismo en el exterior mientras a nivel interno se resistía a aceptar las contingencias del juego democrático" (Neto 2013, 434).

Durante el *Estado Novo* se produciría la Consolidación de las Leyes del Trabajo (CLT), que permitirían una ampliación significativa de los derechos de los trabajadores. Esto incluía la reglamentación del salario mínimo, descanso semanal, entre otros varios beneficios. Sin embargo, esto iba acompañado de la represión al sindicalismo que buscaba independencia del gobierno (Neto 2013, 443). Las leyes "trabalhistas" y los derechos de trabajadores coexistieron con un endurecimiento de leyes hacia las izquierdas.

Frente a las demandas de democratización hacia el final de la guerra, Vargas buscaría construir su base de sustentación en los trabajadores, con el lema militarista de "trabajo y vigilancia", que buscaba la disciplina para la producción (Neto 2013, 444). Lentamente, fueron apareciendo distintos grupos que expresaban la necesidad de una democratización, como el "Manifiesto de los Mineiros" (1943), así como luego las cúpulas militares, representadas por Góes Monteiro, irían tomando distancia del gobierno. En este marco, José Américo de Almeida, ex ministro de Aviación del gobierno, daría un reportaje al periodista Carlos Lacerda, en el periódico carioca *Correio da Manhã*, en el cual manifestaría las exigencias de una apertura política, infligiendo un golpe al capital político del gobierno (Neto 2013, 460). Sería lanzada entonces la candidatura del "Brigadeiro" Eduardo Gomes. A su vez, Vargas buscaría apoyo en el "queremismo",[3] un movimiento que exigía la convocatoria a la Constituyente pero "con Getúlio" a la vez que la postergación de las elecciones, manteniendo la presencia protagónica de Vargas. Esta convocatoria formaba parte de la estrategia de Vargas para eludir la apertura, manteniendo las riendas del poder político (Neto 2013, 473). Para ello, encontraría un inesperado aliado en el líder comunista Luíz Carlos Prestes, que acababa de salir de las cárceles del *Estado Novo*.[4] Sin embargo, las convocatorias de Vargas por movilizaciones populares en su apoyo comenzarían a generar inquietudes en los medios militares (Gomes 1994, 224).

Como parte del proceso de apertura política, en 1945 serían creados dos partidos, el Partido Social Democrático (PSD), que congregaba a los principales interventores del *Estado Novo* en torno a Dutra, mientras la Unión Democrática Nacional

(UDN), un frente amplio que se unificaba en torno al anti-getulismo, adscribía a la candidatura de Eduardo Gomes. La UDN tendría así origen como oposición a las fuerzas del *Estado Novo* (Benevides 1981).

Getúlio estimuló el surgimiento de una tercera fuerza, el Partido Trabalhista Brasileño (PTB), compuesto por líderes sindicales, que se dividían inicialmente entre la adhesión a Dutra y la búsqueda de apoyar al "queremismo" (Neto 2013, 472). Finalmente, en 1945 Vargas sería depuesto por los militares, que convocarían a elecciones presidenciales. Getúlio se retiraría a São Borja, desplazado de la escena política. Allí se produciría su aproximación con João Goulart, que era oriundo de aquella ciudad, y tenía una buena posición económica en función de sus posesiones a nivel agropecuario. El padre de *Jango*, Vicente Goulart, ya mantenía lazos con la familia de Vargas (Ferreira 2011).

Getúlio se postularía para las elecciones en diciembre de 1945 como candidato a diputado por varios estados y a senador por Rio Grande do Sul y San Pablo, a un mes de su deposición por parte de los militares (Neto 2014). En aquellas elecciones, los grandes periódicos apoyarían la candidatura presidencial del "Brigadeiro" Eduardo Gomes (Abreu & Lattman Weltman 1994), señalando su bravura y otros términos elogiosos, como "soldado de la democracia", "católico fervoroso" (Neto 2014). Hugo Borghi, empresario ligado a Dutra y Getúlio, difundió en sus emisoras de radio que el *Brigadeiro* habría dicho no precisar del voto de los "marmiteiros", los trabajadores y obreros (Neto 2014, 49).

Los carteles de propaganda de las fuerzas del varguismo en Rio de Janeiro decían: "Él dice: ¡voten por Dutra!", como señalización de apoyo a la candidatura del militar por parte de Vargas (Neto 2014). En tanto fue elegido como diputado y senador en varios estados, el ex dictador fue el gran ganador de las elecciones (Neto 2014, 56). Benevides resalta que el general Dutra triunfaría con el apoyo de las máquinas estatales del PSD y de los sindicatos "populistas" del PTB, y su victoria resultaría principalmente de la eficiencia de la máquina estatal, como candidato del jefe del *Estado Novo*, que mantenía su estructura prácticamente intacta (Benevides, 1981, 57). Para aquellos sectores ligados a la Unión Democrática Nacional (UDN), que creían haber recuperado el país del "caudillismo dictatorial", y sostenían expectativas sobre un definitivo desplazamiento de Vargas, el triunfo de Dutra en 1945, simpatizante del Eje y ministro de Getúlio durante el *Estado Novo*, resultó una decepción. Como señala en este sentido Fausto:

> El resultado evidenció la fuerza del aparato electoral montado por el PSD a partir de los interventores, así como el prestigio del que gozaba Getúlio Vargas entre los trabajadores. Mostró también el repudio de la masa al antigetulismo, que era asociado al interés de los ricos. (Fausto 2003, 195)

Durante la presidencia de Dutra, la crisis económica y las manifestaciones de los trabajadores contra el gobierno, constituyeron un ambiente que posibilitaría la restitución del antiguo líder en la estima popular. Según Fausto:

> Empeoraron las condiciones de vida de las clases trabajadoras, lo que era un terreno fértil para la elección de Getúlio y las esperanzas depositadas en él. Se calcula que la inflación ascendió en un 60% en el período de Dutra, mientras el salario medio no creció, ni por lejos, en la misma proporción; el salario mínimo se mantuvo en el mismo nivel fijado por Getúlio en diciembre de 1943. (Fausto 2006, 169)

Conforme se acercaba 1950, había carteles que anunciaban "¡Él volverá!" (Neto 2014, 154). Con la sucesión presidencial lanzada durante el mandato de Dutra, Getúlio viajaría a distintos Estados y se encontraría con políticos en São Borja. Su estrategia consistía en garantizar la lealtad de los jefes del aparato político montado en el campo por el PSD y construir una sólida base apoyo (Fausto 2003, 198). En febrero de 1949, el periodista Samuel Wainer, de los *Diarios Asociados*, pertenecientes a Assis de Chateaubriand, se aproximaría a la "fazenda" Santos Reis (Wainer 1987), donde residía Getúlio, para hacerle una entrevista. Allí, Vargas haría elogiosas declaraciones con respecto al "Brigadeiro" Eduardo Gomes, con el propósito de disolver la aproximación entre el PSD y la UDN (Neto 2014). Además, dejaría una frase que luego tendría trascendencia: "Volveré, pero no como líder de partidos, sino como líder de masas". Como indican distintos analistas y políticos (Lacerda 1978; Wainer 1987; Fausto, 2006; Neto 2014), la recepción y circulación de esta entrevista sería crucial en el desarrollo del curso de las articulaciones electorales. La entrevista sería publicada en el periódico *A Noite*. Chateaubriand estimularía la publicación de la misma para "asustar a la burguesía" con el fantasma del retorno de Getúlio (Wainer 1987). La repercusión de la misma colocaría a Getúlio nuevamente en el centro de la sucesión presidencial. Desde entonces, São Borja se convertiría en un lugar transitado por políticos de diversas tendencias, como Nereu Ramos y Adhemar de Barros, interesados en la definición de los destinos del país. Para viabilizar su candidatura, Vargas construiría una alianza con Adhemar de Barros, gobernador de San Pablo, ganando su influencia política y los votos en aquel estado (Fausto, 2003), con la promesa de lanzar a Adhemar como su sucesor en 1955 (Neto 2014; Skidmore 1975). Por medio de ese pacto, el gobernador paulista renunciaba en forma secreta a su candidatura, e indicaría al vicepresidente de la fórmula electoral (Wainer 1996, 4). A su vez, Góes Monteiro le daría a Vargas la certeza de que el ejército no se posicionaría contra su candidatura (Skidmore 1975).

Frente a las dificultades de los partidos para concertar una fórmula común de consenso, se ampliaban los márgenes de Vargas para situarse por encima de las disputas partidarias, presentándose como "una respuesta a la incapacidad de los liderazgos tradicionales de construir un escenario efectivo de armonía política" (Neto 2014, 173). Estas dificultades partidarias de llegar a un consenso se debían a que "cada una de las grandes fuerzas políticas defendía para sí el monopolio de la representación de los más auténticos intereses nacionales" (D'Araujo 1992, 66). El fracaso de las distintas fórmulas ideadas para la sucesión, la "fórmula Jobim" y la "fórmula mineira", que buscaban una candidatura de consenso nacional, dejarían a Vargas a las puertas de una nueva candidatura. La ruptura del inicial acercamiento entre la UDN y el PSD significaría que la primera lanzaría a Eduardo Gomes nuevamente y el segundo elegiría a Cristiano Machado, este último contando con el apoyo de Dutra (Neto 2014, 183).

Vargas se situaría frente al electorado como el candidato de la unión, sin vínculos partidarios consistentes, basado en su liderazgo carismático y en su relación directa con las masas (D'Araujo 1992, 39). Frente a la incapacidad de los partidos de crear una candidatura de consenso efectiva, Vargas aparecía como el candidato capaz de erigirse por encima de los partidos. Esta ausencia de compromisos partidarios e institucionales de Vargas significaba un peligro para el sistema, según D'Araujo (1992).

Distintos trabajos coinciden en señalar el importante apoyo de los medios de prensa y estaciones de radio a la candidatura del "Brigadeiro" Eduardo Gomes, anunciando su triunfo, mientras que Vargas sería hostilizado por los periódicos, careciendo de apoyo en los mismos (Skidmore 1975; Benevides 1981; Abreu & Lattman Weltman 1994; Fausto 2006; Ferreira 2012). Getúlio sería acusado por la prensa tradicional de ser el "candidato argentino", para producir una asociación negativa con el peronismo, o el representante del "queremismo" (Benevides 1981), que volvería para implantar el autoritarismo.

Desde entonces, Vargas comenzaría a construir el modelo de "la llegada" (Verón y Sigal 1988), señalando que había estado recogido en São Borja, ajeno a las disputas políticas, pero las exigencias de las multitudes por su retorno lo habrían devuelto al centro de la escena, en los "brazos del pueblo". En las páginas de *Tribuna da Imprensa*, el líder udenista Carlos Lacerda, quien se tornaría el opositor más feroz del getulismo, escribiría: "El Sr. Getúlio Vargas, senador, no debe ser candidato. Candidato, no debe asumir. Asumiendo, debemos recurrir a la revolución para impedirle gobernar" (citado en Neto 2014, 188).

Durante la campaña, Vargas recorrería localidades del Norte y el Nordeste donde todavía ningún candidato había llegado (Neto 2014). Adhemar indicaría a Café Filho como vicepresidente de la alianza que llevaría la candidatura de Vargas a la presidencia. En esta campaña, dos temas serían centrales para Getúlio: el nacionalismo y la reforma social (Fausto 2006; Ferreir 2012).

Los resultados marcarían el triunfo de Vargas por 3.849.040 (48,7%) votos frente a 2.342.382 (29,7%) obtenido por Gomes. Cristiano Machado obtendría sólo 1.697.193 (21,5%) (Neto 2014). La votación de Getúlio contaría con el apoyo de los comunistas, que si bien habían sido llamados a votar en blanco, serían interpelados por la campaña social de Vargas y su tono nacionalista contra el capital extranjero (Benevides 1981, 82).

La derrota de la UDN, nuevamente frente a las fuerzas getulistas, ahora contra su principal enemigo, afectaría negativamente la imagen del partido y crearía una frustración electoral que la llevaría de la intransigencia y la vigilancia a un peligroso oportunismo (Benevides 1981, 222). A su vez, Lamounier destaca que la victoria de Vargas por una amplia votación, que podría entenderse como una convergencia de posiciones, llevaría por el contrario a la ruptura en el reconocimiento de la legitimidad de la democracia por parte de sus principales actores (Lamounier 2005, 120).

2.2. O Globo y O Estado de S.Paulo *frente a las elecciones de 1950: visiones opuestas de la democracia*

Para contextualizar la actuación de estos medios de prensa, O Globo y O Estado de S.Paulo, durante el segundo gobierno de Vargas, hemos definido analizar sus editoriales correspondientes a los cuatro días posteriores a las elecciones presidenciales de 1950 (4, 5, 6 y 7 de octubre). Así también, hemos incluido el análisis del 18 de enero,[5] día en que el Tribunal Superior Electoral (TSE) rechazaría la impugnación de la UDN al resultado de la elección que instituía a Vargas como nuevo presidente.[6]

El 4 de octubre, en un editorial titulado "Una contienda auspiciosa", O Globo señalaba que la votación se habría desarrollado con "calma y tranquilidad", y esto era adjudicado a la asunción de sus responsabilidades por parte de las "autoridades federales",[7] en alusión al gobierno de Dutra. Un titular de la página 2 era expresivo de esta posición editorial, al señalar "Todos satisfechos con el transcurso de la contienda". Aún continuaba el conteo de los votos, pero ya se intuía una tendencia que favorecía a Vargas frente a los candidatos Eduardo Gomes (UDN) y Cristiano Machado (PSD). Por su parte, ese 4 de octubre, el O *Estado* presentaba un editorial titulado "La palabra de las urnas":

> Dentro de unas horas comenzaremos a conocer la palabra de las urnas con respecto a los candidatos que se presentaron ... Sea cual fuere esa palabra, debemos recibirla sin exageración de entusiasmo, si los elegidos son nuestros candidatos y sin excesos de debilitamiento, si los vencedores son los candidatos que no merecieron nuestro apoyo.... Incluso cuando sucediera la desgracia, que Dios no lo quiera, de que sea electo el ex dictador a la Presidencia de la República, no tendríamos derecho a aflojar nuestras actividades cívicas y de considerar terminada nuestra participación en la vida pública del país. La lucha es una condición esencial para la supervivencia de las democracias y todo tendremos que hacer, cueste lo que cueste, para que la democracia brasileña venza todos los obstáculos con los que se enfrente. Si el electorado practicara el tremendo error de absolver al ex dictador de los crímenes que cometió contra el país y contra los ciudadanos, llevándolo a la suprema magistratura de la Nación, más fuerte debe ser todavía nuestro apostolado democrático para que ese acontecimiento

no se convierta en una catástrofe...

Hemos dicho estas cosas para abrir espacio a las suposiciones más absurdas y más trágicas. Nuestra convicción es que la victoria será de los candidatos que tuvimos el honor y el orgullo de apoyar durante la campaña electoral—el *Brigadeiro* Eduardo Gomes y el ingeniero Prestes Maia.[8]

El editorial evidenciaba un entendimiento de las elecciones como una lucha entre el "ex dictador" y los "demócratas", representados estos últimos por quienes se vincularon con la visión del periódico. Lo democrático era asociado a lo cívico, y esta lucha cívica era considerada como una "condición esencial para la supervivencia de las democracias". Desde esa visión, la lucha contra el "ex dictador" sería uno de los obstáculos que la democracia debería vencer. Es decir, se asociaba un eventual triunfo de Vargas con una tragedia para la democracia. La denominación de "ex dictador" hacia Vargas expresaba así una invalidación de este líder como lo opuesto a la democracia. Es decir, suponía que a mayores oportunidades para el triunfo de Vargas, habría más dictadura y menos democracia, y viceversa. Este editorial retrataba a Vargas en términos de la construcción de un estereotipo sobre su figura, en tanto resalta un rasgo de su trayectoria, como el de "ex dictador", y se mencionaba al candidato únicamente en esos términos. De este modo, como señalan Amossy & Pierrot, el estereotipo aparecía como un instrumento de categorización que permite distinguir entre un "nosotros" y un "ellos" (Amossy & Pierrot 2003, 49). Los autores señalan que:

> El estereotipo se relaciona así por partida doble con lo preconstruido: en el sentido de que designa un tipo de construcción sintáctica que pone en marcha lo pre afirmado y, en un sentido más amplio, de que lo preconstruido se comprende como la huella, en el enunciado individual, de discursos y juicios previos cuyo origen se ha borrado. (Amossy & Pierrot 2003, 113)

Es decir, se producía una selección y relevancia de determinados rasgos por sobre otros para encuadrar el triunfo de Vargas como un "retorno de la dictadura", incidiendo en la lucha política. Cierto es que Vargas había sido dictador entre 1937-1945, pero también había encabezado la revolución que terminó con el dominio oligárquico tradicional en 1930, y aprobó una nueva constitución de garantías liberales en 1934. Sin embargo, *O Estado de S.Paulo* pretendía resaltar su condición de "ex dictador" por el potencial de invalidación que tenía este rasgo hacia su figura en el contexto democrático posterior a 1945.

O Estado de S.Paulo aclaraba que un triunfo de Vargas no debería significar un fin de la participación en la vida política. Se insinuaba en este enunciado que el periódico conocía las probabilidades de un triunfo de éste, a la vez que entendía esta situación como implicando el fin del régimen democrático. El editorial percibía además un eventual triunfo de Vargas en estas elecciones como la "absolución del electorado de sus crímenes al ex dictador", a tono con la asociación de su figura con una menor institucionalidad, el caudillismo, así como con el pasado dictatorial del *Estado Novo*.

A la vez, estos enunciados mostraban el temor del periódico de los Mesquita, revelando el conocimiento de las altas probabilidades de que un nuevo triunfo llevará nuevamente al "ex dictador" a la presidencia. Sin embargo, al día siguiente, el matutino se mostraba confiado en un fin de la denominada "era del caudillismo", vaticinando una derrota de Getúlio en las elecciones.[9] Parecía como si el periódico creyera en una victoria del candidato udenista Eduardo Gomes, contraponiendo este triunfo de la madurez cívica al caudillismo, siendo que este último sería expresión de la candidatura de Vargas. De este modo, reflejando optimismo en su percepción de los resultados electorales, el periódico ponía en funcionamiento esta contraposición de que a mayor democracia menos caudillismo, al considerar que "la era del caudillismo está definitivamente cerrada". En función del avance en el conteo electoral, nuevos datos serían interpretados y otras posiciones asumidas.

Por su parte, el 5 de octubre, *O Globo*, con un titular en su tapa referido a la "Inercia o traición de los líderes del PSD", tenía un editorial titulado "Ahora, la última etapa", donde elogiaba el desarrollo de las elecciones, así como se pronunciaba contra posibles enfrentamientos:

> Invocar pretextos o reavivar viejas pasiones sería un error o un crimen cometido contra el Brasil. Lo que pasó, pasó, tanto más porque de los hechos pasados no queda nada ante la ley, que debe ser el supremo norte de las instituciones brasileñas. Es un espectáculo de rara belleza cívica el de un pueblo que acude a las urnas y en ellas deposita el voto con la certeza de que su voluntad será respetada por los detentadores del poder. Es sobre todo una demostración de evolución política que todos celebran, pueblo y gobierno, vencidos y vencedores, electos y derrotados. La grandeza de Brasil se impone en este proceso político que nos sitúa felizmente, entre los países para los cuales la democracia dejó de ser una ficción.[10]

Este editorial construía su discurso exigiendo mitigar las pasiones y enfrentamientos entre los bandos políticos, señalando el carácter incuestionable del veredicto de las urnas como expresión de la consolidación democrática, y la unión entre los brasileños que esta instancia debería significar. El vespertino pretendía evocar la unidad nacional de Brasil frente a las "pasiones antiguas", haciendo alusión a la división entre varguismo y antivarguismo. De este modo, consideraba que encender estas pasiones sería "un crimen cometido contra Brasil". Un retorno de estas pasiones que tuviera por efecto una impugnación de los resultados electorales resultaba un temor del periódico, que procuraba aplacar estas posibles divisiones con apelaciones argumentales de tipo institucional. Así, en *O Globo* comienza a asomar una de sus posiciones características a inicios de este gobierno, que suponía situarse "por encima de los antagonismos".

Por el contrario, con decepción frente al escenario que se avecinaba, *O Estado de S.Paulo* señalaría en un nuevo editorial:

> Si la victoria fuera de los candidatos que, hasta este momento, se encuentran al frente, podremos concluir que, para el elector brasileño, es indiferente el pasado del candidato. Ni siquiera sus virtudes personales le influyen en el espíritu. Su voto va para quien más promesas demagógicas le hace, esto es, para quien le hace señas con un futuro de poco trabajo y mucha remuneración. El jefe de Estado ideal es, para él, el que favorece la vagancia general y trabaja para la ruina del empleador…
>
> O el votante no razona y vota … por impulsos que él mismo no es capaz de explicar, o, entonces, desea él un gobierno del más bajo nivel intelectual y moral…
>
> A muchas personas del pueblo tuvimos la oportunidad de escuchar la declaración de que, con el ex dictador en el gobierno, sería reducido el tiempo de trabajo y la semana laboral y ampliados, en proporciones muy altas, los sueldos. La pobreza desaparecería, la abundancia entraría en cada casa y los patrones tendrían, poco a poco, que ceder a los empleados, sino todo, en buena parte, las industrias que explotan…
>
> Pero está claro que este programa es inviable. Pero el elector sólo se dará cuenta de que lo es después de poner al ex dictador en el gobierno. Pero entonces será tarde. Los males que vendrán de este error ya no tendrán remedio.
>
> Lo que también se concluye de la elección, por lo que hasta ahora se ha revelado en las urnas, es que, bajo el rótulo de populismo, lo que, realmente, salió vencedor fue el comunismo. La victoria que, hasta este momento se entrevé sería, si no la rebatieran, la victoria de Moscú. El terreno está preparado para el avance de los Soviets.[11]

La oposición entre el caudillismo-barbarie-dictadura y las instituciones-civismo-democracia que venía siendo desarrollada por *O Estado de S.Paulo* en editoriales previos era aquí extendida en sus características hacia el electorado. De este modo, definiciones que eran dadas previamente sobre el "ex dictador", eran transferidas hacia los votantes, que serían la expresión en el voto de todo aquello que representaría Vargas, en su supuesta ausencia de valores cívicos y morales, su atracción por el caudillismo y la dictadura, demostrando el triunfo de éste que aquellos que lo votaron carecerán de racionalidad. Esto suponía la extensión de la invalidación del "caudillismo-barbarie-dictadura" a un electorado irracional, que se dejaría llevar por la demagogia y votaría en ilusiones, dando un golpe a la democracia. Por supuesto, la voz que encarnaba esta denominación constituía la voz de una "racionalidad ilustrada" y legítima. La decepción por el voto en Getúlio del electorado sería así traducida en una descalificación hacia los electores, que se dejarían llevar por promesas vacías e ilusiones. Por otra parte, el señalamiento acerca de un "triunfo del comunismo", tenía la pretensión de generar temor en las clases dominantes sobre el advenimiento de Vargas al gobierno, a través de una operación típica del periódico que resultaba en una *sobreestimación de la amenaza* (Fonseca 2005).[12]

En esta tercera página de *O Estado de S.Paulo*, en la sección El Momento Político, decía:

> Es sabido que los comunistas, al contrario de lo que el Sr. Prestes, en un pase de mistificación, predicó en su inescrupuloso manifiesto, votaron por unanimidad en el ex-dictador…. Lo que no se discute más, porque incluso se evidencia minuto a minuto en el desarrollo de la acción electoral, es la alianza entre los comunistas y el ex dictador.
>
> …En cuanto al Sr. Getúlio, se sabe (y el hecho nos fue confirmado hoy en algunos sectores políticos) que el primer gobernante extranjero en alegrarse con su 'victoria' fue el Presidente Juan Domingo Perón, de la Argentina. El jefe de gobierno del país vecino, por lo que se informa, se habría comunicado por teléfono con el ex dictador en una llamada hecha a la ostentosa hacienda del Sr. Lusardo, en la frontera de la Argentina, donde el ex dictador se encuentra veraneando.[13]

Así, por un lado, *O Estado de S.Paulo* denunciaba la existencia de una alianza de los comunistas con los *getulistas*, mostrando su desprecio por las fuerzas dirigidas por Luis Carlos Prestes. Por el otro, el periódico avanzaba con la idea, de que como Vargas provenía de São Borja, cerca de la frontera Argentina, se tornaría viable una alianza peronista-varguista. Se comenzaría a promover el fantasma de un acercamiento entre Perón y Vargas, lo que sería resaltado en forma sistemática durante el desarrollo del gobierno.

A diferencia de *O Estado de S.Paulo*, que se refería a Vargas como el "ex dictador", *O Globo* se refería a Getúlio como el "ex jefe de gobierno" en su edición del 6 de octubre de 1950. El editorial, situado en la tapa de ese día, se titulaba "¿Dónde están los votos en blanco del electorado rojo?":

> La víspera de las elecciones, el Jefe Nacional de los patriotas rusos en Brasil hizo dos cosas muy solemnes: lanzó un manifiesto predicando la revolución… y determinó a los comunistas que votaran en blanco para presidente de la República, por considerar indignos de tan selecto electorado a los cuatro candidatos burgueses, imperialistas, reaccionarios, etc. que competían en la elección. En cuanto a esa parte de las órdenes del Kremlin *caboclo* todos ahora se preguntan: ¿Dónde están los votos en blanco de los electores rojos? Es que el total hasta ahora de estos supuestos votos viene demostrando que los representantes del Sr. Prestes votaron en alguno de esos cuatro burgueses para la presidencia de un país que ellos tanto detestan…
>
> Como no creemos en la falta de disciplina de los partidarios del Sr. Luis Carlos Prestes, somos llevados a la conclusión de que esta historia de los votos en blanco no pasó de una actitud 'técnica', el camuflaje de los compromisos previamente asumidos,

quién sabe con quién…

Tanto *O Estado de S.Paulo* como *O Globo*, en forma despectiva, concluían que los comunistas estarían aliados a los getulistas. El vespertino carioca, expresando su anticomunismo, se refería a Prestes como el "jefe de los patriotas rusos", promoviendo el estereotipo, que sería retomado luego, de los comunistas como una fuerza que sería extraña a la nacionalidad brasileña, estando al servicio de las potencias extranjeras.

Frente al avance en el conteo electoral, el 7 de octubre, en el editorial "Las sorpresas de las elecciones", *O Estado de S.Paulo* atestiguaba haciendo una concesión al "realismo":

> La mística que se formó alrededor del ex dictador, en vez de ser destruida, fue reforzada por la administración y por la política del Sr. general Gaspar Dutra. Esa es la dura y simple verdad. No hay, por lo tanto, motivos para sorpresa en la manifestación de las urnas en favor del mayor enemigo que han tenido en Brasil las instituciones democráticas. No se ofreció al pueblo otra oportunidad sino esa, la de condenar unánimemente al gobierno actual. Más en contra de este gobierno que en favor del ex dictador fue, realmente, que se pronunciaron las masas electorales.

De este modo, el matutino buscaría una explicación para lo inconcebible desde su concepción "ilustrada", como sería el triunfo en las urnas del "mayor enemigo que ya tuvieron las instituciones democráticas". Este resultado, que se tornaría un motivo de frustración para los editorialistas, sería adjudicado a la impericia de Dutra, por no haberse distanciado e impedido que creciera el "mal mayor" mientras duró su gobierno. *O Estado de S.Paulo* interpretaría el voto hacia el "ex dictador" más como una expresión de rechazo al actual gobierno, que como una manifestación de apoyo al "caudillo". Resultaba así un tipo de "racionalización" que llevaba a percibir el resultado de la elección en términos morales, ya que según el matutino, el error habría estado en no ser lo suficientemente intransigente frente al "mal" representado por Vargas.

Con el resultado más claro por ser vespertino, *O Globo* titulaba "Aranha reconoce la victoria de Vargas" y el periódico proseguía con un editorial en la tapa que reafirmaba la legitimidad electoral, con el título "En defensa de las instituciones", asumiendo una posición distinta a la de *O Estado de S.Paulo*:

> SELLADA en las urnas la suerte de los candidatos presidenciales, y cada vez más evidente la victoria del Sr. Vargas, comienzan a tomar cuerpo algunas insinuaciones destinadas a empañar el notable espectáculo cívico que fueron las elecciones del tres de octubre…. En realidad, los que así hablan o insinúan están cometiendo el mayor de los insultos que se le puedan dirigir a las Fuerzas Armadas brasileñas: el de suponer que sean éstas capaces de sobreponerse a la libre voluntad del pueblo, faltando el respeto a la manifestación de las urnas o negando la validez de una elección que todos reconocen que ha sido una de las más libres que ha habido en el país…

Si algo tuvo que ser invocado contra el candidato *trabalhista*, que lo fuera antes de las elecciones, de acuerdo con la norma de la ley. Pero si esto no ha ocurrido y si el Sr. Vargas tuvo inscripta su candidatura y su nombre votado victoriosamente, no hay cómo escapar a los términos de la ley, evidentemente claros cuando delimitan el papel de las Fuerzas Armadas y disciplinan la norma reguladora de la asunción del candidato electo.[14]

A diferencia de *O Estado de S.Paulo*, al cual le resultaba despreciable el triunfo del "ex dictador", *O Globo*, defendía la necesidad de que asumiera el "antiguo dictador", el "candidato trabalhista",[15] naturalizando su asunción como necesaria e incuestionable. El vespertino se posicionaría en defensa de la legitimidad democrática, haciendo visible su legalismo como valor característico, a diferencia de *O Estado de S.Paulo* que sostendría la impugnación de los resultados defendida por la UDN. *O Globo* enmarcaría las críticas udenistas como intenciones por "manchar" el "notable espectáculo cívico" de la votación del pueblo. La impugnación de los resultados, supondría así la "mayor de las injurias" que se podría dirigir a las "Fuerzas Armadas brasileñas", ya que implicaría que hubiesen fuerzas que se pudieran "sobreponerse a la libre voluntad del pueblo". Es decir, el vespertino defendería lo que entendía como la libre expresión popular frente a las críticas udenistas, situando a estas últimas como antidemocráticas y especialmente, contrapuestas a la voluntad del electorado. Vemos entonces como el vespertino evocaría el argumento procedimental para la legitimación del presidente electo, mientras *O Estado de S.Paulo* daría a entender que Vargas no debería asumir, en tanto representaría una amenaza a la democracia, arrogándose el matutino la propiedad de una moral superior que estaría por encima del veredicto de las urnas.

A pesar de las impugnaciones, el 18 de enero de 1951, el Tribunal Superior Electoral (TSE) definiría como legítima la asunción presidencial de Vargas, rechazando el argumento de la mayoría absoluta esgrimido por los udenistas. Este acontecimiento y las posiciones adoptadas en torno al mismo, evidenciarían las concepciones divergentes de los periódicos sobre el gobierno que iría a asumir y sobre la democracia. En el caso de *O Estado de S.Paulo*, revelaría las ambigüedades de un liberalismo exigente con respecto a las libertades formales, pero restrictivo en la práctica (Benevides 1981). Así, el 19 de enero de 1951, el matutino señalaba en su editorial, "Las sorpresas de nuestra política":

> Se produjo la última elección presidencial, en la que el ex dictador se presentó como candidato sin que hubiera ningún movimiento de rechazo por parte de quienes lo habían depuesto, y fue elegido. Terminada la elección se verificó que había cuestiones jurídicas que podían determinar, una vez juzgadas en cierto sentido por la Justicia Electoral, la exclusión de este candidato. Se esperaba que las Fuerzas, que lo habían derrocado del gobierno, aprovecharán esta oportunidad y esta arma para evitar su

vuelta al poder, aunque estuviera apoyado en una razonable masa electoral.

¡Vanas esperanzas! Quienes lo depusieron por enemigo de las instituciones democráticas no dieron un paso para que se verificara la solución legal que le cerraría la puerta del Catete. Lo que se observó fue precisamente lo contrario: un verdadero torneo, entre ciertos militares, para asegurarle la conquista del poder, evitando que la Justicia Electoral, a través de una solución de la controversia jurídica que se produjo, viniera a privar al Brasil del honor singular de ser gobernado, en un régimen constitucional, por un ex dictador, inveterado enemigo de todas las constituciones y todas las leyes…

¿Es posible que con tales elementos se pueda rehacer la gran nación que fue alguna vez el Brasil y detener la descomposición moral, iniciada durante el gobierno dictatorial del hombre que las masas electorales, en una espantosa inconsciencia, preocupadas solamente con el estómago y desdeñosas de los derechos fundamentales de los ciudadanos han vuelto a conducir al gobierno?

O Estado de S.Paulo expresaría, en este editorial, la traición que percibía por parte de las Fuerzas Armadas, que mientras en 1945 habrían desalojado al "ex dictador" del poder, ahora habrían adoptado una posición firme para permitirle asumir como presidente. Nuevamente, volvía a ser evocada la oposición construida entre la "dictadura" y la "democracia". En nombre de una contradictoria concepción moralista sobre esta última, *O Estado de S.Paulo* reprendería a las Fuerzas Armadas y la Justicia Electoral por haber refrendado los resultados electorales y permitir la asunción de Getúlio. El rechazo que el periódico sostenía hacia Vargas, en tanto "ex dictador" y "destructor de las instituciones democráticas", llevaría al matutino a desconsiderar la voluntad popular en nombre de su visión ilustrada, exigiendo a las Fuerzas Armadas que impidieran la asunción del candidato, para evitar la "disolución moral" del país. Otra cuestión que aparecía en este editorial residía en su visión despectiva hacia las "masas electorales", que eran acusadas de votar de forma "inconsciente" y con el "estómago", lo que estaría en contraposición con las motivaciones que tendrían las clases ilustradas, que se auto-erigían en defensoras de la moralidad y la democracia.

Por el contrario, el 19 de enero, *O Globo* sentaba una diferencia notoria con *O Estado de S.Paulo* en su concepción sobre las definiciones de la Justicia Electoral. Un editorial en la primera página, titulado "La advertencia de la Justicia Electoral", reafirmaba estas definiciones:

La manifestación unánime del Tribunal Superior Electoral, proclamando electos, presidente y vicepresidente de la República, a los Sres. Getúlio Vargas y Café Filho, cierra, de manera feliz para el régimen, otra etapa de la elección del 3 de octubre. Respetó la Justicia Electoral, como le correspondía, la voluntad del pueblo, libremente manifestada, y repudió, como era de esperar, las artificiosas interpretaciones que pretendían anular en la instancia judicial la victoria indiscutible alcanzada por los candidatos ya proclamados.

Es apropiado señalar que la famosa 'tesis' de la mayoría absoluta, que en algún momento sirvió como instrumento a los disconformes con el derecho del pueblo a elegir sus gobernantes, fue refutada en rápidas palabras por el ministro relator, en una clara demostración de su irremediable falta de fundamento.

De este modo, se expresarían frente a estos relevantes acontecimientos las posiciones divergentes entre ambos periódicos, pese al anticomunismo compartido. *O Globo* acusaría a los udenistas, defensores de la posición de la "mayoría absoluta", de querer desvirtuar la libre manifestación electoral del pueblo, mientras para *O Estado de S.Paulo*, el triunfo de Vargas no era legítimo por la destrucción moral y autoritaria que su retorno conlleva. El "ex dictador" atentaría contra los principios morales y significaba el peligro de un retorno al *Estado Novo*, mientras sus electores no tendrían los valores cívicos necesarios, ya que votarían "con el estómago", habilitando el triunfo de un "enemigo de las instituciones". Así, en las posiciones asumidas por estos medios de prensa se escenificarían dos concepciones contrapuestas sobre la democracia. Por un lado, la de *O Globo*, residente en la legitimación de la expresión popular a través de las urnas. Por el otro, la de *O Estado de S.Paulo*, sostenida en el respeto a unos principios morales excluyentes, que consideraba por encima de los resultados electorales.

2.3. *El segundo gobierno de Vargas y la prensa: partidismo y polarización*

El propósito de este apartado es introducir el modo en que se organizaría la lucha política en los partidos y en la prensa durante el segundo gobierno de Vargas, haciendo referencia a los principales antagonismos. Como hemos visto, durante este período comprendido entre 1951 y 1954, se desarrollarían conflictos de envergadura en el marco de un contexto internacional inestable. La polarización social y política, así como la "partidización" de la prensa, que se convertiría en un escenario más de la batalla, caracterizarían el transcurso de este gobierno.

Abreu & Lattman Weltman destacan que el clima de polarización y crisis política se debía a que durante este período se enfrentarían un presidente de amplia adhesión popular con grandes recursos clientelares, frente a una oposición resentida y heredera de duras derrotas políticas, en torno a la cual se alineaban las Fuerzas Armadas y sectores de la sociedad civil. Por otra parte, los autores señalan que este escenario se desarrollaba en el contexto internacional de polarización propio de la Guerra Fría (Abreu & Lattman Weltman 1994, 24).

Fausto sostiene que el objetivo central de Vargas para este gobierno residía en promover una política de sustitución de importaciones, así como la implantación de un fuerte sector industrial, realzando el papel del Estado en la constitución de una infraestructura básica (Fausto 2006, 172). No obstante, para el historiador, la inclinación de Vargas hacia los trabajadores, desafiando las inquietudes militares, así como perdiendo el apoyo de la clase dominante y la clase media profesional, resultaría un error estratégico, que demostraría la dificultad del mandatario para mediar los conflictos durante este período (Fausto 2006, 186). En el marco de aquella conflictividad, el sistema partidario se revelaría incapaz de contener la polarización entre las fuerzas getulistas y antigetulistas. Como señala en este sentido Lamounier :

> Los principales partidos tenían poco de árbitro y mucho de partícipes en el conflicto. Decir PSD-PTB versus UDN era casi lo mismo que decir getulismo versus antigetulismo. Había, por lo tanto, una estrecha superposición entre el antagonismo personalizado y el clivaje entre los partidos. (Lamounier 2005, 123)

La UDN, que como hemos visto surgiría en la lucha por la democratización frente al *Estado Novo*, tendría en este período al getulismo como su principal antagonista, el cual solidificaba su identidad en torno a un enemigo común. El rechazo de los udenistas frente al getulismo se vinculaba a su desprecio por las políticas sociales y la intervención estatal en la economía (Benevides 1981). Lamounier subraya que la UDN expresaba la visión de una clase media elitista, consciente de su estatus, que rechazaba una reducción de las distancias sociales. Además, los propietarios de tierras que adherían a la UDN estaban en contra del desarrollismo y de una concepción nacionalista (Lamounier 2005, 124). De este modo, las frustraciones electorales de la UDN (1945, 1950) irían reduciendo su compromiso con el sistema político, pasando del moralismo a un oportunismo que apelaría a las Fuerzas Armadas, exigiendo la intervención militar (Benevides 1981). Como sostiene Benevides:

> El regreso del ex dictador apareció, ante los ojos de los udenistas de la 'redemocratización', como una verdadera trampa de la Historia, haciéndolos dudar, seriamente, de las virtudes de una democracia con amplia participación política: si Getúlio había sido elegido legítimamente por el voto popular, 'el pueblo se equivocó', dirían, disconformes. Se trataba entonces, en el viejo estilo de las élites autoritarias, de 'corregir el error'. Tenía inicio el primer acto de un ensayo que se convertiría en rutina de la práctica udenista: el rechazo de los resultados electorales. (Benevides 1981, 82)

Para esta autora, la agenda de la oposición udenista durante el gobierno de Getúlio se articularía en torno a tres ejes: la desgracia para el país de la vuelta del ex dictador (recordando los horrores del *Estado Novo*), las denuncias de corrupción (de allí el moralismo udenista), así como la necesidad de una intervención militar contra el "desorden social" (el golpismo y elitismo udenista) (Benevides 1981, 84).

El gobierno intentaría, con el propósito de reducir las tensiones políticas, acercar a la UDN a la esfera gubernamental a partir del ofrecimiento de cargos ministeriales, especialmente desde 1952. Sin embargo, fracasaría en su intención, ocasionando incluso un recrudecimiento de la retórica antigetulista (D'Araujo, 1992).

Como señala Benevides (1981), a diferencia de la posición más complaciente durante el gobierno de Dutra, frente al segundo gobierno de Vargas la UDN buscaría la oposición frontal. De este modo, los intentos de Getúlio por promover un acercamiento con la UDN terminarían provocando la radicalización contra el presidente de sus líderes políticos (Neto 2014, 232). Durante el desarrollo de este gobierno, la UDN de Río de Janeiro, influenciada por Carlos Lacerda, comenzaría a conquistar la hegemonía dentro del partido (Benevides 1981, 86).

Por otra parte, la estructura partidaria del PTB funcionaba centrada en torno al liderazgo carismático de Getúlio, a la vez que éste aspiraba a gobernar por encima de los partidos y de forma no institucionalizada. Estos dos aspectos dificultarían las posibilidades de encontrar una resolución para la crisis política (D'Araujo 1992). Almeida Neves (2005) afirma que el perfil autoritario de Vargas contribuyó a la profundización de la crisis institucional de su segundo gobierno. Para la autora, el modelo político centralizador de las decisiones del *Estado Novo*, al cual se había habituado Vargas, no era compatible con las nuevas libertades democráticas que definían el escenario político nacional.

La obtención del apoyo militar sería crucial para el gobierno con vistas a alcanzar la estabilidad durante el período (Skidmore 1975). Los militares se encontraban divididos entre un ala liberal-conservadora, que defendía el sostenimiento de relaciones próximas con los Estados Unidos, y un ala nacionalista, que se proponía reducir la participación del capital extranjero, por considerar que las inversiones del mismo en áreas estratégicas pondrían en riesgo la soberanía nacional (Fausto 2006, 167-168). Con el nombramiento del general Estillac Leal, del ala nacionalista del ejército, como Ministro de Guerra, el gobierno intentaría un acercamiento inicial al sector de la "izquierda militar". Sin embargo, rápidamente Estillac Leal sería derrotado por Etchegoyen, correspondiente al ala más conservadora, en las elecciones internas del Club Militar. Desde entonces, se complicarían las relaciones del gobierno con el sector nacionalista del ejército, lo cual llevaría al posterior deterioro de esta relación (D'Araujo 1992). Finalmente, con el nombramiento en 1952 de Ciro do Espírito Santo Cardoso, de perfil más conservador, como nuevo Ministro de Guerra, el gobierno dejaría atrás su acercamiento con el sector nacionalista (Neto 2014).

El acontecimiento que ocasionaría en forma definitiva el quiebre de la relación con los militares sería el "Manifiesto de los Coroneles", en Febrero de 1954, que produciría la salida del gobierno del Ministro de Trabajo, João Goulart. Este manifiesto además aceleraría la crisis política, permitiendo el pase a la ofensiva de la oposición.

Ferreira caracteriza las dificultades económicas que tuvo que enfrentar el gobierno, correspondientes al legado del gobierno de Dutra. Este legado significaría un proceso de inflación creciente y desequilibrio financiero en el sector público. El gobierno contaría inicialmente con inversiones de infraestructura provenientes de Estados

Unidos, a través de la conformación de una Comisión Mixta entre Brasil y la potencia norteamericana. La situación económica se mantendría estable hasta 1952, con crecimiento y baja de la inflación. Sin embargo, con el triunfo del Partido Republicano y Eisenhower, se romperían los acuerdos de la comisión y el financiamiento (Ferreira 2012, 301). A partir de entonces, el deterioro de la situación económica sería mayor.

Uno de los debates centrales durante este gobierno tendría que ver con la presentación por parte del Ejecutivo de un proyecto en 1951 para la creación de una empresa petrolera estatal, Petrobras. El proyecto se encontraría con la crítica de los nacionalistas, que lo rotularían de "entreguista" por buscar la creación de una empresa de economía mixta, en lugar de resguardar el monopolio estatal del petróleo (Neto 2014, 217). La UDN exigiría en forma demagógica el monopolio estatal del petróleo, presionando al gobierno "por izquierda", cuando se trataba de un gobierno con planes nacionalistas. La creación de la empresa, que finalmente sería aprobada como íntegramente estatal, sería uno de los mayores legados de este gobierno, y contaría con la oposición de varios periódicos, entre ellos *O Estado de S.Paulo*.

A su vez, los enfrentamientos políticos que dividían a la sociedad entre varguismo y antivarguismo tendrían en la prensa un espacio fundamental. El ambiente de "partidización" de la prensa estaría representado principalmente por los conflictos que se desarrollarían entre *Última Hora*, dirigido por el periodista Samuel Wainer, y *Tribuna da Imprensa*, dirigido por el líder udenista Carlos Lacerda.[16] Tratándose de dos periódicos cariocas, los enfrentamientos estarían referidos a incidentes que se desarrollarían en la capital del país, Río de Janeiro. En este sentido, Carvalho indica que Rio de Janeiro durante este gobierno era un "centro irradiador de la cultura nacional y las decisiones políticas, donde la oposición al "trabalhismo" getulista era ejercida de forma más contundente, principalmente a través de *Tribuna da Imprensa*, que encabezó la campaña contra *Última Hora*" (Carvalho 2012, 30).

Última Hora tendría su nacimiento el 12 de junio de 1951. Frente a la percepción de una prensa volcada en su contra (Wainer 1996), Vargas proporcionaría préstamos al periodista Samuel Wainer—que había trabajado con él en la campaña electoral de 1950—a través de terceros para financiar un nuevo periódico cercano al gobierno en su línea editorial. El vespertino sería emblemático durante el período por renovar las formas periodísticas, con innovaciones técnicas que iban desde el aspecto gráfico y el contenido de las noticias hasta su estrategia empresarial (Goulart 2007, 99). Este carácter innovador le brindaría un éxito importante en el mercado de Rio de Janeiro. Neto (2014) atribuye este éxito a que el periódico elegiría nuevas temáticas, como el futbol, las noticias policiales, y la cotidianeidad de la ciudad como dignos de tapa. Carvalho sostiene que *Última Hora* produciría una mitificación de la figura de Vargas, tratando de desligarlo de su pasado autoritario, así como consideraría al presidente un garante de la consolidación democrática (Carvalho 2012, 287).

El periódico iría tornándose competitivo, amenazando con desplazar a los medios de prensa tradicionales. Esto generaría malestar entre los propietarios de medios de Rio de Janeiro, que convertirían a *Última Hora* en objeto de investigación y descalificación. Como señalan Abreu & Lattman Weltman (1994),

> al dar a Wainer las condiciones para desequilibrar el juego de las fuerzas del mercado periodístico, el presidente había proporcionado también a sus adversarios un objetivo a través del cual podrían (e intentarían) llegar a él. Si, con *Última Hora*, Vargas pretendía romper el cerco de gran parte de la prensa contra su gobierno y establecer un nuevo canal de comunicación, o propaganda, con las masas, los demás periódicos percibieron en toda su dimensión la doble amenaza que la intervención significaba. Con la creación de 'su' periódico, el ex-dictador los afectaba tanto como medios cuanto como opositores. La respuesta de la gran prensa fue fulminante. (29)

El periódico quedaría en el centro de la batalla política por las acusaciones de haber sido fundado con dinero público, lo cual sería incompatible con la nacionalidad extranjera de su director, Samuel Wainer, dado que la constitución prohibía a los extranjeros de ser dueños de medios de comunicación (Neto 2014).[17] A su vez, Wainer se encontraba en una posición de debilidad, ya que no tenía detrás un grupo de medios, sino que era un periodista destacado, pero uno más entre otros (Neto 2014). De este modo,

> la credibilidad de *Última Hora* fue colocada en duda para bloquear su influencia y afectar la imagen de quien era señalado como el responsable por su aparición: el presidente Getúlio Vargas. La campaña que los representantes liberal-conservadores definieron como en favor de la libertad de prensa se convirtió en un medio por el cual los periódicos antigetulistas combatieron la expansión empresarial de *Última Hora*. (Carvalho 2012, 288)

Tribuna da Imprensa representaría un espacio fundamental para el combate a *Última Hora*, proporcionando a la oposición de argumentos frente al gobierno. En diciembre de 1949, Carlos Lacerda fundaría este periódico, que se destacaría como una trinchera de lucha en la defensa de las ideas udenistas.

Durante este período y en especial desde este medio, uno de los imaginarios reiterados sería la construcción del peronismo como un fantasma que sobrevolaba potencialmente al gobierno de Vargas, señalando el peligro del advenimiento de una "república sindicalista", que estaría encarnada en el Ministro de Trabajo, João Goulart.[18] Así, se engendraba una distorsión del peronismo argentino y sus vínculos con el gobierno, con el propósito de descalificar políticamente a este último.

Para Goulart (2007), *Tribuna da Imprensa* se caracterizaba por su dimensión panfletaria, vinculada a la oratoria ampulosa de Carlos Lacerda. Desde el comienzo, el periódico se definiría por su estilo agresivo en los reportajes, oficiando como vocero de la oposición política. La autora agrega que "fue por su capacidad de colocarse como el opositor por excelencia, el anti-Vargas, el anti-populista, el adversario más temido del gobierno, que la carrera política de Lacerda se fortaleció" (Goulart 2007, 114).[19]

Durante estos años, una importante sequía afectaría a los estados del Norte del país. En ese marco, Lacerda organizaría una campaña sobre el tema en la radio, lo cual le haría ganar popularidad, a la vez que le permitiría insertarse en la *Radio Globo* (Calabre 2004). A través de Radio Globo y *Tribuna da Imprensa*, Lacerda ganaría cada vez mayor relevancia, explotando el temor de la clase media por la vuelta de Getúlio (Lacerda 1978). También ganaría espacio en la TV Tupi, de la cual era dueño Assis de Chateaubriand. El periódico buscaba producir una retroalimentación entre lo que se enunciaba en los programas nocturnos de Lacerda, en radio y televisión, y aquello que se publicaba en el vespertino.

El líder udenista crearía durante este período el *Club de la Linterna*, "un ojo abierto contra la inmoralidad y la tergiversación de la vida pública",[20] que ganaría muchos adeptos en Rio de Janeiro (Neto 2014, 259). El mismo se convertiría en un núcleo antivarguista, organizado desde las demandas contra la corrupción. El símbolo de *Tribuna da Imprensa* era una linterna, que refería a Diógenes, el filósofo griego que andaba por las calles con una lámpara a la búsqueda de un hombre honesto. Todas las personas que seguían a Lacerda eran llamados "lanterneiros" (Alberto Dines, entrevista, 2014). Según Benevides, este espacio político "reunía militares y civiles inspirados en el liderazgo lacerdista, radicalmente anti-getulistas y anti-comunistas" (Benevides 1981, 86).

Desde su periódico, Lacerda sería el principal instigador de la campaña contra Wainer y Vargas, proporcionando los argumentos más contundentes de la oposición para atacar al gobierno. La oposición buscaba a través de la prensa promover imágenes que descalificaran al gobierno, al mismo tiempo que indignaran y movilizaran contra éste a la población (Ferreira 1994, 65). En la coyuntura de julio de 1953, en el vespertino predominarían las acusaciones a Wainer, convirtiendo al director de *Última Hora* en el protagonista de una confabulación maliciosa, donde por momentos el periodista de origen judío era retratado como un conspirador internacional, y en otros era señalado como quien habría servido a Hitler.[21] Según Goulart (entrevista, 2014), *Tribuna* pretendía afectar un punto crítico de la defensa del gobierno, el nacionalismo, al señalar que el Ejecutivo habría proporcionado facilidades de créditos a un extranjero. Además, se pretendía vincular a *Última Hora* con el "golpe peronista", como en el titular del 8 de julio de 1953: "*Última Hora* está integrada en el esquema del golpe peronista que João Goulart prepara". Ferreira sostiene que "los mensajes contenidos en los periódicos, especialmente en *Tribuna da Imprensa*, seguían la misma lógica. Vargas y Goulart planeaban, de forma sistemática y coordinada, socavar las instituciones políticas del país, con el objetivo de permanecer indefinidamente en el poder" (Ferreira 2011, 108).

Delgado (2005) resalta que durante 1954 existió una articulada campaña de los principales periódicos de la gran prensa contra el presidente Vargas, especialmente durante el calor de la crisis política, que pretendía no solo la salida de Vargas del poder, sino abortar el modelo social y económico desarrollista que había caracterizado al varguismo. De este modo, los periódicos más importantes del país, con la excepción de *Última Hora*, serían opositores a Getúlio. Skidmore indica que la oposición ejercida por la UDN encontraba sustento en la mayoría de la prensa, especialmente en Rio de Janeiro y San Pablo (Skidmore 1975, 161).

Carvalho, que analizó el papel de *Tribuna da Imprensa*, *O Globo* y *O Jornal* durante el segundo gobierno de Vargas, agrega que estos periódicos "cuestionaron la legitimidad del gobierno y construyeron una imagen negativa de las instituciones representativas, estimulando una cultura anti-partido, promoviendo la desconfianza en el movimiento sindical, predicando su despolitización y desmovilización" (Carvalho 2012, 286). A diferencia de este análisis, con respecto a *O Globo*, *O Jornal* y *Folha da Manha*, Abreu & Lattman Weltman (1994, 35) señalan que estos periódicos en ningún momento atribuyeron a Vargas una responsabilidad directa por el atentado de Toneleros, y tampoco solicitaron una solución unilateral de las Fuerzas Armadas. Para los autores, las exigencias de renuncia por parte de estos medios se habrían producido al percibir que el gobierno habría perdido sustentabilidad, así como los riesgos que implicaría esta situación de *impasse* para la continuidad del régimen.

Notas

1   Entrevistado el 29 de marzo de 2014 en Río de Janeiro.
2   En este sentido, una ceremonia que simbolizaría la centralización del poder que sería característica del *Estado Novo* resultó la quema de banderas estatales realizada en Río de Janeiro en 1937. Esta ceremonia dejaría flameando únicamente la bandera nacional, mientras se rendía homenaje a las víctimas del alzamiento comunista de 1935. Así, la lucha contra el enemigo comunista vendría a legitimar la pretensión autoritaria de reducir la diversidad de tradiciones estatales a la unidad nacional.
3   La expresión "queremismo" provenía de las exclamaciones populares que decían "queremos a Getúlio".
4   Luego de salir de las cárceles del *Estado Novo*, Prestes se acercaría al *queremismo*, y después de la caída de Getúlio en 1945, participaría junto con Vargas en actos en las elecciones municipales de 1947, cuando éste último iría tejiendo su vuelta para 1950 (Neto 2014). Luego el PCB se distanciaría, denunciando a Vargas como "lacayo del imperialismo", haciendo algún acercamiento ocasional, como en la votación de 1950, hasta el suicidio de Vargas. A partir de ese 24 de agosto de 1954, con la reacción popular frente al suicidio, el PCB da un giro y vuelve a apoyar el "programa" del varguismo adhiriendo al nacionalismo.
5   A diferencia de las elecciones de 2002, tomamos en las elecciones de 1950 4 días en lugar

de 2, ya que la lentitud en el conteo electoral de la época demandaba un mayor tiempo para evaluar las reacciones de los actores políticos, como fue evidente en las posiciones asumidas por la prensa durante el conteo de las elecciones presidenciales de 1945 (Neto 2014).

6   La impugnación a los resultados electorales por parte de la UDN era justificada en función de una supuesta interpretación de la Constitución que suponía que Getúlio no podría asumir por no contar con una mayoría absoluta, superior al 50% de los votos. Como señala Skidmore,

> Lamentablemente, para estos abogados descontentos de la UDN, la Constitución se refería a una mayoría simple de votos…. Antes de que el Tribunal se reuniera, en diciembre, la UDN y la prensa conservadora como *O Estado de S.Paulo*, cargaron el aire de sombrías advertencias de que Vargas, si se le permitiera asumir la Presidencia, pretendía imponer al Brasil una nueva dictadura. (Skidmore 1975, 134)

7   "Todas las informaciones, hasta ahora, salvo rarísimas y lamentables excepciones, demuestran que la gran elección de ayer se desarrolló en un ambiente de calma y tranquilidad", "Una elección auspiciosa", 4 de octubre de 1950, *O Globo*.
8   "La palabra de las urnas", *O Estado de S.Paulo*, 4 de octubre de 1950.
9   "La contienda", *O Estado S.Paulo*, 5 de octubre de 1950.
10 Referido a la "cristianización" del candidato del PSD, Cristiano Machado, que sería traicionado por los jefes políticos de su partido, quienes al final dirigirían los votos en favor de Getúlio en las elecciones de 1950.
11 "Variaciones en torno de la elección", *O Estado de S.Paulo*, 6 de octubre de 1950.
12 Fonseca (2005) ha desarrollado este concepto como un aspecto característico de la ideología de *O Estado de S.Paulo*:

> [L]a comparación de la realidad brasileña, en lo que desagrada al periódico, con momentos históricos tales como la Revolución Francesa, la Revolución Rusa y el Nazismo, es un recurso bastante utilizado sobre todo en momentos candentes, como el caso del Plan Cruzado, y forma parte de una estrategia retórica e imaginaria bien articulada. De la misma forma, el fantasma del socialismo es utilizado, pero de forma todavía más continua. El uso abundante de esas imágenes constituye un *modus operandi* de los editoriales de *O Estado de S.Paulo*…. La lógica que permea tal estrategia implica, como se observa, sobreestimar a los adversarios—acciones, grupos, instituciones—y su potencial destructivo, otorgándole así una enorme gravedad a una determinada situación. (82)

13 "Lo que revela el conteo en Río. El PSD abandonó al Sr. Cristiano Machado", 6 de octubre de 1950, *O Estado de S.Paulo*.
14 7 de octubre de 1950.
15 Como vemos, el periódico se refería a Vargas con distintas denominaciones, de forma menos estereotipada, en comparación con *O Estado de S.Paulo*.
16 Este político udenista había comenzado en el PCB su oposición a Vargas, como un activo militante comunista frente a las restricciones autoritarias impuestas durante el *Estado Novo*. Posteriormente, se convertiría al catolicismo pasando a ser un firme opositor del comunismo y el getulismo.
17 Alberto Dines (entrevista realizada el primero de abril de 2014) sostiene que otros periódicos como el *Diario Carioca* habían recibido dinero estatal durante el gobierno de Dutra, sin generar acusaciones. Esto sería así por tratarse de periódicos pertenecientes a familias

aristocráticas brasileñas y con un poder acumulado en el mercado de medios, lo cual no sería el caso de Samuel Wainer.
18   El día 17 de noviembre de 1953, los titulares de *Tribuna da Imprensa* decían: "*Jango* promete una revisión del salario mínimo incluso este año. Clima para un golpe dentro de 6 meses. Congreso peronista y reforma constitucional". El día 19 de noviembre de 1953 traería el titular "Libros impresos en portugués, distribuidos por la embajada argentina. La propaganda de Perón invade los sindicatos". El día, 24 de noviembre de 1953, el titular "Gobierno breve de tipo peronista en Brasil".
19   A diferencia de Wainer, Lacerda contaría con el apoyo y el beneplácito de los dueños de los grandes medios. Mantenía lazos personales con Roberto Marinho y con la familia Mesquita, como hemos visto.
20   *Tribuna da Imprensa*, 12 de octubre de 1953.
21   En *Tribuna da Imprensa*, el titular del 24 de julio de 1953 decía: "Declaro que nací en Rumania. Firmado: Samuel Wainer. Prueba definitiva de que el director de *Última Hora* es extranjero". El titular del 25-26 de julio de 1953 decía: "Wainer sirvió a Hitler en el auge de la persecución a los judíos".

Capítulo 3

El segundo gobierno de Vargas en los editoriales:
O Globo y O Estado de S.Paulo

3.1. Selección y justificación de coyunturas

3.1.1. El comienzo del gobierno: de la asunción presidencial al discurso del 1° de mayo

Como hemos visto, la propia asunción de Vargas, con su "pasado dictatorial" resaltado por los periódicos opositores, supuso una coyuntura crítica en sí misma. A pesar de las impugnaciones de la UDN al resultado de las elecciones, finalmente el Tribunal Superior Electoral (TSE) legitimaría la asunción del mandatario.

Muchas veces se señala que los primeros 100 días de un gobierno son los más benévolos en la cobertura que se realiza por parte de la prensa, ya que estos medios se mantienen a la expectativa para analizar qué hará el presidente y luego tomar una posición. En el caso de este gobierno, desde el comienzo se manifestaría la pretensión por parte de la oposición udenista y de varios medios de prensa de impugnar el mandato que se iniciaba.

El nombramiento como Ministro de Guerra de Estillac Leal, representante del ala nacionalista del ejército, produciría tensiones, ya que el ministro sería cuestionado por la prensa en función de su simpatía con las ideas nacionalistas y la publicación de un artículo en defensa de estas ideas en la *Revista del Club Militar*.

Esta coyuntura será considerada hasta el 10 de mayo, atendiendo a las repercusiones del discurso brindado por Vargas en el estadio del Vasco da Gama el primer día de aquél mes, con motivo del Día del Trabajador. Allí, Getúlio volvería a dirigirse a los trabajadores desde estadios, una tradición que venía desde el *Estado Novo* y tenía un papel especial, dado que Vargas aprovechaba estos momentos para aproximarse a las clases populares, que encontraban en el deporte un espacio de entretenimiento.[1] En aquella ocasión de 1951, Vargas lanzaría la siguiente apelación:

> Preciso de ustedes, trabajadores de Brasil…. Llegó, por eso, la hora de que el gobierno

apele a los trabajadores para decirles: únanse todos en sus sindicatos como fuerzas libres y organizadas. El sindicato es su arma de lucha, su fortaleza defensiva, su instrumento de acción política.

En este acto, Vargas prometió elevar el salario mínimo en un 50%, la extensión de los beneficios de la legislación *trabalhista* a los trabajadores rurales, así como otras medidas en resguardo de la clase trabajadora.[2] Este discurso resultó de relevancia, al restablecer el vínculo con los trabajadores desde la presidencia.

Además, a comienzos del gobierno, Vargas nombraría al udenista João Cleofas como Ministro de Agricultura. Esta aproximación se encontraría con el rechazo de los udenistas, que prometían realizar una "oposición cerrada" al gobierno (Neto 2014). Estos últimos, desde el principio adoptaron una posición de intransigencia orientada a reducir las capacidades de acción del presidente.[3]

3.1.2. El caso Última Hora y Goulart en el Ministerio de Trabajo

La segunda coyuntura fue delimitada para abarcar dos acontecimientos relevantes en este período. Por un lado, el caso *Última Hora*, que estallaría a partir de la acusación al periodista Samuel Wainer de haber fundado este periódico con dinero del Banco de Brasil, siendo que no podría recibir un préstamo del mismo teniendo nacionalidad extranjera. Por el otro, la estadía de João (*Jango*) Goulart al frente del Ministerio de Trabajo.

En la edición de *Tribuna da Imprensa* del 20 de mayo de 1953, Lacerda acusaba a Wainer de haber fundado *Última Hora* con préstamos irregulares obtenidos del Banco de Brasil. Las principales acusaciones fueron las de competencia desleal y favoritismo oficial.[4] De este modo, en mayo de 1953 comenzaría la campaña contra *Última Hora*:

> Toda la prensa se centró, entonces, en demostrar lo obvio: que ese periódico había llegado a ser posible por la concesión de grandes préstamos en las entidades oficiales de crédito. Fue la 'operación' que ocupó a la gran prensa en 1953 y que continuaría durante unos meses: era necesario poner al descubierto los préstamos adquiridos por el vespertino oficioso, olvidando aquellos obtenidos, bajo las mismas condiciones, o peores, por los otros periódicos. (Sodré 2007, 401)

Por otra parte, frente a la coyuntura política adversa y una creciente inflación que podría aumentar los reclamos de los trabajadores, Vargas decidió en junio de 1953 realizar una reforma ministerial.[5] Un acontecimiento importante en este contexto resultó la huelga de los 300 mil, organizada en San Pablo por el Partido Comunista Brasileño (PCB). La represión a los trabajadores por parte de la policía estatal durante esta movilización evidenciaría una crisis en la relación entre el Estado y el movimiento sindical. A partir de entonces, Vargas buscaría recomponer este vínculo nombrando a un ministro que tuviera mayor afinidad con los trabajadores, como era el caso de João Goulart, que presentaba una cercanía con los sindicatos. Como indica Fausto,

> la huelga, que alcanzó una victoria parcial, representó un considerable desgaste para Getúlio. Por un lado, las direcciones sindicales pro-gobierno y el PTB fueron desbordadas por el movimiento; por el otro, a pesar de ello, la UDN acusaba al presidente de manipular la situación para que el clima de desorden resultara en su favor. (Fausto 2006, 181)

En este marco, el nombramiento de Goulart manifestaría la búsqueda de una interlocución más directa del gobierno hacia los trabajadores. *Jango* introduciría una nueva vinculación con el sindicalismo, al descartar los métodos represivos tradicionales, buscando la negociación para solucionar los conflictos. Este método sería practicado durante la huelga de los marineros, inaugurando una nueva forma de actuación en el Ministerio de Trabajo (Ferreira 2011, 86).

El desempeño de Goulart, entre junio de 1953 y febrero de 1954, generaría rechazo en los sectores conservadores de la sociedad brasileña. Para éstos, era difícil entender como un hombre nacido en las élites del país, un rico empresario rural, podía romper con los patrones jerárquicos consolidados, recibiendo en su gabinete a trabajadores y personas de origen humilde (Ferreira 2011, 98). El accionar de *Jango*, centrado en proporcionar una mayor atención hacia las reivindicaciones de los trabajadores, rompiendo los protocolos ministeriales, irritaría a los medios de la prensa conservadora, que lo acusarían de querer llevar al país hacia una "república sindicalista", en los moldes de lo que sería el proceso político dirigido por Perón en Argentina.

Posteriormente, la propuesta de *Jango* de elevar el salario mínimo en un 100% enfrentaría el firme rechazo de los medios de prensa y los udenistas. Esta situación llevaría en febrero de 1953 a la aparición del "Manifiesto de los Coroneles", donde sectores del ejército reclamarían por el clima de inestabilidad. El manifiesto generaría la decisión de Vargas de habilitar la renuncia de Goulart para descomprimir las presiones que sufría el gobierno. Sin embargo, a partir de entonces los ataques se centrarían en Vargas y ya no en Goulart (Neto 2014).

Jango presentaría un pedido de renuncia, aceptado por el presidente el 22 de febrero de 1954. Sin embargo, el 1° de mayo Getúlio recuperaría en un nuevo discurso en Petrópolis la propuesta de Goulart del aumento del salario mínimo en un 100%,[6] lo que generaría el temor y el rechazo de sus principales opositores, "la oposición militar, política y empresarial que marchaba inequívocamente para la confrontación" (Lamounier 2005, 123).[7]

3.1.3. La crisis de agosto de 1954

El gobierno de Getúlio se encontraba en una situación de asedio por parte de la oposición udenista y los medios de prensa, donde tenía los pasos restringidos para actuar. El escándalo de *Última Hora* y los ataques a Goulart habían erosionado su capital político, mientras la prédica antigubernamental de Lacerda adquiría cada vez mayor notoriedad en la sociedad carioca. Gregorio Fortunato, fiel servidor de los Vargas por más de 30 años, y miembro de la guardia presidencial, entendió a partir del mensaje que circulaba por allegados al presidente que debería darle una lección a Lacerda, que a través de la TV Tupi, Radio Globo y su periódico, *Tribuna da Imprensa*, conmocionaba con su oratoria a los sectores medios de Rio de Janeiro, con el propósito de descalificar al gobierno de Vargas desde la crítica a la corrupción.

El fallido atentado contra Carlos Lacerda, en la madrugada del 5 de agosto de 1954, que produciría la muerte de un oficial de aeronáutica, Rubens Vaz, causaría al gobierno un golpe político y en la opinión pública, del cual no lograría recuperarse. A partir de esta crisis, aumentaría en la prensa el tono sarcástico, difamatorio y amenazador (Capelato 2013). El enviado de Fortunato falla en el atentado contra Lacerda, asesinando a quien se encontraba junto a él, el oficial Rubens Vaz. Esta situación le traería a Getúlio una crisis profunda con la Aviación y el Ejército. Si bien la Aeronáutica, que estaba directamente afectada por el atentado, estaría en una posición de confrontación con el gobierno, el Ejército, que tenía poder de decisión, se mostraría inicialmente dividido frente a los acontecimientos (Abreu & Lattman Weltman 1994, 36).

La Aviación se dispondría a investigar el crimen con una importante legitimación social y militar, instalando la denominada "República del Galeão", donde serían investigados los implicados en el asesinato de Vaz. La inspección de los documentos personales de Gregorio Fortunato en el Palacio del Catete por los investigadores militares, revelando negocios en los cuales estaría involucrado este jefe de la guardia personal de Vargas, impedirían una solución moderada de la crisis y radicalizarían a las distintas fuerzas para exigir el fin del gobierno (Abreu & Lattman Weltman 1994, 38). La retórica de la oposición se inflamaría, así como comenzarían a incrementarse las presiones por parte de los militares. La muerte del oficial de aviación Rubens Vaz sería utilizada por la prensa opositora y los udenistas, resaltando la humillación que vivirían las Fuerzas Armadas frente al asesinato de su más digno oficial:

Con habilidad, el militar fue transformado, en aquél momento, en el mayor símbolo de la lucha contra el 'mal'. En la portada de su periódico, Tribuna da Imprensa, con el título 'la sangre de un inocente', Carlos Lacerda recordó la medalla de héroe del Correo Aéreo Nacional y los cuatro hijos del militar, manipulando la imagen de los 'huérfanos de la guerra'. Sin esperar las investigaciones policiales, Lacerda también declaró: 'Pero, ante Dios, acuso a un sólo hombre como responsable de este crimen. Es el protector de los ladrones. Este hombre es Getúlio Vargas' (Ferreira 2011, 127).

El vice-presidente Café Filho realizaría al presidente, como forma de resolución de la crisis político-militar, una propuesta de renuncia de ambos, que Getúlio rechazaría. Un manifiesto divulgado por los militares exigiendo la renuncia del presidente colocaría en una posición insostenible al gobierno de Vargas, que elegiría el suicidio y "salir de la vida para entrar en la historia", como diría en su carta-testamento, que se convertiría en un documento fundamental para el *trabalhismo* que buscaba recuperar la iniciativa. Al ver la aclamación popular que genera su muerte, el PCB cambiaría su posición, uniéndose en su reconocimiento hacia el "padre de los pobres" (Fausto 2006).

Fue inmensa la conmoción provocada por su muerte. Hubo manifestaciones en todo el país, produciéndose disturbios en distintas capitales estatales, como Rio de Janeiro, Belo Horizonte y Porto Alegre, atacándose las redacciones de *Tribuna da Imprensa* y *O Globo*. Estas manifestaciones evitarían el avance de los golpistas (Abreu & Lattman Weltman 1994). El suicidio del principal enemigo de los udenistas causaría entre éstos un sentimiento ambiguo de depresión y euforia, que les impediría coordinar una acción efectiva para hacerse del poder en aquel contexto inestable (Benevides 1981, 90).

Finalmente, su cuerpo sería trasladado a São Borja, donde fue enterrado, mientras "hombres, mujeres y niños lloraban y besaban el vidrio, a través del cual se veía el busto del ex-presidente".[8] Aarão Reis (2004) afirma que la muerte de Vargas salvaría de la muerte al varguismo. Frente a esta situación, varios periódicos relegarían a un segundo plano el suicidio y las manifestaciones pro-Vargas, colocando su énfasis en la asunción de Café Filho, como si esto habilitara soluciones a la crisis y la polarización conjugadas en la persona de Vargas.[9]

3.2. O Globo *por encima de los antagonismos y la intransigencia de* O Estado de S.Paulo

Desde comienzos del gobierno, los editoriales de *O Estado de S.Paulo*[10] mostrarían su preocupación por la posibilidad de que se instalara en Brasil una "nueva dictadura", una repetición del *Estado Novo*, desconfiando en forma constante de las credenciales democráticas del presidente. El periódico definiría la máxima de "confiar desconfiando", como representativa de la postura que sostendría frente al gobierno. En aquel contexto, uno de los mayores imperativos del matutino suponía defender, frente a las iniciales aproximaciones de Vargas hacia la UDN, la necesidad de que este partido adoptara una postura intransigente. Para esto la construcción de la figura del "caudillo" que habría vuelto para restaurar la dictadura sería de utilidad, situando a la UDN como la última reserva moral frente a las pretensiones autoritarias de Vargas. En el caso de *O Globo*, la línea editorial sería más oscilante, pero estaría definida, ante las tensiones entre el oficialismo y la oposición, por la pretensión de situarse por encima de los conflictos, colocándose en favor del "bien de la nación", lo que le permitiría eludir una toma de posición concreta por uno de los sectores en disputa.

El día de la asunción de Vargas, *O Estado de S.Paulo* culpaba al gobierno de Dutra por haber entorpecido la sucesión, habilitando las condiciones que habrían permitido la vuelta al poder del mismo "dictador" que fuera depuesto en 1945. La frustración del matutino con respecto a esta cuestión era ineludible:

> En cuanto al palco principal, que es el gobierno de la República, no hay esperanzas de que sea de los mejores. Su pasado es tremendo, su presente no es tranquilizador. De todos modos, esperemos, o mejor, confiemos desconfiando. De hecho, no le será difícil, si se lo permite su mentalidad, hacer una obra mejor que la del personaje que sale. No se puede decir de éste que fuera un presidente truculento. Puede decirse, sin embargo, que fue un presidente flojo.[111]

En este editorial, la crítica se situaba en Dutra antes que en Vargas, señalando que el primero habría sido un presidente "débil" y "flaco", por haber posibilitado las condiciones que habrían permitido el retorno del "ex dictador" al poder. Sin embargo, subyacía la crítica a Vargas por su pasado y por haber sido un presidente "truculento".

O Globo, por el contrario, colocaría un gran titular el 31 de enero que decía "¡Que el nuevo gobierno se inspire en el bien público y en el respeto a la Constitución!". El editorial del vespertino, titulado "El nuevo gobierno, la opinión pública y los problemas nacionales", se diferenciaba del sentimiento de frustración que manifestaba *O Estado de S.Paulo*:

> Si es cierto que las multitudes que permitieron la victoria del nuevo presidente de la República confían en su acción, como capaz de resolver los difíciles problemas que pesan sobre el pueblo brasileño, no es menos evidente que otros sectores de la opinión pública no consiguen esconder el temor que les genera la idea de que el antiguo dictador pueda conducir, una vez más, a través de rumbos antidemocráticos, los objetivos de la Nación brasileña, y repetir errores de inspiración demagógica.... Ante este cuadro sombrío de la situación brasileña, las desconfianzas y los resentimientos, aunque justificados, deben ceder al espíritu de cooperación de cuantos estén realmente comprometidos con el progreso de nuestro país.
>
> Sean cuales fueran los errores del antiguo gobernante, esperamos de su patriotismo y de su experiencia un período beneficioso para el país, y que no decepcione no sólo a los millones de brasileños que votaron su nombre en las urnas, sino a todos aquellos que sobreponen su patriotismo a las pasiones políticas.

El vespertino buscaba construir una posición de neutralidad frente a los acontecimientos, señalando la necesidad de priorizar al "patriotismo" por encima de las pasiones políticas. Así, el periódico se situaba por encima de los proclamados antagonismos de otros actores, y esta sería una característica en su posición que atravesaría todo el mandato del presidente Vargas. A la vez, se evocaba el "patriotismo" y la "experiencia" del presidente para señalar que su gobierno podría generar un período benéfico en el país. Pero si por un lado parecía reclamar la tolerancia de quienes desconfiaban del pasado de Vargas en nombre del "bien de la nación", por el otro reconocía los fundamentos de su posición, por lo cual abría cierta cuota de credibilidad sobre el riesgo de que el gobierno del "antiguo dictador" fuera llevado por su "inspiración demagógica". La invocación del patriotismo y las necesidades de la nación en su conjunto por encima de las divisiones, le brindarían a *O Globo* la posibilidad de no pronunciarse por la contienda que atravesaba a los sectores enfrentados.

El 1° de Febrero, *O Globo* se refería en su titular a la asunción del udenista João Cleofas como Ministro de Agricultura del gobierno de Vargas, "¡Ministro contra la voluntad de la UDN!". De este modo, el vespertino reprobaba la actitud de Cleofas de asumir un puesto ministerial siendo partidario de la oposición. En el mismo sentido, *O Estado de S.Paulo* rechazaba el acuerdo de la UDN de Pernambuco para que Cleofas asumiera en el gobierno de Vargas, señalando que esto llevaría a un aniquilamiento del partido,

> es cierto que durante la campaña presidencial, ambos formaron un acuerdo, el ex dictador y el político pernambucano, para que los amigos del primero votaran en el segundo en la elección para gobernador de Pernambuco. Esta combinación fue un error imperdonable. No comprendemos que éste y otros acuerdos se hicieran con el adversario más peligroso de las instituciones democráticas, exactamente por aquellos que pertenecían a un partido que, bajo ninguna circunstancia, podría doblegarse con el ex dictador.[12]

En tanto Vargas era representado por el matutino como el "adversario más peligroso de las instituciones democráticas", cualquier tipo de acuerdo o diálogo con el presidente se tornaba condenable. En este sentido, *O Estado de S.Paulo* señalaba en este editorial que "la U.D.N. viene siendo la única barrera de resistencia democrática que se levanta contra el 'populismo' de tendencias totalitarias ... un partido que se quiebra antes que doblegarse frente a las atracciones del poder". La necesidad de ejercer una oposición intransigente por quienes eran identificados como representantes de los valores democráticos frente al "populismo de tendencias totalitarias", parecía crucial en el enfoque de legitimación/invalidación del periódico. El matutino definía, en este juego de oposiciones identitarias, a la UDN como la "única barrera" contra el totalitarismo, justificando la intransigencia a partir de esta *descalificación radical* del adversario. En este sentido, el caso de Cleofas representaba la antítesis de la actitud que el periódico demandaba como posición de la UDN frente al gobierno.

El periódico sostenía una desconfianza constante respecto de las intenciones de Vargas, en tanto se trataría del mismo dictador de 1937, introduciendo una "elipsis temporal" en su lectura del presente:

> El pasado totalitario del Sr. Getúlio Vargas, producto de su temperamento y de su educación política, constituye para nosotros un peligro permanente. Si la sumisión del Congreso, en 1937, no impidió que su excelencia destruyera el régimen constitucional para implantar el régimen de la fuerza y la arbitrariedad, lo mismo podría suceder ahora. Su excelencia nunca se adaptó al juego de las instituciones democráticas.[13]

El matutino, a la vez que alertaba constantemente frente a las intenciones del "caudillo" de alterar el orden constitucional, llamaba a la unión de las fuerzas opositoras en un solo partido para evitar la marcha al totalitarismo.[14] La justificación de la desconfianza de *O Estado de S.Paulo* remitía siempre a la dictadura y a los acontecimientos sucedidos durante la misma, en especial, a la intervención del matutino durante el *Estado Novo*.[15]

Como hemos visto, uno de los blancos del rechazo del periódico serían aquellos opositores que se sentían tentados con las aproximaciones de Vargas, seducidos por las "bondades del Estado" y el acercamiento del gobierno hacia la UDN:

> Si aumenta el número de los que se dejan seducir por los honores y los cargos con que el gobierno les tienta, el Brasil no será, mañana o después, una democracia fundada en la pluralidad de partidos nacionales, sino una nación totalitaria donde hay solamente un partido, que es el del gobierno.... Si no tuviéramos energía para vencer las seducciones del gobierno no la tendremos, tampoco, para cualquier esfuerzo, de naturaleza patriótica, destinado a defender el País y las instituciones democráticas.[16]

Para justificar la necesidad de los udenistas de no "sucumbir" a las tentativas de seducción provenientes del gobierno, *O Estado de S.Paulo* plantea fuertes definiciones como "defensa de la democracia frente al totalitarismo", exigiendo mantener una postura de intransigencia, solicitando rechazar la tentación de acceder a cargos e invitaciones gubernamentales.[17] De este modo, el matutino asignaba a la UDN la función de "barrera moral" frente a las "tentaciones autoritarias" del gobierno.[18] En este punto, el periódico señalaba que el único modo de detener la subordinación "totalitaria" a la que el gobierno de Vargas pretendía conducir con las seducciones,[19] sería manteniendo la intransigencia udenista. Así, reclamaba a la UDN no adherir al gobierno para beneficiarse de cargos, sino mantener los principios.

El autoritarismo de Vargas, interviniendo el periódico durante el *Estado Novo* y expulsando a la familia Mesquita al exilio, había instaurado una inmensa desconfianza por parte de los dueños sobre el carácter democrático que Getulio pudiera tener, temiendo la repetición inminente de los acontecimientos pasados de censura y represión. Si bien esto servía como un modo de construir un discurso que erosionara al gobierno a partir de una "sobreestimación de la amenaza" (Fonseca 2005), manifestaba también una creencia en la posibilidad de un retorno de la dictadura agazapada, donde cada acción o discurso pronunciados por el "ex dictador" serían interpretados como un avance gradual en el camino hacia la dictadura.

El vespertino carioca tampoco estaba exento de desconfianzas hacia el gobierno en función del pasado autoritario del primer mandatario. Las reservas y el juicio sobre el pasado dictatorial del presidente Vargas imperaban tanto en un periódico como en el otro, aunque en menor medida en el vespertino. La edición de *O Globo* del 17 de marzo de 1951 se iniciaba con un gran titular en la parte superior que señalaba "Se prepara así la reforma constitucional", refiriéndose debajo en un editorial al discurso presidencial de apertura del Congreso.

Por otra parte, si bien una preocupación de *O Estado de S.Paulo* sería el peligro del retorno de la dictadura, lo que era resaltado con el propósito de crear temor sobre el accionar del gobierno, otra preocupación—que no aparecía en forma tan explícita—tenía que ver con la "amenaza" de la movilización popular. De allí la referencia al peligro de que la demagogia de Vargas fuera "más allá de sus palabras".[20] En este punto, podemos señalar que, en última instancia, irritaba más al periódico la percepción de una voluntad de alterar el status quo social, que la percepción del ataque a las instituciones.[21]

El matutino definía a la UDN como la única expresión política en que Brasil confiaba para la "defensa del régimen democrático en peligro".[22] una fuerza providencial destinada a "salvar la nación", otorgándole en su discurso responsabilidades superiores, a la vez que le imposibilitaba acercarse al gobierno, en tanto éste sería la representación de la dictadura, la demagogia y el personalismo. Este papel providencial que *O Estado de S.Paulo* atribuía a la UDN, legitimándola como representante de las virtudes morales, contrapuesta al "autoritarismo" del gobierno, llevaría a la creación de diferencias irreductibles entre el oficialismo y la oposición, que minaban las bases del consenso democrático.

La tensión entre las fuerzas políticas se expresaría en la polémica desatada por el discurso inaugural del presidente Vargas para dar inicio al año legislativo, el cual se convertiría en objeto de disputa entre el gobierno y la oposición udenista, cuando esta última apunta a deslegitimar al "ex dictador" con el supuesto de que éste volvería para restaurar el autoritarismo.[23] *O Estado de S.Paulo* titularía al respecto, "La política y la administración del presidente de la República vivamente criticadas en la Cámara de Diputados".[24] El matutino se hacía eco de la respuesta a este discurso del udenista bahiano Aliomar Baleeiro: "El representante de Bahía, en otro terreno, demostró cómo, a pesar de los esfuerzos por adoptar la máscara democrática, el ex dictador, sea por palabras, sea por su silencio, se traicionó en paralelismos hitler-mussolinianos bajo inspiraciones de Maquiavelo".[25]

O Globo señalaba en un titular con respecto a la polémica de incluir el cuestionado discurso de Vargas en las memorias de la Cámara: "De alta importancia política" y debajo "Esta es la fórmula encontrada por el líder del gobierno[26] para recomendar a sus liderados la inserción en las memorias del discurso del Sr. Vargas".[27] El vespertino, si bien condenaría este discurso, sostendría lo siguiente:

> Después de debates y negociaciones que se prolongaron alrededor de una semana, la Cámara va a decidir, hoy, sobre la transcripción, en las memorias, del discurso pronunciado por el Sr. Getúlio Vargas el 7 del corriente mes. Ya expresamos nuestra opinión sobre esta pieza oratoria, tan poco feliz en algunos pasajes. Sin embargo, no se puede negar a este discurso presidencial la calidad natural de representar el pensamiento del jefe del Gobierno, al contener indicaciones de indudable valor para la comprensión del panorama político y administrativo.

Por lo tanto, no se comprende la resistencia a la transcripción en cuestión. Hacer del episodio un tema partidista en el Congreso, es una actitud poco aceptable y da una triste demostración de la mentalidad parlamentaria contemporánea. La transcripción no representa una forma de adhesión o aplausos, sino apenas y simplemente, la incorporación, a estas memorias, de un documento de incuestionable significación política.[28]

El periódico carioca compartía definiciones con *O Estado de S.Paulo* referidas a que el discurso de Vargas tendría pasajes "poco felices". Sin embargo, la estimación que hacía sobre el tema era distinta. Señalando la importancia de Vargas en tanto figura presidencial, desacreditaba la posición de los opositores e indicaba que el discurso del mandatario, a pesar de estimular la "agitación", debía ser incluido. Es decir, mientras para *O Estado de S.Paulo* la agitación es lo que predominaba, resultando éste el aspecto fundamental que impugnaría la validez del discurso, para *O Globo* lo cardinal sería la investidura de Vargas, que haría necesario incluir esta pieza oratoria en las memorias del Congreso.

La intransigencia que reclamaba *O Estado de S.Paulo* frente al gobierno se manifestaría en la crítica al apoyo de la UDN a la iniciativa gubernamental para la creación de Petrobras, entendiendo esta adhesión como una claudicación demagógica. A partir de esto, podemos deducir que si bien el matutino se sentía identificado ideológicamente con la UDN, ello no suponía ocultar sus desacuerdos con ciertas posturas del partido, del cual reclamaba posiciones más intransigentes. En este sentido, resultaba crítico respecto del gasto que supondría la creación de Petrobras.[29] Esta visión negativa con respecto a la creación de la estatal petrolera se asociaría posteriormente al reclamo a la UDN por haber estado en favor de la participación exclusiva de capitales nacionales en la empresa, lo que era interpretado por el periódico como una concesión "populista" para buscar adhesión. En este punto, el periódico se posicionaba contra la UDN:

De hecho, es lamentable que los partidos de centro, incluyendo la Unión Democrática Nacional, van perdiendo cada vez más conciencia de su misión de defensores de la clase media y de núcleo de equilibrio político en el juego peligroso de las corrientes extremistas. Ayer, vimos a la UDN junto a los ultranacionalistas, los comunistas y todos los inocentes útiles en la votación del proyecto de la 'Petrobras'.... Existe en todas estas actitudes, la preocupación vulgar de cortejar a las masas y conquistarlas para las tareas políticas. Pero el deber de los partidos del centro, la misión de la UDN es, precisamente, la de resistir, y tratar de aclarar al populacho, para que éste no se deje seducir con las utilizaciones de la izquierda revolucionaria.[30]

El matutino situaba la posición de los udenistas como de "resistencia" frente al "juego peligroso de las corrientes extremistas". Es decir, la UDN era pensada como un factor de orden y estabilización, resistente frente a las demandas populares. En este punto, el periódico parecía priorizar la conservación de determinados "valores" y "virtudes cívicas" que se situarían por encima de las expresiones mayoritarias, como una marca distintiva de esta actuación político-partidaria.

La cuestión de la intransigencia volvería a adquirir relevancia en el debate público hacia fines de 1954. En los días previos al atentado contra Carlos Lacerda, una cuestión presente en ambos periódicos era la concebida "traición" del udenista João Cleofas a la candidatura pautada por su partido en Pernambuco para la gobernación, encabezada por el militar Cordeiro de Farias. Se le endilgaba al primero falta de palabra, siendo su ausencia de moralidad una demostración de la ruina del país. Se enfatizaba, como elemento probatorio de su bajeza moral, el hecho de que Cleofas hubiera sido Ministro de Agricultura de Vargas en este gobierno. Ello sería la demostración de que su ambición estaría por encima de los principios.

O Estado de S.Paulo reivindicaba la unidad udenista como único límite frente al "caudillismo" varguista y el ataque a las instituciones que éste representaría. La afinidad de Cleofas con Vargas, haciendo intrigas para definir la sucesión gubernamental en Pernambuco hacia las elecciones que se llevarían a cabo en octubre de 1954, sería motivo para dotar de nuevos bríos a la cruzada de la intransigencia udenista por parte de *O Estado de S.Paulo*.[31] En este sentido, el periódico señalaba:

> Los que dieron el voto al ex ministro de Agricultura tomaron la dirección partidaria de las manos del *Brigadeiro* Eduardo Gomes y se la trasladaron al jefe del Ejecutivo Federal. Intercambiar la jefatura de un hombre del temple moral del *Brigadeiro* por la de un hombre sin carácter moral, como es el presidente de la República, es un lamentable certificado de debilidad política.... Los udenistas de Pernambuco cargan con la responsabilidad de romper la unión del núcleo más poderoso de resistencia a la demagogia del Sr. Presidente de la República y haber proporcionado el golpe más amplio y profundo al sistema defensivo de las instituciones democráticas brasileñas. La ambición política, despojada de cualquier ideal, encuentra, en este episodio la-

mentable, una de sus manifestaciones más dolorosas.

...La lección que se obtiene de este acontecimiento es la de que comete un error imperdonable el partido de oposición que permite a cualquiera de sus miembros participar del gobierno. Si la entrada del Sr. João Cleofas en el Ministerio hubiera causado un movimiento dentro del partido contra el procedimiento de su excelencia, no habríamos presenciado el espectáculo que estamos viendo.[32]

O Estado de S.Paulo identificaba al gobierno de Vargas con la dictadura y el ataque a las instituciones democráticas, y por lo tanto cualquier acercamiento al mismo supondría una complicidad con el autoritarismo. Ello explica la acusación de que la UDN de Pernambuco le habría proporcionado el peor golpe a las instituciones democráticas al transferir "la dirección del partido a Vargas". Para ello, el matutino utilizaba la contraposición entre las virtudes morales que serían propias del *Brigadeiro* Eduardo Gomes, frente al autoritarismo personalista que sería propio de Getúlio, como encarnación de la antítesis de Gomes. Las raíces de esta catástrofe, según el matutino, se encontrarían en aquellos sectores que habrían permitido la participación de Cleofas en el gobierno de Vargas, en tanto ministro de Agricultura.[33] Para el matutino, la participación en el gobierno de Cleofas habría sido el antecedente que luego permitiría a Vargas desvirtuar la sucesión de Pernambuco y la resistencia udenista frente al "autoritarismo" del gobierno.

Hacia fines del mandato, predominará una exhortación del matutino a los udenistas para encuadrarse en los principios partidarios, lo que significaba interrumpir cualquier tipo de diálogo con el gobierno:

> Esperamos que la lección sea bien aprovechada y que se haga en el partido un amplio movimiento para terminar con estas situaciones equívocas en las que se encuentran udenistas ligados artificialmente al partido pero, en realidad, por los cargos que ocupan, más ligados al sr. presidente de la República. Opositores anfibios no es posible que el partido mantenga en sus filas a menos que haya renunciado a la tarea política que le fue asignada por su formación y que es la única digna de su pasado. Es tiempo de llamar al redil a las ovejas perdidas o, entonces, de cerrar a esas ovejas la puerta de entrada. O bien que sean udenistas, o bien que sean servidores del Sr. Presidente de la República. Las dos cosas al mismo tiempo es que no pueden ser.[34]

Este lenguaje imperativo, de sesgo paternalista y autoritario, era expresión del resentimiento del periódico hacia el gobierno. *O Estado de S.Paulo* se enuncia como una reserva moral e ideológica que le dictaba en forma imperativa a la UDN lo que debía hacer. En este marco, plantea una vez más que para sostener su virtud cívica como faro moral frente al caudillismo corrupto, se hacía necesario conservar la intransigencia.

Con un lenguaje más radical hacia fines del gobierno, *O Estado de S.Paulo* continuaría en la defensa de la unidad de la UDN contra el "caudillo". El matutino iría aumentando el tono de sus críticas, señalando la necesidad de extirpar a los Vargas como única forma de salvar al país de la "miseria moral" y de "gemir bajo los hierros de una dictadura militar".[35] Esta radicalización discursiva era el resultado de las intenciones del periódico de mantener la intransigencia udenista e incrementar la operación de *sobreestimación de la amenaza* que podría sobrevenir de la perdurabilidad de la presidencia de Vargas.[36]

Por su parte, la tapa de *O Globo* del 17/07/1954, acompañaba la idea de la traición de Cleofas a la UDN, con el título "Hubo, realmente, traición". A través de las tapas, editoriales y titulares, se podía ver cómo el vespertino por momentos era funcional al discurso de la "intransigencia udenista"—si bien le atribuía a estas cuestiones menor importancia—, señalando a Cleofas como quien habría traicionado al partido. En otra de sus tapas,[37] se podía ver el título: "Purga en la UDN", siendo resaltadas las declaraciones del representante de la dirección carioca del partido en el directorio nacional, Adauto Lucio Cardoso: "Preferimos diezmar nuestros cuadros, reduciendo el partido a un pequeño núcleo de hombres correctos y dignos, a contar con una UDN grande, incierta y deshonrada". Así, el vespertino exaltaba el moralismo udenista a partir del caso pernambucano. *O Globo*, que había comenzado el gobierno de Vargas más equilibrado, ahora se colocaba en defensa de la intransigencia udenista, representando en este período escasamente voces del varguismo y el gobierno. El vespertino señalaba:

> El Sr. João Cleofas no renegó de sus convicciones partidarias ahora, en la convención estatal; comenzó a hacerlo el día en que aceptó ser ministro de Estado de un Gobierno contra el cual su partido estaba en oposición. Allí, es cierto, el error no fue apenas suyo, sino de todo el partido, que toleró esta situación y contra la misma no se opuso como debía. Transigencias y renuncias ideológicas llevan a los frutos podridos recogidos en Recife. Piense en esta verdad el partido nacido bajo el signo del combate y de la vigilancia, si no quiere enfrentar situaciones aún más dramáticas. Hay ocasiones en que la supervivencia se encuentra en la resistencia. Por haber ignorado esa verdad es que la UDN ofrece hoy en día en Pernambuco, y mañana, tal vez, en Brasil, el espectáculo de disgregación que es un síntoma claro de su condena irremediable.[38]

De este modo, el vespertino terminaría criticando a la UDN por entender que habría sido complaciente con el gobierno, recogiendo ahora los "frutos podridos" de aquella actitud. Elegía como objeto de esta crítica a quien era considerado el máximo exponente de esta componenda, João Cleofas, por haber sido Ministro de Agricultura de Vargas. En esta exigencia de intransigencia al partido opositor, si bien de forma más moderada, el periódico expresaba un encuadre similar al manifestado largamente por *O Estado de S.Paulo*.

En definitiva, este apartado muestra que preservar la intransigencia udenista, resistiendo las "acomodaciones", en nombre de una lucha contra la "dictadura" en marcha y el ataque a las instituciones, resultan preocupaciones fundamentales de *O Estado de S.Paulo*. Por su parte, *O Globo*, con definiciones editoriales más oscilantes, a inicios del gobierno se diferenciaría de estas posturas intransigentes, señalando la necesidad de dejar atrás las pasiones políticas para trabajar por la nación en su conjunto. La reivindicación del patriotismo le permitiría al vespertino expresar su posición particular frente a los acontecimientos, revestida de una identificación con el "interés general". Sin embargo, lentamente irá adhiriendo a las exigencias de la intransigencia udenista frente al gobierno.

3.3. *El presidente, la administración y las representaciones sobre el mundo social*

En este apartado analizaremos las representaciones que se manifestaron en *O Estado de S.Paulo* y en *O Globo* acerca de la imagen presidencial, la relación de Vargas con su electorado, así como la mirada que se construyó durante este período en ambos periódicos sobre los sectores populares y los sectores dominantes en vinculación con la política.

Frente a la reiterada denominación por parte de *O Estado de S.Paulo* hacía Vargas como un "demagogo" a lo largo de este mandato, *O Globo* sostendría acusaciones similares, a la vez que mostraría otra visión sobre la imagen del presidente, la de Vargas como un "presidente popular", especialmente a inicios de su mandato. Con motivo del cumpleaños de Getúlio, con el título de "El aniversario del jefe de Gobierno", el vespertino decía:

> La fecha de nacimiento del Sr. Getúlio Vargas, que hoy transcurre, no puede quedar circunscripta al ámbito familiar, no sólo por la posición que ocupa el cumpleañero, como por la indiscutible relevancia de su personalidad. Sean cuales fueran los ángulos desde los cuales se quiera observar al jefe la Nación—y nosotros no elegimos esta fecha, tan cara a tantos compatriotas, para mayores estorbos aún posibles al viejo jefe político—son generales los deseos que, en este día, todos realizamos por su felicidad personal y el éxito de su gobierno. No faltan al Sr. Getúlio Vargas la experiencia de la administración ni la percepción de los problemas nacionales. Investido de poderes constitucionales que lo convirtieron en la suprema autoridad del país, rodeado de prestigio político y de simpatías populares, todo tiene el cumpleañero para aliviar las penurias de una gran parte de la población brasileña y reducir las proporciones de los graves problemas que enfrentamos en este momento. Por lo tanto, creemos que los mejores deseos que podemos dirigir al jefe de la Nación son los de que Su Excelencia se empeñe, con patriotismo y elevación, en favor de Brasil, en la certeza de que no le faltará el apoyo de sus compatriotas, ya sea en forma de aplausos de estímulo, ya sea en forma de críticas y de constructivas advertencias.[39]

Este discurso de aniversario, más revelador que los por momentos evasivos editoriales de *O Globo*, reflejaba una percepción de la figura presidencial distinta de aquella que proponía el matutino paulista. Se exaltan "virtudes" de Vargas, como las "simpatías populares" con las que contaba y su prestigio político, lo que le permitiría a éste conducir a buen término al país y reducir las "dificultades que enfrentamos en esta hora"[40]. Podemos ver cómo en el vespertino predominará inicialmente una imagen de Vargas como "presidente popular", construyendo una naturalización (Barthes, 2004) y legitimación respecto de lo que significa para esta presidencia su experiencia previa, su patriotismo, y su participación en momentos importantes de la historia del país.

Por el contrario, en *O Estado de S.Paulo* predominará una mirada elitista, enunciando una visión distinta tanto de Getúlio, que era visto como un "demagogo", como del vínculo entre el presidente y los sectores populares. En este sentido, el matutino señala:

> Las masas proletarias brasileñas, por culpa de las élites que las conservaron sin educación, en general, no poseen el nivel cultural suficiente para el conocimiento de los problemas políticos, económicos y sociales de Brasil y, por lo tanto, para el juzgamiento de los hechos, de su significación y sus efectos en la vida nacional. Sienten la presión de los acontecimientos y sufren las consecuencias de los errores de la acción u omisión que han sido cometidos durante mucho tiempo, pero no ven las causas más remotas o más profundas. Por eso, saturadas durante ocho años de propaganda manipulada en monopolio, sin competencia u oposición posible, creen todavía hoy en la oratoria vana e hipócrita de los milagreros de la demagogia, que disparan arengas de palabras vacías, pero que actúan en sentido contrario, oponiendo sus acciones a sus palabras. Y es difícil, sino imposible, llevar la verdad a las clases populares, sea porque éstas en su mayor parte no ven ni oyen, sea porque se dejaron poseer por un fanatismo que no admite discusión, debate, cualquier duda.[41]

Esta percepción sobre los sectores populares, donde se entendía a las masas como ignorantes, era condición para el señalamiento por parte del matutino de que las mismas serían "manipuladas" por un "caudillo". De este modo, se atribuía a las "masas proletarias brasileñas" el participar de un engaño posibilitado a partir de su "ignorancia" e "incapacidad para razonar". En aquel supuesto estado de ignorancia, las masas estarían disponibles para el engaño de los "milagreros de la demagogia" como Vargas, "caudillos" que formularían promesas vacías con el único fin de atraer votos. Éstos, haciendo alarde de sus capacidades de seducción política, se aprovecharán de la ignorancia de sus adherentes. Las "camadas populares" eran asociadas a quienes "no ven ni oyen",[42] y justamente por su incapacidad para razonar, serían presas del "fanatismo". El matutino, en este sentido, anunciaba un castigo ejemplar para quienes desoyeron los llamados racionales y se dejan poseer por los "milagreros". Una vez quebrado el engaño, el periódico pronosticaba maldiciones que caerían sobre los adherentes a Getúlio. Así, se reforzaba la percepción sobre la existencia de una "dictadura de las urnas",[43] conformada por un caudillo autoritario y demagógico, que atraería a las masas ignorantes, carentes de cultura cívica.

La concepción de *O Estado de S.Paulo* sobre esta relación entre el "caudillo" y las "masas" se asemejaba a la idea de un pastor que conduciría a las ovejas descarriadas por fuera del rebaño de un orden conservador pautado desde arriba. El diagnóstico era realizado por quienes creían detentar una visión superior, situada por encima del conjunto, propia de las "élites ilustradas". El lamento por estas "desviaciones" del curso pretendido se manifestaría también en los editoriales:

> Hace mucho que Brasil debería haber comprendido que su vieja estructura económica y social estaba agitada en sus fundamentos y requiriendo reconstrucciones fundamentales. Así se habrían logrado las evoluciones necesarias, gradualmente y con seguridad, sin rupturas violentas con el pasado y sin distanciamientos imposibles en el futuro. No habría oportunidad para golpes demagógicos como los del 'queremismo', que en vano se etiqueta de 'trabalhismo' cuando en verdad no es más que una aventura caudillista y por eso mismo inorgánica y anárquica. La marcha hacia adelante no se haría por atajos tortuosos, sino en largas rutas, planas y rectas que conducirían al Brasil más sabiamente a las viables aproximaciones al ideal de justicia política y de justicia económica que se suman en la justicia social.[44]

El matutino se lamentaba por la "incapacidad" de las élites dirigentes para conducir a las "masas descarriadas" por una línea gradualista, manteniendo las condiciones políticas e históricas que permitirían una mayor dominación. Según esta visión, la conservación de las masas en un estado de ignorancia había permitido que éstas fueran seducidas por las promesas del "caudillo", acercándose al "queremismo". De este modo, los editorialistas de *O Estado de S.Paulo* concebían el nuevo "pacto social" constituido en torno al liderazgo de Vargas como una derrota de su proyecto de país, en tanto percibían que se les habría arrebatado la dirección política y cultural de la sociedad, retomando la formulación de Gramsci.

El proyecto ideológico del matutino relegaba la importancia de la "cuestión social" y descalificaba las formas de participación de los sectores populares, en nombre de un deber ser acorde a las "normas" y la "moral", dictado desde la posición *idealista* de las "elites ilustradas". El país debería, según esta fórmula, seguir los caminos de un gradualismo moderado y pautado desde arriba.[45] Este proyecto reclamaba la continuidad de un orden conservador, donde los cambios se mantuvieran dentro del orden, y se produjeran únicamente cuando fueran funcionales a estos intereses.

En las distintas secciones del periódico, especialmente en sus columnas políticas y editoriales, *O Estado de S.Paulo* difundía un conjunto de visiones estereotipadas y descalificadoras sobre el mundo popular. En los artículos firmados por el escritor y periodista Vivaldo Coaracy,[46] el liberalismo conservador propio de estas "élites ilustradas", se conjugaba con una mirada cercana al racismo:[47]

> De esta sobriedad, hija de la ignorancia o la necesidad, se deduce que somos un pueblo desnutrido, como han afirmado y repetido todos los higienistas, dietistas y otros especialistas que miraron de cerca a nuestra gente.
>
> …Que el trabajador nacional no sabe comer es una afirmación muchas veces repetida y bien conocida. Para demostrarla, se cita siempre el ejemplo, que cualquier persona puede observar a la hora del almuerzo, al borde de la acera, delante de una obra u oficina, de las raciones con las que recuperan sus fuerzas los trabajadores.
>
> Los extranjeros, portugueses o italianos, se alimentan en forma copiosa, con comidas abundantes, incluso demasiado grandes, traídas en la vianda del almuerzo. Los nacionales, cualquiera sea la pigmentación de su piel, dan muestras de esa sobriedad antes mencionada: muchas veces sólo pan y banana. Y para suplir o concluir, un "trago" en el bar más cercano. Siempre hay un bar cerca…. El trabajador nativo gana el mismo salario que gana el portugués o el italiano. Si no se alimenta tan sustancialmente como él, es porque no quiere, o porque no sabe. Es sobrio. Prefiere gastar lo que ahorra en comida, en acordeones italianos de 60 teclas, en sombreros de terciopelo y zapatos de tres pisos para, los domingos, atraer a las morenas y, principalmente, en el *juego del bicho*. Cuando no es en la ronda es en la *vermelhinha*.[48] Y va perdiendo peso y quedando cada vez más miserable. Nunca aprendió a comer. Desde que era un niño, chico de favela, siempre estuvo mal alimentado. Es suficiente mirar a los niños de las calles. Todos flaquitos, disminuidos, de piernas finas, desgraciados. Desde muy temprano se habitúan a aquella sensación, que no pueden explicar, que creen natural, de la pequeña barriga vacía. Pronto aprenderán que la *cachaça* hace olvidar la sensación molesta del vacío interno, entre muchas otras cosas que hace olvidar también. La *cachaça* es amiga: engaña al hambre y da alegría. No vayan a pensar que yo lo sepa por experiencia; eso no.[49]

A través de estos textos, vemos cómo el desprecio de *O Estado de S.Paulo* desde "lo alto" (Ostiguy 2009)[50] hacia el mundo de los sectores populares formaba parte de una cosmovisión que excedía el contexto de este gobierno, siendo una marca de identidad de las "élites ilustradas" que remitía incluso al pasado esclavista del país. Se construía desde "lo alto" una visión paternalista y estereotipada del mundo popular como sujetos desprovistos de conciencia, enteramente manipulables. Esta visión sobre el mundo popular encontraba su mayor "confirmación" en la figura de Vargas, ya que permitía explicar la adhesión al "caudillo" por parte de estos sectores "ignorantes" como víctimas de su demagogia. La visión del periódico suponía a los pobres y necesitados como habitantes de un submundo donde les sería negada la atribución del pensamiento. En este punto, eran considerados como seres humanos sin *logos* ni palabra articulada, como señala Rancière, seducidos como animales, fanatizados por la demagogia y las promesas fáciles.[51] El periódico señalaba que en tanto "no leían diarios", los sectores populares no serían capaces de comprender las cuestiones fundamentales.[52] La idea del engaño preñaba fuertemente la concepción del periódico sobre el electorado que votaba a Vargas. En este sentido, señalaba *O Estado de S.Paulo*:

> La mala organización del electorado viene de lejos. Viene de la primera elección después del régimen dictatorial. Su defecto principal es la llamada calificación 'ex oficio'. De la manera en que se realizó, esta calificación introdujo en el cuerpo de electores a miles y miles de extranjeros y analfabetos. Durante años hemos venido mostrando la necesidad de corregir tales defectos. Todo en vano.
>
> …Posponer las elecciones porque la ley actual no sirve es hacerlas prácticamente irrealizables. Si fuéramos a esperar una buena ley, las elecciones nunca se harán. Es nuestro destino persistir en el error y perpetuar lo que no sirve. ¿No tenemos en el gobierno, por obra y gracia del electorado, al hombre que ha causado más daños a la democracia brasileña y es un permanente sedicioso contra el régimen de la ley?[53]

De este modo, aparecía en el matutino el desprecio por el resultado del ejercicio del voto de los sectores populares. El periódico clarificaba su posición de rechazo frente a los resultados indeseados de las urnas, lo que le llevaba a desconfiar de la realización de elecciones. La ausencia de educación de los votantes y su carencia de valores cívicos, en la explicación de *O Estado de S.Paulo*, serían las principales causas de los resultados indeseados.

Predominaba una crítica del periódico al tipo de liderazgo de Vargas, asentado en el fanatismo de sus seguidores,[54] un "caudillismo" irracional de quienes no pensarían. Se señalaba que el presidente no sería "trabalhista", sino "getulista", es decir, cultor de sí mismo, un hombre sin principios. Al igual que luego se haría con Goulart, se procuraba marcar una supuesta incompatibilidad y contradicción entre la posición económica favorable de Getúlio y el hecho de que asumiera reivindicaciones en favor de los sectores populares.

Durante este período, *O Estado de S.Paulo* apostaba por difundir la imagen de una duplicidad de Vargas, subrayando el carácter demagógico de sus discursos, que estarían en contradicción con sus prácticas. Es decir, según el periódico, se trataría de "un simple recurso de politiquero para atraer a las masas y, a través de éstas, establecer su dominio personal".[55] En tanto Getúlio aparecía como representante de lo "popular", encarnando la identificación de los de abajo, las visiones del periódico sobre Vargas estaban vinculadas a una reactivación de los prejuicios sobre los sectores populares y sus formas de organización.[56] Se reflejaba el deseo de las élites paulistas de preservar un orden gradualista definido desde arriba, por parte de unos sectores que se reconocían a sí mismos como quienes deberían gobernar el país, y esperaban ser reconocidos por los otros como siendo los únicos que podrían desempeñar esta función. Esta concepción negativa sobre la participación popular de *O Estado de S.Paulo* se revelaba al señalar que "si las elecciones no pueden ser mejoradas, debido a la ignorancia de los electores o a la deshonestidad de las mesas electorales, mejor seria, entonces, que fueran suprimidas y se eligiera a los candidatos como aquel juez de Rabelais profería sus sentencias –por medio de datos".[57] Esta sentencia muestra como existía por parte del matutino una defensa de los principios liberales que coexistía con un cuestionamiento a las urnas como fuente de la soberanía popular, a partir de una exigencia de cualidades "ilustradas" que estarían ausentes en el electorado, de las cuales el periódico se consideraba custodio y voz expresiva.

En su defensa del líder udenista Eduardo Gomes se manifestaba la concepción del matutino sobre la política que debían ejercer los sectores ilustrados: "Su excelencia no es cortejador del poder pero tampoco es un agitador de calles".[58] Gomes, que conduciría su acción política en representación de las élites, se diferenciaría de los "agitadores de calles", entre los cuales el periódico solía colocar a Vargas y a Goulart, éste último principalmente. La educación y los valores morales eran también una forma de distinción, apareciendo un rechazo tanto por las masas como por los políticos que se ligaban con estas. De este modo, las "victorias morales"/derrotas electorales de la UDN (Benevides 1981), aparecían como una reafirmación de la "buena senda", dado que clarificaban el sentido auto-percibido de la dicotomía "civilización/barbarie".

Otro de los encuadres que aparecían en *O Estado de S.Paulo* con respecto a la imagen presidencial, suponía marcar las "contradicciones" entre el discurso y la práctica de Vargas. En este sentido, se señalaba que el "caudillo" actuaría para los grandes capitalistas—los llamados "tiburones" en los discursos presidenciales y con cierta ironía también en *O Estado de S.Paulo*—, mientras que ilusionaría a los trabajadores con promesas vacías. En este aspecto residiría, según esta visión, la duplicidad del personaje. El periódico decía:

El 'getulismo' sigue navegando con los pies en dos canoas y jugando con palillos de dos boquillas. Hay discursos para atraer a los trabajadores. A continuación, explicaciones para tranquilizar a los plutócratas, los 'tiburones', los acaparadores, los hombres del cambio negro que explotan al pueblo y encarecen el costo de la vida, enriqueciéndose a expensas de la miseria del pueblo. Y esa camarilla que rodea de cerca al Sr. Vargas, en puestos claves de la administración. El pueblo, ese queda ahí afuera, allá lejos, en los estadios de fútbol, en las favelas urbanas, en los ranchos rurales, escuchando palabras, palabras, palabras de las que no vive, no viste y no come, adorando desamparado, medio desnudo y hambriento al milagrero que le promete la Tierra de las Promesas, pero es un faraón opulento rodeado de sirvientes opulentos.[59]

De este modo, *O Estado de S.Paulo* pretendía describir la naturaleza contradictoria del liderazgo de Vargas. Se resaltaba la "demagogia" del presidente, que se rodearía de los "tiburones", los grandes capitalistas, a la vez que haría promesas vacías a los trabajadores, que permanecerían en la misma situación. En las páginas del matutino, el columnista Correia de Oliveira tendía a equiparar a Vargas y Adhemar de Barros como los dos representantes de la tradición de "embaucadores del pueblo".[60] El periódico difundía este encuadre sobre la duplicidad presidencial, subrayando la inconsecuencia entre sus declamaciones demagógicas y sus actos reales.[61] El matutino sostenía que la acción de Vargas no estaría ligada con sus promesas de campaña, sino que estaría guiada exclusivamente por sus intenciones de preservar el poder, demostrándose que su única habilidad sería la intriga política. Como resultado de una campaña electoral desligada de promesas reales, Vargas sería ahora un presidente carente de definiciones claras, que habiendo hecho campaña por los pobres y contra los "tiburones", se rodearía ahora de estos últimos, invirtiendo sus promesas. Lo único que habría detrás, por lo tanto, sería una estrategia cuyo interés sería preservar el poder a través del engaño. En este sentido, *O Estado de S.Paulo* señalaba que se trataba de un presidente contradictorio en sus definiciones, en la organización de las tareas ministeriales, alienado con respecto a la realidad, ya que estaría únicamente preocupado por preservar el poder.[62]

A su vez, el matutino procuraba vincular su percepción crítica sobre el liderazgo de Vargas con la expresión partidaria más próxima a éste, el PTB. Se describe a Getúlio como un líder "queremista", y no "trabalhista", en alusión a que éste no buscará institucionalizar el partido ni proporcionar programas ni principios, sino que éste último respondiera a su predominio "mesiánico".[63] Sobre esta base, se pretendía señalar el contraste entre el PTB y la UDN en términos de legitimación/invalidación. *O Estado de S.Paulo* pretendía contraponer las diferencias entre ambos partidos, legitimando a la UDN como un partido de ideas y encarnación de las virtudes morales, e invalidando al PTB como un partido sometido a las voluntades del "caudillo". A la vez, esto operaría como una contraposición asociada a aquella referida a los líderes más importantes de cada partido: Getúlio Vargas y Eduardo Gomes. De este modo, el matutino señalaba el caudillismo del PTB, ligado a Getúlio: "El partido está condenado a ser solamente la armadura electorera del caudillo, sin ideas ni principios".[64]

En *O Globo*, aquello que *O Estado de S.Paulo* asumía de modo natural, el carácter demagógico de Vargas, era moderado con la contemplación de la posibilidad de que el presidente, con su experiencia y simpatía popular, condujera al país hacia una recuperación. En este aspecto, el vespertino presentaba en tensión dos encuadres: uno que apuntaba a la legitimación y otro a la invalidación, dando un margen de ambigüedad con respecto a la imagen de Vargas, lo que lo diferenciaba del matutino paulista. A su vez, otro encuadre de *O Globo* suponía la idea de que los principales enemigos de Getúlio serían sus propios amigos:

> Las mayores dificultades para el Gobierno no han provenido de los adversarios po-

Imagen 1. Caricatura de Théo titulada "El hechizo y el hechicero", donde se caracterizaba a Getúlio como "manipulador" de los trabajadores. *O Globo*, 8 de octubre de 1953.

líticos del Sr. Getúlio Vargas. Por el contrario: una vigilancia más intensiva de los actos administrativos sería muy útil para la colectividad … pero la verdad es que las dificultades del Sr. Getúlio Vargas son promovidas por sus propios seguidores. Véase lo que pasa dentro del Partido Trabalhista, donde algunos miembros, entre ellos una familiar del jefe de Gobierno, intentan desacreditar al presidente del Partido, Sr. Danton Coelho … Son peleas de baja politiquería, que sólo sirven para debilitar al Partido en el cual se apoyó el Sr. Vargas…. La verdad, sin embargo, es que tales hechos sólo llegaron a ser posibles por la falta de patriotismo, no de los enemigos, sino de los propios amigos del Sr. Vargas.[65]

El vespertino desarrolla así un encuadre crítico pero que exculpaba a Vargas, referido a invalidar el entorno que rodeaba al presidente, en lugar de su propia figura.[66] Se trataba de un encuadre más equilibrado, en tanto, dentro del PTB y entre los ministros del gobierno, se desarrollaban efectivamente conflictos que dificultaban el accionar presidencial.

En este sentido, *O Globo* proporciona una visión más equilibrada, aunque no exenta de críticas, tanto sobre el liderazgo de Getúlio como sobre su relación con el PTB. En la caricatura "El hechizo y el hechicero",[667] aparecía un trabajador, representante del PTB, que parecía enojado y exigiendo respuestas de un "manipulador" Getúlio, dándose la idea de que éste se encontraba acomodado en los vaivenes de la

Imagen 2 (izquierda). "Demogogia" de Théo, *O Globo*, 31 de agosto de 1953.

Imagen 3 (derecha). "Apostando al ganador" de Théo, *O Globo*, 15 de julio de 1954.

política. La caricatura, que refleja las tensiones existentes entre el gobierno y el PTB, mostraba a Getúlio como un demagogo (Imagen 1, página 121)

En otra caricatura, "Demagogia",[68] Mossadegh,[69] que había sido desalojado del poder en Irán, le confesaría su fracaso a Vargas: "quise hacer un 10 de noviembre, pero lo que conseguí fue un 29 de octubre".[70] Getúlio le respondería: "en las próximas elecciones, prometa la carne a seis cruzeiros". En ambas viñetas, Getúlio aparecía como un manipulador y "demagogo", acomodado con el cigarro, listo para las artimañas de la política (Imagen 2, página 122).

Estas ilustraciones presentaban a Vargas como un manipulador, un "caudillo" que se movería sin principios entre los resortes del poder. En este aspecto, varios editoriales de *O Globo* presentaban similitudes con la visión propia de estas viñetas, al señalarse que los trabajadores brasileños serían manipulados por líderes "demagógicos", que pretendían conducirlos hacia necesidades que no eran las suyas:

> La demagogia alimenta a la opinión pública con algunos nombres sonoros que no resisten a ningún análisis sincero, pero que, de tanto anunciados, terminan incorporándose al propio lenguaje del trabajador, como parte de sus reivindicaciones. Basta, sin embargo, que éste tenga la oportunidad de reflexionar y descubrirá que está siendo burlado en su buena fe, que está sólo sirviendo como un instrumento para juegos políticos…. Se destaca, sin embargo, al buen sentido, que el ciudadano 'común' no

tiene nada que ver con algunas de las llamadas 'reivindicaciones' predicadas por algunos líderes. Él quiere que su dinero no valga menos cada día. Él ya se cansó de la burocracia, de esos procesos complicados para obtener los beneficios que fueron previstos por la ley.[71]

El vespertino construía de este modo una visión individualista del trabajador, donde sus "verdaderos intereses" estarían lejos de la participación política y de los líderes "demagógicos", así como de las reivindicaciones colectivas. De esta manera, el trabajador estaría, contrariamente a las propuestas que le harían los "demagogos" con intención de manipularlo, preocupado por sus beneficios individuales. Con respecto a lo que denominaba como el "concepto de trabalhismo", el periódico señalaba:

> Extraña distorsión viene sufriendo el concepto de trabalhismo, que sólo se invoca en la concesión de ventajas a uno de los elementos de la producción o como una plataforma demagógica para abogar por una reducción de las obligaciones. La suma de proyectos llamados trabalhistas, que pretenden asegurar nuevos miembros, causan la impresión de que somos un pueblo de vacaciones, cuyo mayor problema sería limitar la producción, para evitar tanta prosperidad. Y vamos todos a descansar, porque el Brasil no tiene apuro.... Otro emisario de este trabalhismo, bajo cuyas alas se protegen todos los bribones, se acuerda piadosamente de conceder la amnistía general a todos aquellos que han cometido una falta grave o delito de huelga.... ¿Estamos nosotros delirando, al pretender que el concepto de trabalhismo pudiera suponer, además de la justa protección al trabajador, la idea del fomento del trabajo? ¿Trabajo significaría necesariamente la política de la mano extendida al incapaz, al perezoso, al indisciplinado?[72]

Así se manifestaba esta concepción conservadora que *O Globo* tenía sobre la organización de los trabajadores, estimulando el prejuicio sobre la participación de los mismos, como si ésta fuera un pretexto para entorpecer la producción y justificar la holgazanería. De este modo, según el vespertino, el "trabalhismo" serviría para justificar el desorden y como subterfugio para la "demagogia".

Otra viñeta, con el título "Apostando al ganador",[73] en el clima previo a las elecciones intermedias de 1954, construía un diálogo hipotético entre el dirigente udenista bahiano Juracy Magalhães y Vargas, donde este último era retratado, en continuidad con las anteriores caricaturas, como un demagogo sin escrúpulos (Imagen 3, página 122).

Nuevamente, el periódico retrataba a Vargas como un demagogo que se inclinaría en función de sus conveniencias, dando la bendición al triunfador, después de la elección, con el propósito de preservar el poder.[74] Se manifestaba una construcción sobre la figura de Vargas, que aparecía en las distintas caricaturas, donde se lo distinguía por la postura relajada (de São Borja), el cigarro y el humo, en unos diálogos que lo situaban como un cínico ajedrecista del poder, orientado en función de las conveniencias circunstanciales.

Por su parte, con respecto a la visión sobre los sectores dominantes, *O Estado S.Paulo* reclamaba un mayor protagonismo de las "clases productoras", frente a un gobierno que estaría "ajeno a la realidad".[75] Según esta perspectiva, ante el carácter demagógico y las falencias administrativas de Vargas, serían las clases productoras las que deberían hacerse cargo de los destinos del país. A su vez, el periódico señalaba que habría un ambiente de degradación, por la incapacidad del gobierno para definir rumbos económico-financieros, lo que socavaría las resistencias morales de las entidades representativas.[76] En cierta medida, el matutino mostraba su insatisfacción con respecto al ambiente de acomodación de ciertas entidades representantes de los sectores dominantes con el gobierno federal (Skidmore 1975; Lacerda 1978). Además, la crítica se centraba en la "incapacidad" del gobierno para ejecutar una política coherente hacia el sector. Pretendía *O Estado de S.Paulo* colocarse en una posición de enunciación de "asesor del establishment al presidente", a la vez que lo señalaba como alguien que se resistiría a reconocer la realidad. El periódico señalaba con respecto al papel que le correspondería a las "clases conservadoras":

> Sería conveniente, por lo tanto, que las llamadas clases conservadoras desarrollen esfuerzos metódicos para clarificar objetivamente a los trabajadores sobre las cuestiones económico-financieras fundamentales que ahora se evidencian, y que de una u otra manera deberán resolverse, para bien o para mal. La importancia de esta tarea deriva no solamente del papel económico, social y político que los trabajadores desempeñarán en las próximas decisiones, sino también del hecho de que se observan esfuerzos persistentes de varias corrientes extremistas, para crear resentimientos contra los empresarios y contra el régimen de la libre empresa.[77]

De este modo, se manifestaba la exigencia hacia las "clases conservadoras" para, más allá de su desprecio por el actual gobierno, ponerse al frente de la Nación y orientar su atención hacia los humildes, señalando el riesgo de que si éstas adoptaban una actitud puramente negativa, los trabajadores pudieran ser tentados por alternativas "extremistas". El matutino subrayaba la necesidad de implementar reformas por parte de las clases dominantes, para evitar que el pueblo cayera en la adulación a los "milagreros hipócritas" o en el "comunismo".[78] Se recomendaba distribuir lo suficiente, para impedir el estallido de una revolución social, y de este modo limitar las posibilidades tanto del "comunismo" como del "caudillismo" varguista, dos grandes peligros que identificaba *O Estado de S.Paulo*.

O Globo, por su parte, sostenía que el gobierno debía suministrar seguridad y protección a los emprendedores y empresarios, "a los cuales el Gobierno debe proporcionar una justa protección, sin el proteccionismo deformador, ni la confiscación del lucro legítimo".[79] Otra de las preocupaciones fundamentales de *O Globo* con respecto al gobierno, consistía en su crítica a lo que consideraba como la inestabilidad administrativa. Neto (2014) indica que cuando se produjo la designación de ministros a comienzos del mandato, Vargas habría cometido la equivocación política de declarar que se trataba de un "ministerio de la experiencia". Esto supuso desde el inicio poner en cuestión la continuidad de los puestos ministeriales designados. En 1953 se produciría un recambio con los reemplazos en Economía de Horacio Lafer por Osvaldo Aranha y en Trabajo de José de Segadas Viana por João Goulart. A su vez, como sostiene Neto (2014), la pretensión de los sectores sindicales entre los cuales se apoyaba Goulart de aumentar el salario mínimo, y la búsqueda de recortar gastos de Aranha con el propósito de equilibrar las cuentas, formaron parte de los choques ministeriales del período. En este marco se expresaba *O Globo* frente a la percibida "inestabilidad del gobierno":

> El país no puede más permanecer alterado por la expectativa de un cambio inminente de los ministros. Aunque el régimen sea presidencial, para el exitoso funcionamiento de las instituciones es fundamental la actuación de ministros capaces y prestigiosos.... Algo, por lo tanto, tiene que hacerse para superar el ambiente de inestabilidad administrativa que todos perciben en la vida pública del país. O el presidente de la República está satisfecho con sus actuales ministros y, en este caso, debe proclamarlo, para cortar, definitivamente, las alas de este rumor, o no lo está y, así, el deber del cargo le demanda que sustituya por hombres de su confianza a quienes no merecen más ser ministros de Estado. Lo que se impone, en cualquier forma y en el menor plazo, es terminar con el desafortunado concepto del 'Ministerio de la Experiencia', que está reduciendo a los auxiliares más cercanos y responsables del Gobierno en titulares sin fuerza ni prestigio frente a la opinión pública.[80]

El vespertino era crítico de lo que percibía como una indefinición de las directivas presidenciales, lo que podría originar un agravamiento de la inestabilidad ministerial. Estas críticas continuaron con la llegada de los nuevos ministros, y el periódico se mostrará desconfiado por "los peligros de una omisión continuada en las directivas presidenciales".[81] Es por ello que *O Globo* pasaría de cierto equilibrio con respecto a la imagen del mandatario a comienzos de su mandato, a estos encuadres donde se señalaba a Vargas como el responsable por las indefiniciones que conducirían a una grave situación nacional. El vespertino desconfiaba también de que el recambio de ministros pudiera por si sólo mejorar la imagen del gobierno. Posteriormente, criticaba:

> Si hasta hoy, dos años y medio de iniciada la administración de Vargas, la situación se presenta con los colores sombríos que todos reconocemos, esto se debe, en gran medida, a la falta de unidad de los cuadros oficiales, a la ausencia de una directriz general para todos los ministros, válidas, una y otra, en todos los sectores.[82]

Esta visión, que situaba el origen de los problemas del gobierno en la indefinición de las directivas presidenciales, sería importante en la caracterización de la coyuntura por parte del periódico.[83] En este sentido, a medida en que avanzaba el mandato, el vespertino se tornaría más crítico en este aspecto.[84]

En esta segunda coyuntura, las posiciones que venimos señalando se vincularían con una definición relativa a las incapacidades presidenciales de definir rumbos, lo que según esta visión agravaría la situación nacional. Es así que con motivo de los dos años y medio—la mitad del gobierno—de Vargas, el periódico sostenía:

> De hecho, el balance no ha de ser de los más favorables al Sr. Getúlio Vargas. Especialmente en lo que refiere a la dirección administrativa, a la existencia de un programa de gobierno cuya ejecución se lleve a cabo continuamente y sin mayores sorpresas durante el mandato. El Sr. Getúlio Vargas llegó por segunda vez, a la presidencia de la República sin un programa a la altura de la situación. Las promesas del candidato, en su mayoría frutos característicos de su preocupación demagógica por seducir a las masas deseosas de mejores días, no llegaron a ser siquiera consideradas como normas posibles de una administración eficaz. Y la complejidad de los problemas que le ha tocado enfrentar desorientaron, en forma evidente, al Sr. Getúlio Vargas, hasta el punto de que no ha podido, hasta hoy, tomar pie.[85]

De este modo, el vespertino vinculaba las incapacidades y la ausencia de definiciones por parte del presidente con la campaña demagógica y la ausencia de cumplimiento de las promesas realizadas durante la misma. A esta altura, suscribía a una visión similar a *O Estado de S.Paulo* sobre las contradicciones del presidente, entre las promesas de campaña y las acciones efectivas, subrayando su carácter "demagógico", lo cual se demostraría, según *O Globo*, en la incertidumbre e incapacidad para definir los rumbos del gobierno. Este aspecto también era señalado por *O Estado de S.Paulo*, que se refería a la incapacidad administrativa del presidente, que estaría llevando al país hacia el desgobierno.[86] El matutino también destacaba que los cambios ministeriales no alterarían la situación de un presidente ajeno a la realidad del país.[87]

O Estado de S.Paulo indicaba que los errores de Vargas procedían de su propia incapacidad, y que no serían las oposiciones las que lo querían tirar del poder, sino que éstas colaboraban y estaban interesadas en el desarrollo de su gobierno hasta el final.[88] De este modo, el periódico difuminaba el papel desempeñado por las oposiciones, señalando que los problemas del presidente derivarían de su propia incapacidad y especialmente de su "demagogia". En el último tramo del gobierno, entre fines de julio y principios de agosto de 1954, se difundía en el matutino la imagen de un presidente incapaz de enfrentar las tareas de dirección del país, deteriorado por la vejez y únicamente capaz de realizar intrigas políticas:

> Las declaraciones del Sr. Ministro interino de Agricultura llegaron a justificar la oposición que se ha hecho al Sr. Presidente de la República y la impresión de que la incapacidad administrativa de su excelencia es mucho mayor de lo que creen sus más

feroces adversarios políticos. Esta incapacidad es realmente asombrosa. Nadie suponía que la esterilidad mental de su excelencia era tan extensa como se ha puesto de manifiesto. Parece que, de su inteligencia, sólo quedó, al descender sobre él la sombra de la vejez, la pequeña parte dedicada a las maniobras políticas.[89]

O Estado de S.Paulo era enfático al resaltar la "incapacidad" que tendría el presidente para conducir el país, orientado como estaría únicamente por asuntos de politiquería. De este modo, todas las iniciativas presidenciales dirigidas con el propósito de favorecer al pueblo, habrían producido "deplorables resultados",[90] generando finalmente el resultado contrario al buscado.

Comenzaría en los días previos al atentado de Toneleros a enrarecerse el clima político con la radicalización del discurso por parte del matutino, que pasaría de resaltar las incapacidades presidenciales a las exigencias por una interrupción del mandato de Vargas, dado que "un hombre de consciencia ya habría pasado el gobierno a otras manos o habría llamado en su ayuda a las capacidades administrativas que existan en Brasil".[91] A la vez, esto sería vinculado con una construcción previa del periódico sobre la imagen presidencial: la de un gobernante aferrado al poder, que sólo pensaría en sí mismo, mientras la nación se encontraba en crisis. Con esta definición sobre un presidente "alienado", se pretendía justificar la idea de que Vargas debería apartarse del cargo, presentándose como un gobernante incapaz de ejercer sus funciones.[92] Estas definiciones parecen tener como *destinatario* no sólo a los antagonistas de Vargas, sino a sus propios adherentes, para debilitar la adhesión al presidente. *O Globo* también sumaba su desprecio por los resultados presidenciales, así como contra el "discurso oficial":

> Si, pues, el Sr. João Goulart reconoce y proclama que los trabajadores están desesperanzados, decepcionados, desilusionados, dirija sus críticas directamente al Sr. Getúlio Vargas. Es inútil querer delegar las culpas sobre los hombros de los demás. Pero lo importante es que el líder militante del PTB, el Juan evangelista del laborismo criollo, haya declarado por escrito, en plena Convención de Porto Alegre, el fracaso del gobierno de Vargas, la amargura resultante de los trabajadores y su propia 'tristeza' ante el espantoso fracaso de quien vino de São Borja, por segunda vez, para fundar en Brasil, una sucursal del Paraíso.[93]

El vespertino resaltaría la demagogia y la ausencia de efectividad de las políticas de Vargas, quien estaría cargando las propias falencias "en hombros ajenos", para no asumir el fracaso de sus promesas y políticas de gobierno.

Se percibía en este contexto, por parte de ambos periódicos, la crítica a Vargas como un presidente incapaz. Sin embargo, esto era matizado por las expectativas situadas en las elecciones intermedias de octubre de 1954 como forma de recambio y estabilización, frente a la polarización política y la debilidad que experimentaría el gobierno.

En el período previo al atentado de Toneleros primarían aquellos editoriales que pretendían realizar una "inversión" con respecto a la imagen de Vargas. Estos editoriales, especialmente de *O Estado de S.Paulo*, representaban a quien se proponía como el "padre de los pobres" como un sujeto incapaz para el cargo, un demagogo con promesas vacías que habría perjudicado a los trabajadores, a quienes decía defender.

A nivel de las representaciones que nos hemos propuesto analizar, predominarían en ambos periódicos encuadres relevantes. Por un lado, aparecerían los referidos al "caudillo manipulador", indisociable de una concepción de las masas como "ignorantes", desviadas del curso natural que las élites habían prefijado para éstas en la historia brasileña. Las construcciones sobre Vargas como "demagogo" estarían presentes tanto en la fuerte impronta ideológica de los editoriales de *O Estado de S.Paulo* como en las caricaturas de *O Globo*. Sin embargo, en el caso de *O Estado de S.Paulo*, su concepción sobre la figura de Vargas nos revela tanto sobre el personaje como sobre la visión elitista de la política del matutino, concebida únicamente para los instruidos e ilustrados. La vuelta en elecciones de Vargas, en tanto representante de los pobres, produciría una actualización y una "confirmación" de esta visión del periódico estereotipada y marcada por prejuicios sobre el mundo popular.

Finalmente, *O Estado de S.Paulo* desarrollaría hacia el fin del gobierno—acompañado por *O Globo*—esta idea de un "presidente incapaz" para gobernar, de gran relevancia en la última coyuntura política, con el propósito de erosionar la imagen del mandatario.

3.4. La cruzada moral de la prensa

A pesar de que a comienzos del gobierno ambos periódicos proporcionarían escasa relevancia a la temática de la corrupción, la importancia de esta cuestión iría incrementándose en la agenda pública conforme avanzaba el mandato. Esto sería así especialmente desde la segunda coyuntura de análisis, que tendría inicio con el recambio ministerial de 1953. Desde entonces aquello que caracterizamos como una "cruzada moral" tendría cada vez mayor espacio en la prensa.

El triunfo de Janio Quadros como intendente de San Pablo en las elecciones municipales de marzo de 1953, quien era hasta entonces un desconocido profesor de colegio secundario (Fausto 2003; Neto 2014), sería indicador de un cambio en el clima político. El mismo se caracterizaría a partir de entonces por las demandas de sanción hacia aquellos políticos acusados de corrupción por parte del electorado paulista. Si bien *O Estado de S.Paulo* había apoyado en las elecciones municipales de 1953 al adversario de Quadros, Francisco Cardoso (Fontes 2013), posteriormente defendería

JEOA — Vosmincê tá percisando mas é da vassoura do JANIO QUADROS!
GETULIO — Você não acha que esse troço faz muita poeira?!

Imagen 4. Caricatura de Théo que insinuaba la corrupción del gobierno getulista. *O Globo*, 29 de mayo de 1953.

al primero, definiendo su triunfo como expresión de la lucha contra la inmoralidad que asolaría al país.[94]

A su vez, en este período se desarrollaría el escándalo *Última Hora*, que afectaría críticamente al gobierno y se situaría en este marco de denuncias contra la corrupción de los políticos. Ya en su edición del 26 de mayo de 1953, con el título "A propósito del préstamo del Banco de Brasil a empresas periodísticas",[95] *O Estado de S.Paulo* colocaría en agenda el tema de las acusaciones que habían estallado en *Tribuna da Imprensa* sobre el caso *Última Hora*.

Este último caso no adquiriría la centralidad en *O Estado de S.Paulo* que tendría en *O Globo*. En el matutino, durante 1953 tendrían relevancia preocupaciones más "tradicionales", respecto de quién ocuparía los cargos de los ministerios de Vargas, y la percepción de "desplazamiento" de los intereses paulistas de la escena política. El hecho de que el periódico estuviera en San Pablo lo alejaba en cierta medida de este *affaire*. *O Globo* reflejaría más estos acontecimientos de *Última Hora* por encontrarse en la capital y estar más imbuido en el ambiente político que allí se respiraba. Además, como veremos, la centralidad que *O Globo* daba a este acontecimiento se vinculaba con que era competidor directo de *Última Hora* en el mercado de prensa de Rio de Janeiro.

Desde mayo de 1953, *O Estado de S.Paulo* insinuaba la corrupción del gobierno, los supuestos negociados en los que estaría involucrado, así como su "totalitarismo", dado que la palabra de éste entraría en conflicto con la verdad.[96] Por su parte, en este contexto, en una caricatura en su portada, *O Globo*[97] haría referencia a la posición del gobierno frente a las acusaciones (Imagen 4, página 129).

En este contexto de aparición de las acusaciones por corrupción, especialmente del caso *Última Hora*, esta caricatura de Théo suponía la resistencia de Getúlio al desarrollo de las investigaciones que implicaban al gobierno, al exigirle el tradicional personaje Jeca:[98] "¡Lo que usted está precisando es de la escoba de Janio Quadros!"[99], a lo que Getúlio respondería: "¿No cree que esa escoba genera mucho polvo?".

El matutino paulista, por su parte, proponía una cruzada del pueblo contra la inmoralidad de los políticos, tanto a nivel estatal como federal,[100] exigiendo apartar a los corruptos y demagogos de la vida pública, así como fiscalizar la corrupción,

> el pueblo está cansado de inmoralidades y ya se decidió a castigar a los principales responsables de su ampliación en la administración y la política.

> Aprovechémonos de esta reacción instintiva del pueblo para restablecer en la administración y la política el dominio de la seriedad y cerrar la puerta de los cargos públicos de una vez para siempre a los demagogos que abrieron un paréntesis en la línea de honestidad y decencia características de la vida política brasileña. No podemos dejar pasar sin una severa condena los deslices políticos y administrativos que salen a la luz. Fiscalicemos con el máximo rigor todo lo que los gobernantes y los políticos hicieran para que, abusando de la indulgencia general de la Nación, no persistan en caminar hacia el pantano para donde los ha llevado el ejemplo de los que, en la Unión y en los Estados, dieron muestras continuas de máximo desprecio por la opinión pública y nunca consideraron infranqueables las barreras que la moral levanta a quienes pretenden hacer de las cosas públicas negocios particulares y de los recursos públicos, recursos personales.[101]

En este contexto, una de las exigencias del matutino sería la de "castigar" electoralmente a los acusados de corrupción, impidiendo que continúen participando en la vida política. La cuestión de la "demagogia", resaltada como un atributo negativo, volvía a aparecer vinculada a la ausencia de moralidad. Por un lado, el matutino se enarbolaba en representante del sentimiento del pueblo, dotando de significación universal sus intenciones particulares. Por el otro, culpaba a los políticos actuales de haber desviado a Brasil de una historia de honestidad, donde la emergencia de la corrupción parecía remitir exclusivamente a aquel contexto, donde se habría abierto "un paréntesis en la línea de honestidad de la vida política brasileña". De este modo, el periódico paulista emprendía contra lo que identificaba como la "corrupción de los políticos", exigiendo aprobar un proyecto para excluir de los cargos electivos a aquellos políticos involucrados en casos de corrupción.[102] *O Estado de S.Paulo* se refería, en este sentido, a la necesidad de unión para enfrentar a los corruptos e inmorales en elecciones intermedias de 1954:[103] "Hombres de esa carencia absoluta de civismo, dispuestos a todo para la realización de sus apetitos de poder, deben ver cerradas para siempre, delante de si, vedándoles el acceso, las puertas del gobierno".[104]

O Estado de S.Paulo destacaba los criterios a través de los cuales entendía que debería efectuarse la selección de candidatos para la elección de 1954; los honestos y de cualidad moral debían enfrentarse a los deshonestos.[105] Reiteradamente, aparecía como atributo la complexión moral y el civismo como características del "modelo" de candidato.[106] El *Brigadeiro* Eduardo Gomes resultaba en este sentido, representativo del "candidato ideal". La oposición de valores que planteaba O Estado de S.Paulo, suponía confrontar a un candidato de las virtudes cívicas y la moralidad para evitar un nuevo triunfo de la "demagogia" y de los "caudillos". En este sentido, el periódico señalaba que el prestigio de los hombres públicos tenía que ver con su elevación moral.[107]

Así, se evidenciaba la ausencia en el periódico de referencias a las capacidades de la política para revertir las desigualdades, pretendiendo subordinar la misma a un clima de moralización (Rubim 2007) regido por la distinción entre "honestos" y "corruptos". En tanto esta moralización tendía a excluir visiones de la política pensada como litigio (Rancière 1996), que colocaría en el centro de la escena las desigualdades, la *moralización de la política se revelaba como una condición para la naturalización del orden social*. Es decir, en tanto este clima de moralización incitado por la prensa excluía de la agenda pública otros encuadres sobre el conflicto político, la moralización se convertía en un instrumento para la naturalización de las asimetrías sociales.

Las graves consecuencias que implicaría esta "crisis moral" eran planteadas en términos críticos por el columnista del matutino Rafael Correia de Oliveira,

> y es precisamente frente a esta situación que estamos alarmados, porque nadie está en condiciones de fijar límites a las consecuencias de una intervención militar, ahora, en la vida política de Brasil. Sin embargo, nos veremos obligados a admitir la fatalidad de esta intervención si este gobierno de fisonomías renovadas persiste en la inmoralidad de las costumbres, en la expansión de la intriga de Palacio, en el juego ilícito de aventureros y especuladores, en la astucia de 'ministritos' ansiosos de cuidar de su propia vida mientras la Nación muere.[108]

De este modo, O Estado de S.Paulo contribuía a la construcción de un clima donde prevalecía la idea de una "disolución moral", una ausencia de honestidad que hundiría y amenazaría los valores de la nación, de la cual sería culpable el gobierno, aunque las acusaciones abarcaban a la clase política en su conjunto, de modo similar al discurso utilizado por Janio Quadros.

Por su parte, O Globo daría gran relevancia al caso *Última Hora*. En su tapa decía: "En torno a los financiamientos a la empresa Érica y a *Última Hora*".[109] El copete decía: "Los graves hechos articulados en la tribuna de la Cámara contra los préstamos concedidos por el Banco de Brasil y las explicaciones del director de la Cartera de Crédito Agrícola e Industrial". En la nota debajo, el periódico señalaba su postura frente a la cobertura de los acontecimientos:

> Procediendo así, se mantiene *O Globo* una vez más fiel a su línea de imparcialidad, y por eso registra lo más grave que se articuló contra la transacción en la cual fueron parte las empresas citadas y el Banco de Brasil, mientras abre espacio para una explicación por persona autorizada, de los motivos que hayan justificado tal vez el procedimiento de nuestra principal entidad de crédito.

De este modo, *O Globo* revelaba la pretensión de construir una postura de "imparcialidad" ante el escándalo de *Última Hora*, que como hemos visto, produciría una politización significativa en el campo periodístico. El vespertino construía su posición de enunciación desde una pretendida neutralidad y el fomento de la crítica y el debate. Con esta posición pretendía diferenciarse en un campo periodístico polarizado, del cual *Tribuna da Imprensa* y *Última Hora* serían sus mayores expresiones en la capital carioca. En este marco, el vespertino destacaba en un editorial titulado "La intervención del gobierno en la vida de la prensa":

> Estamos en contra de la intervención del gobierno en ese campo por entender que la acción oficial tiene otros sectores propios, donde su presencia es más necesaria y provechosa. Además, entendemos que la función principal de la prensa de informar imparcialmente y de criticar constructivamente no se corresponde con la propiedad de órganos informativos por parte del Estado…. Esa es la simple lección que nuestros dirigentes insisten en desconocer, aunque los hechos, en Brasil y en el extranjero, muestren cada día que nada puede sustituir a la prensa libre, sin vínculos oficiales, en su noble función pública.[110]

Este discurso manifestaba el malestar existente en *O Globo* frente a la existencia de *Última Hora*. El editorial se pronunciaba contra la intervención gubernamental en el mercado de medios, exigiendo preservar la "autonomía". Sin embargo, con esta crítica a la intervención gubernamental y la alegación en defensa de la "prensa libre", el vespertino también manifestaba su desacuerdo con la existencia de un nuevo competidor en el mercado de Rio de Janeiro. De este modo, la instrumentación del discurso del patrón norteamericano de la objetividad le permitía a *O Globo* legitimarse frente a estos acontecimientos e invalidar a *Última Hora*. En el costado, el periódico ese mismo día[111] hacía referencia a "Las investigaciones del Banco de Brasil", destacando el papel de Lacerda en el proceso.

En otra tapa de *O Globo*, el periódico titulaba en un recuadro: "Sensacional acontecimiento periodístico".[112] Luego, debajo decía "La Radio Globo transmitirá el testimonio del Sr. Samuel Wainer y, luego, la palabra del director de *Tribuna da Imprensa* sobre las declaraciones del director de *Última Hora*". Así, el vespertino pretendía exhibir una posición de neutralidad frente a la politización que este escándalo pro-

Sr. Carlos Lacerda, o mais famoso cruzado contra a corrupção e o comunismo no Brasil

ALVO DE ALTOS ELOGIOS O DIRETOR DA "TRI-
BUNA DA IMPRENSA" AO RECEBER ONTEM EM
NOVA YORK O PRÊMIO MARIA MOORS CABOT

Imagen 5. Ejemplo de titular "más equilibrado" dedicado a Carlos Lacerda.
O Globo, 3 de octubre de 1953.

ducía en el campo periodístico. El periódico pretendía crear la ilusión en sus receptores de que no tomaba una postura definitiva por uno de los contendientes, aspirando a representar en sus páginas tanto las posturas de Wainer como las de Lacerda. Al mismo tiempo, prácticamente todos los días, *O Globo* anunciaba en su tapa el programa de Lacerda en la Radio Globo, señalando en recuadros: "Carlos Lacerda hará una revelación hoy en la Radio Globo".

El vespertino, especialmente durante 1953, daría relevancia a la figura de Lacerda, promocionando sus programas radiales y apariciones públicas. Esto nos permite cuestionar la hipótesis de Abreu & Lattman Weltman (1994) sobre la moderación que habría tenido el vespertino dentro de los medios de prensa de la época. Esto podría ser adecuado para los días de la crisis de agosto de 1954 que abarcan los autores, pero no es así cuando ampliamos el análisis a la coyuntura de 1953. En ésta última, el vespertino aparecía como un periódico más equilibrado que *O Estado de S.Paulo*, pero otorgaba un espacio importante en sus tapas a Carlos Lacerda (Imagen 5, página 133).[113]

De este modo, *O Globo* reconocía al líder udenista como el más famoso "cruzado contra la corrupción y el comunismo", en tanto el anticomunismo que era característico del vespertino encontraría en su figura una expresión afín. A su vez, el crecimiento en la popularidad de Lacerda estaría vinculado con la relevancia que irían adquiriendo las denuncias de corrupción en la agenda pública.[114]

A través de sus periodistas, *O Estado de S.Paulo* también promovía una interpretación sobre las transacciones de *Última Hora* con el Banco de Brasil.[115] El matutino exigía mayor perseverancia a la comisión de investigación (CPI) con respecto a las acusaciones que existían sobre *Última Hora*, considerándolo un caso "doblemente inmoral". Desde el surgimiento del escándalo, *O Estado de S.Paulo* procuraría vincularlo con el presidente, exigiendo un mayor endurecimiento contra la corrupción de los políticos y reprobando que no hubiera culpables por el préstamo del Banco de

Brasil.[116] Señalaba que sólo con la movilización y la exigencia ciudadana se podría terminar con esto: "La opinión pública está verificando que sin una reacción violenta de su parte las cosas no cambiarán y Brasil continuará siendo, eternamente, el paraíso de las infamias oficiales".[117]

El desarrollo de las acusaciones contra el propietario de *Última Hora* por parte de los distintos medios de prensa mostraba el ensañamiento que existía contra Samuel Wainer. La "cruzada moral" estimulada por la prensa resultaría un componente central en el desgaste que experimentaría el gobierno, especialmente entre las clases altas y medias de San Pablo y Rio de Janeiro. Una gran cantidad de periódicos intentaban encuadrar las demandas de moralización de la política exclusivamente hacia el caso *Última Hora* y, de forma más o menos directa, hacia el gobierno de Vargas.

En la tapa de *O Globo* figuraba un manifiesto que llevaba la firma de sus dueños Roberto Marinho y Herbert Moses, entre otros propietarios de periódicos, con el título "Defensa de la honra y la independencia de la prensa brasileña". El mismo llamaba a:

> Tomar una posición en defensa del honor y la independencia de la prensa brasileña, amenazadas por la agresión de los interesados en destruir las instituciones democráticas de Brasil. Así los principales órganos de la prensa brasileña previenen y advierten a la opinión pública contra las simulaciones y los manejos de los que buscan propagar la reprobación del pueblo hacia las empresas periodísticas que están siguiendo atentamente los trabajos de la Comisión Parlamentaria tendientes a caracterizar la creación de periódicos privilegiados para la lucha contra la prensa libre.[118]

Vemos entonces cómo existía en los distintos medios de prensa, especialmente de Rio de Janeiro, un extendido malestar que llevaría a un consenso planteando una "culpabilidad anticipada" en el caso *Última Hora*. El descontento provenía de la intervención del gobierno para la creación de un periódico a través de un crédito ilegal, lo que era considerado un atentado contra la "prensa libre" y llevaría a la "destrucción de las instituciones democráticas". Esto también se reflejaría en las tapas del vespertino, conforme irían avanzando las acusaciones en la justicia.

A diferencia de la interpretación promovida por *O Globo*, el columnista Rafael Correia de Oliveira,[119] así como la línea editorial de *O Estado de S.Paulo*, procuraban ver a Wainer como un engranaje del "sistema corrupto" del cual Getúlio sería el máximo responsable:

> Si la mera destrucción de Wainer restituyera la decencia en la vida pública nacional, casi no tendríamos problemas que resolver. Pero Wainer es el producto de una situación que él no creó, pertenece a un sistema de aventuras que se extienden hasta los puntos más altos de la administración—y su sacrificio único no resolvería nada en favor de la moralidad pública…. No alcanza con destruir a Wainer. Impera destruir

el sistema del que él forma parte.[120]

De este modo, se iría construyendo una naturalización progresiva sobre la idea de Wainer como "aventurero", así como sobre la culpabilidad y corrupción de la familia Vargas, creadora de un "sistema" de negocios público-privados. De este modo, el matutino señalaba que:

> Antes, queremos subrayar que el menos culpable, en todas estas escandalosas operaciones financieras, es el periodista sobre el cual recaen todas las acusaciones. El mayor culpable es quien, desde la cima del poder, no sólo autorizó al Banco para hacer las transacciones coordinadas como, abusando de su posición, obligó a algunos capitalistas a contribuir para un emprendimiento periodístico que a ninguno de ellos, por supuesto, le parecía un negocio de primer orden y del cual se alejarían si no fuera por esa intervención imperiosa. Contra este culpable es que se debían volver todas las críticas y todas las condenas.[121]

Resulta notorio así cómo mientras *O Globo* parecía responsabilizar a Wainer por su competencia con *Última Hora* en Rio de Janeiro, *O Estado de S.Paulo* utilizaba este escándalo para culpabilizar a Vargas, destacándolo como el principal responsable del mismo. Desde la visión del matutino paulista, Wainer sería expresión de un "sistema" dirigido por Getúlio que se extendería hasta los niveles más altos del poder para asegurar la "corrupción moral" del país. *O Estado de S.Paulo* expresaba: "El presidente y su familia quedan profundamente deteriorados de este intrincado espinal de favoritismos que está siendo descubierto íntegramente, poco a poco, a los ojos del pueblo brasileño".[122] Este tipo de encuadres reiterados tenían la pretensión de involucrar a Vargas y su familia en el escándalo de *Última Hora*.

La posición de *O Estado de S.Paulo* frente a estos acontecimientos se caracterizaba por un *idealismo moralista*. Se proclamaban criterios propios para "condenar" y "absolver" acusados, como si el periódico detentara el monopolio de la moralidad, el cual le proporcionaría la capacidad para juzgar y culpar acusados frente a la opinión pública. En esto, no podía ser ajeno el hecho de que el matutino se considerara el portavoz de las "élites ilustradas" del país.

Uno de los recursos en la argumentación de *O Estado de S.Paulo* para destacar la corrupción del gobierno, consistía en señalar la apropiación de lo público por parte de la familia Vargas, que habría transformado los "cofres del Banco de Brasil" en "anexos de su hacienda personal".[123] Para el periódico, sería la demostración "de la supervivencia, en pleno régimen democrático, de una estructura administrativa de cuño fascista".[124] El matutino se manifestaba justificando en este marco la campaña y los argumentos esgrimidos por el periodista Carlos Lacerda.

En el caso *Última Hora*, los medios de prensa más importantes iban operando en la construcción de segundas cadenas significantes. La denominación de Wainer

Imagen 6. Ejemplo de la manera como el vespertino *O Globo* demostraba su alineamiento con el resto de la prensa tradicional sobre el "favoritismo" del gobierno hacia *Última Hora*, 4 de noviembre de 1953.

como el "aventurero", en sus relaciones con el poder involucrando a Vargas, no dejaba de ser relevante en tanto construcción que tomaba por evidente a construcciones discursivas previas sobre la corrupción gubernamental (Barthes 2004). De este modo, se iban solidificando estas cadenas de naturalizaciones, asumiendo además como inevitable la caída del gobierno de Getúlio por su "corrupción moral".

En su tapa, *O Globo* resaltaba la falsa nacionalidad brasileña de Wainer,[125] y de este modo pretendía afectar al gobierno de Vargas y su vocación nacionalista, marcando sus contradicciones entre lo que éste decía y lo que hacía. Tanto *O Estado de S.Paulo* como *O Globo*[126] daban espacio a las acusaciones esgrimidas por Lacerda a través de *Tribuna da Imprensa* denunciando que Wainer no sería brasileño, lo que prohibiría al dueño de *Última Hora* de haber obtenido el préstamo por parte del Banco de Brasil para fundar el periódico.

Con respecto a su posición sobre Wainer, *O Globo* demostraría su alineamiento con el resto de la prensa tradicional, estampando en su tapa (Imagen 6, página 136).[127] El vespertino retomaba aquí los argumentos del "favoritismo" gubernamental hacia *Última Hora*, que atentaría contra la libertad de expresión. Así también, la tapa presentaba una viñeta referida a la situación de Wainer, donde un transeúnte le consultaría al otro "¿Cree que el caso de Wainer está en la Hora?", haciendo referencia a si estaría en la agenda de los temas, a lo cual el otro le respondería, haciendo juego con el nombre del periódico, que estaría "en las Últimas", refiriéndose a las demandas judiciales existentes contra el mismo. El texto y el mensaje de la caricatura situaban a Wainer como culpable de un negocio comprometedor. Las letras del titular denotaban un veredicto consumado. Se destacaba nuevamente la carencia de nacionalidad brasileña del periodista como forma de identificar su culpabilidad en el caso, remarcando que el gobierno habría favorecido con financiamiento arbitrario, "para someter por la competencia desigual a la prensa libre", a un ciudadano que "ni siquiera sería brasileño".

Como hemos señalado, la densidad dada al tema y la crítica desplegada por *O Globo* en el caso *Última Hora* sería mayor que en *O Estado de S.Paulo*, por ser un *affaire* que impacta especialmente en la capital del país y en su prensa. El vespertino sería mucho más crítico con Wainer, encuadrando allí el foco principal de la culpabilidad, en este punto más parecido a la posición de *Tribuna da Imprensa* (ambos periódicos de Rio).

De este modo, nuevamente ponemos en discusión la "moderación" del periódico que plantean Abreu & Lattman Weltman (1994). Consideramos un error su señalamiento de que el diario *O Globo* habría recibido ataques en las manifestaciones populares por el suicidio de Vargas exclusivamente por causa de la actuación de *Radio Globo*. Esta conclusión a la que llegan los autores proviene de un estudio sobre el periódico restringido a la coyuntura de agosto de 1954. Sin embargo, durante 1953 serían visibles las convergencias entre los lineamientos del vespertino y los propios de *O Estado de S.Paulo*, así como de *Tribuna da Imprensa*. La moderación del vespertino sería más bien el lugar desde el cual éste pretendía construir su posición de enunciación. Es decir, existía la producción de un efecto de moderación en el discurso, pero que no se relacionaba nítidamente con el contenido del discurso que se transmitía.

Por su parte, *O Estado de S.Pablo* encuadraba el tema de la corrupción gubernamental como parte de su llamado a la ciudadanía a participar de la "guerra contra la infamia", destacando que cada indicio que aparecía permitiría un mayor conocimiento del sistema corrupto montado por los Vargas.[128] El matutino señala sobre la corrupción que existiría en el país:

> El Congreso tiene el deber de acelerar la solución de estos casos escandalosos, para que la Nación pueda respirar tranquila. No es posible, de hecho, que ésta respire con tranquilidad mientras los escándalos no son esclarecidos y los criminales no son castigados. La inmoralidad, que domina por todas partes, tanto en la vida pública del País como en la vida privada de los ciudadanos, convertirá en precaria la estabilidad de las instituciones y pondrá en riesgo la estructura social del País si no es combatida con vigor y urgencia. La Nación no soportará por más tiempo el ambiente de escándalos en el cual vive y la podredumbre que de estos escándalos se destila…. Si la inmoralidad no es contenida y los abusadores de las cosas públicas no son castigados, caminaremos fatalmente para movimientos subversivos cuyo resultado nadie puede predecir.[129]

A través de estos discursos, se iría produciendo una naturalización de las consecuencias catastróficas para la nación que implicarían esta onda de inmoralidad y la corrupción existente. Además, se impulsaba una amenaza sobre el ajusticiamiento popular contra la corrupción que podría sobrevenir en caso de que el presidente no se ocupase de combatirla. De este modo, el periódico vinculaba las denuncias de "corrupción" gubernamental con las denuncias de "subversión" del país. Encarnando una pretensión de universalidad, el matutino señalaba que existiría una nación oprimida por los escándalos de corrupción, que no podría "respirar tranquila" hasta que éstos no se resolvieran. Se definía así la cruzada contra la corrupción de los políticos para el renacimiento nacional:

> El día en que la corrupción sea combatida sin tregua y los corruptores estén seguros de que no quedarán impunes, cambiará el escenario político y administrativo de Brasil y de San Pablo y la esperanza de mejores días renacerá en el corazón de todos los que viven angustiados con la depresión moral de esta época y con la incurable incompetencia de nuestros gobernantes.
>
> Tratemos todos, los políticos y el pueblo en general, de alcanzar un movimiento de unión alrededor de los hombres capaces, de los hombres limpios, de los hombres dotados de un profundo civismo, garantizándoles los puestos de mando en los próximos períodos gubernamentales, y las sombras que hoy nos rodean se disiparán rápidamente.[130]

De este modo, *O Estado de S.Paulo* cifraba las angustias del drama nacional en la ausencia de moralidad y civismo de los políticos, indicando que una vez que aparecieran dirigentes que respetaran estas dos condiciones, los problemas del país estarían solucionados. La unión contra la corrupción sería la clave para un renacimiento nacional, ya que todos los males del país remitirían a esta cuestión. Esta moralización de la actividad pública suponía una búsqueda de abstracción de la lucha política, una política de la nobleza moral antes que de lucha por el poder, que era coincidente con la visión de los *bachareis* udenistas.

Así, se mostraba la vocación del matutino por situar la cuestión moral en un primer plano entre las problemáticas de la nación, frente a otras temáticas que eran situadas desde el gobierno, como la desigualdad social. Es decir, confrontaban dos agendas opuestas, la agenda moralista promovida por *O Estado de S.Paulo* y la UDN, que subordinan la política a la distinción entre "honestos" y "corruptos", y la agenda gubernamental, que pretendía situar a la cuestión de la desigualdad como un eje central del accionar del Ejecutivo. Se manifestaba así un conflicto entre cosmovisiones que pretendían excluirse mutuamente. En este sentido, el periódico señalaba que tanto el Congreso como la prensa eran una barrera para la defensa de la moralidad contra la corrupción y los "aventureros", encarnados en el gobierno del "ex dictador" gaucho.

Hacia fines de 1953, también *O Globo* iría adscribiendo a esta "cruzada moral" a la cual se adherían varios medios de prensa:

> Hasta donde alcanza nuestra memoria, todavía no hubo ninguna investigación que impresionara a la opinión pública tan profundamente como la de 'Ultima Hora', sin duda porque nunca ha habido un escándalo comparable o negociados semejantes a los que marcaron el financiamiento y la creación de ese periódico. Y si el público, que siguió de cerca a través de las noticias y de la irradiación, que escuchó en todo el Brasil por la frecuencia de la Radio Globo los testimonios e indagaciones, así como la ilustración y los comentarios apasionados de Carlos Lacerda, se indignó y se rebeló con aquello que sabía y con aquello que oía, cómo no han de ser mayores, la indignación y la revuelta, ahora que se encuentra publicado el informe presentado a la Cámara por la Comisión Parlamentaria de Investigación.... El informe explícito y valiente, que hace honor a las tradiciones del Parlamento brasileño, viene a permitir al público reconstituir lo que fue esa combinación de audacia, ambición y falta de escrúpulos, en que un grupo, aprovechándose de la simpatía oficial del jefe de la Nación y luego abusando de su confianza, consiguió facilidades nunca antes vistas, por parte del principal establecimiento de crédito del país, no parando siquiera hasta, para mayor seguridad y una esperanza poco justificable de impunidad, involucrar en el desafortunado caso a un hombre público de la familia del Sr. Getúlio Vargas, del cual se puede extrañar sin duda su exceso de buena fe que brilló por la ligereza e incluso por la imprudencia, pero sobre cuya honestidad no es lícito hacer la menor acusación.
>
> Muchos de los daños ocasionados por la camorra aventurera nunca más podrán ser resarcidos, ya sea aquellos que se han reflejado directamente en las arcas públicas, ya sea los derivados de una competencia desleal a los demás órganos de prensa, ya sea los morales que implican desprestigio para las instituciones o contribuido para difundir y fortalecer ese veneno sutil que lentamente pero en forma segura va hundiendo a la nación y se traduce en la creencia, en la deshonestidad esencial e irremediable de los políticos y administradores. Pero el triste episodio habrá mitigado sus efectos si los culpables tienen el castigo que se merecen y que el país reclama como compensación y salvaguardia. El autor principal de toda esta trama, que hoy es conocido por ser un extranjero que hizo fraude con su propia nacionalidad, adquiriendo a través de la estafa la nacionalidad brasileña, y sus cómplices, incluyendo a un funcionario del Banco de Brasil que sirvió de punta de lanza para la obtención de créditos ilimitados, deben sufrir con toda severidad los castigos impuestos por las leyes, aunque se trate de la expulsión o de los que se establecen por malversación de fondos.[131]

El vespertino se refería al escándalo *Última Hora* como el más importante que habría existido, a la vez que designaba a Wainer y su grupo como la "camorra aventurera", resaltando la nacionalidad extranjera del periodista y creando en la narración efectos sombríos sobre el accionar de este "grupo". También aparecía la referencia a la competencia desleal que significaría el financiamiento gubernamental a *Última Hora* con respecto a otros medios de prensa. Al mismo tiempo, sostenía que no se podría dudar de la familia de Vargas y su honestidad, encuadrando la cuestión de un modo distinto a *O Estado de S.Paulo*, que definía al presidente como el principal responsable de este escándalo. El vespertino elegía cargar toda la responsabilidad en Wainer, a la vez que destacaba la indignación generalizada que existiría entre los ciudadanos sobre este escándalo. De este modo, *O Globo* adscribía a la idea de que la corrupción de un grupo de "aventureros" habría llevado al país a la degradación moral. El vespertino asumía también definiciones similares a *O Estado de S.Paulo* que consistían en señalar la necesidad de liquidar a los corruptos y la corrupción a través de una campaña moralista:

> Comienza a soplar en todo el país un viento de indignación capaz de barrer para siempre de nuestra vida pública los métodos espurios que sólo sirven para degradarla. Las voces que en el Congreso se levantan indignadas son un buen reflejo de los sentimientos de protesta que inflaman a los brasileños de todos los cuadrantes de la Patria. Ha llegado el momento de decir basta a los corruptos y a los corruptores. Llegó un momento de levantar un dique a la desmoralización y la venalidad. Al Congreso, más que a cualquier otro poder, le corresponde en esta hora, la misión histórica de luchar por la restauración de la moral en nuestra vida pública.[132]

En estos editoriales, *O Globo* comenzaría a compartir con *O Estado de S.Paulo* esta cruzada contra la inmoralidad. El periódico carioca se caracterizaba, más allá de su identidad conservadora, por la flexibilidad de sus posiciones políticas, vinculada con una estrategia comercial sensible a los cambios en los humores sociales. De este modo, el vespertino se adscribiría a la "cruzada moral", reduciendo las diferencias que en torno a este tema presentaba inicialmente con *O Estado de S.Paulo*, señalando las consecuencias penosas a nivel nacional que podrían sobrevenir si no se daba prioridad a las exigencias de una restauración moral.

Las tapas de *O Globo* en este período,[133] demostraban que el vespertino apostaba por el sensacionalismo para encuadrar los "escándalos políticos" y proyectarse a nivel de sus ventas. La cobertura de los escándalos era realizada con la pretensión de obtener un rédito tanto comercial como político, a diferencia del matutino paulista, cuyo propósito parecía orientado a afectar directamente al gobierno de Vargas.

En este clima de crisis política y cruzada moral, José Lins do Rego,[134] columnista de *O Globo*, señalaba:

> El Brasil no puede soportar por más tiempo tamañas patrañas en habladurías de demagogos. O todos nosotros afrontamos la realidad con el coraje para ver y entender esta situación de malentendidos generalizados, o tendremos que degradarnos en manos de dirigentes que habrán de sacudirnos en la miseria pública. Los que los hombres de bien de Brasil necesitan hacer es una reglamentación de buena voluntad

y sentido común, para que se salve nuestra respetabilidad de pueblo que no merece semejante degradación. Las costumbres se van contaminando en las aguas sucias de tantos escándalos. Y cuando las costumbres se pervierten de este modo, entonces tenemos que meditar sobre el fin que tienen las instituciones. Cuando no respetamos a quienes nos gobiernan, es porque ya comenzó a derrumbarse el edificio de la sociedad que no podemos salvar. Como modesto hombre de letras, que sólo tiene el valor de un voto, convocaría a las energías sanas de la nación a resistir los terribles días que se vienen. Hay esperanza para la salvación nacional. Reaccionando contra el desorden en los cuadros de los dirigentes, llamando a la puerta de los hombres de bien, llamándolos para las terribles responsabilidades de dirigir casi en un caos, habremos asegurado para nuestro país la esperanza de que no termine éste en manos de malhechores públicos".[135]

Esta columna coincidía con la dramática definición de una "degradación moral" que atravesaría a la sociedad, situando a la purificación de las costumbres y la recuperación de la moralidad como las únicas esperanzas de "salvación nacional". El discurso moralista colonizaría el discurso político, excluyendo visiones alternativas sobre el litigio que es propio de la lucha política (Rancière 1996), o la controversia sobre las desigualdades, para subordinar la política a la distinción entre "honestos" y "corruptos". A tono con este clima, *O Globo* titulaba en una de sus tapas que "es preciso detener la avalancha de corrupción que infecta la vida política y administrativa".[136]

En este contexto de fines de 1953, el matutino paulista parecía defender un movimiento de moralización que fuera capaz de reemplazar a Vargas luego de que éste finalizara su mandato: "Lo que defendemos es un movimiento nacional que dé al Brasil un presidente capaz y ponga término definitivamente a la acción política del actual presidente y de su familia. Nada más".[137] De este modo, *O Estado de S. Paulo* apoyaba el mantenimiento del gobierno, si bien con críticas severas, sosteniendo expectativas hacia el futuro por la asunción de un presidente que fuera más afín con los deseos del matutino.

Sin embargo, este periódico cambiaría su posición a principios de 1954. Con la presentación de un pedido de *impeachment* al presidente por parte de la oposición en mayo de aquel año volverían a surgir dos posiciones distintas por parte de estos medios de prensa, similares a aquellas esgrimidas en 1950 ante la impugnación udenista de la asunción de Vargas. Sobre el tema, el matutino manifestaba que, dada la cantidad de delitos que habría acumulado el presidente, ésta sería la oportunidad para desplazarlo del gobierno, dado que "pocas veces un jefe de gobierno acumuló contra sí mismo delitos tan numerosos y tan evidentes".[138] El periódico pretendía que se avanzara en la tentativa de *impeachment* a Vargas en el Congreso, para que se produjera una crisis en la legitimidad del gobierno y ésta quedara como "antecedente de su corrupción". Así, recomendaba centrarse en los escándalos de corrupción para "esclarecer" lo nefasto que habría sido la presidencia de Vargas. De este modo, señalaba que: "Un presidente pésimo, solo puede ser nocivo al país, mientras permanezca en el gobierno. Dejar que pase la oportunidad de desplazarlo del cargo, cuando esa oportunidad se ofrece, es prestar a la Nación el peor de los servicios".[139] *O Estado de S.Paulo* amenazaba con equiparar "culpables" y "cómplices" si los diputados no votaban por el *impeachment* a Vargas, exhortando a no despreciar la oportunidad que se presentaba para desplazar al presidente del poder.[140]

Por el contrario, *O Globo* estamparía en su tapa[141] una volanta que decía "Se arma la batalla del impeachment". El título debajo decía: "No tiene ilusiones el propio líder de la oposición". En el copete: "Y el Sr. Gustavo Capanema asegura que la denuncia contra el presidente de la República será juzgada improcedente". Analizando las distintas tapas de esta coyuntura, resulta visible que el vespertino repudiaba el pedido de *impeachment* hacia Vargas, señalando en sus titulares que ni siquiera el líder de la oposición estaría seguro de la eficacia de esta solicitud, así como citando a líderes del gobierno que se oponían a este proceso. En su tapa del 11 de junio de 1954, el periódico sostenía el título "Se pronuncia el mariscal Dutra contra el 'impeachment'" y como subtítulo "'No veo razones para eso', declara a *O Globo* el ex-Presidente de la República". El titular buscaba producir un efecto de gravedad y contundencia en la declaración, y lo mismo es posible señalar con respecto a la evocación del rango militar de Dutra, y de su descripción como "ex presidente de la República", dotando de autoridad político-militar la condena del *impeachment*. El formato de estos títulos se proponía otorgar relevancia a la declaración de Dutra. Así, era evidente el rechazo de *O Globo* hacia la tentativa de destitución promovida por la oposición, lo cual se manifestaba en el vespertino dando espacio a declaraciones que se pronunciaban contra el procedimiento o en titulares en favor de la estabilidad gubernamental.

A diferencia de ello, con motivo del fracaso de la tentativa de *impeachment* el matutino se distanciaría de la UDN para exigir una mayor intransigencia frente al gobierno. Consideraba una derrota y una "falta de fibra cívica" de los diputados el haber desaprovechado lo que en su percepción era una oportunidad para desplazar al presidente del poder e interrumpir su continuidad al frente del país.[142]

A la vez, vemos como aquellas concepciones opuestas sobre la democracia que se habían manifestado frente a los resultados electorales de 1950—entre *O Globo* que apoyaba la asunción de Getúlio bajo la idea de la soberanía popular y *O Estado de S.Paulo* que pretendía impugnar su asunción desde la defensa de sus principios morales—nuevamente se expresarían ahora frente al pedido opositor de un *impeachment* al presidente.

Ya en junio de 1954, el agrietamiento de la situación política llevaría al matutino a exigir una "extirpación" de Vargas y su familia como única salvación de Brasil:

> Semejante política, si no fuera extirpada de inmediato, llevaría al Brasil a la ruina

moral y material. Para extirparla existe sólo una manera que es cerrar la puerta del gobierno y de la representación nacional al actual jefe del Ejecutivo y todos los miembros de su familia. Lo que los revolucionarios de 1945 no se acordaron de hacer, esto es, la suspensión de los derechos políticos del ex dictador y sus familiares y amigos por diez o quince años, debemos hacerlo ahora, por tiempo indeterminado, expulsando de las urnas a toda esa gente que tanto ha perjudicado al Brasil y degradado el nombre brasileño.

Mientras esos individuos representen alguna cosa en la política del Brasil, esta no será purificada adecuadamente y la descomposición moral continuará sintiéndose en todos los lugares y en todas sus formas. El mayor enemigo de Brasil y su democracia no es, como se supone, el Partido Comunista. Sus mayores enemigos son el jefe de gobierno y su familia. De ellos es que han venido la serie de males que sufrimos y ellos constituyen un peligro permanente para la tranquilidad y la estabilidad de las instituciones.[143]

De este modo, se manifestaba una radicalización del lenguaje político que exigía extirpar a los Vargas para permitir la restauración moral del país,[144] indicando a los mismos como los mayores enemigos de Brasil y de la democracia. Resultaba este un pedido que iría *in crescendo* con el pasar de los días. *O Globo*, desde su propia tradición, también iría radicalizando sus alocuciones y participando del mismo clima:

> Nadie se atrevería a negar la terrible crisis de descomposición política y moral que asola la actualidad brasileña. Es una atmósfera de fin de régimen, un ambiente de incredulidad en los hombres y—lo que es peor—en las propias instituciones que domina todo y a todos. No es para menos desde que la corrupción del Gobierno y los métodos de los agentes del Poder Público llegaron a tal punto que los crecientes y repetidos escándalos ya casi no logran conmover o impresionar a la opinión pública.... Estamos a menos de noventa días de las elecciones para la renovación de la Cámara de Diputados, de dos tercios del Senado de la República y de los gobiernos de once Estados, entre ellos algunos de los mayores y más importantes. Por una influencia maléfica del Gobierno Federal, por maquinaciones ostensibles de los principales líderes del oficialismo trabalhista, se confunden casi por todas partes los valores electorales y partidarios.... De allí viene la atmósfera de negaciones, crueldades partidarias, sospechas, amenazas de golpe, uso indebido de fondos públicos—todo esto para turbar el libre y patriótico pronunciamiento del cuerpo de ciudadanos de la República, el 3 de octubre próximo.... Mayores deberían ser, así, las cautelas del Sr. Getúlio Vargas de no a emplear la fuerza de su cargo en maniobras electorales fuera de lugar, como las que se reflejan en su acción parcial y sesgada sobre el tema de Pernambuco.... Pero que nadie se ilusione. Todas las épocas de corrupción tuvieron siempre su rescate. La demagogia comuno-trabalhista está gastando las reservas finales de su nefasto tesoro. El tres de octubre no está lejos y también en la política los molinos de

Dios se desintegran lentamente, pero se desintegran.[145]

El vespertino se refería críticamente al gobierno, como si éste tuviera la pretensión de distorsionar en su favor las elecciones intermedias. A la vez, señalaba que le quedaría poco tiempo a la "demagogia comuno-trabalhista", habiéndose así acabado su ciclo político, dado que el "3 de octubre no está lejos". Esto es significativo pues hasta el momento no se había dirigido el periódico en estos términos hacia el gobierno. Sin embargo, paulatinamente, se iría tornando fuertemente crítico de la "corrupción gubernamental", adscribiendo al clima de la "cruzada moral" y denunciando la descomposición del país. A su vez, *O Globo* buscaba una salida electoral a la crisis, diferenciándose así del matutino paulista.

Este apartado nos permite analizar cómo iría ganando intensidad y desarrollándose esta "cruzada moral". Frente a la emergencia de los escándalos de corrupción habría diferencias en el tratamiento por parte de los periódicos, pero a medida que aumentaba el sentimiento de malestar social frente al gobierno, irían acercándose en las posiciones condenatorias. Como hemos visto, *O Globo*, que ha sido reseñado por Abreu & Lattman Weltman (1994) como más moderado en la coyuntura de agosto de 1954, demostraría durante 1953 una gran afinidad con la campaña moralista impulsada por Carlos Lacerda y sus proclamas intransigentes contra la corrupción gubernamental, anunciando sus alocuciones en *Radio Globo* y resaltando con énfasis sus declaraciones.

En el caso del matutino paulista, habría más constancias que variaciones, pero se verificaría una radicalización del lenguaje condenatorio en forma progresiva, a tono con el crecimiento del malestar social. Especialmente, se verificaría la utilización instrumental de las acusaciones de corrupción para hacer mella en el gobierno. En *O Globo*, si bien esto se manifestaría, coexistiría con una explotación sensacionalista de los escándalos. Sin embargo, mientras *O Estado de S.Paulo* encuadraría el caso *Última Hora* como la expresión de un sistema corrupto, dirigiendo sus críticas y utilizando este escándalo para erosionar la imagen de Vargas, *O Globo* centraría sus denuncias en Wainer y su grupo, la "camorra aventurera". Esto último se explica por la competencia directa que el vespertino tenía con *Última Hora* en el mercado carioca.

Esta "cruzada moral", de la cual sería expresión el triunfo de Quadros a la intendencia paulista, si bien encontraba en el caso *Última Hora* uno de sus íconos fundamentales, excedía esta cuestión, al direccionarse las acusaciones por una purificación de las costumbres morales a toda la clase política. La adhesión con la que contaría esta colonización de la política por el discurso moralista sería también expresión de los temores en los sectores medios ante una sociedad en transformación. La subordinación de la política a la distinción entre "honestos" y "corruptos" brindaba seguridad, en tanto excluía visiones alternativas que pudieran ser percibidas como riesgosas para la reproducción del orden social. De este modo, la *moralización de la política* contribuiría en este contexto para la *naturalización del orden social*, garantizando la exclusión de otras problemáticas de la agenda pública.

3.5. *"Permanencia" de la dictadura y revolución constitucionalista en* O Estado de S.Paulo: *virtud cívica y conmemoración*

En este apartado, analizaremos el modo en que la evocación de ciertos acontecimientos históricos por parte de *O Estado de S.Paulo* dotaría de nuevos sentidos simbólicos a sus aspiraciones por incidir en la crisis política del segundo gobierno de Vargas. En particular, exploraremos cómo fue invocada la revolución constitucionalista de 1932, núcleo central del conflicto entre el movimiento *anti getulista* de San Pablo y los adherentes a Vargas.

Para desarrollar estos aspectos a nivel empírico, retomaremos la conceptualización de la "historia como forma de la política" de Aboy Carlés (2001), quien señala que toda reflexión sobre los hechos históricos "está atravesada por una herida ineludible que la constituye como la reinvención de un pasado, una hermenéutica que establece desde un contexto presente lo que aquel habrá sido" (Aboy Carlés 2001, 140). Estas reinvenciones del pasado en función de las necesidades del tiempo vigente, habilitan aquello que Capelato (2013) denomina como los "usos políticos del pasado", lo que puede suponer un "proceso de abolición del tiempo histórico y la reconstrucción del pasado a la luz de las contingencias políticas del presente" (Aboy Carlés 2001, 147).

Como señala Judt, los conflictos sobre la interpretación del pasado devienen, en la modernidad, la fuente sobre la cual se asienta la comunidad, tornando a la historia parte de la política. En este sentido, el historiador señala que:

> [L]a posición moral e ideológica de crónicas alternativas y mutuamente exclusivas de comportamientos y decisiones colectivas del pasado distante o reciente son lo más disputado de todos los terrenos nacionales; y es el pasado el que casi siempre está sobre el tapete, incluso cuando el presente o el futuro están ostensiblemente sujetos a discusión. En muchos lugares la nación misma existe en gran medida precisamente en virtud de esas discrepancias; no hay ninguna versión acordada o concedida del pasado colectivo que pueda escapar a tales esfuerzos por instrumentalizarlo, porque son precisamente los mismos desacuerdos los que constituyen la identidad fundamental de la comunidad. (Judt 2014, 16-17)

Considerando lo hasta aquí señalado, la intensa conflictividad política desarrollada durante el segundo gobierno de Getúlio difícilmente podría haber permanecido ajena a esta inmersión de las interpretaciones del pasado en las luchas políticas del presente, especialmente en vinculación con los acontecimientos que habían enfrentado al movimiento constitucionalista de San Pablo y al gobierno de Vargas en la década del '30. Precisamente, a partir del análisis de editoriales, titulares y columnas de opinión en *O Estado de S.Paulo*, veremos la profunda significación que tendría para el matutino la evocación durante este período de la denominada revolución de 1932.

Desde comienzos del siglo XX, las aspiraciones de San Pablo por preservar un lugar privilegiado en la definición de los destinos del país pretendían encontrar una legitimación en su identificación como tierra de trabajo y de desarrollo económico, en oposición a lo que sería Rio de Janeiro (Motta 1992). Así, la tercera década del siglo XX estaría signada por el esfuerzo de los paulistas en incrementar su influencia y capacidad de representación a nivel nacional "presentando tal emprendimiento como si fuera una urgencia de salvación nacional" (Motta 1992, 85). En este marco, la derrota que experimentaría el movimiento paulista en 1932 por parte de las fuerzas que respondían al gobierno federal, dejaría profundas huellas en su identidad, así como tendría consecuencias en el escenario político nacional. Estos acontecimientos serían incorporados a la tradición de las luchas paulistas "bandeirantes" y "la forma de esta nueva bandera daría una continuidad a la épica *bandeirante* que era decisiva en su formación, pues el *bandeirismo* era percibido como señal perpetua del compromiso de San Pablo con la construcción de la nacionalidad" (Abreu 2011, 197).[146] Este tipo de recuperación generada por la derrota de San Pablo llevaría a un culto a los muertos de 1932, donde resultaba imposible separar religión y política (Abreu 2011, 202). En este sentido, Abreu señala que:

> La creación del culto a los muertos de 1932 se realizó en la unión entre la individualización de la muerte y las exigencias de la cultura cívica que transformaba a los combatientes muertos en patrimonio político, eternizando el recuerdo de un acontecimiento percibido como signo de la institución de un orden democrático. El uso político de la Revolución Constitucionalista de 1932, el sentido preciso que esta tendría en cada circunstancia y su relativo éxito sólo fueron posibles porque, desde los primeros momentos, la memoria de este evento estuvo centrada en el culto a los combatientes muertos. (Abreu 2011, 195)

Como hemos visto, una modalidad relevante en la construcción de la crítica al presidente por parte de *O Estado de S.Paulo* sería el señalamiento de que la dictadura del *Estado Novo* se encontraría aún vigente. Esta construcción operaría como presupuesto para reivindicar "intactos" los valores y las luchas de 1932 contra la "dictadura". De este modo, el periódico colocaba su énfasis en el pasado de "ex dictador" del presidente, aspirando a influir en el presente, estableciendo por medio de esta evocación una abolición del tiempo histórico de acuerdo sus fines: "la dictadura continúa".

Un motivo del malestar del matutino con el gobierno residiría en el recambio ministerial de 1953 y lo que el periódico estimaba como la escasa representación paulista en el nuevo gabinete. Con respecto a esta cuestión, señalaba:

> La remodelación del Ministerio del Sr. Getúlio Vargas habrá tenido varias causas y

razones. En realidad, sin embargo, sirvió, sobre todo, de pretexto y ocasión para que el obstinado enemigo de San Pablo nos infligiera un golpe que debe estar causando culpa en todos los paulistas que le dieron su voto para Presidente de la República. Teníamos hasta ahora, como de derecho, dos ministerios importantes en el gobierno federal, el de Fazenda y el de Vialidad. Perdimos ambos y, a cambio, quizás nos sean ofrecidas irónicamente posiciones secundarias, que no podrán ser aceptadas sin humillación. Regresamos así, en un instante, a la situación en que nos encontrábamos después de la revolución del 30, cuando San Pablo fue considerado tierra vencida y, como tal, políticamente excluida de Federación.

Contamos con una quinta parte de la población de Brasil y acompañamos con al menos el 40% de los ingresos federales. Sin embargo, nos vemos expulsados de los puestos de gobierno, como si la función de los paulistas fuera sólo pagar impuestos, con imposición de deberes y ausencia de derechos. Esta es la voluntad del ex dictador, contra el cual nos alzamos en el 32, obligándolo a llamar a una Asamblea Constituyente, delito que nunca nos será perdonado.[147]

El matutino, que se enunciaba como fiel representante de los intereses paulistas, reclamaba un mayor protagonismo estatal en los ministerios del gobierno, que se justificaría en función de su relevancia económica a nivel federal. Su malestar por la nueva distribución de cargos lo llevaba a una interpretación de este "desplazamiento ministerial" en una clave que se retrotraía a la revolución constitucional de 1932, que tuvo también origen por un sentimiento de "desplazamiento" de las oligarquías paulistas en nombre del "comando rio-grandense".

O Estado de S.Paulo identificaba a San Pablo con el destino de Brasil, destacando que quien perjudicara los intereses del primero obraría indefectiblemente en contra de la nación.[148] ya que "quien lo dice es la historia de Brasil". El periódico formulaba una velada amenaza, pues al señalar que "estamos igual que ante el estallido de la rebelión paulista", ponía en circulación el imaginario de que este acontecimiento pudiera ser repetido, en función de esta inconformidad con los cambios en el ministerio. Es decir, se reintroducía en el imaginario un conflicto radical, basado en el sentimiento de exclusión de los paulistas del escenario nacional. Esta instrumentación de la historia como forma de la política (Aboy Carlés 2001), le permitiría al periódico redefinir la significación de los conflictos del pasado en función de las aspiraciones del presente, estableciendo una línea de continuidad y abolición del tiempo histórico.

Al señalar que contribuiría con el 40% del presupuesto federal y que "sólo serviría para pagar impuestos", el periódico procuraba dar cuenta de la humillación que sufriría el estado, evocando el imaginario de San Pablo como potencia para resaltar el contraste entre su aporte económico y su exclusión de los asuntos políticos, mantenida por la arbitrariedad del "ex dictador". Esta imagen tenía por pretensión provocar la indignación y resistencia de los paulistas, destacando la contradicción entre el imaginario-potencia de San Pablo y el actual "sometimiento" de Vargas, ya que resultaría un estado humillado por resistir.

Sobre la base de este malestar por la ausencia de designación de ministros paulistas y la asunción de ministros oriundos de otras regiones del país, el matutino insinuaba la posibilidad de que se preparara una "sucesión gaucha" para la conquista permanente de Brasil, lo cual reeditaría la "dictadura caudillista" iniciada en 1937.[149]

El 9 de julio de 1953, con motivo del aniversario de la Revolución Constitucionalista de 1932, el matutino diría:

> Que nos sirva esto de lección, de la cual nunca nos debemos olvidar, mientras el gobierno del País estuviera en manos del mismo caudillo de aquellos días. Una vez más siente San Pablo, en su carne, el hierro que este caudillo viene empuñando, desde hace mucho, contra su grandeza material y contra su fuerza política. Hoy como ayer este hombre y quienes lo rodean son enemigos de San Pablo y no perdonan la afirmación de independencia manifestada en 1932, y sin embargo; años más tarde, en una increíble inconsciencia, la mayoría del electorado paulista había consagrado con sus votos a este viejo y obstinado adversario de su tierra.
>
> Hoy en día, como en el 32, San Pablo debe unirse como un solo hombre para reducir los golpes que el caudillo, ahora transformado en presidente constitucional del Brasil, no deja de infligirle, cómo recientemente y todavía vimos en el desprecio con que trató al gobierno de este Estado en la reorganización ministerial, a pesar de todo el apoyo que le ha dado ese gobierno con lealtad y firmeza.
>
> Si el mismo espíritu que animó a San Pablo en 1932, no viniera a animarlo, de nuevo continuaremos siendo vilipendiados por el jefe de la Nación y seremos despojados de nuestro prestigio en la Federación, reducidos al papel de lacayos cuando todo nos da el derecho, que ejercimos durante mucho tiempo, de ejercer el papel de conductores.[150]

El matutino, buscando incentivar la rebeldía de los paulistas, recurría a la imagen del "hierro" que el "caudillo" clavará en San Pablo, para indicar que estaría sometiendo al estado de forma despectiva y humillante. Además, denominaría a Vargas como quien se habría "transformado en presidente constitucional" para resaltar su pasado dictatorial.

Se evocaban los acontecimientos de 1932 para señalar al presidente como un viejo adversario de San Pablo, recurriendo a una abolición del tiempo, donde Vargas seguiría siendo el dictador, siendo necesario recuperar aquellos valores paulistas, lo que aspiraba a producir un sentimiento de unificación frente al enemigo que tendría al estado en una situación humillante. El matutino, haciendo uso de la tradición del "culto a los mártires paulistas" (Abreu 2011), convocaba nuevamente no sólo a los muertos, sino "a los vivos" para combatir al "dictador", dotando de nueva significación a la tarea de "liberar San Pablo".

Desde la evocación de un dilema percibido como similar al de 1932, es decir, un enfrentamiento entre la dictadura y los valores democráticos, y el de un presidente que traicionaría los principios para perpetuarse en el poder, *O Estado de S.Paulo* pretendía volver a encender la llama de la rebelión contra la "tiranía", interpelando a quienes estarían dispuestos a repetir otro "9 de julio". El matutino comenzaría a construir una denuncia contra *quienes* fuesen los "traidores" de la causa, si esta volviera a repetirse en el tiempo presente, apelando a los acontecimientos de 1932 para descalificar a los que ahora, como entonces, serían los "traidores" de la "revolución" y volverían a colocarse del lado del "dictador".[151]

A su vez, el periódico reclamaba por lo que consideraba como una excesiva centralización del poder del gobierno, que no consideraría lo suficiente a un estado como el paulista, con su "prestigio" e "importancia" frente a la Nación. Por eso, los paulistas debían enfrentar la "subversión gubernamental" y reconquistar el prestigio del Estado recuperando "lo escrito en la Constitución de 1946".[152] El matutino indicaba que debían unirse las fuerzas paulistas para contrarrestar la corrupción y los efectos de la "dictadura" sobre la política, así como "el asalto" que el presidente pretendía realizar sobre San Pablo para doblegar su resistencia.[153]

La Facultad de Derecho de la Universidad de San Pablo, un histórico reducto *antigetulista* donde, en este contexto de crisis política, se pronunciaron discursos con el propósito de "restaurar" una moralidad "dañada", estimularía varios editoriales de *O Estado de S.Paulo*. El periódico creyó encontrar, en las manifestaciones de sus estudiantes, un principio de renovación de la política estatal y nacional, a partir del cual podría fortalecerse la oposición al gobierno de Getúlio.[154] El matutino daría relevancia a conferencias universitarias que trataban sobre el *Estado Novo* y la resistencia al mismo por parte de los académicos.[155] De este modo, la recuperación de las luchas contra la dictadura a fines de 1953 tenía por pretensión construir un espacio crítico que, denunciando las represiones múltiples del *Estado Novo*, trazara una línea de continuidad con el actual gobierno de Getúlio. Señalaba *O Estado de S.Paulo* que, en tanto San Pablo constituía el último resguardo institucional frente a los apetitos dictatoriales del "caudillo gaucho", éste estaría en contra de los paulistas.[156] Así, el matutino divulgaba la concepción de que el prestigio personal del "ex dictador" reposaría sobre el desprestigio y la marginación de San Pablo de los asuntos nacionales. A partir de este señalamiento se transmitía la concepción acerca de una imposible coexistencia entre los proyectos políticos de ambos. Por lo tanto, en la medida en que esta relación entre San Pablo y el gobierno federal era planteada en términos de exclusiones mutuas, la única salida para los paulistas sería la resistencia anti-gubernamental, reeditando una confrontación en los términos de 1932.

En este sentido, *O Estado de S.Paulo* señalaba contra lo que era percibido como una "intromisión" de Vargas en la sucesión paulista de 1954:

> A este movimiento de reacción que se inicia, debe corresponder, en el Estado, una unión entre todos los partidos locales con el fin de oponer una resistencia inflexible a todos los intentos del Sr. presidente de la República para sujetarnos a su voluntad soberana. Quien huyera a esa necesidad y continúe con los ojos puestos más en el Catete que en el electorado paulista, traicionará sus deberes con el Estado y merecerá la execración pública. Para ese serían pocas todas las piedras de las calles si la lapidación pudiera ser el castigo reclamado por su indignidad.
>
> El mismo espíritu de unión, que sopló aquí en 1932, es necesario que sople otra vez en esta triste coyuntura política, si no queremos que San Pablo naufrague en la ignominia. Mostremos que el pudor todavía no nos abandonó, a pesar de todo lo que el caudillo gaucho ha hecho para nuestra degradación moral. Revelemos, por la más decidida resistencia a la humillante intervención política del presidente de la República, que San Pablo continúa siendo la tierra de la independencia y del orgullo.[157]

En ese contexto, el matutino instrumentaría el simbolismo revolucionario para reclamar a quienes se inclinarían "más hacia los intereses del Catete que a los del electorado paulista". Volvía a aparecer, con la evocación de este espíritu, la condena a los posibles "traidores", apareciendo este imaginario vinculado al reclamo de intransigencia que el periódico había asumido desde el comienzo frente al gobierno. Aparecía así la condena hacia aquellos que se estarían acercando "excesivamente" al Catete, con fuertes amenazas de execración por parte de la opinión pública hacia quienes pudieran "traicionar" a los paulistas. De este modo, el matutino procuraba criticar a aquellos "paulistas ingenuos o atontados por la ambición" qué pensarían que el "ex dictador" debía incidir en los acontecimientos políticos de San Pablo. Estableciendo un límite sobre la identidad estatal, el periódico señalaba que el presidente no podría "meterse en la casa de los paulistas como si fuera su propia casa", siendo que esta no sería una "tierra en la que el primer aventurero se pueda hacer señor de la noche a la mañana".[158] Es decir, al tiempo que *O Estado de S.Paulo* volvía sobre la denuncia de la traición, marcaba una diferencia con respecto a Getúlio por su origen de Rio Grande do Sul, resaltando en una *destinación* a los paulistas su diferencia de origen, y por lo tanto, pretendiendo invalidar su participación en la sucesión política del estado, sosteniendo que no le correspondería entrometerse en asuntos internos. A la vez indicaba, como en otras ocasiones respecto de allegados a Vargas, el principio de jerarquía sobre la pertenencia a San Pablo, contra los "aventureros".[159]

El matutino sería más contundente en su evocación histórica del aniversario de 1954. Este año sería un momento de fuerte conmemoración ya que durante el mismo se produciría el IV Centenario de la Fundación de la Ciudad de San Pablo, lo cual permitiría añadir a la lucha antivarguista un sentido refundacional. A su vez, la densidad proporcionada a la cuestión se vinculaba también con la profundidad de la crisis política y las cercanas elecciones intermedias que se llevarían a cabo aquel año. De este modo, le daría mayor trascendencia a esta fecha emblemática, así como una mayor cantidad de páginas,[160] en tanto pretende re-significar este aniversario en la lucha contra el gobierno. *O Estado de S.Paulo,* decía entonces:

> La República estaba cansada; la República estaba corrompida. El Brasil vivía sobre el recuerdo de Ruy y olvidado de Ruy.[161] Se imponía una reacción. Ella vino en el sentido y en el resultado de la Revolución del 30, de la mano del sano idealismo de la Alianza Liberal; la Alianza Liberal que salió por el Brasil entero gritando por un Brasil mejor; por un Brasil ausente.... Pero la revolución fue traicionada. Sus traidores están ahí todavía viviendo del mérito, de los méritos que ésta tenía pero de los que unos pocos se beneficiaron. Fue el comienzo de la carrera de la traición y las mentiras del hombre que se convirtió en su beneficiario.... La sangre de los paulistas que cayeron en el 32 se mezcló con las lágrimas de las mujeres que lloraron esa sangre y de la mixtura sagrada de los sacrificios de los paulistas nació la victoria de la Revolución ... derrotada en el campo de batalla. Fue la manifestación de muchas vidas y mucha sangre y lágrimas. Pero no murió en el corazón de muchos brasileños aquella vieja vocación de traición.... El Nueve de Julio fue olvidado. Porque no significó una lucha por la Ley y por la Constitución sino una lucha por su Espíritu: y este espíritu va lejos, mucho más lejos de lo que puede alcanzar la corta visión de los pequeños hombres. Los hombres que se unieron, que transigieron, que traicionaron, porque esto les parecía más ventajoso que seguir fieles a los ideales del 32.
>
> La revolución del 30 fue traicionada por los brasileños que se olvidaron del Brasil. La revolución del 32 fue traicionada por paulistas que se olvidaron del Brasil; porque el estómago está mucho más cerca del corazón que la tierra de la Patria que los pies pisan, pero que no sienten porque son ciegos e insensibles.[162]

Este texto colocaba su énfasis en lo que consideraba como una traición a la sangre derramada por los paulistas en 1932, que continuaría hasta hoy, por parte de quienes servirían al "caudillo" en el gobierno. La evocación de la sangre y las lágrimas de las mujeres, derramadas en el campo de batalla, brindaba dramaticidad a la recordación del acontecimiento, a la vez que habilitaba la inversión de su curso histórico: la transformación de la derrota militar y política en "victoria moral". Incluso a esto permitía también la palabra de "revolución", a pesar de la derrota, pretendiendo difundir la idea de que las aspiraciones paulistas habrían sido alcanzadas en la *sublimación moral de la derrota*. En este tipo de alocuciones podían identificarse las afinidades del matutino con la "cosmovisión udenista".[163]

A la vez, se encontraría la causa de la traición de ciertos paulistas, ahora como entonces, en que "el estómago está mucho más cerca del corazón que la tierra de la Patria que los pies pisan". Residía aquí nuevamente el patrón de la crítica a los seguidores de Vargas como carentes de racionalidad y guiados únicamente por necesidades primitivas, frente a quienes se proclamaban como embanderados de la ilustración, privilegiando los valores morales por sobre las necesidades. Las tareas del pasado se situaban en una linealidad que las vinculaba con las propias del presente, las mismas aspiraciones inconclusas que deberían retomarse:

> No todo en nuestra tierra fue invadido por la corrupción. Alguna cosa se salvó y otras han de salvarse. El entusiasmo con que va a ser conmemorada la fecha de nuestra gran lucha por las instituciones democráticas—la fecha del Nueve de Julio—indica que todavía hay idealismo en los paulistas y que éstos están dispuestos a re-encantar nuevas luchas por sus ideales y en defensa de la dignidad de su tierra, si estas luchas se volvieran necesarias.
>
> El movimiento revolucionario, que hoy se celebra, fue realmente una gran manifestación de idealismo. Cansado de los subterfugios del caudillo *gaucho* ante los clamores colectivos en favor de la restauración constitucional del país, San Pablo se levantó el 9 de julio de 1932 como un sólo hombre para obligarlo a dejar el gobierno discrecional en que su voluntad prevalecía y volver a entrar en el gobierno de la ley del cual todo lo alejaba—su temperamento, sus ambiciones, su gusto por la infidelidad a los ideales.
>
> [San Pablo] Para salvar la democracia, régimen fuera del cual nunca pudo vivir, reunió todas sus fuerzas y, con sacrificio de sus riquezas y su comodidad, de la paz de sus hogares y la vida de sus hijos, saltó a la lucha desigual con el dictador, que estaba armado hasta los dientes y apoyado en la casi totalidad de las fuerzas militares del país.
>
> Si la victoria en los campos de batalla no le sonrió, dejó, sin embargo, en estos campos, los ejemplos de valentía y civismo que todavía son celebrados como actos heroicos. En esa campaña, que puede considerarse temeraria, pero que no puede ser pensada como interesada, recibió Brasil la lección definitiva de que en San Pablo existe todo lo necesario para formar una gran nación, desde la tenacidad en el trabajo hasta la terquedad en la defensa de los ideales cívicos más encumbrados. El San Pablo del trabajo mostró en esos días de lucha feroz, que puede ser también, cuando sea necesario, el San Pablo de los sacrificios y la guerra.... A San Pablo debe Brasil su redención política.... Pero lo que todavía existe de civismo y fidelidad a los ideales constituye la garantía de que los males de ahora no serán perpetuos y de que mañana o más tarde, saldrá de aquí, por el bien de Brasil, un nuevo grito de independencia acompañado de un movimiento de repulsión a quienes, aprovechándose de los reveses políticos de estos últimos 20 años, trataron de hacer de nuestra Patria una galería para sus negocios particulares, rompiendo las tradiciones de honradez, devaluando al grado más pequeño a la nación brasileña.

> SÃO PAULO REVERENCIA, HOJE, OS HEROIS
> DA REVOLUÇÃO CONSTITUCIONALISTA DE 32
>
> A participação — Unida a população da cidade e do Estado na homenagem aos que lutaram na epopéia de 32 — Grandes festejos marcarão a data de hoje na Capital e no Interior — As solenidades — Hasteamento das 12 bandeiras do Brasil na Faculdade de Direito — A participação dos estudantes — Personalidades civis e militares que estarão presentes

Imagen 7. Titular en la página 8 de la edición del 9 de julio de 1954 de *O Estado de S.Paulo*, donde se mencionan los acontecimientos de 1932.

El Nueve de Julio no será una fecha aislada en la historia cívica de San Pablo. Será la fecha de inicio de una serie de acontecimientos que, ligados a nuevas fechas gloriosas, librarán al Brasil y San Pablo de quienes los explotaron y deshonraron.[164]

El periódico pretendía resituar a San Pablo en el lugar más alto de la federación. En este sentido, destacaba que "a San Pablo debe Brasil su redención política" en referencia a los acontecimientos de 1932, dado que allí estaría todo lo necesario para una gran nación, desde los valores hasta el trabajo. Esta argumentación volvía a actualizar las reivindicaciones autonomistas de San Pablo.

O Estado de S.Paulo enmarcaba los acontecimientos de 1932 en una batalla desigual, donde las fuerzas paulistas, encarnando la pureza de los valores cívicos, se habrían enfrentado a un "caudillo armado hasta los dientes". De este modo, a pesar de la derrota en esta "lucha desigual", y por eso mismo, los valores de esta guerra civil habrían persistido en el tiempo en la identidad paulista. Esta construcción mítica de una lucha desigual, donde San Pablo, débil pero encarnando los valores imperecederos se habría enfrentado a la tiranía, construía una épica que invertía *a posteriori* el sentido de la derrota y la victoria.

En la sección El Momento Político se titulaba en la fecha de este aniversario:[165] "Proclamado el movimiento cívico del 32 como el más nacionalista de la historia política del país". Por otra parte, en la página 8 de aquella misma edición, podía leerse"SÃO PAULO REVERENCIA, HOJE, OS HEROIS DA REVOLUÇÃO CONSTITUCIONALISTA DE 32"(ver Imagen 7, página 153).

Estos titulares, que evocaban la "epopeya" de 1932 como el acontecimiento nacional más importante, así como denominaban "héroes" a los caídos en aquel enfrentamiento, mostraban la fortaleza del "culto" a los "mártires" de 1932 como constitutivo de la identidad paulista. Estas memorias eran resituadas en las batallas pendientes del presente. Entre los textos que tenían por función recordar el aniversario del

'32, el matutino asignaba un especial papel a las Fuerzas Armadas, reconstruyendo, en función de lo que habría sido su participación, las tareas que deberían ser adoptadas en el momento actual. El matutino elogiaba la actuación del ejército en 1932 en una coyuntura de crisis política como la de mediados de 1954, señalando a éste como garantía de que no hubiera nuevas "subversiones constitucionales". De este modo, el periódico procuraba revivir en el ejército los "ideales de 1932", entendiendo que en esta coyuntura de crisis política, las Fuerzas Armadas se tornarían un actor clave para un eventual desplazamiento de Vargas del poder.[166]

También se pronunciaba en esta ocasión Julio de Mesquita Filho, en una columna titulada "Lo que significó para la Nación la victoria de Getúlio Vargas. Orígenes y causas del 9 de Julio", entendiendo los acontecimientos de 1932 a partir del binomio de "civilización" y "barbarie":

> Lo que entonces sucedió, el significado profundo de los acontecimientos ... el drama resultante del choque entre dos mentalidades, entre dos concepciones de la vida en sociedad, entre la frontera y el Nordeste, por un lado y el orden, la disciplina social y el progreso, por el otro.... Getúlio Vargas, hombre de la horda—pariente próximo de sus emuladores platinos, de Facundo, de Francia, Rodriguez, Urquisa y Artigas. El caudillismo y el *cangaço* son dos manifestaciones de la misma condición social, dos aspectos de una misma propensión.
>
> En una de las páginas más penetrantes de su obra, Capistrano de Abreu ya nos había advertido de los graves peligros que representaba para la nacionalidad la presencia en su seno de una colectividad que por su estructura y por lo tanto, por su psique, diferiría fundamentalmente de las poblaciones de la meseta central, del Brasil de las montañas, de Brasil más allá de los contrafuertes de la Mantiqueira. Con admirable penetración, él previó lo que un día probablemente sería, las perturbaciones causadas por la presencia de ese cuerpo extraño en el cuerpo nacional.... Venganza de Rosas llamó alguien un día, en una frase de genio, la victoria de Getúlio el 23 de octubre de 1930.[167]

En tanto resultaba intolerable para Julio de Mesquita Filho que los "ignorantes" y "marginales", en términos de lo que eran considerados sus valores culturales y pertenencia geográfica, estuvieran al frente del país, se les restaba racionalidad propia tanto a estos sujetos como a sus adherentes. De este modo, como podemos apreciar en este artículo de Julio de Mesquita Filho, *el discurso científico y positivista cumplía una función de legitimación de la pretensión de superioridad racial y de dominación de las elites paulistas*. Aparecía así la dicotomía "civilización/barbarie", que era evocada en función de legitimar las aspiraciones de las "elites ilustradas" de San Pablo e introducir una descalificación hacia Vargas por su proveniencia de São Borja, señalando a estas poblaciones como un "cuerpo extraño al organismo nacional".

En la tapa de *O Globo*, con motivo del mismo aniversario,[168] observamos desde el título "¿Valió la pena la revolución del 9 de julio?" la diferencia con *O Estado de S.Paulo* en el encuadre sobre la revolución constitucionalista. La pregunta, en sí misma, marcaba sustantivas diferencias con el modo de apreciación de este acontecimiento que era propio del matutino paulista. En esta edición de *O Globo*, se reunían opiniones de varios participantes encargados de la represión al movimiento constitucionalista, como Góes Monteiro. Así comenzaba el cuerpo principal de la nota referida a esta cuestión en la página 3: "Es justo que escucháramos, en primer lugar, el testimonio de aquél que se encargó de las operaciones militares contra el ardor y la improvisada preparación de los soldados paulistas".

Esta referencia a los soldados paulistas como "improvisados" resultaba inconcebible en el matutino paulista, verificándose las diferencias entre ambos periódicos. De este modo, el encuadre de este acontecimiento histórico por parte de *O Globo* difería notablemente de la visión idealizada de *O Estado de S.Paulo*.

Posteriormente al aniversario, el matutino paulista diría en un gran titular: "Constituyeron una página vibrante de civismo las conmemoraciones de la revolución constitucionalista".[169] El periódico continuaría exaltando los festejos del aniversario en los días siguientes:

> Todos aquellos que, en la campaña ya iniciada, se han degradado hasta el punto de ir a implorar el apoyo del jefe de la Nación, prefiriendo la ayuda fría de ese político a la confianza del electorado paulista, deben recibir en las urnas el castigo de su debilidad o, por qué no decirlo sin ambigüedades, el castigo de su traición a San Pablo. No hay excusas para el servilismo de algunos políticos paulistas al jefe de la Nación.
>
> La lucha, que se debe establecer junto al electorado, es, en algunos aspectos, en sus fundamentos, la misma batalla que, en 1932, se produjo, en el territorio paulista, contra el dominio indefinido del presidente de la República en aquel momento. Hoy, como ayer, San Pablo quiere su libertad política dentro del régimen constitucional. Mientras haya la posibilidad de nuevos golpes realizados por el caudillo riograndense contra aquél régimen, San Pablo no puede descansar. Tiene que tener todas sus fuerzas preparadas para, en cualquier terreno, ofrecer la resistencia más grave a los golpes que fueran realizados por el eterno aspirante a la dictadura. En la lucha que se aproxima, el objetivo primordial será la destrucción, de una vez por todas, del poder del caudillo que, al traicionar a sus compañeros de la jornada de 1930 y pisando la bandera constitucionalista desplegada en ese movimiento, impuso al país, durante muchos años, apoyado en las Fuerzas Armadas, el más inhumano de los gobiernos que dominaron el Brasil…. Que el entusiasmo de estos días sea bastante vigoroso y duradero para que, el 3 de octubre, no falte con su calor a los electores que van, con su voto, a completar la campaña que, con su sangre, los paulistas iniciaron en 1932.[170]

El matutino equiparaba la "traición" que habría cometido Vargas a la revolución de 1930, al "pisar la bandera constitucionalista", con la "traición a San Pablo" que cometerían actualmente los políticos paulistas que apoyarían a este "eterno aspirante a la dictadura", mereciendo el mayor repudio. Este mensaje se destacaba por la exigencia de intransigencia hacia los paulistas. Al destacar que los paulistas deberían con su voto "completar la campaña que, con su sangre, fue iniciada en 1932", aparecía la idea de una tarea épica inacabada que éstos deberían retomar en las actuales circunstancias. En tanto Vargas continuaba siendo "el eterno aspirante a la dictadura", la lucha sería la misma, y se trataría de completar la tarea iniciada en 1932.

Como hemos visto, la evocación del imaginario revolucionario le permitiría al matutino vincular las luchas anti-varguistas del pasado con las del presente, dado que, a pesar de que el contexto histórico había cambiado, persistían tanto las aspiraciones de dominio paulista sobre el conjunto de la federación como el desprecio por la política ejecutada por Getúlio. Para fortalecer esta evocación, era necesaria la definición previa de Vargas como "ex dictador", ya que de este modo resultaba más directa la asociación de la lucha revolucionaria con el presente político del país. La dimensión simbólica y política de los acontecimientos de 1932, incluyendo la posterior transformación de la derrota militar en victoria moral, sería entonces rememorada con el propósito de estimular la resistencia paulista frente al gobierno federal. Esto se producía con el fin de deslegitimar la acción política del gobierno, llamando a la resistencia anti-dictatorial frente a un presidente que en esta ocasión había sido elegido por la mayoría popular. Las características de esta evocación evidenciaban el ambivalente compromiso, durante este período, de este órgano tradicional de la prensa paulista con las reglas propias del orden democrático.

3.6. *"Comunismo, subversión y república sindicalista": el consenso contra Vargas y Goulart*

En este apartado analizaremos el modo en que fueron construidas tres imágenes por parte de ambos periódicos, las cuales serían expresión de una percibida "amenaza" frente al orden político y social. Las mismas tendrían principalmente por objeto al presidente, y luego a su Ministro de Trabajo, João Goulart. Estas tres construcciones, el "comunismo", la "subversión" y la "república sindicalista", tendrían un papel fundamental durante este gobierno. A partir del nombramiento de Goulart como Ministro de Trabajo tras el recambio ministerial de 1953, el temor por la "subversión" del orden social que manifestaban ambos periódicos encontraría un nuevo culpable en la figura de *Jango*.

La desconfianza de la prensa frente a las intenciones de Vargas se expresaría en forma contundente a principios de 1951, cuando en un discurso el presidente haría un llamado a la "justicia popular"[171] contra la especulación de las grandes empresas. Esta apelación sería interpretada como una incitación al "desorden" por parte de ambos periódicos. En este sentido, el vespertino carioca realizaba una crítica de aquello que consideraba como una incitación a la "violencia":

> No fue feliz el presidente de la República en su último discurso. Sus palabras no abren la perspectiva de un pronto desahogo de la penosa situación que el pueblo brasileño, y especialmente las clases con menor poder económico, enfrenta. Y su exhortación final, que contiene algo así como una incitación a la violencia, lejos de ayudar a resolver las dificultades puede contribuir a agravarlas peligrosamente.... Pero, en este punto debemos ser positivos, no hay manera de aceptar la incitación a la justicia del pueblo contra los explotadores de sus dificultades.... En especial debido a que este recurso podría conducir a la desesperación colectiva y al posterior ataque directo a la propia administración pública. Tendríamos entonces, el desorden general, el caos, el clima de inestabilidad inadecuado a cualquier política de recuperación económica. Si el Sr. Getúlio Vargas, como su discurso parece indicar, duda del resultado de las medidas adoptadas hasta ahora, tiene el deber de sustituirlas por otras más acertadas, y si los hombres a quienes corresponde la tarea de ejecución de la política no están a la altura de la tarea, deben ser sustituidos por otros más competentes o patriotas. Todo esto dentro del orden y la ley, sin apelaciones a la violencia cuyos resultados, en este momento, podrían ser fatales para el país.[172]

O Globo sostenía que el discurso de Vargas, en defensa del "pueblo" y contra los "explotadores", promovería una incitación a la "violencia", y por lo tanto, generaría las condiciones opuestas de aquello que se buscaba. Para el vespertino, revelaría la incapacidad presidencial para resolver los problemas, así como conspiraría contra la necesaria recuperación económica, generando un clima de "inestabilidad". En la medida en que Vargas, con sus discursos exigiendo "justicia popular", colocaba en el centro del debate público el litigio por la igualdad, sería criticado por este órgano de prensa. El vespertino percibía que este tipo de discursos podrían afectar el status quo, y condenaba las apelaciones del presidente, denunciando que éstas llevarían al "caos" y a un "clima de inestabilidad".

O Estado de S.Paulo, coincidiendo con *O Globo* en este aspecto, aunque desde su propia tradición, titularía su editorial sobre este discurso como "Las consecuencias de la demagogia".[173] Allí resaltaría la "demagogia" del presidente, la ausencia de correlato entre sus promesas electorales y los hechos, señalando que las apelaciones a la "justicia del pueblo" serían el resultado demagógico de su ineptitud para resolver los problemas de precios, lo cual habría prometido durante la campaña. Para el matutino, el presidente procuraría llenar con palabras y promesas su incapacidad en el plano de la acción. Este discurso, en tanto naturalizaba la existencia de asimetrías sociales, invalidando las apelaciones "populares" de este líder político, presentaba la desigualdad como inexistente. Se trataba, como señala Rancière (1996), de un discurso que afirmaba que "no hay parte de los que no tienen parte". De este modo, las apelaciones por la igualdad eran definidas por el matutino como producto de la locura o la incomprensión. En otro editorial referido a este discurso, diría el matutino paulista:

> En realidad, lo que interesa a su excelencia es movilizar a las masas para, con la ayuda de su fuerza, imponer, otra vez, a la Nación el flagelo de una dictadura sin horizontes. Si durante el régimen dictatorial su excelencia no hizo nada en beneficio de los trabajadores del campo y no le dio al pueblo todo lo que éste reclamaba y si la misma incapacidad está revelando ahora, inconfesadamente, en el esquema constitucional, la conclusión que se obtiene es que nunca se equivocaron tanto, como ahora, aquellos que dieron su voto a su excelencia para presidente de la República.
>
> Las esperanzas que su excelencia despertó en las masas ignorantes comienzan deshacerse, una a una. No tardaremos, de esta manera, en verlo completamente aislado, en los palacios gubernamentales, con temor por la ira de aquellos a los que aludió tan profundamente. Las reacciones populares que su excelencia aludió pueden venir, pero sólo vendrán contra su excelencia. Su excelencia será responsable de las decepciones que el pueblo sufra. Sólo las promesas que su excelencia hizo y no cumpla, podrían provocar en las masas la explosión de cólera con que su excelencia amenazó a sus ciudadanos inocentes.[174]

O Estado de S.Paulo interpretaría esta invocación a la "justicia popular" como una revelación de la incapacidad del presidente para atender a los más pobres. De acuerdo con esta visión, su intento por movilizar a las "masas ignorantes" tendría que ver con dar un golpe como el de 1937. A su vez, destacaba que esta "incitación" se podría volver en su contra. Este mensaje tenía dos destinatarios. Un *prodestinatario*, que serían las clases dominantes, a las cuales era anunciada la inminencia de un golpe como el de 1937, para justificar cualquier medio en pos de destruir a este gobierno. También tenía un *contradestinatario*, que sería el propio gobierno, señalando que esa incitación se podría volver en su contra, pretendiendo el matutino que el presidente restringiera sus alocuciones "populares". *O Estado de S.Paulo* procuraba invalidar el sentido de los discursos presidenciales al definirlos como "demagogia" y como intentos de llevar a una repetición de la dictadura.[175] Continuaba señalando con respecto a este discurso que:

> El espíritu conservador del pueblo brasileño se alarmó frente a palabras tan incendiarias, justamente en la boca de quien jamás debían presentarse.
>
> Un presidente de la República, con todos los poderes reunidos en sus manos, no tiene derecho, excepto en caso de locura, a predicar la revolución de las masas y a confesar, implícitamente, la imposibilidad en que se encuentra de hacer algo en beneficio de éstas.

Por lo tanto tenemos un presidente de la República que provoca, por la intemperancia de su lenguaje, la intranquilidad del pueblo, seguido y aplaudido por un grupo de parlamentarios que no vacila en adoptar el desorden en las calles como proceso normal de la política. Tenemos, ante nosotros, en la Presidencia de la República y en la representación nacional, hombres para quienes la guerra civil, la depredación y la anarquía son objetivos gubernamentales de primer orden…. El candidato tendría el derecho, e incluso es discutible, de ser demagogo. Pero al presidente de la República no se le permite este derecho. El jefe de la Nación tiene que ser un modelo del equilibrio, de la prudencia y la calma. No puede ceder a las agitaciones de la calle ni puede provocarlas. Su deber es reprimirlas cuando exploten, y volverlas imposibles antes de la explosión.[176]

El matutino criticaría al mandatario por incitar al desorden y la "anarquía", considerando que la actuación del presidente sería contraria a aquella que sería esperable de su cargo. De este modo, se hacía uso de una *naturalización* que suponía a la máxima autoridad del país como una figura que debería velar por la conservación del orden existente. Se procuraba apelar a una imagen "pre-construida" referida a que el presidente debería ser un agente de la prudencia y la moderación, trabajando en la defensa del orden y el mantenimiento de las jerarquías sociales. Para este periódico, el accionar de Vargas, contrario a estos postulados, alteraría el "espíritu conservador del pueblo brasileño", concebido como una *esencia* ahistórica. A su vez, se pretendía encuadrar el conflicto como si éste partiera de una propensión inherente del presidente a la "guerra civil", prescindiendo de considerar que el mismo tuviera origen en la disputa entre actores sociales. Es decir, se procuraba *des-historizar* el conflicto social y las razones de su emergencia, apelando a una naturalización de las asimetrías sociales (Ansart 1983). De este modo, según el matutino, el jefe de gobierno estimularía la "lucha de clases", siendo "subversivo", sobrepasando cualquier tipo de consideración sobre lo que deberían ser las atribuciones de su cargo como presidente de la República.

Planteada en estos términos, la crítica de estos periódicos a Vargas sería más contundente por sus apelaciones populares, percibidas como una amenaza hacia el status quo, que por el "autoritarismo". El fundamento del desacuerdo de estos medios de prensa con el presidente sería que por sus alocuciones "populares", éste no respetaría la tradición consensual brasileña. Así, se promoverían exigencias para que el mandatario redujera sus arengas para volver a reintegrarse en aquella tradición.

O Estado de S.Paulo entendía que Getúlio se habría desprovisto de la prudencia "inherente" al cargo presidencial, para utilizar una retórica que sería propia de "comunistas exaltados" y "demagogos de cabeza vacía".[177] La designación de Vargas como "comunista" tenía como *prodestinatario* a los sectores dominantes, buscando inquietar sobre las consecuencias que podrían sobrevenir de estas apelaciones "populares". También pretendía provocar una retracción de estas apelaciones por parte del presidente, ante el temor que podría generar su designación como "comunista" entre los sectores dominantes y los militares.

Las acusaciones de la prensa hacia el gobierno por encarnar la amenaza de una "república sindicalista", que llevaría a la implantación en Brasil de una réplica del gobierno de Perón en la Argentina, tendrían especial relevancia durante este período. Las mismas adquirirán forma, tras ciertas ambigüedades iniciales, en la segunda mitad de los años 40', con la consolidación del movimiento peronista en Argentina.[178]

En *O Estado de S.Paulo* aparecería desde el primer día de la asunción de Vargas, el 31 de enero, la postulación de una asociación entre varguismo y peronismo.[179] Ese mismo día, un editorial hacía referencia a la intervención decretada por Perón en el diario argentino *La Prensa*, y describía al peronismo como la representación de la "barbarie" frente a la "civilización". Esta dicotomía luego sería utilizada por el matutino para encuadrar tanto al gobierno de Perón como al gobierno de Vargas.

Durante los primeros días de febrero de 1951, en sus principales páginas, el matutino, así como en menor medida *O Globo* en sus páginas interiores, se dedicarían a resaltar el "Golpe Peronista" contra *La Prensa*.[180] El matutino realizaría una lectura de los acontecimientos políticos en Argentina utilizando los mismos calificativos y definiciones con respecto a Perón que a Vargas, con la diferencia de que existía un poco más de respeto hacia el segundo, en tanto presidente de Brasil.[181] En el caso del vespertino, aparecía la denuncia y la crítica a la intervención contra el diario *La Prensa*, pero ésta no era vinculada en forma directa a lo que sucedía en Brasil,[1822] como haría *O Estado de S.Paulo* para explotar políticamente esta cuestión.

El matutino paulista haría una referencia crítica a la intervención de *La Prensa* por parte del peronismo para explicar los rumbos que deberían adoptarse en su propio país:

> La cultura argentina está siendo agredida por un caudillismo que suponíamos extinto en esta región del continente. Si el pensamiento mundial no se levanta en su rescate, pronto circularán en Buenos Aires únicamente los papeluchos de propaganda y adulación de Perón y del 'peronismo', con su inferioridad intelectual y su distorsión moral. Y el ejemplo del caudillo platino será capaz de contaminar a los vecinos, a toda la América del Sur, a menos que una conciencia cívica vigorosa se afirme en señal de protesta.... El 'Adhemarismo' siempre tuvo muchos puntos de semejanza con el 'peronismo'. Los frecuentes viajes de elementos 'Adhemaristas' a Buenos Aires intensifican amistades que no deberían existir.... Podemos de ahí inferir conclusiones que alarmarán indudablemente a los demócratas brasileños, especialmente con Vargas en la presidencia de la República.[183]

A pesar de que inicialmente el diario paulista sería más reticente a buscar una asociación directa entre el peronismo y el gobierno de Vargas, las apelaciones al "caudillismo" de ambos serían constantes. Los "demócratas brasileños" deberían alarmarse con la experiencia del gobierno peronista, considerando las posibilidades de que hubiera un "contagio" hacia tierras nacionales. El periódico, de este modo, interpretaría la intervención sobre el diario *La Prensa* en función del contexto nacional, considerando al *Estado Novo* como un antecedente de estas prácticas. Así, el peronismo era representado como el reflejo de aquello que no debería suceder en Brasil, a la vez que como el peligro latente de aquello que podría suceder.[184]

En el apartado titulado El Momento Político, Rafael Correia de Oliveira firmaba en *O Estado de S.Paulo* una columna titulada "Argentina-Brasil", que decía lo siguiente:

> Lo que está sucediendo hoy en la Argentina es la mera repetición de lo que pasó en Brasil, hace poco más de un lustro. Perón no es un maestro ni un creador. Es simplemente un copista servil de las artes liberticidas de su inspirador, el Sr. Getúlio Vargas.... Se dirá que el Sr. Getúlio Vargas cambió, que está arrepentido de los crímenes antiguos y que no pretende repetirlos. Pero todo eso son falacias de aprovechadores. El actual presidente de la República no reincidirá si no puede. En este momento no puede. Sin embargo, intentará crear las condiciones que le permitan, ahora, como en el oscuro pasado de su vida política, dar nuevas y sorprendentes lecciones de tiranía a su discípulo de Buenos Aires.[185]

Correia de Oliveira destacaba así que Perón, en sus ataques a la prensa y las "libertades", sería simplemente un repetidor servil de la experiencia de su "inspirador", Getúlio Vargas. Se pretendía equiparar a ambos políticos, al indicar que el presidente estaría planeando nuevos golpes que le permitieran dar lecciones a su "discípulo de Buenos Aires". Así, se establecía una vinculación entre la censura a la prensa disidente durante el *Estado Novo* y la expropiación del diario *La Prensa* que se había producido en aquel contexto por parte del peronismo.

Por otra parte, la imagen de un gobierno tendiente al comunismo también sería utilizada para invalidar las pretensiones del Ejecutivo de afectar el status quo. De este modo, *O Globo* manifestaría su rechazo frente al nombramiento del general Estillac Leal, vinculado al sector nacionalista de las Fuerzas Armadas, al frente del Ministerio de Guerra, alegando que éste estaría envuelto en el episodio de la *Revista del Club Militar*,[186] El vespertino sostenía que en tanto "combatido en aquél momento por la prensa y por algunos de sus compañeros de armas, el general Estillac fue apuntado como quien podría traer desacuerdos en el Ejército, en este momento tan inestable de las instituciones brasileñas".[187] De este modo, el vespertino comenzaría a destilar el anticomunismo que le sería característico durante este período.

O Estado de S.Paulo, al igual que *O Globo*, se pronunciaba contra la elección al frente del Ministerio de Guerra de Estillac Leal,[188] identificado por el matutino como cómplice de los comunistas, en función de su postura nacionalista. De este modo, se iba construyendo una definición de este militar como "subversivo" por parte de ambos periódicos.[189] Con respecto a esta cuestión, sostenía *O Estado de S.Paulo*:

> Es necesario que se ponga fin a la acción de los comunistas dentro de las tropas y que se demuestre, por actos inequívocos, que el gobierno y las Fuerzas Armadas no admiten la implantación del comunismo en Brasil. Deben ser eliminadas las complacencias con las que vienen siendo tratados los oficiales comunistas o simpatizantes. Con el comunismo no es posible ninguna consideración…. De lo contrario, cuando despierten será tarde.[190]

El periódico se pronunciaba contra lo que percibía como un "peligro de infiltración comunista" en las Fuerzas Armadas, que podría llevar al país a un régimen del terror, destacando la necesidad de una intervención del gobierno para terminar con las "complicidades" con que los comunistas estarían siendo tratados. De este modo, el matutino se refería al gobierno, según las circunstancias, como quien podría contener el fuego o como quien agrandaría el incendio. Este editorial reflejaría el recurso de *sobreestimación de la amenaza* con respecto a la posibilidad de una instauración del comunismo en Brasil.

Con respecto al discurso pronunciado por Vargas el 1° de mayo, con motivo del Día del Trabajador,[191] en el estadio del Vasco da Gama, el matutino señalaría lo siguiente:

> Se esperaba por eso que, al hablar el 1° de mayo, él repitiera y reforzara las declaraciones anteriores, que tanto alarmaron al País, por el fermento demagógico y subversivo que contenían, en palabras cuya mayor gravedad era provenir de boca del supremo responsable por la aplicación de la ley y el mantenimiento del orden.

> Y es así que, al mismo tiempo que pretende enmascarar el error cometido en el discurso del 7 de abril, lanza otra maniobra más orgánica, programática, alrededor de la sindicalización, que pasa a ser la base de su programa para convertirse en la base del régimen. Por hoy, queremos destacar un hecho que necesita una atención inmediata y cuidadosa de todos los demócratas. El Sr. Vargas proclama que es necesario que el pueblo se organice junto al gobierno para que éste pueda disponer de toda la fuerza necesaria para resolver los problemas populares…. Nos limitamos por hoy a registrar este hecho, sobre el mismo pidiendo el examen y la meditación de los demócratas brasileños para enfrentar esta situación, mientras haya tiempo, antes de que sea demasiado tarde.[192]

Nuevamente, el matutino difundió la idea de que Vargas promovería la anarquía y el desorden social con discursos incendiarios. Como señalamos previamente, estas críticas comenzaron a partir del discurso de Vargas donde éste apeló a la "justicia popular" contra los "especuladores". El editorial era crítico de las apelaciones de Vargas a la "sindicalización", indicando que éste sería un recurso del líder para consolidar su poder y alterar el régimen, lo que debía ser motivo de preocupación por parte de los "demócratas brasileños". *O Estado de S.Paulo* utilizaba el recurso reiterado de exagerar la gravedad de una amenaza, con el propósito de estimular una reacción por parte de defensores del status quo, "antes de que sea demasiado tarde".

El matutino continuaría analizando este discurso de Vargas, resaltando que el mismo fomentaría una "revolución blanca".[193] De este modo, procuraba asociar las apelaciones populares de Vargas con la "dictadura" y con una revolución que tendría el propósito de implantar una dirección sindical en la sociedad, de tipo "soviética". Así, una forma de invalidar las apelaciones populares por parte del matutino resultaría la asociación de las mismas con imágenes de "subversión". El periódico, a partir de los discursos "populares" de Vargas, iría oscilando desde la descalificación del gobierno por sus apetitos dictatoriales—con el encuadre de que implicarían la búsqueda de una repetición del *Estado Novo*—, hasta la descalificación por sus pretensiones "bolcheviques", resaltando que esto supondría una transición al "comunismo". De este modo, trazaba una cercanía entre ambos "extremos": la dictadura del *Estado Novo* y la "revolución soviética", utilizando estas construcciones en función de las conveniencias coyunturales. Estas operaciones le permitían al periódico sobreestimar la amenaza que representaría el gobierno hacia el orden existente, con el propósito de estimular una reacción de los sectores dominantes.

Por el contrario, durante 1951 *O Globo* alternaría las denuncias de "subversión" con su pretensión de colocarse por encima de las diferencias, buscando identificarse con el "interés común" de la nacionalidad. Así, el 2 de mayo de 1951, con el título "Detracción del jefe del gobierno contra la especulación", introducía un subtítulo que decía: "El Sr. Getúlio Vargas dirige un llamado al pueblo para que ayude a los poderes públicos en la defensa de sus propios intereses". A su vez, el vespertino haría en su tapa referencias a los eventos acontecidos en el Día del Trabajador debajo de los principales títulos:

> Transcurrieron radiantes las conmemoraciones del 'Día del Trabajo', tanto en esta capital como en los Estados. El programa de festividades en Río se cumplió en todos sus detalles, participando las clases trabajadoras, que son el propio pueblo en su expresión numérica más grande, de los actos y ceremonias dedicadas a esta fecha significativa, destacándose la gran concentración en el estadio del Vasco da Gama, donde habló el presidente de la República y sobre la cual damos completa información en la sexta página, incluyendo el discurso completo pronunciado por el Sr. Getúlio Vargas.

De este modo, el vespertino difundió una versión elogiosa sobre los eventos del Día del Trabajador realizados por el gobierno, considerando a las "clases trabajadoras" como el "propio pueblo en su mayor expresión numérica". Además, un columnista de *O Globo* hacía alusiones positivas sobre el punto referido a los especuladores en el discurso presidencial:

Los especuladores son, todos ellos, individuos universalmente detestables.... La frialdad que los lleva a regodearse sobre el hambre de millones de criaturas, les da una insolencia que los hace capaces de todos los atrevimientos. De este modo, al tomar nota de las medidas anunciadas por el Gobierno en defensa del pueblo, no habrían reaccionado agresivamente como lo hicieron sino hubieran llegado a niveles de lucro jamás alcanzados.

Estos vampiros son los principales saboteadores contra quienes, en su discurso de ayer, el presidente de la República pidió la colaboración del pueblo.... Este debe ser, así, el primer paso decisivo hacia la democracia social y económica que el presidente Getúlio Vargas quiere inaugurar en Brasil.[194]

Mientras el vespertino mantenía cierta cercanía hacia las expresiones del presidente, las apelaciones de *O Estado de S.Paulo* frente a lo que entendía como las "intenciones subversivas" del mandatario serían cada vez más contundentes. En la sección El Momento Político,[195] el matutino colocaría por título en letras mayúsculas "Provocando la desconfianza y el pánico en Brasil", y luego un subtítulo "La posición de los partidos políticos, las fuerzas armadas y de las clases productoras frente a las amenazas de una dictadura sindicalista—El Sr. Getúlio Vargas es considerado un agitador en competencia con los bolcheviques". Debajo, un texto definía a Vargas como el "mayor agitador de Brasil", destacando que habría superado a Prestes, resaltando el temor a la "anarquía" que produciría el líder rio-grandense. Es decir, en forma constante operaba esta estrategia de *sobreestimación de la amenaza*, en una búsqueda de asociar la figura presidencial al "bolchevismo-comunismo".

Durante 1953, *O Globo* cambiaría en forma ostensible su posición frente al gobierno, aumentando su tono crítico. En un editorial llamado "Palabras de advertencia", el vespertino señalaba:

Nuevos brotes huelguistas se anuncian. Son trabajadores que están exigiendo aumentos salariales, asignaciones familiares, bonificaciones extra, etc. Explotando las aflicciones de estos trabajadores, dirigentes astutos y sin escrúpulos, diestros manipuladores de masas, agitan las reivindicaciones, organizan movimientos, dan entrevistas, hablan en la radio y sobre todo amenazan, que es la mejor manera, en este gobierno, de conseguir cualquier pretensión.... Algunas de las reivindicaciones exigidas por los trabajadores son justas. Pero el momento requiere sacrificios generalizados, con el fin de evitar lo peor. Cada paro significa un corte en las arterias de la economía nacional. El gobierno debe enfrentar, de una vez por todas, estos desequilibrios, con energía e inteligencia, y los trabajadores no agravarlos todavía más en este momento muy sensible de la vida brasileña.[196]

O Globo exigía un mayor resguardo del orden al gobierno, siendo crítico de la "demagogia" que sería propia de ciertos líderes. Se evocaba la amenaza de la "crisis nacional", que sólo podría ser revertida con una moderación en las expectativas de los trabajadores, que estarían exigiendo más de lo posible. La amenaza de una catástrofe, de este modo, era utilizada para justificar las exigencias de moderación, hacia el gobierno y los trabajadores, siendo que estos últimos estarían siendo manipulados por líderes "demagógicos".[197]

El rechazo a la acción organizada de los trabajadores por parte de *O Globo* se haría evidente en su posición adoptada frente a la huelga de los marítimos en 1953. En ese contexto, el vespertino daría relevancia a rasgos que eran interpretados como negativos de la huelga, resaltando su "infiltración comunista" y las consecuencias perjudiciales que tendría para la economía, utilizando las construcciones negativas previas sobre el comunismo en *O Globo*.[198]

El vespertino destacaría que la doctrina de la Iglesia y la adopción de los valores cristianos serían el camino para la "salvación nacional" frente al comunismo y el modo de conjurar la crisis que experimentaría el país. La lucha contra el comunismo, en la cual se postulaba al cristianismo como su opuesto positivo, constituía para *O Globo* una preocupación de primer orden con respecto a los destinos de Brasil. Por eso proponía "al comunismo destructivo, oponer el cristianismo restaurador" en función de la doctrina de la Iglesia, que habría permitido la "unidad de la nación".[199]

El vespertino reclamaba en otro titular "¡Congelamiento general de precios y salarios!",[200] y se pronunciaba contra el aumento exigido por los trabajadores, considerando que esto tendría un efecto contrario al buscado, llevando a "asfixiar a la Nación". En este marco, la nación era representada como una entidad en peligro que debía ser protegida, justificándose así las apelaciones dirigidas a los trabajadores, vinculadas con una moderación de sus exigencias. A la vez que se enunciaba como un desinteresado intérprete de las causas de esta "crisis nacional", *O Globo* defendía su posición conservadora y colaboraba en la profundización de las tensiones sociales.

Por su parte, hacia 1953 el matutino paulista aspiraba a alarmar a sus lectores con respecto al riesgo de instauración de una "república sindicalista":

> Persiste en las dependencias del gobierno y en algunos departamentos públicos el deseo de modificar la organización del Congreso Nacional. Una prueba de ello la tenemos constantemente en los programas de la Radio Nacional, que son propiedad del gobierno. A menudo se manifiesta en dichos programas la defensa de una alteración en la estructura constitucional del País para que el Congreso, electo por el sufragio universal y, por lo tanto, representante del pueblo, sea sustituido por un Congreso de tipo sindical, según el modelo introducido en esta parte del continente por el dictador argentino, general Perón.
>
> La república sindicalista, que nuestros vecinos del Sur están ensayando de la manera menos atractiva, debe ser para los amigos del presidente brasileño la república de nuestros ideales.... Sería una modificación radical en las instituciones brasileñas y

Imagen 8, Caricatura de Théo titulada "The Right Man" o "El Hombre indicado". *O Globo*, 16 de junio de 1953.

una ruptura violenta de las tradiciones políticas que hemos venido perfeccionando desde la caída del Imperio.... Con la unidad sindical el gobierno será el dueño de la clase a la que el sindicato representa. El sindicato único será de hecho un instrumento de cómoda utilización en manos del gobierno. La república sindicalista sería, de esa manera, el recurso que el gobierno actual tendría en sus manos para la perpetuación de su poderío.[201]

El matutino utilizaría en forma reiterada esta imagen amenazadora de la "república sindicalista", definida como una dictadura sustentada en el dominio de los sindicatos para la perpetuación del gobierno en el poder, en los moldes de lo que sería el peronismo en la Argentina. De este modo, uno de los recursos del periódico sería la sobreestimación de las consecuencias de lo que podría implicar esta "subversión" en marcha, para generar un alerta y una respuesta mayor. Tanto las denuncias de la "república sindicalista", como las del "comunismo" o la "subversión", cumplían en la configuración discursiva de *O Estado de S.Paulo* el propósito de generar alarma. También, en referencia al embajador brasileño en Argentina, Bautista Lusardo, el matutino destacaba que "intenta servir al jefe del neofascismo argentino",[202] así como indicaba que Brasil tendría un "embajador peronista" en Buenos Aires.[203]

A diferencia de ello, inicialmente *O Globo* expresaría que Brasil no sería parecido a la Argentina peronista, sino que sería distinto en su política.[204] Si bien el vespertino asumía una asociación entre peronismo y totalitarismo, y en esto compartía un enfoque similar con *O Estado de S.Paulo*, se diferenciaba de este último al excluir a Vargas de aquél conjunto.

A su vez, como hemos señalado, la actuación de Goulart, nombrado Ministro de Trabajo en junio de 1953, produciría el rechazo de los sectores conservadores de la sociedad brasileña. Para éstos, era difícil entender como un hombre nacido en las élites del país, un rico empresario rural, podía romper con los patrones jerárquicos consolidados, recibiendo en su gabinete a trabajadores y personas de origen humilde (Ferreira 2011, 98). El accionar que desarrollaría *Jango*, centrado en proporcionar una mayor atención hacia las reivindicaciones de los trabajadores, rompiendo los protocolos ministeriales, irritaría a los medios de la prensa tradicional.

Inicialmente, sin embargo, *O Globo* mostraría una visión distinta sobre el nuevo ministro. Por ejemplo, en junio de 1953, con motivo del nombramiento de Goulart, el periódico publicaría una caricatura titulada "El hombre indicado" que se puede ver en la Imagen 8 (página 166).[205] Osvaldo Aranha, recién designado como Ministro de Economía, era representado en esta ilustración, exclamando: "¡El desastre es colosal! ¡El gobierno parece un depósito de hierro viejo!" y la respuesta de un interlocutor sería: "No es por casualidad que Getúlio eligió un BELCHIOR...". El periódico jugaba con el significado de uno de los nombres de João Belchior Marques Goulart, donde *Belchior* designa en portugués a un comerciante de objetos viejos y usados, o de hierro viejo. La significación de la caricatura era ambigua, pero parecía sugerir que el nombramiento de Goulart sería adecuado, en tanto el nuevo ministro tendría la capacidad para enfrentar los desafíos que presentaba el gobierno en un contexto desfavorable.

O Estado de S.Paulo, por el contrario, señalaba este recambio ministerial como expresión del desgobierno y el personalismo de Vargas, así como del tránsito hacia una "república sindicalista":

> Para el Ministerio de Trabajo se escogió al Sr. *Jango* Goulart, persona doméstica de los Vargas, sin otro título. La sensación causada por esta elección corresponde a la que despertó, en los estertores del 'estado novo', el nombramiento del Sr. Benjamin Vargas como jefe de la policía del Distrito Federal. Se divisa en el nombramiento de este ministro el paso preliminar para maniobras de mayor envergadura tendientes a transformar la democracia brasileña en un régimen sindicalista o, en última instancia, en el 'trasplante' del peronismo de las orillas del Plata para las de Guanabara.[206]

De esta manera, manifestaría desde el principio una visión descalificadora hacia Goulart, devaluando sus antecedentes políticos, refiriéndose al ministro como una "persona doméstica de los Vargas". El periódico pretendía asociar la presencia de *Jango* con el contexto de decadencia del *Estado Novo*, así como con el tránsito hacia una "república sindicalista", compartiendo con la UDN el señalamiento de que su designación debería ser objeto de una "expectativa vigilante".[207]

Imagen 9. Caricatura de Théo donde se reconocía que Goulart demostraba capacidad como ministro: "¡El hombre comenzó bien! Saltó el primer obstáculo", reza el rótulo. *O Globo*, 5 de agosto de 1953.

El matutino criticaba a Getúlio por promover la agitación popular, que sería la base para instaurar un nuevo golpe de Estado. Además, denunciaba sus acercamientos con el "comunismo", señalando como antecedente su afinidad con Prestes en 1945, que habría revelado la existencia del pacto entre "São Borja y Moscú".[208] Con el propósito de movilizar la indignación para prevenir una "catástrofe", *O Estado de S.Paulo* se valía de la construcción narrativa de una elipsis, donde nuevamente estaríamos en dictadura, "como en el 45". Se continuaba enunciando que el golpe en marcha tendría una tendencia "comunista", pero que sería sólo una excusa para la permanencia de Vargas en el poder. A través de la promoción de esta asociación del gobierno con el "comunismo", *O Estado de S.Paulo* justificaría la necesidad de las Fuerzas Armadas de defender las instituciones frente al golpe que estaría en marcha:

> Es posible que todo esté dentro de los planes por él trazados, de agitaciones *trabalhistas* que acaben destruyendo al régimen. En este caso, como el Sr. *Jango* Goulart en sí mismo no existe, sino que es simplemente un seudónimo de Sr. Getúlio Vargas, la verdad que emerge es que quien promueve las huelgas e insurrecciones es el presidente de la República transformado en un agente del desorden para socavar el régimen. Contamos así con un programa preestablecido para la preparación del golpe, que no sale de la cabeza del caudillo reincidente, como idea fija.
>
> La nación, alarmada, sólo confía hoy en las Fuerzas Armadas, de las cuales espera la

defensa de las instituciones contra los enemigos externos y especialmente contra los enemigos internos, que son los más peligrosos.[209]

El periódico construiría un encuadre relevante en este período, designando como responsable de la "agitación social" al Ministro de Trabajo, a la vez que se lo indicaba como el representante de las aspiraciones "subversivas" de Vargas. Dada la gravedad de estas aspiraciones, el orden de esta "nación alarmada" sólo podría ser preservado por una atenta vigilancia de las Fuerzas Armadas hacia el accionar del presidente, definido éste como el "más obstinado enemigo de las instituciones".

Como hemos visto, a diferencia del encuadre de Goulart como "subversivo", predominante desde su designación ministerial en *O Estado de S.Paulo*, la percepción inicial de *O Globo* sobre el Ministro de Trabajo sería distinta, como lo revela la caricatura de la Imagen 9 (página 168).[210] En la misma, un hombre le comentaba a otro, animadamente ambos: "¡El hombre comenzó bien! Saltó el primer obstáculo". En la medida en que habría demostrado capacidad de negociación para resolver la huelga de los marineros de 1953, Goulart sería legitimado por el vespertino, siendo retratado como un atleta que enfrentaría con éxito las pruebas colocadas en el camino. Esta viñeta de *O Globo* resultaba inimaginable en el periódico paulista, considerando que para este último, *Jango* era asociado con la amenaza de la "república sindicalista".

O Estado de S.Paulo iría centrando sus ataques en Goulart para afectar de forma solapada pero contundente al presidente, al señalar que *Jango* haría una "política más demagógica" de la realizada hasta entonces por su "padrino y protector".[211] En este sentido, el matutino señalaba:

> El pueblo brasileño necesita mantenerse en estado de alerta ante el gobierno federal. Lo que se está haciendo en el Ministerio de Trabajo y lo que se promete hacer allí exigen la mayor vigilancia por parte del pueblo. El jovencito que se cree al frente de aquél Ministerio, parece dispuesto a subvertir totalmente el orden social de Brasil y hacer de los trabajadores su principal instrumento de esta subversión.... Entregar el Ministerio de Trabajo a un comunista, apoyado en la protección que le dedica el jefe del Ejecutivo, es entregar uno de los más importantes puestos al partido que sólo pretende arrasar las instituciones en vigor para hacerse del poder y, con la eliminación de todas las libertades, someter al pueblo brasileño a una esclavitud terrible bajo la cual están gimiendo Rusia y países satélites en Europa y parte de Alemania. Con el acceso progresivo a los puestos de mando es que los comunistas han impuesto su dominio en los países en que son dueños actualmente.... Instamos a que se reaccione contra ese intento de esclavización del Brasil. No esperemos lo peor para adoptar la defensa de nuestras instituciones. Procedamos inmediatamente en todos los terrenos y de todas las formas, con un movimiento de resistencia a esa bolchevización, o, si se prefiere, a esa peronización de nuestra tierra.[212]

Imagen 10. Tapa en la que *O Globo*, con ironía, hacía referencia a Goulart como que no era "ni peronista, ni comunista, ni anarquista", 5 de agosto de 1954.

Goulart era definido como un "comunista" al frente del Ministerio de Trabajo, que conduciría a un proceso de "bolchevización" que llevaría a la "esclavización de Brasil". Esta transformación del país "en Rusia" a partir de una "política anti-social", serían instrumentos para una perpetuación de Vargas en el poder y la instauración de una dictadura "totalitaria". El periódico llamaba por lo tanto a resistir contra este "proceso de bolchevización" o "peronización", apareciendo estas calificaciones como equivalentes. Se asociaban las intenciones de Goulart y Vargas a las demonizaciones y nociones pre-construidas sobre el comunismo. Por otro lado, se decía que se buscaba producir la "subversión social" del régimen, alterando su naturaleza. Para el matutino, Goulart utilizará el sindicalismo para construir su carrera personal, manipulando a las masas como instrumento de sus ambiciones, lo que le permitiría ascender en el poder. En cierta medida, se recuperaba la denominación de "aventurero" utilizada también con respecto a otros personajes del gobierno, y esta vez la descalificación era referida a Goulart como un *rapazola*, que pretendería "sacrificar a Brasil con sus apetitos de dominio". A partir de la definición de Goulart como "comunista" en función de su acercamiento con los trabajadores, se pretendía crear temor sobre su figura para restringir su accionar, que era percibido como cuestionador de las jerarquías existentes por parte de *O Estado de S.Paulo*.

Posteriormente, *O Globo* divulgaría la tapa referida a Goulart que se muestra en la Imagen 10 (página 170).[213] A partir de esta tapa, podemos interpretar el nuevo encuadre del vespertino sobre Goulart, que insinuaba desconfianza frente a su argumentación de que no sería "ni comunista, ni peronista, ni anarquista". *O Globo* procuraba subrayar la contradicción que existiría entre la declaración de que no sería "ni peronista, ni comunista ni anarquista" y aquella donde decía que "el ministerio no será un instrumento de opresión al servicio del capitalismo". Ambas declaraciones iban acompañadas de tres puntos suspensivos, con lo cual se pretendía invertir el sentido de la argumentación del ministro—que pretendía colocar su énfasis en la moderación— insinuando que en verdad se trataría de un "subversivo" disfrazado.

Por su parte, *O Estado de S.Paulo* se dirigía como *destinatario* a los trabajadores que *Jango* pretendía interpelar, acusando al "peronismo gaucho" de manipularlos, y solicitando a éstos que estuvieran "alerta", impidiendo la "intromisión política en los sindicatos". Este discurso construía la denominación de "peronismo gaucho", dándolo por naturalizado, señalando que este conduciría al país a una "guerra civil" para esclavizar a Brasil a sus intereses y a los de Vargas. La cuestión sería entonces evitar este peligro al cual podría llevar al país el Ministro de Trabajo.[214]

En la sección El Momento Político,[215] se constataba en el matutino la pretensión de darle espacio a los rumores de golpe y a las justificaciones de los ministros sobre este tema, con el título: "Los ministros de Justicia y de Trabajo contestan a los rumores del golpe de Estado". En este mismo sentido, el título principal de *O Globo*[216] ese día sería: "¡El ambiente de golpes perjudica al Brasil!", colocando como copete: "En el momento en que el Ministro de *Fazenda* intenta resolver problemas muy graves de nuestra economía, nada podía ser más nefasto que las últimas versiones provocadas por infelices declaraciones". Debajo aparecía un editorial, acusando a Goulart, como vocero de Vargas, de promover escenarios de intranquilidad que perjudicaron al país. El vespertino, que hasta entonces había mantenido cierta cautela en sus encuadres referidos a Goulart, comenzará a desconfiar de su figura y a señalar que las declaraciones del ministro estarían desprovistas de la "serenidad" y el "equilibrio" que serían propias de los hombres de Estado. De este modo, el periódico carioca iría adoptando el discurso de la denuncia de la "subversión gubernamental" que encarnaría el Ministro de Trabajo. En este sentido, *O Globo* señalaría:

> Pero lo esencial es que el gobierno entienda que no puede tomar actitudes aisladas, especialmente intempestivas, a menos que desee el desacuerdo general. El punto neurálgico del actual panorama político administrativo es el ministro de Trabajo, acusado de estar intentando subvertir a las masas trabajadoras, promoviendo la huelga general, estableciendo una república sindicalista en los moldes del régimen de Perón. Tal vez haya exageración en estas acusaciones. Pero el hecho es que el Sr. João Goulart, cada vez que habla a las masas, se olvida de que es Ministro de Trabajo para hablar como presidente de un partido populista. Entregándose a una peligrosa demagogia, insta a

Imagen 11. Caricatura titulada "La fama de Don Juan" que ponía en entredicho la fidelidad de Vargas hacia la Constitución (representada como mujer). *O Globo*, 8 de agosto de 1954.

los trabajadores a movimientos que él, como miembro del ministerio, debería ser el primero en reprimir, o al menos mitigar.[217]

El vespertino definiría la actuación de Goulart como propia de un "presidente de partido populista", lo que, desde esta visión, entraría en contradicción con la medida que sería adecuada a un Ministro de Trabajo. *O Globo* procuraba así enfatizar la contradicción que residiría entre el papel de "agitador" que tendría Goulart y la "moderación" que debería ser propia de su cargo ministerial. Rápidamente, al percibir las intenciones reformistas de *Jango*, el periódico, que inicialmente presentaba otra visión del ministro, se mostraría adherente al discurso de la defensa del orden contra la "subversión". Haciendo uso de esta visión consensual sobre el orden que emanaba desde las élites, el vespertino acusaba también al ministro de introducir desacuerdos en la sociedad para desacreditar su accionar.[218]

O Estado de S.Paulo se refería a las contradicciones de la personalidad de Vargas, que avalaría al "subversivo" Goulart, al mismo tiempo que los planes de estabilización financiera del Ministro de Economía, Osvaldo Aranha. De este modo, se legitimaba la posición de Aranha en el gobierno como representación del "orden" en contraposición a Goulart, que encarnaría el "caos".[219] Así, vemos como el matutino legitimaba a aquellos actores que representaban posiciones moderadas en favor de la reproducción del status quo.[220] *O Globo* también mostraría hacia Osvaldo Aranha una mayor afinidad que hacia otros funcionarios del gobierno.

En este clima de "rumores" sobre la existencia de un golpe de Estado en marcha, la caricatura "La fama de Don Juan",[221] de *O Globo*, colocada en la tapa, favorecería esta construcción, e ilustraba una supuesta falta de compromiso de Getúlio con la Constitución (Imagen 11, página 172). "Sé, mi viejo, que vos ya no estás en edad de hacer ciertas cosas, pero lo cierto es que nadie cree que me seas fiel..." diría una mujer que representaría a la Constitución. Esta caricatura aspiraba a poner en entredicho la fidelidad de Vargas al orden constitucional, luego de declaraciones presidenciales que pretendían garantizar el respeto al mismo, ante el ambiente de denuncias sobre un golpe que se estaría preparando por parte del gobierno.

En este clima, *O Estado de S.Paulo* encuadraba en la necesidad de Vargas de contener a su Ministro de Trabajo para garantizar la tranquilidad de la nación. A la vez que realizaba estas exigencias, denunciaba nuevamente el carácter "subversivo" de Goulart:

> Es este joven agitador el enemigo número uno de la tranquilidad pública y el desorganizador más autorizado de la economía nacional.... Si el Sr. presidente de la República quiere que sus palabras merezcan el crédito del pueblo ponga término, inmediatamente, a las actividades subversivas de su ministro de Trabajo.[222]

De este modo, el matutino aspiraba a condicionar a Vargas para que expulsara a *Jango* del gobierno, contraponiendo la preservación del "orden" al "caos" que representaría el ministro. Para frenar esta "subversión" que se estaría llevando a cabo con ayuda de los "comunistas", se requeriría hasta la intervención armada: "no tenemos dudas de que las Fuerzas Armadas sabrán dar a los que se disponen a dirigir un golpe, la lección que se merecen".[223] El malestar de *O Estado de S.Paulo* con respecto a la "subversión" del ministro sería tal, que pasaría a exigir su renuncia como condición indispensable para terminar con la "agitación", dado que "sólo un inconsciente podría permitir, entre sus colaboradores, la presencia de un jovencito enloquecido que para calmar las aflicciones del pueblo se propone aumentarlas, provocando la lucha de clases y transformando a los obreros en un instrumento de sus ambiciones personales".[224] En este sentido, el matutino señalaba al presidente que mientras ese "jovencito enloquecido" estuviera en el gobierno con sus amenazas de "subversión", no podría recuperarse el orden en el país. Caracterizaba a Goulart como un instrumento del "totalitarismo soviético", que en lugar de reducir los incendios y las aflicciones populares, las agigantaría cada vez más con sus intervenciones. En función de las coyunturas, el periódico iría instrumentando dos encuadres: la denuncia a Vargas como cómplice de las acciones "subversivas" de Goulart, y la exigencia al presidente de preservar el orden frente a las acciones de su ministro.

El matutino cifraba los males de la nación en la presencia de Goulart en el Ministerio de Trabajo y exigía al presidente desprenderse de éste como condición indispensable para garantizar el orden. Esto manifestaba también que *Jango* era el principal objeto de animadversión dentro del gobierno de Vargas. Los editoriales de *O Estado de S.Paulo*, en este contexto, destacan a Goulart como un "agitador barato"[225] que estimularía el conflicto con la complicidad de Vargas, pero lo dirigiría "contra el propio gobierno". Esta última definición tenía como *destinatario* a sectores del gobierno, apuntando a una intervención de Vargas para "moderar" el accionar del Ministro de Trabajo. Es decir, el matutino presentaba a Goulart tanto como representación del "caos" del gobierno como del "orden" que debería ser impuesto por éste, en dos mensajes de distinto destinatario.

El mensaje de Goulart como representante de un "caos" avalado por el presidente tenía como *prodestinatario* a las "clases conservadoras", para estimular una reacción que marcara un límite al accionar del gobierno. El mensaje de Goulart como representante de un "caos" que debería ser limitado por el gobierno, tenía como *destinatario* al gobierno mismo, con el propósito de que Vargas se distanciara y limitará el accionar de Goulart. Esto era intercambiado en función de circunstancias coyunturales: si Vargas hacía gestos que tendían a un distanciamiento de Goulart, entonces el matutino exigía que éste fuera apartado, y por el contrario, si Vargas apoyaba acciones del Ministro de Trabajo o no se distanciaba del mismo en sus declaraciones, *O Estado de S.Paulo* denunciaba la "subversión" promovida por ambos. Este último era el enfoque que predominaba en la mayor cantidad de sus editoriales.

Por su parte, *O Globo* sostendría posiciones ambivalentes en este contexto, ya que por un lado alertaría sobre las tensiones existentes y se pronunciaría por la fidelidad[226] de las Fuerzas Armadas al gobierno, pero también agitaría el fantasma de la marcha del país hacia la "subversión", en referencia a Goulart y a las huelgas que éste promovería. En una de sus tapas el vespertino titularía, "Agitación peligrosa".[227] Debajo, otro titular diría: "Se suceden las huelgas y las amenazas a la armonía entre las clases". La tapa, que con estos titulares y una foto de disturbios e incendios pretendía reflejar el peligro que sufriría el orden social del país, iba acompañada debajo con un editorial titulado "La supervivencia de las instituciones",[228] donde el vespertino destacaba:

> Más temprano de lo que se imaginaba, recoge el Sr. João Goulart, al revés de lo que debería ser, el fruto de sus actividades al frente del Ministerio de Trabajo. No somos de los que atribuyen al joven ministro la intención de agitar al país, a través de una serie de huelgas, que culminarían en la necesidad de implantar un gobierno 'fuerte' para contenerlas. Sin embargo, a pesar de no tener un programa deliberado en este sentido, tal vez por inexperiencia, por el deseo de recuperar la parte de popularidad perdida por el jefe del Gobierno, en estos últimos tiempos, el hecho es que el Ministro de Trabajo está propiciando movimientos huelguistas que terminarán agotando al organismo económico de la Nación.

O Globo designaba así a Goulart como el responsable por las "amenazas" que atemorizarían al país, indicando que el estímulo a las huelgas y movimientos acabaría por "agotar al organismo económico de la Nación". De este modo, vemos como el vespertino compartía el encuadre de asociar a Goulart con el caos, el "sindicalismo populista" y "demagógico". Sin embargo, a diferencia de *O Estado de S.Paulo*, el vespertino adoptaría una posición de pretendida neutralidad para afirmar con mayor eficacia la denuncia del "sindicalismo populista" de Goulart, y las acusaciones hacia el ministro aparecerían con mayor distancia de la figura presidencial.

El vespertino enfatizaba el carácter subversivo de Goulart, en tanto "adversario de la democracia" y su aliento a huelgas que irían hacia la "destrucción del régimen". Se difundió la idea de que Goulart estaría infiltrando en áreas sensibles del Estado el comunismo y sería la "punta de lanza de la agitación roja".[229] De este modo, confluían los encuadres de ambos periódicos con respecto al carácter "subversivo" y contra el régimen del Ministro de Trabajo. Esa confluencia, que pre-existía a Goulart en tanto era expresión del anticomunismo de ambos medios de prensa, se reforzaría con la identificación del Ministro de Trabajo como la encarnación del "comunismo" en el gobierno.

En este contexto de denuncias contra Goulart, en septiembre de 1953, *O Estado de S.Paulo* reclamaría la intervención de las Fuerzas Armadas como forma de impedir la marcha del país a la subversión: "frente a la vigilancia de las Fuerzas Armadas, tenemos la certeza de que los propósitos subversivos del Ministro de Trabajo no pasarán y de que la vida constitucional del País no sufrirá el más mínimo trastorno".[230] El matutino contraponía el "caos" que representaría Goulart al "orden" que estaría encarnado en las Fuerzas Armadas, que asegurarían su "acción redentora" frente a los "golpes mortales contra las instituciones". Para el matutino, frente a la "agitación" promovida por el Ministro de Trabajo, las Fuerzas Armadas serían la protección que impediría la "subversión" del orden, y en éstas reposará la preservación del orden institucional.

Hacia fines de 1953, *O Estado de S.Paulo* reclamará a Vargas que si realmente se sometía a la Constitución y había abandonado sus pretensiones "golpistas", debía, como prueba de su voluntad constitucional,[231] dimitir a quien se denominaba como el "ministro de la agitación".[232] El matutino solicitaba la dimisión de Goulart avalando una supuesta posición de las Fuerzas Armadas. A esta altura, las denuncias a Goulart por incentivar la "lucha de clases" de forma demagógica e ilegal, eran también adoptadas por el vespertino carioca.[233] *O Globo* destacaba que Goulart,

> seducido por el incontenible deseo de volverse popular entre las masas, ha tomado caminos tortuosos y llenos de peligros, de la demagogia, alentando las luchas de clases y preparando el campo para la implantación de un régimen *trabalhista* de coloración nítidamente totalitaria.[234]

La descalificación que sufrían el gobierno y *Jango* en particular era expresión de la defensa del orden que promovía la prensa tradicional. Esta conservadora naturalización del status quo suponía denunciar las pretensiones de reforma como equivalentes a una "agitación subversiva", rechazando las mismas como externas a la tradición consensual del país. Esta resistencia al cambio era el resultado del *conservadurismo jerárquico* que caracterizaba a la sociedad, y en el imaginario de la clase dominante definía un rol circunscripto que debería desempeñar cada actor social. Desde esta perspectiva, los únicos "autorizados" a introducir modificaciones en el orden social serían las élites, siempre y cuando esto fuera realizado para impedir posibles "desbordes populares". Así, se tornaba nítido que la construcción efectuada sobre el tránsito hacia una "república sindicalista", en tanto "organización casi totalitaria"[235] tenía por objeto traducir en forma estereotipada y negativa hacia la sociedad las tímidas aspiraciones de reforma social que presentaban Vargas y Goulart.

En este marco, *O Estado de S.Paulo* destacaba la esperanza que supondrían las Fuerzas Armadas como vigilancia frente al "golpismo" del gobierno, ya que pronto Brasil "estaría libre" de la "familia dictatorial".[236] Resultaba visible entonces el papel de custodias del orden así como de "redención social" que el matutino asignaba a las mismas, en tanto estarían destinadas a extirpar a Vargas de la escena nacional.

En este período, donde existía cierta escalada de huelgas de distintos sectores como los mozos, marineros, así como amenazas de los productores de leche, *O Globo* se manifestaría en contra de cualquier huelga, destacando que éstas alterarían la concordia y el orden público, llevando a la "subversión". De allí su desprecio compartido con *O Estado de S.Paulo* por Goulart como instigador de huelgas. Se intentaba producir una asociación entre las huelgas, la actuación de "agitadores" y la "subversión" del orden.[237]

El vespertino procuraba asociar las huelgas a "actividades extremistas a la sombra de la ley", exigiendo orden para terminar con las mismas, ya que estarían contribuyendo a la proliferación de "agitadores" que serían "enemigos de Brasil". Estas preocupaciones continuarían manifestándose en tapas donde se denunciaba un "¡Plan de subversión del régimen a la vista!"[238] Existía así en el vespertino una especial preocupación por la preservación del orden y la moderación en las posturas políticas que confluía con su pretendido posicionamiento por encima de los conflictos.

Ambos periódicos, como vemos, contribuyen en la construcción de un clima de "crisis social" que debería ser resuelto en forma urgente. El matutino paulista, a tono con este clima, radicalizaba sus exhortaciones sobre las consecuencias de estar viviendo en el país una "invasión del peronismo":

> Se divulgan noticias de que el peronismo está buscando invadir el Brasil a través de publicaciones de diversas formas. Se anuncia, al mismo tiempo, que en el Ministerio de Trabajo existen técnicos alemanes a quienes el ministro ha confiado la tarea de organizar a los sindicatos a la manera peronista. Por lo tanto, estamos en camino hacia

una peronización de Brasil iniciada por el Ministro de Trabajo y apoyada, inmediatamente, por el propio dictador argentino.[239]

Se mantenía con fuerza en el matutino paulista esta idea de la "peronización de Brasil". A través de naturalizaciones progresivas, *O Estado de S.Paulo* indicaba que habría "técnicos alemanes" que estarían en el Ministerio de Trabajo con el propósito de avanzar hacia una "peronización", en la búsqueda de implantar el modelo del *Estado Novo*. El periódico difundió una serie de fantasías sobre el dominio peronista del país, referidos a que Goulart difundiría "escritos destinados a exaltar la obra del general Perón", que pretendían demostrar las intenciones del ministro por destruir del orden instituido. Se apelaba a una reacción frente al "jefe del peronismo brasileño",[240] que estaría poniendo en marcha un plan para la "revolución social". De este modo, el peronismo era demonizado, construido como un demonio-espejo de lo que el país no debería ser, pero además como aquello que *sería* Brasil si no se movilizaba a la nación contra ese "gran mal" que la estaría devorando por dentro. Así, se iba naturalizando la idea del "peligro de la peronización", pasando ahora a enunciar a Goulart como el "jefe del peronismo brasileño".[241] Para este periódico, la acción del Ministro de Trabajo se estaría desarrollando con el aval del presidente, lo que confirmaría que Vargas sería un "revolucionario contra sí mismo", tratando de destruir las "bases constitucionales de su investidura".[242]

En la sección El Momento Político,[243] *O Estado de S.Paulo* titularía "Lanzar el país al caos es el propósito del ex dictador", al tiempo que unos días después, *O Globo* titularía en su tapa:[244] "El país está siendo llevado al caos y a la miseria", exaltando las advertencias realizadas por el presidente de la UDN. El periódico carioca trataba estas declaraciones del presidente de la UDN como realidades tangibles, naturalizando estos enunciados como una descripción "objetiva" de la realidad, situadas de ese modo en los titulares del vespertino. A partir de ello, y en consonancia con editoriales y tapas previos, podemos observar el rechazo que esgrimía el vespertino por la política de acercamiento a los trabajadores promovida por el gobierno.

Progresivamente, ambos periódicos irían colaborando en la construcción de definiciones donde el país se encaminaría hacia un caos irremediable, destacando la incapacidad del gobierno para contener a los distintos grupos sociales, así como denunciando sus propósitos de "subversión" del orden. Esto tendía a desgastar el capital político del gobierno, definiéndolo como incapaz de contener los conflictos que atravesaron a la sociedad e incluso colaborando en su proliferación.

Durante febrero de 1954, las pretensiones de Goulart de promover un aumento del salario mínimo del 100% incrementarían la crítica de los principales medios de prensa frente al accionar del ministro. En este marco, la aparición del "Manifiesto de los Coroneles", emitido desde las Fuerzas Armadas como expresión de una demanda de "orden", sería destacado por ambos periódicos, en tanto era convergente con las definiciones previas efectuadas por los mismos. Una tapa de *O Globo*,[245] tendría por volanta "Estuvo reunido, nuevamente, el Consejo del Alto Comando del Ejército", con el título "En caso de un golpe, el gobierno no se llevará lo mejor", proporcionando relevancia al accionar del ejército. En un editorial titulado "El gobierno contra el gobierno", el vespertino señalaba:

> No hace mucho, analizando las consecuencias desastrosas para el país de la agitación pre-fabricada de las masas *trabalhistas* y el intento del Ministerio de Trabajo, en este sentido, de intentar establecer un nuevo salario mínimo en bases destructivas para la colectividad, afirmamos:

> Digamos claramente que el aumento del salario mínimo, en las bases en que fue propuesto, es un acto francamente subversivo y de alta traición a la patria, tan grave como sería la conspiración con Gobiernos extranjeros o la entrega del poder a la minoría reaccionaria y fanática de los rojos. Será la desorganización de la estructura económica del país con consecuencias tan desastrosas y prolongadas como serían una invasión extranjera o un cambio violento de régimen político.

> Más rápido de lo que imaginábamos, por desgracia, ahí están, inocultables, los síntomas de la enfermedad a la que aludimos, por el pánico que se estableció entre quienes producen la riqueza del país y entre los propios empleados, muchos de ellos amenazados con el desempleo, inevitable si las empresas tuvieran que reducir drásticamente sus presupuestos, ante el nuevo y violento orden económico que les será impuesto. No exageramos al decir que, a pesar de los cuidados de los coroneles que firmaron el manifiesto, para permanecer únicamente dentro de los problemas del Ejército, este documento es el resultado del caos que se está tratando de implementar en el país, a través de la subversión de los patrones sociales y económicos, y que ha terminado por afectar a las Fuerzas Armadas.[246]

A la vez que condenaba el "manifiesto" como una "grave transgresión a la disciplina", el vespertino señala su coincidencia en hacer responsable a Goulart de la anarquía existente, dada la agitación que éste produciría entre las masas trabajadoras. Se definía el "manifiesto" emitido por las Fuerzas Armadas como resultado del "caos" que imperaría en la sociedad por la "agitación", y se apelaba a Vargas para exigirle un restablecimiento del "orden", cuyo mayor obstáculo para el mismo sería el Ministro de Trabajo. Por lo visto, Goulart se convertiría en la figura utilizada como *condensación* de todos los males que se querían asignar al gobierno de Vargas. El vespertino exigía un restablecimiento de la "normalidad" al gobierno, eliminando las acciones que pudieran conducir a "agitaciones".

A su vez, mientras *O Globo* señalaba el acto de desobediencia a la autoridad que implicaba la publicación del "manifiesto", *O Estado de S.Paulo* señalaba que el mismo no constituía falta alguna. En tanto el gobierno tendría propósitos "subversivos", la rebelión de los coroneles frente a la autoridad gubernamental se justificaría en pos del restablecimiento del orden frente al caos que estaría siendo sembrando en el país.[247] Rafael Correia de Oliveira agregaba en su columna en el matutino paulista:

> En el momento oportuno, serán tomadas las medidas justas para que la anarquía no se apodere de la sociedad brasileña…. Por cierto, después del manifiesto de los coroneles, podemos encarar con relativa confianza el futuro próximo, aunque sea lamentable para nuestro País aceptar la dura necesidad de mantener bajo la vista de la centinela armada a su Presidente de la República.[248]

Oliveira percibía de forma auspiciosa la aparición del "manifiesto", ya que éste confluía con sus apelaciones para que fueran los militares quienes se hicieran garantes de la "salvación nacional", frente a las pretensiones "subversivas" del gobierno. En este marco, se retomaría el encuadre de las Fuerzas Armadas como "reservorio nacional",[249] destacando que éstas habrían rechazado los planes "subversivos" del Ministro de Trabajo. El matutino procuraba apoyar la asunción por parte de las mismas de una acción tutelar frente a cualquier medida que fuera provocadora de la "anarquía", destacando que éstas se habrían convertido en las garantes del orden político, "las mejores defensoras de la Constitución" frente a las aspiraciones "demagógicas" de Goulart.[250]

A la vez, *O Estado de S.Paulo* exigía a Vargas y Goulart que reconocieran su filiación como "comunistas".[251] Se continuaba destacando el encuadre de un presidente alienado en el poder, alejado del pueblo, que además cometería la traición de ser un comunista encubierto en un estado democrático de derecho. Sin embargo, el matutino señalaba que esta inscripción política tendría únicamente el fin de servir para sus pretensiones dictatoriales. Se pasaba, a través de la naturalización y deformación progresiva (Barthes 2004), del señalamiento de que existirían lazos entre el gobierno y los "comunistas", como hemos visto a principios del mandato, a la afirmación de que ambos, Vargas y Goulart, serían "comunistas" en el gobierno. En un tono similar, *O Globo* acusaba al gobierno de que, en tanto habría estimulado las reivindicaciones de distintos grupos sociales con su "demagogia", ahora no podría poner freno a esta situación.[252] Las huelgas, que serían "estimuladas" por el Ministro de Trabajo y el gobierno, eran para el vespertino algo inadmisible, y llevarían a la destrucción del orden social.

En 1954, otra de las preocupaciones de *O Estado de S.Paulo* sería la "sindicalización en el campo". El matutino subrayaba con respecto a la cuestión rural que cualquier intervención gubernamental debía ser realizada según un patrón gradualista, pautado por las "élites ilustradas". Se plantea una operación típica de reducción de las asimetrías, que consistía en señalar que la situación de dominación en el campo no sería tal, sino que sería producto de la *naturaleza*, dado que las tierras y las grandes extensiones estarían así divididas porque sería el modo en que se podrían cultivar. Es decir, la asimetría respondería, desde la visión del matutino, no a una situación de desigualdad en la propiedad y en el acceso a los recursos, sino a una condición *natural* en la distribución de tareas.[253]

La intención del gobierno de intervenir en la vida rural se encontraría con el firme rechazo del matutino, que diría:

> Después de meterse en la vida de las industrias, buscando alborotarlas y, si es posible, destruirlas, el Ministro de Trabajo ha decidido, ahora, dedicar su solicitud tortuosa a los trabajadores rurales.... Se dirá que, en muchos lugares, todavía se nota el atraso de antaño y que las condiciones de vida del trabajador rural no alcanzaron el grado de elevación al que deben llegar. No hay duda. La verdad es, sin embargo, que los cambios para mejor se observan en la mayoría de las propiedades agrícolas. En ellas el régimen de trabajo hoy es más suave y más remunerativo de lo que era hace años.... Por lo que se anuncia, su excelencia va a tocar, con alguna imprudencia, en la organización que ahí se encuentra. Sindicatos rurales comienzan a organizarse con el evidente objetivo de facilitar al Ministerio de Trabajo su intrusión en la vida privada de los agricultores. Lo que va a generar eso es fácil de adivinar por lo que se está viendo en la vida particular de los industriales. Pronto tendremos, en las zonas rurales, las huelgas y ensayos de huelgas que son teatro, constantemente, en los centros urbanos. El espíritu de desorden, que caracteriza al actual gobierno, va a soplar en las zonas rurales de modo que, en breve, vamos a ver, en tales zonas, la lucha de los trabajadores contra los patrones, la caída de la producción y otros males que la acción imprudente de gobierno tiende a producir, cuando se dirige a ajustar lo que está correcto y a perturbar lo que está tranquilo.... Viene perfectamente, en este punto, la siguiente pregunta: ¿Estará dispuesta la agricultura de San Pablo a recibir de brazos cruzados el golpe que le prepara el siervo que el caudillo riograndense promovió a la categoría de estadista y sociólogo?[254]

Nuevamente el matutino, y de un modo especialmente enfático con respecto a la cuestión rural, pretendía negar las asimetrías para descalificar los intentos de modificación del orden social. Es decir, se negaba la existencia de una situación de desigualdad, para luego descalificar como locura o ánimo por el conflicto los intentos por transformarla. Con la función de naturalizar estas desigualdades, se proclamaba que en el campo las condiciones laborales habrían mejorado en forma notoria, y por lo tanto no habría razón para introducir reformas, que producirían el efecto contrario de aquello que se buscaba.

Se denunciaba que Goulart pretendía una "sindicalización del campo", trasladando las huelgas y el "desorden" que estimularía en las ciudades hacia allí, y se lo desautorizaba en tanto no tendría conocimiento sobre la especificidad de la vida rural. La sindicalización en el campo era aquí vinculada a la construcción del tránsito hacia una "república sindicalista".[255] Para el matutino, el gobierno federal pretendía usar la sindicalización para transformar a las "masas rurales en esclavas de sus ambiciones". La cuestión rural, por los vínculos que presentaba el periódico con los productores agropecuarios paulistas, resultaba especialmente sensible para el periódico. Es por ello que las iniciativas gubernamentales con respecto a esta cuestión despertaban especialmente sus ánimos conservadores sobre el orden social.

La multiplicación de las denuncias y presiones provenientes de los medios de prensa y las voces opositoras al gobierno, terminarían provocando la dimisión del Ministro de Trabajo a fines de febrero de 1954, momento a partir del cual ambos periódicos reducirían su agresividad. Se puede ver entonces cómo la dimisión de Goulart apuntaba a descomprimir el ambiente político y las críticas que sufría el ministro de Trabajo por encabezar "planes subversivos". La tapa[256] de *O Globo* posterior a la renuncia de Goulart retrataba las declaraciones del Ministro de Guerra, General Zenobio da Costa que decían "¡No transigiré con los saboteadores del orden legal!". El copete decía debajo: "Considera superado el caso de los coroneles y dice que combatirá el foco de perturbación extremista existente en el ejército". Estas declaraciones apuntaban a recrear una "vuelta a la normalidad" y a preservar la estabilidad de las instituciones. De este modo, vemos como *O Globo* legitimaba la continuidad gubernamental posteriormente a la renuncia de Goulart. Analizando la renuncia, el vespertino señalaba a Goulart como un "instrumento dócil" de los intereses de Getúlio, que se habría aprovechado de la situación. A la vez, el periódico indicaba que de ahora en adelante el gobierno debería efectuar un importante cambio de rumbo. A partir de esta renuncia, se exigía dejar atrás la política "antipatriótica" y de "agitación social", proponiendo una especie de pacto de convivencia al presidente, que consistía en la moderación y el fin de la "agitación", apelando a la necesidad de garantizar el "orden".[257]

En la sección El Momento Político,[258] *O Estado de S.Paulo* también reduciría sus críticas excluyentes a partir de la renuncia del ministro: "Parece encaminarse hacia una solución la crisis del gobierno". Y debajo: "El ministro de Trabajo anunció en discurso que renunciará en forma indeclinable mañana".

De este modo, la prensa ejercería un fuerte condicionamiento hacia al gobierno, exigiendo el cumplimiento de directivas que percibía como garantías de mantenimiento del status quo. El aumento de las acusaciones a Goulart habían generado un clima adverso al gobierno de Vargas y, en este punto, ambos periódicos condicionaron con sus críticas y construcciones, tales como la "república sindicalista" y denuncia de las intenciones "subversivas", la permanencia en el gobierno del Ministro de Trabajo.

O Globo no tenía las mismas razones políticas que *O Estado de S.Paulo* para oponerse al gobierno de Vargas. Sin embargo, se orientaba en esta coyuntura en su contra, en la medida en que la misma agudizaba los enfrentamientos y las controversias políticas, al percibir la "incapacidad" del presidente para mantener el status quo en los términos en los cuales el vespertino consideraba que éste debía ser garantizado.

Por otra parte, el lenguaje del matutino paulista en junio de 1954 se había tornado más virulento y agresivo, y se hablaba en forma directa y sin mediaciones de enfrentamiento. Con el paso de los meses, la hondura de la crisis política había ido dilapidando el compromiso de los actores con el mantenimiento del régimen político. En este sentido, exaltaba a tomar acciones contra los Vargas, ya que "no será de buena sombra ni de ánimo alegre, que los aprovechadores de la actual situación dejarán que el poder escape de la familia que lo ha usufructuado ampliamente con todo tipo de ventajas, sobre todo las de carácter económico".[259]

O Estado de S.Paulo marcaba la "paradoja" de que el gobierno, en lugar de estar preocupado con la defensa del orden, estuviera empeñado en "campañas subversivas". En este punto era llamativo que, a pesar de que Goulart ya había renunciado, el matutino seguía agitando el fantasma de *Jango* como representante de los ánimos de "subversión" gubernamental.[260]

Estas referencias no estarían presentes en *O Globo*, que luego de la renuncia de Goulart no volvería a hacer menciones relevantes sobre el ex ministro. A diferencia de ello, *O Estado de S.Paulo* instrumentaba la figura de Goulart manifestando el temor que le provocaba su pretensión de alterar el status quo, y así buscando estimular una reacción que justificara intervenciones autoritarias. El periódico, hacia fines de junio, volvería a referirse a Goulart como el "inquieto mono en una casa de venta de porcelana" y como el "paladín del ejército subversivo que su excelencia dirige".[261] Es sugerente la entidad que el periódico le otorgaba a Goulart, a pesar de que éste había renunciado hacía varios meses al Ministerio de Trabajo. El matutino sostenía que Goulart, a pesar de no ser más Ministro de Trabajo, continuaría al frente del cargo como si todavía fuera ministro.[262] El mantenimiento del "fantasma" de Goulart por parte del matutino, le permitía sostener con mayor efectividad el discurso orientado a los sectores dominantes de que el gobierno de Vargas iría a producir la subversión del país.[263]

El periódico, pretendiendo encarnar los intereses de la nación, se dirigía a las Fuerzas Armadas para transmitir el mensaje de que los "intereses nacionales" serían más importantes que la subordinación al jefe de Estado, frente a la posibilidad de instauración de una nueva dictadura por parte de este último. De este modo, ante la posibilidad de un golpe de Estado para la "perpetuación en el poder", cabría a las Fuerzas Armadas abandonar al jefe de Estado para convertirse en salvadoras de las "instituciones democráticas", dado que "hay momentos en que el jefe supremo de las Fuerzas Armadas debe ser abandonado por sus tropas, las cuales no están organizadas para servir personalmente al comandante, sino para servir a la Nación".[264] Es relevante el modo en que *O Estado de S.Paulo*—no hay registros de que *O Globo* hiciera lo mismo—destacaría a las Fuerzas Armadas como "reservorio moral" y "último baluarte" de la Nación, frente al supuesto golpe subversivo pretendido por el presidente. Esto se registra a lo largo de todo el mandato y no obedece únicamente a esta última coyuntura, aunque probablemente en esta se intensificaría.

Como hemos visto, tres imágenes, el "comunismo", la "subversión" y la "república sindicalista" serían utilizadas de forma entrelazada por parte de ambos periódicos para rechazar las pretensiones reformistas del gobierno. Dos periódicos que habían sostenido con respecto a otras cuestiones visiones disímiles, adoptarían en la denuncia del carácter "agitador", "demagógico" y "comunista" del Ministro de Trabajo un consenso que tendría por objeto su desplazamiento del gobierno y la restauración de una situación previa, frente a lo que era percibido como un intento de modificar *el status quo*.

O Globo sería duro en la condena al comunismo, un aspecto compartido por ambos periódicos, que diferían en torno a otros temas. La característica del vespertino, que lo diferenciaría de *O Estado de S.Paulo*, sería su "anticomunismo popular", a diferencia de este último, crítico desde el liberalismo y con un posicionamiento ideológico más preciso.

Diferentes en varios aspectos, ambos periódicos tendían a converger ante la percepción de que estarían en funcionamiento determinados actores en vinculación con el gobierno que pondrían en riesgo el orden instituido. Muchas veces estas percepciones se condecían poco con amenazas realmente existentes hacia el orden social. Pero ante un orden conservador y naturalizado, cualquier manifestación que estuviera por fuera de lo esperado por este consenso activaría la exaltación *denuncista* de los fantasmas de una inminente destrucción del status quo. Esta situación unía a estos periódicos en la defensa de la recomposición por arriba, y en el deseo de exclusión de aquellos actores que se habrían tornado una "amenaza" para el sistema.

El matutino paulista sería más vehemente y constante con respecto a estas cuestiones. El vespertino carioca, que inicialmente sostenía otra visión sobre Goulart, iría acercándose cada vez más, conforme avanzaba el gobierno, al tono escandalizado de las denuncias contra el ministro.

La construcción de estas imágenes y su operación mítica (Barthes 2004), a partir de la naturalización progresiva, les permitiría a estos periódicos definir condicionamientos al gobierno, que conducirían a la renuncia de *Jango* a fines de febrero de 1954.[265] En ese entonces, daría la impresión de que habría sido restaurada la "normalidad", entrando el gobierno en un nuevo pacto de convivencia con estos medios de la prensa tradicional. Sin embargo, en la medida en que esta conservadora naturalización del status quo no admitía disensos, cualquier intención por fuera de lo establecido llevaría a un nuevo despertar de los fantasmas y de las tres imágenes aquí desarrolladas.

3.7. El atentado a Carlos Lacerda: momento de condensación y cerco de la prensa

En el clima de desconfianza y denuncias de la prensa hacia el gobierno de Vargas por la percepción de que habría acciones tendientes a alterar el orden social, el atentado contra el director de *Tribuna da Imprensa* y líder de la UDN, Carlos Lacerda, operaría como un *momento de condensación* de construcciones previas efectuadas por

> «Para Honra Da Nação Brasileira, Confio Que Esse Crime Não Ficará Impune» DECLARA EDUARDO GOMES A "O GLOBO"
> # O ATENTADO CONTRA CARLOS LACERDA
> ## MORTO AO SEU LADO UM OFICIAL DA AERONÁUTICA E FERIDOS O COMBATIVO JORNALISTA E O VIGILANTE MUNICIPAL QUE TENTARA PRENDER UM DOS CRIMINOSOS
> Apresentam-se o dono e o motorista do carro que transpórtou os criminosos — O "chauffeur" diz que costumava servir ao pessoal do Palacio do Catete — Carlos Lacerda e seu filho, Sergio, fazem impressionantes relatos a O GLOBO — As primeiras suspeitas — Reune-se a UDN para exigir medidas enérgicas — Tambem se reune a ABI — O chefe de Policia fala a O GLOBO sobre as graves ocorrencias — Entre as testemunhas oculares o advogado Lacerda Tinoco — O resultado da autopsia — Projetis de arma de guerra mataram o major Rubens Vaz — Dados biográficos do oficial — Seus colegas exigem punição — A Policia e as forças militares de sobreaviso — Falam os líderes dos partidos — As 17 horas, os funerais — O ministro da Justiça declara que recomendou o máximo rigor na apuração do gravissimo acontecimento

Imagen 12. Titular que registra el atentado de la calle Toneleros publicado por *O Globo*, 5 de agosto de 1954.

parte de ambos periódicos.[266] Como hemos visto, el atentado consistió en una serie de disparos dirigidos a Lacerda por parte de sicarios enviados por Gregorio Fortunato, jefe de la guardia presidencial de Vargas, en una emboscada nocturna en la puerta de su casa, en la calle Toneleros, produciendo la muerte de quien lo acompañaba, el oficial de la Aviación Rubens Vaz.

La "cruzada moral" e intransigente de la prensa, el encuadre del gobierno como una "permanencia de la dictadura", así como el señalamiento de las incapacidades del presidente para su desempeño en el cargo, encontrarían un cauce y una pretendida "comprobación" a partir del atentado a Lacerda. En este sentido, Abreu & Lattman Weltman (1994) coinciden en que a partir de este atentado tendría lugar aquello que denominan como un "cerco de la prensa" al gobierno de Vargas.

En los días previos al atentado de la calle Toneleros, tendrían mayor relevancia en ambos periódicos los encuadres referidos a la incapacidad personal y administrativa del presidente que aquellos referidos a las denuncias de una "subversión" del orden social. Si bien estos medios de prensa pronosticaban calamidades para el futuro del país a medida que se agudizaba la crisis política, el atentado emergería como un acontecimiento inesperado, provocando un giro imprevisto en el escenario.

La crisis político-militar originada a partir del atentado iría creciendo con el paso de los días. Las fechas posteriores al mismo, el 5 y 6 de agosto, los periódicos presentaron la cuestión en términos mayormente descriptivos, otorgándole escasa importancia a las consecuencias que el acontecimiento pudiera implicar. Esto se explica por la inicial ausencia de conocimiento sobre las características de lo sucedido, en especial en lo relativo al grado de involucramiento del gobierno en la cuestión. A diferencia de *O Estado de S.Paulo*, que era un periódico matutino, *O Globo*, por ser vespertino, ya registraba en sus páginas del 5 de agosto el atentado de Toneleros (Imagen 12, página 184).

En esta edición, *O Globo* presentaba un discurso descriptivo, donde la tapa tenía por función fundamental noticiar el hecho e instalarlo en la agenda pública. A la vez, en tanto el vespertino se refería a Lacerda como un "combativo periodista",[267] legitimaba al director de *Tribuna da Imprensa* frente a este acontecimiento. Predominaría inicialmente esta cobertura descriptiva, con varias referencias en la tapa con testimonios de Lacerda, entre otros, relatando su percepción de los acontecimientos. El vespertino remitía en gran medida a lo fáctico, colocando una foto del oficial Vaz muerto, así como otra del auto que habrían utilizado "los asesinos".

Como vemos en la volanta de aquel día en *O Globo*, resultaría relevante el espacio que proporcionaría en esos días la prensa al *Brigadeiro* Eduardo Gomes, quien declaraba: "Por el honor de la Nación Brasileña, confío en que este crimen no quedará impune".[268] La prensa proporcionaba así una nueva relevancia a sus declaraciones, en tanto luego de este acontecimiento, la inconmovible oposición del *Brigadeiro* al gobierno cobraba otro cariz, considerando que este "paladín de la moralidad" se había enfrentado a Getúlio en las elecciones de 1945 y 1950. Ese día, 5 de agosto, el vespertino daba gran espacio a las declaraciones de los udenistas. Además, se insinuaba que los culpables serían del gobierno, como figuraba en un manifiesto publicado por el vespertino, perteneciente a la UDN carioca, el cual decía en referencia al atentado que "este no es el medio de que el Gobierno haga callar las voces que lo critican".[269]

En cambio, *O Estado de S.Paulo* tomaría registro de los acontecimientos al día siguiente,[270] dedicando la mayor parte de su sección de política nacional a estos temas. El matutino manifestaría su indignación, indicando que este crimen expresaría la pretensión de traer prácticas *sertanejas* al centro de la capital de la República. El discurso, al igual que en *O Globo*, se caracterizaba por el predominio de una descripción fáctica de los acontecimientos. Aparecía tanto la indignación por el atentado hacia un periodista que habría realizado una campaña de moralización, como por prácticas que el matutino entendía que no deberían aparecer en la capital del país:

> Estamos frente a una conspiración de miserables para quitar la vida a un joven, cuya valentía es notoria y que otra cosa no ha hecho, en su periódico, sino luchar por la moralización del País, que se encuentra amenazada por la inconsciencia del Sr. presidente de la República.
>
> Este atentado, expresión de costumbres del *Sertão* en pleno corazón de la capital de Brasil, muestra que, junto a la desmoralización que el gobierno introdujo en el País,

crece la inseguridad personal. Quién se atreve a criticar las hazañas de los familiares del Catete y los abusos del Sr. presidente de la República está sujeto a golpes de esa naturaleza.

Comienza así en expandirse, en la capital de Brasil, el *cangaceirismo* político. Junto a los acaparadores de buenos negocios a la sombra del Catete, se presentan, ahora, la caterva de sicarios al servicio de estos aprovechadores. La gente que nos gobierna quiere practicar toda clase de delincuencias, pero no admite que alguien los censure, con franqueza y coraje, en letras mayúsculas. Además de los provechos de esos crímenes, a los que se habituaron, exigen el silencio en torno a estos crímenes.

El oficial de Aeronáutica que cayó sin vida junto a Carlos Lacerda es una víctima que clama venganza. Si el delito de este periodista fue decir la verdad, el de este militar fue ser amigo de este periodista. Los asesinos, que lo abatieron, no pueden quedar impunes. Si no fuera posible llegar a quienes los enviaron (con toda evidencia, hubo para estos crímenes una asociación entre varias personas, algunas en el papel de organizadores y otras en el de enviados) al menos que estos últimos no escapen al castigo que nuestra civilización impone y del que nuestros sentimientos de humanidad no pueden prescindir.... Si estos asesinos se quedan sin el castigo merecido tendremos, entonces, cada uno de nosotros, que cuidar de la propia defensa. No podemos estar a merced del bandidaje presidencial. El régimen de terror que la gente del gobierno pretende establecer en el País, en una dictadura disfrazada, tiene que ser eliminado en su nacimiento. Ningún ciudadano puede ser caza de los bandidos al servicio de gente nefasta y cobarde que, después de explotar los recursos financieros del País, intenta hacer callar todas las bocas, sin ninguna vergüenza. Tenemos que mantener nuestros foros de la civilización a toda costa.

Lávense en sangre, si no es posible lavarlos en agua, los escándalos en los que ha sido fértil este período gubernamental. Lo que no es posible es que los 50 millones de habitantes de este País se dejen estafar y matar, sin un movimiento de reacción, por los ladrones que se esfuerzan por hacer de Brasil un palco para sus negocios y un cementerio para quienes estigmatizan esos negocios. Hasta las Fuerzas Armadas, en la persona de aquel distinguido oficial de la Aeronáutica, fueron alcanzadas por los asesinos, fueron afectadas por el bandidaje que, a la sombra del gobierno, procura tomar el lugar de las leyes y los tribunales.[271]

A partir del atentado, *O Estado de S.Paulo* acusaría al gobierno de haber impuesto un régimen de terror, procurando establecer en el país "una dictadura disfrazada", situación de la cual este crimen sería expresión. El editorial expresaba sorpresa frente al acontecimiento, a la vez que lo consideraba una consecuencia del ataque gubernamental a la libertad de expresión, pretendiendo acallar a aquellos que denunciaban la corrupción. Para el matutino, los sicarios serían la otra cara de la corrupción gubernamental, el recurso del que se valían los "protegidos del Catete" para acallar a quienes cuestionaban los hechos de corrupción.

El periódico utilizaba construcciones previas disponibles sobre la corrupción gubernamental para potenciar las resonancias del crimen realizado contra Lacerda. En este sentido, interpelaba a los "50 millones de habitantes", dado que estos se dejarían "matar" y "usurpar" por una oligarquía que habría tornado al país un "palco para sus negocios y un cementerio para los que estigmatizan esos negocios".

Se procuraba estimular una reacción de la población y de las Fuerzas Armadas frente a este acontecimiento, destacando que estas últimas habrían sido afectadas por la muerte de un oficial, insinuando que su honor habría sido ultrajado. El oficial muerto, Rubens Vaz, sería una "víctima que clama venganza", y si no fuera posible lavar con agua los actuales escándalos gubernamentales, estos deberían "lavarse con sangre", exigiendo el diario paulista una réplica hacia el gobierno de la violencia experimentada como propia a raíz de este atentado.

Otra preocupación remitía a lo que el matutino consideraba como la intromisión de prácticas *sertanejas* y de *cangaceiros* en la capital del país. Desde una visión en términos de la dicotomía de "civilización" y "barbarie", propia de quienes se creían representantes de la "civilización", el periódico pretendía diferenciarse de aquellas prácticas *sertanejas* que el gobierno habría introducido en la capital. Parece como si el periódico admitiera como válidas conductas violentas en otras regiones del país, alejadas del centro, como en el *sertão* nordestino, pero no en la capital del país, como condenaba el editorial. Esto reflejaba las ambigüedades del liberalismo brasileño que defendía el periódico.

Ese mismo día,[272] la sección El Momento Político de *O Estado de S.Paulo* titulaba: "Grave crisis político-militar", mientras que debajo los subtítulos decían: "El atentado contra el periodista Carlos Lacerda y la muerte del oficial Rubens Vaz, provocan un tremendo desborde de indignación en todo el País – Irritados e inquietos los medios militares". De forma evidente, a la vez que el periódico informaba sobre el estado de alerta en los "medios militares", pretendía convocar a una reacción de este sector frente a este crimen político, estimulando los sentimientos de indignación e injuria al honor por parte de los mismos. Debajo del titular de *O Estado de S.Paulo*, "Criticado con la mayor indignación el atentado contra Carlos Lacerda y el oficial Rubens Vaz",[273] decía en la parte de noticias políticas:

> Sería conveniente, si valiera la pena hablar de este asunto, investigar si el 'prestigio histórico' del Sr. Getúlio Vargas fue o no forjado a costa de una ola de crímenes de todo tipo, de los cuales el más grande fue el atentado, también cobarde, a la propia Constitución y al régimen en 1937. Alcanzando entonces el poder absoluto, tuvo él que montar una feroz policía en los moldes de la 'Gestapo', que no hizo otra cosa, durante nueve largos años, sino detener arbitrariamente, golpear y asesinar en las calles

y en el silencio de las cárceles.... De hecho, el máximo responsable por el atentado de la madrugada de hoy y por la muerte del oficial de la Aeronáutica es el Presidente de la República. Si éste no protege directamente a los criminales, cubre a todos con el manto de impunidad y estímulo a la violencia, lo que no deja de ser protección.

Las construcciones previas al atentado con respecto al gobierno de Vargas como "permanencia de la dictadura", habilitaron que éste fuera interpretado por los críticos en asociación con las prácticas del *Estado Novo*. Por eso, entendemos el tiempo posterior al atentado como un *momento de condensación* y re-significación de construcciones previas efectuadas por la prensa. Aquello que se había construido en estos medios de prensa sobre el gobierno de Vargas como corrupto y criminal, cobraría a partir del atentado una nueva dimensión, donde este último operaba como una "comprobación" que reforzaba las construcciones previas a la luz de estos acontecimientos.

Con respecto a las víctimas del atentado, Rubens Vaz y Carlos Lacerda, existían referencias constantes en los discursos al "bravo" militar y al "bravo" periodista. Estas referencias estaban centradas especialmente en el joven oficial, que había sido víctima mortal del acontecimiento. Se resaltaba la existencia de sus cuatro hijos ahora huérfanos, y el papel de su mujer, ahora viuda, para proveer[274] de mayor dramaticidad al acontecimiento, reforzando el contraste entre Vaz como hombre moral e inocente, frente al "salvajismo" de los responsables del atentado.[275] De este modo, el encuadre sensacionalista de este suceso buscaba no sólo garantizar una influencia política sobre la coyuntura, sino generar un interés de la audiencia que le permitiera al vespertino incrementar sus ventas.

A pesar de lo relatado hasta aquí, en los primeros días daría la impresión de que, pese a su extrema gravedad, la tensión originada por el atentado parecía resoluble dentro del orden constitucional. Sin embargo, la crisis se incrementaría a medida que se iría revelando el involucramiento del gobierno en el atentado, así como la contradictoria reacción del Ejecutivo frente a las exigencias de búsqueda y castigo de los implicados.

Una nueva tapa de *O Globo*[276] anunciaba en gran titular: "¡Nuevas revelaciones sobre el repugnante atentado!". De este modo, el vespertino explotaba este acontecimiento no sólo desde el punto de vista político—con el propósito de erosionar al gobierno, como sería el caso de *O Estado de S.Paulo*—sino a través de tapas y titulares "sensacionalistas", que desde la descripción fáctica de los hechos buscaban introducir un encuadre temático que podríamos denominar como "la caza de los asesinos". Esto manifestaba el propósito de generar un interés en la audiencia que permitiera expandir las ventas, apostando comercialmente por la atracción que este crimen político pudiera generar por las revelaciones ligadas al mismo.

Al mismo tiempo, *O Globo* expresaba sus posiciones políticas, presentando varias definiciones comunes con *O Estado de S.Paulo*, concibiendo el atentado como un acto de cobardía en tanto resultaba un ataque en la noche, así como resaltando que éste significaba una afrenta a la libertad de expresión. Sin embargo, el vespertino eximía de responsabilidad directa a Vargas en el atentado:

> No es nuestro propósito reproducir los sangrientos acontecimientos, que, en este momento, están pesando sobre las responsabilidades del Gobierno. Pero a nosotros, hombres de periódico, con un largo pasado de fidelidad a los preceptos de la ética de nuestra profesión, corresponde denunciar a la Nación el atentado en todo su salvajismo, menos por la preciosa vida estúpidamente perdida, que por su aparente significado de encontrarnos a punto de una virtual supresión de la libertad de prensa por la más odiosa y cobarde de las formas. Si el vibrante periodista de 'Tribuna da Imprensa' no da cuartel a sus contendientes, si su lenguaje, como el de Rochefort, no selecciona los adjetivos en el calor de la polémica, jamás se le puede colocar como sanción el ataque perverso de sicarios atrincherados en su puerta, en el silencio de la noche, más aún considerando que él es un periodista de carrera, un hombre público, un candidato popular a las próximas elecciones.
>
> En la lucha entre dos hombres se comprende la revancha personal, cara a cara, a la luz del día. Lo que el pueblo no perdona es el uso del bandidaje, de los asesinos, profesionales, el recurso de la traición y las emboscadas.
>
> Ni lejanamente podríamos atribuir el crimen al Sr. presidente de la República. Su excelencia, que tiene tantos errores en su oficio, nunca dio pruebas de usar o siquiera de alentar estos procesos de la 'mafia' partidaria. Esta justicia no negaremos a Su Excelencia, incluso en medio de nuestras antiguas diferencias con su gobierno.
>
> Pero no basta que piense así la mayoría de los brasileños. Es necesario que el Sr. Getúlio Vargas se encargue, por un acto de imparcialidad extremo y atronador, de barrer del espíritu popular la más mínima desconfianza de connivencia o contemplación con los 'gángsters' que, en la madrugada de ayer, atacaron a su oponente más intransigente y mataron fríamente a uno de los más dignos oficiales de la Aeronáutica.... El señor Getúlio Vargas llegó ayer, por la fuerza de hechos imprevistos, a uno de los puntos decisivos de su carrera política. O Su Excelencia recoge, con sus proverbiales antenas, este clamor de justicia que irrumpe de todas las bocas, no haciéndose, ni por omisión, cómplice de sus falsos amigos, o con estos se sumerge en la renuncia a los deberes y compromisos contraídos con el pueblo en las elecciones de 1950.
>
> No le restan sino pocas horas para elegir.[277]

A pesar de que el vespertino eximía a Vargas de la acusación de tener una relación directa con el crimen, exigía al presidente un compromiso con el castigo de los responsables y la condena del hecho, resaltando que de lo contrario, su posición frente al pueblo se tornaría insostenible. Tanto en *O Estado de S.Paulo* como en *O Globo* aparecía el señalamiento de que el ataque "en las sombras de la noche" implicaba una traición a las reglas del honor, cuando estas supondrían batirse cara a cara a la luz del día. En principio, el vespertino pretendía desvincular a Vargas de una responsabilidad directa sobre el crimen, señalando, a diferencia de la posición sostenida por el matutino paulista, que este tipo de prácticas no formarían parte de su trayectoria personal. Pero a la vez se le exigía encontrar rápidamente a los responsables, en un tono imperativo del periódico al presidente, que era signo del deterioro de la legitimidad de éste último a partir del crimen.

Por otra parte, el vespertino se diferenciaba del matutino paulista al darle voz a las declaraciones del líder parlamentario Gustavo Capanema en defensa del presidente y el gobierno, reflejando en la cobertura de los hechos un mayor pluralismo interno. A través de los titulares en la tapa de *O Globo*,[278] podemos ver el mayor pluralismo del vespertino: "Esos asesinos son mis mayores enemigos", al costado destacando la siguiente información: "Palabras del Presidente de la República al Sr. Gustavo Capanema—Y su excelencia señala: 'Estos agresores vinieron a perturbar la paz pública y a provocar contra mi persona y mi gobierno esta ola de sospechas tan injustificables". Otro titular resaltaba: "El mayor interesado en la resolución del crimen es el gobierno—dice a *O Globo* el Ministro de Justicia". Se mostraba así la existencia por parte del vespertino de la búsqueda de cierto equilibrio, dando espacio en este contexto a la visión de representantes del gobierno. Pero también se revelaba una preocupación de este periódico por subrayar declaraciones que realzaran la estabilidad del país frente a la crisis. Estas declaraciones destacadas abogaban por una preservación del orden y un retorno de la estabilidad política.

En este contexto de crisis, se daría espacio a declaraciones de actores políticos oficialistas y opositores, expresando un mayor pluralismo que en el caso del matutino paulista. Esta posición del vespertino se vinculaba con su búsqueda de garantizar la preservación del orden político. Por su parte, *O Estado de S.Paulo* abogaría por el desplazamiento del actual gobierno del poder, acusando al presidente de ser responsable del atentado:

> Lo que se dice y está en la mente de todos los brasileños serenos, es que su excelencia se presenta como responsable por lo ocurrido, ya que, debido a su complicidad con todo tipo de criminales a su alrededor, volvió al crimen, entre sus amigos y partidarios, uno de los instrumentos comunes de acción. Queremos incluso admitir que su excelencia desconoció todo lo que sus amigos tramaron para destruir la fuerza opositora encarnada en el Sr. Carlos Lacerda. No podemos, sin embargo, coincidir con quienes pretenden excluir la responsabilidad de su excelencia en el salvajismo que se practicó. No hubiera su excelencia protegido, como viene protegiendo, a los criminales que se han aprovechado de los recursos de la Nación para buenos negocios y a los individuos que, en varias ocasiones, han llevado a cabo atentados a periodistas,

Imagen 13. Titular del 9 de agosto de 1954 que ilustra la manera como *O Globo* aprovechó el atentado desde el sensacionalismo.

opositores a su excelencia y a su familia, como sucedió durante los tiempos dictatoriales, cuando sufrió el ataque el ilustre director del *Diario Carioca*, y el asalto, ahora practicado, no hubiera sido ejecutado. Si lo ejecutaron fue porque contaban sus autores, con la impunidad que, siempre, acompaña a los delincuentes al servicio de las pasiones de quienes cercan al jefe del gobierno.[279]

En la medida en que los vínculos entre el Catete y el atentado no habían sido aún suficientemente revelados, *O Estado de S. Paulo* se limitaba a señalar que el presidente, con el auspicio del ambiente de criminalidad entre sus acólitos, habría favorecido el contexto para la proliferación de atentados como el de Toneleros. Según el periódico, este ambiente que predominaría en el Catete habría significado que los ejecutores del crimen hubieran realizado el mismo para congraciarse con el presidente, por más que éste no estuviera al tanto. Como vemos, no se vinculaba al presidente en forma directa con el crimen, sino con el "clima" propicio para la realización del mismo, asociándolo a una repetición de prácticas de la dictadura del *Estado Novo*.

Además, el periódico paulista procuraba establecer una vinculación entre la corrupción previamente denunciada en sus páginas y el atentado a Lacerda, que tendría por función proteger a los corruptos frente a las denuncias, creando un clima de temor. Este discurso pretendía enlazar la "conjugación del bandidaje con la inmoralidad" como legado y presente del gobierno de Getúlio.[280] Así, se aspiraba a producir una asociación entre la corrupción y el crimen, destacando que Vargas habría traído a la capital de la República prácticas propias del "bandidaje *sertanejo*". Se difundía esta idea de que Vargas, por provenir de una región periférica (Rio Grande do Sul), habría traído la "barbarie" a la capital del país, enfrentándose por ello al rechazo de la prensa y las Fuerzas Armadas, que representarían la "civilización" destinada a restaurar la moral perdida de la nación.[281] En este contexto de crisis política, *O Estado de S.Paulo* se colocaría en una posición de enunciación del discurso del poder, en nombre de entidades como las Fuerzas Armadas y el periodismo.

Al mismo tiempo, en la Imagen 13 (página 191) se puede ver cómo *O Globo*,[282] a diferencia del matutino paulista, aprovechaba el atentado desde el sensacionalismo, para generar mayores ventas. Se destacaba de esta forma la vertiginosidad de los acontecimientos, y desde esta descripción fáctica de la agitación del presente, se pretendía llamar la atención de la audiencia. La gran mayoría de estos titulares tenían una función informativa, pero también la pretensión de explotar el acontecimiento en términos escandalosos. Estas tapas mostraban el sensacionalismo que el vespertino procuraba explotar con respecto a este crimen político.

A la vez, en sus definiciones editoriales, *O Globo* mostraba la búsqueda de una equidistancia en su posición, pretendiendo reducir las tensiones políticas y contener las expresiones de violencia, aspirando a que no se repitieran nuevos atentados hacia periódicos o personalidades representantes del gobierno.[283] Como hemos señalado, la preservación del orden y la estabilidad se revelarían como rasgos característicos en la posición que adoptaría *O Globo* en esta coyuntura.[284] En este sentido,[285] el vespertino titulaba en su tapa: "¡Mantener el orden, la disciplina y el principio de autoridad!", "Habla a *O Globo* el ministro de Guerra sobre la reunión y las decisiones del Alto Comando". Estos titulares mostraban la diferencia entre *O Globo*, que pretendía actuar como un factor de estabilidad, y *O Estado de S.Paulo que* apuntaba a una confrontación frontal contra Vargas por su destitución. En sus editoriales, el periódico carioca mostraba, aunque incrementando su crítica al gobierno, una reiterada búsqueda de la estabilidad:

> No se puede ocultar la delicadeza de la hora que vive la Nación, con un Gobierno debilitado moralmente, administrativamente paralizado, bajo la sospecha de gran parte de las fuerzas armadas. Sin negar estos alarmantes síntomas de una enfermedad, cuya etiología es conocida por todos, sólo podemos apelar a todos los elementos responsables en el sentido de superar la crisis sin ninguna fractura en el marco de nuestras instituciones democráticas. Este periódico, en su larga trayectoria, siempre se ha conservado fiel a las razones que inspiraron a Irineu Marinho en el acta de su fundación. Somos y gustamos de ser un órgano de la opinión conservadora del país, un reflejo de las tendencias medias de nuestros conciudadanos, los deseos y esperanzas de quienes quieren que el progreso se haga por la evolución natural, no por las conmociones revolucionarias. En definitiva, queremos hablar a través de esa gran mayoría de los brasileños que el Sr. João Goulart, en su oratoria desmedida, denomina 'los reaccio-

narios'. De allí, nuestra autoridad para instar al Gobierno y al Pueblo para que se contengan dentro de las normas constitucionales, castigando a los perpetradores del crimen, sin contemplaciones, pero conservando la forma democrática y realizando el 3 de octubre las elecciones marcadas.[286]

El periódico se afirma en la defensa del orden y la estabilidad, enunciando su propia posición como agente conservador, así como exponiendo la necesidad de contener la polarización emergente y esperar a las elecciones del 3 de octubre como forma de encauzar los enfrentamientos que parecían dividir a la sociedad. A la vez, resultaba visible cómo las construcciones previas efectuadas sobre la existencia de un gobierno "corrupto", "subversivo" y "demagógico", venían a efectuar su "comprobación" a partir del atentado. En este sentido, el vespertino denunciaba que el gobierno se habría rodeado de una "guardia armada hasta los dientes", la cual se pasearía por el palacio de gobierno creyéndose dueña del poder. Había así una coincidencia con el matutino paulista en la construcción de la imagen de un gobierno amparado por la corrupción y el crimen. Aparecía aquí, del mismo modo que previamente en *O Estado de S.Paulo*, la condena a que este tipo de prácticas sucedieran en la capital del país.

El vespertino apelaba a su autoridad, en tanto se postulaba como representante del "sentir medio" de los brasileños, para exigir una moderación en las expectativas de los sectores enfrentados, con el propósito de sostener las garantías constitucionales. Según esta perspectiva, la realización de las elecciones el 3 de octubre sería una instancia donde podría expresarse la disconformidad frente al gobierno, reduciéndose las tensiones políticas. Así, a la vez que *O Globo* era crítico del gobierno en tanto asignaba a éste la responsabilidad por haber llevado a una disolución moral del país, se exigía la permanencia de la estabilidad democrática.[287]

Por su parte, *O Estado de S.Paulo*, marcaría un quiebre en su posición frente al gobierno, pues comenzaría a exigir, a partir del transcurso de las investigaciones, la renuncia del presidente, no ya a través de insinuaciones o de columnistas, sino en forma explícita en sus principales editoriales. Lo que originaría este cambio de perspectiva por parte del periódico sería el descubrimiento de que los asesinos de Vaz estarían ligados al Palacio del Catete, de esta forma "probándose" la opinión de *O Estado de S.Paulo* que acusaba al gobierno de representar una unión de la corrupción y el crimen. En este sentido señalaba el matutino:

> Difícil, si no insostenible, es, frente al pueblo brasileño, la posición en que se encuentra el presidente de la República. Del seno de su familia salió, no hace mucho, uno de los protagonistas de los escándalos del Banco de Brasil; del seno de su guardia personal salen, ahora, los atacantes del periodista Carlos Lacerda y los asesinos del oficial de Aeronáutica Rubens Vaz. La presencia de su excelencia en el Catete fue lo que facilitó esos escándalos y estos crímenes.... Dicen los periódicos que, totalmente confundido frente al impacto que los crímenes tuvieron, su excelencia quiso alejar de la titularidad

de Aeronáutica al actual ministro.... Una vez más, se engañó el Sr. Presidente de la República. No es el ministro de Aeronáutica quien debe ser sustituido, o no es sólo él. Quien debe ser reemplazado es su excelencia, el Sr. Presidente de la República. Su excelencia es quien se volvió incompatible con las altas funciones que la Nación le confió. Su excelencia es quien figura al frente de una legión de delincuentes de todo tipo que ha envilecido el nombre brasileño y despojado a nuestra tierra de los foros de la civilización. Ya no puede gobernar más el Brasil el ciudadano de cuya familia salen negociadores para llevar el Banco de Brasil a operaciones espurias y de cuya guardia personal salen matones para la destrucción de las vidas de los adversarios a los que no puede vencer por la corrupción.

El remedio para la situación personal de su excelencia está en la propia Carta Constitucional: es entregar el gobierno al vicepresidente de la República.[288]

En la medida en que *O Estado de S.Paulo* asociaba el atentado y sus repercusiones con prácticas del *Estado Novo*, el crimen y la corrupción, atribuyendo máxima responsabilidad al gobierno, decretaba que, en tanto el presidente habría perdido el honor para sustentarse en el cargo, el modo de resolver esta situación consistiría en su renuncia y en la entrega del gobierno al vicepresidente. El periódico expresaba su postura asumiendo una posición de autoridad, como si fuera un tribunal calificado, que se atribuía la representación de la "civilización" para juzgar la marcha del país, frente a la "barbarie" que habría llegado a la capital de la República con la complicidad del presidente. De este modo, buscaba una identificación universal, en tanto voz de los muchos al solicitar la renuncia, pero también se posicionaba como voz calificada, en tanto habilitado a emitir este tipo de dictámenes "incuestionables" ante la más alta autoridad del país. A partir de entonces, el periódico volvería en forma reiterada a pronunciarse sobre la necesidad de una renuncia de Vargas para salvar el "honor" del país, y no caer en una "republiqueta":

> Un presidente, cuya familia se involucra en negocios censurables y cuya guardia personal es un caldo de cultivo de matones, no puede contar con el respeto público. Decayó en la estima general. Su presencia en el Catete es casi la presencia de un fantasma. Podrá su excelencia continuar con el ejercicio de sus funciones, pero no podrá seguir siendo el máximo representante de la nación brasileña. Esta jamás ha sido gobernada por hombres contra los cuales se presentaran acusaciones idénticas a las que se formulan contra su excelencia.

> Cualquier ciudadano, que no estuviera dominado por las ambiciones y, sobre todo, por el apetito de poder, no permanecería veinticuatro horas en el Palacio del Catete, después de los acontecimientos de los que estamos siendo testigos.... Jefe de la Nación no puede ser quien vive cercado, dentro de su familia, por negociadores sin escrúpulos y, dentro de su guardia personal, por matones despiadados.[289]

Al promover la imagen de un gobierno integrado por asesinos y corruptos, el periódico procuraba naturalizar la idea de que Vargas no tendría autoridad moral para gobernar, habiéndose convertido en un "fantasma". Según esta visión, el presidente, destituido de autoridad moral, ya no sería digno de Brasil, debiendo renunciar para salvar el honor del país.

Un titular de *O Globo*[290] decía: "¡Prisión del hombre-clave en cualquier momento!", y debajo como subtítulo: "Oficiales de la Aeronáutica ya sobre la pista de Climerio Eurides de Almeida". Estos titulares eran una nueva muestra de que en el vespertino más que la condena moral, prevalecía un enfoque que procuraba explotar el sensacionalismo, destacando el carácter policíaco de los acontecimientos.

Mientras el matutino paulista basaba sus exigencias de renuncia al presidente en arrogarse la representación de la moralidad, *O Globo* reclamaba que el desenlace de la crisis política debería provenir de la legitimidad popular. De este modo, al igual que había sucedido con la interpretación de los resultados de la elección de 1950—cuando *O Globo* apoyaba la asunción de Vargas basado en la "legitimidad de la soberanía popular" y *O Estado de S.Paulo* la impugnaba invocando una "legitimidad ilustrada"—existía entre ambos una recurrencia a principios contrapuestos, entre la legitimidad ilustrada de los pocos frente a la soberanía popular de los muchos (Perelman & Olbrechts-Tyteca 1989).

Por parte del matutino, continuaba el ataque a la familia Vargas como representativa del crimen y la corrupción, así como la idea de que era preciso erradicar a Getúlio del gobierno para mantener la "civilización". A partir de estas definiciones, el matutino esbozaba una posición crítica frente a quienes defenderían en las Fuerzas Armadas el sustento al presidente, llamándolos a oponerse a su continuidad en el cargo: "las tropas podrán apoyar a su excelencia y no permitir movimientos subversivos, pero no podrán continuar en esa actitud si mañana se comprobara que la policía está protegiendo a los criminales y que entre ellos figuran miembros de la familia de su excelencia".[291]

Por su parte, un nuevo titular de *O Globo*[292] contrastaba con la posición de *O Estado de S.Paulo*: "No fue discutida la renuncia del Presidente de la República en la reunión de las Fuerzas Armadas". Así, al señalar que la renuncia del presidente no estaría siendo discutida entre los militares, el periódico procuraba enfatizar los elementos que harían pensar en la preservación de la estabilidad política y del presidente en el cargo.

El día 11 de agosto de 1954 se realizó una misa en nombre del oficial Vaz que desbordó la Iglesia Candelaria, y mostró en Rio de Janeiro el repudio existente hacia el gobierno de Vargas, siendo exaltadas por la multitud figuras como el mariscal Dutra, el *Brigadeiro* Gomes y el general Juarez Távora,[293] mientras se incendiaba una camioneta que hacía propaganda de campaña por Goulart,[294] lanzando abucheos a Vargas y exigiendo la renuncia del presidente. En este contexto, *O Globo* comenzaría a ceder en su línea editorial a la efervescencia anti-gubernamental de la calle:

> Ya no hay más dudas sobre la existencia de una 'societas sceloris', que largamente premeditó la eliminación de Carlos Lacerda y la protección posterior de los responsables del crimen. Sin embargo, no es necesario asignar al Sr. Getúlio Vargas ni a su hijo Luthero Vargas la orden de fusilar traicioneramente al periodista de la oposición para que se configure, en plena luz, la responsabilidad del gobierno en la obra de los asesinos del oficial Rubens Vaz, por lo menos en lo que respecta al mantenimiento de sicarios reclutados en una guardia presidencial.
>
> El intento de culpar a la oposición por la agitación de las calles y de los cuarteles ya fracasó. En la mañana de ayer la ciudad de Rio de Janeiro se dio cita en la Iglesia de la Candelaria para las exequias del oficial asesinado. Era la sociedad brasileña en lo que tiene de más representativo, era el pueblo oscuro, eran centenares de oficiales de todas las clases, eran numerosas señoras, damas del alto mundo y oscuras trabajadoras – todos condenando el crimen y reclamando justicia.
>
> Ya en la víspera, la sesión del Club de Aeronáutica había dado el ejemplo de la resuelta actitud de los militares. Realmente, el gobierno ya no dispone de fuerza moral para llevar adelante el trabajo de la administración pública y necesita encontrar una rápida y completa solución a la crisis.
>
> Llegó el momento de instar a las fuerzas militares del país a una unión indestructible y generosa, desde sus jefes más altos hasta los modestos servidores de las últimas filas. En este momento, los destinos de la Patria reposan, como nunca, en la lealtad, el patriotismo y la unión de los militares de tierra, mar y aire. Las eternas maniobras de los contratistas de las divisiones criminales comienzan a querer lanzar a un jefe contra el otro, ensayando la baja política de separarlos para continuar con el régimen de la corrupción y la irresponsabilidad.... MANTÉNGANSE los hombres de uniforme unidos y fieles a la Patria, por encima de los políticos o los partidos y la crisis se superará sin perjuicio—antes con ventaja—para el castigo de los criminales por más poderosos que sean.[295]

Este editorial marcaría una modificación en la posición de *O Globo*, ya que abandonaría la cautela sostenida hasta entonces frente al atentado. De este modo, pasaría a responsabilizar directamente al gobierno, insinuando la necesidad de una renuncia del mismo, al señalar que éste "ya no dispone de fuerza moral para llevar adelante la obra de la administración pública", indicando que la resolución de la crisis y la continuidad del orden residirían en la unidad de los militares.

Por parte de estos medios de prensa habría una exaltación importante en este período del papel de las Fuerzas Armadas, de su necesaria "unidad" en esta coyuntura, valorando sus intervenciones e invocándolas como un actor fundamental para definir el futuro del país. De este modo, el vespertino decretaba el agotamiento del gobierno y señalaba que sólo los militares, en nombre de la "Patria", podrían resolver la crisis existente. En este diagnóstico, si bien con definiciones más moderadas, *O Globo* se aproximaba a *O Estado de S.Paulo*.

A la vez, el vespertino señalaba que, si existía tamaño desprecio por el Partido Trabalhista y sus figuras a raíz de los disturbios acontecidos recientemente a partir de la misa sobre Vaz, esta disconformidad podía ser expresada en las elecciones del 3 de octubre, no habiendo necesidad de recurrir a la violencia. De este modo, se volvía a pronunciar *O Globo* por reducir las confrontaciones en este contexto de agudización del conflicto político: "Pocas veces se proporcionó al pueblo carioca una oportunidad tan memorable para castigar con el voto a los políticos que despreciaron su aprecio y su confianza. Por eso mismo carecen de razón de ser los procesos directos de ayer".[296]

O Estado de S.Paulo, por su parte, señalaba que el presidente estaría "moralmente depuesto del cargo",[297] y no deja de ser significativo que se refiriera a Vargas como "el presidente moralmente depuesto", el "presidente nominal" o el "presidente depuesto por la opinión pública". Sentenciaba que Vargas estaría depuesto por la opinión pública, en la medida en que este matutino se arrogaba la representación de la misma. De este modo, se pretendía, al señalar al presidente como ya depuesto, naturalizar un proceso de destitución y resquebrajar su legitimidad política, erigiéndose el periódico en tribunal de la moralidad.

A lo largo de esos días se produciría una radicalización del discurso del matutino que poco tenía que ver con las denuncias de "subversión" predominantes durante 1953, sino que se trataba ahora de poner fin definitivamente a la presidencia de Vargas. Es pertinente la definición de Abreu & Lattman Weltman (1994) respecto de que este contexto de crisis política estaría caracterizado por un "cerco de la prensa" al gobierno. Efectivamente, el atentado de la calle de Toneleros había abierto una "caja de Pandora" social y mediática que habilitaba este asedio.

O Globo, en una visión crítica sobre el presidente, se refería a su discurso pronunciado en Belo Horizonte:[298]

> ¿Cómo se atreve el primer magistrado de la República a asegurar que los hechos están siendo distorsionados y sus intenciones tergiversadas, si precisamente lo que testifica contra su Gobierno son exactamente los acontecimientos, los remotos y los más recientes? Sin querer volver a la repetición de los errores y deslices más antiguos, alcanza al quedarnos con la repugnante agresión llevada a cabo con el agravante de alevosía y de la sorpresa contra el periodista Carlos Lacerda. Crimen bárbaro, que expuso inclusive a las balas de los sicarios la vida de un niño y le arrebató al servicio de la Patria y su familia un valiente oficial de nuestra Fuerza Aérea. ¿Será ese un acto de la oposición 'distorsionando los hechos'? Si hay engaño, está del lado del Gobierno, que desafió el deber elemental de garantizar la vida y la seguridad de sus conciudadanos. Lo que es

aún más grave es la falta de sinceridad de Su Excelencia, porque los cobardes asesinos de Rubens Vaz salieron de su propia guardia personal.... Cuando su tiempo administrativo entra en el último cuarto, Su Excelencia todavía se involucra en ultrajes verbales y termina por intentar invertir la posición de las personas en la tragedia de la calle Toneleros: ¡las víctimas se convierten en agresores y los asesinos en arcángeles difamados por los líderes de la oposición! Así también es demasiado.

Al final de la oración, el Sr. Getúlio Vargas declara: 'No voy a tener condescendencia con aquellos que se hacen agentes del crimen o instrumentos de corrupción'. Seguramente el pistolero Climerio de Oliveira, puesto oportunamente a salvo de la acción de la Policía, el 'compadre Climerio', como pintorescamente dijo el 'teniente' Gregorio, no se ha de sentir muy intimidado con la amenaza de tenacidad presidencial, porque sus protectores le dieron tiempo y hora a la posibilidad de escapatoria. En cuanto a los agentes de la corrupción, ni siquiera es bueno hablar. Ellos andan por ahí, ricos y felices, ostentando su impunidad, recibidos en el Catete, figurando en los 'carnets' de la alta sociedad, candidatos a cargos electivos en las elecciones del 3 de octubre.... El discurso de Belo Horizonte fue un desafío. Que la Nación responda oponiendo a la falta de serenidad de su primer mandatario una tenaz conducta en defensa del derecho a vivir, violado por los guardias de palacio, pero inflexiblemente fiel a los principios del derecho.

El Sr. Getúlio Vargas, en el momento en el que todo requiere tacto, prudencia y espíritu de justicia, le arrebata a la oposición la Tribuna de Catilina y pretende convertir a las víctimas en acusados.[299]

El vespertino entendía el discurso de Vargas como falto de moderación y justificador de los crímenes y la corrupción que habría cometido el gobierno. El editorial procuraba vincular la corrupción y los asesinatos con la responsabilidad de Vargas, evocando una imagen fuerte como la de que los corruptos y los asesinos circularían con impunidad y privilegio por el Palacio del Catete. Este discurso estaba orientado a provocar la indignación de los ciudadanos, puesto que tendía a subrayar las diferencias entre éstos y los criminales que, a la inversa de lo que debería suceder, habitarían el palacio presidencial, siendo recompensados por sus crímenes con los beneficios de la corrupción.

En referencia al discurso de Getúlio en Belo Horizonte, *O Estado de S.Paulo*, al tiempo que continuaba señalando a Vargas como un "presidente nominal" para designar su falta de autoridad, se referenciaba como vocero de las Fuerzas Armadas, depositando ahí la legitimidad del orden político:

El presidente nominal de Brasil, en el discurso pronunciado en la capital de Minas Gerais, dijo que nunca pensó en abandonar el cargo mediante renuncia.... Continuará en el cargo a pesar de que uno de sus hijos esté siendo acusado como el autor intelectual de los crímenes. Todo eso no tiene ninguna importancia para su excelencia. Lo importante es permanecer en la Presidencia. Esa permanencia le parece atractiva a pesar de que su autoridad esté destrozada y de que, en adelante, habitará el Catete única y exclusivamente por la magnanimidad de las Fuerzas Armadas. Son éstas que gobiernan. De ellas se convirtió el presidente nominal en alumno sumiso. Si camina derecho, si escapa con su familia de la vergonzosa imputación que el pueblo le está haciendo, continuará en el Palacio: si su responsabilidad o la de miembros de su familia queda demostrada tendrá, entonces, que entregar el puesto a su sustituto constitucional. Esta es, en pocas líneas, la situación del jefe nominal del poder ejecutivo.[300]

El periódico exaltaba el rol de las Fuerzas Armadas, situándolas como fuente exclusiva de la legitimidad del orden, señalando que el "presidente nominal" sería un "pupilo sumiso" de éstas, y se mantendría en el gobierno exclusivamente por el apoyo de las mismas. Deslegitimaba al presidente, nuevamente, con la argumentación de que se encontraría rodeado de asesinos y ladrones, entre los cuales estarían sus familiares. Esta definición de Getúlio como un "presidente nominal", suponía un presidente cuyo sostenimiento estaría únicamente garantizado por las Fuerzas Armadas, siendo éstas quienes realmente estarían gobernando y sosteniendo las instituciones en el país.

Conforme se iban desarrollando los testimonios y avanzaban los interrogatorios de la "República del Galeão", en la sección El Momento Político,[301] el matutino titulaba "Unanimidad de las Fuerzas Armadas para exigir la renuncia del ex dictador". Debajo decía "En un largo discurso el líder de la minoría exhorta al Sr. Getúlio Vargas a dejar el gobierno", lo que era descripto por el corresponsal de Río:

> El Sr. Afonso Arinos hizo al Sr. Getúlio Vargas una apelación que difícilmente sea atendida. Apeló para que el ex dictador se despojara de su calidad de presidente de la República y se convirtiera en ciudadano, uno de los hombres del pueblo brasileño, pues así podría sentir la angustia de la Nación en este momento y darse cuenta de que fuera de su renuncia a la jefatura del gobierno no habrá ninguna solución para devolver al País a sus días de normalidad. El Sr. Getúlio Vargas no podría satisfacer esta llamada por el mero hecho de ser el anti-brasileño por excelencia. Él no es, nunca fue un hombre brasileño. Es su contrario, la negación de los sentimientos de generosidad y altruismo. Es un caudillo argentino del tipo Perón que, por casualidad, nació de este lado de la frontera.[302]

En este proceso de acusaciones hacia Vargas tras el atentado, operaría aquello que denominamos como un *momento de condensación*, donde reaparecía la asociación del mandatario con el peronismo, así como la vinculación que aspiraba a producir el matutino entre lo fronterizo y Vargas, excluyéndolo en tanto "caudillo", representación de la "barbarie", de la nación. Evidentemente, esta calificación se vinculaba también con una forma de rechazo de las élites paulistas a las oligarquías periféricas del interior del país. Al señalar que "por casualidad nació de este lado de la frontera", *O Estado de S.Paulo* no sólo hacía alusión a un prejuicio, postulando que la proveniencia del presidente de un espacio situado territorialmente cercano a la Argentina habría dado lugar a un "caudillo del tipo Perón", sino que haría referencia a que Getúlio no tendría más que por azar una pertenencia nacional, y por eso sería calificado como "antibrasileño".

En aquel contexto, una columna en matutino paulista, firmada por el periodista de *Folha da Noite*, Mario Pinto Serva, se titulaba "Solución legal: la renuncia del Sr. Getúlio Vargas":

> "¡Debout les morts!" "¡Muertos, de pie!" Todos los cementerios de San Pablo deben abrir las tumbas en que reposan los muertos de la revolución de 1932, para que redivivos apunten al Sr. Getúlio Vargas como el autor de esa matanza de miles de héroes, sacrificados por la causa sacrosanta de la reivindicación de la soberanía y la libertad nacional.... El pueblo brasileño, unánime como un sólo hombre, debe levantarse para reclamar la renuncia del Sr. Getúlio Vargas, como lo hizo con Pedro I, e imponerle el exilio, al Rosas brasileño, como el enemigo más grande que ha tenido nuestra Patria, ahora al borde de la más grave subversión económica y social, gracias únicamente a tan fatídica personalidad.[303]

En el momento más álgido de la coyuntura de 1954, volverían al centro de la escena los fantasmas de la revolución de 1932, que aparecerían en una evocación a los muertos de aquella contienda, con el propósito de promover manifestaciones públicas exigiendo la renuncia de Vargas, refiriéndose a éste como el "Rosas brasileño", el "mayor enemigo que alguna vez tuvo nuestra Patria", simbolizando una tradición que Getúlio encarnaría como representación de la "barbarie".

El matutino enfocaba en el presidente y su familia como carentes de autoridad, devastados moralmente en función de su involucramiento con asesinos. El mandatario era retratado como un "jefe de *cangaceiros*",[304] con el propósito de constituir una segunda cadena significante (Barthes 2004) a medida que avanzaba la crítica por los acontecimientos de agosto. Se produciría así una mutación en las definiciones del matutino, que en principio acusaba al presidente por la corrupción y por ser responsable de un crimen, para luego referirse al mismo como un "jefe de asesinos".

Mientras *O Estado de S.Paulo*, al referirse a informaciones sobre los movimientos en los cuarteles militares, resaltaba la existencia de pronunciamientos exigiendo la renuncia de Vargas, *O Globo*, mientras la coyuntura no llegaba a su paroxismo, tendía a resaltar acuerdos militares para mantener el orden—siendo ambiguo con respecto a si esto implicaba el mantenimiento de Vargas al frente del gobierno. Sin embargo, el vespertino iría cambiando su posición, pasando a insinuar la necesidad de una renuncia del presidente, en caso de que continuara el movimiento de rechazo frente al gobierno.[305] A pesar de ello, la exigencia de renuncia era justificada como una posible "imposición del pueblo", y no como un decreto promulgado por las "élites ilustradas", de las cuales se enunciaba como representante el matutino paulista.

La tapa del vespertino, donde se anunciaba la captura del asesino de Vaz, Climerio de Almeida, era muestra de la especulación sensacionalista del periódico con respecto a este crimen.[306] El titular decía "Donde la fiera fue atrapada", y la tapa definía la captura del asesino como si se tratara de la caza de una presa. Debajo, otro título decía: "Perros policiales en la captura". Es decir, en lugar de la condena moral, como *O Estado de S.Paulo*, el encuadre residía aquí en la espectacularidad de las maniobras emprendidas para la búsqueda del criminal y en las intrigas entre policías y delincuentes. La descripción de una de las fotos que sería un copete de la tapa, decía:

> En esta cabaña que reproduce el grabado, sobre una pequeña colina, Climerio vivió sus últimas horas de libertad, como una bestia acorralada, temiendo, a cada momento, la presencia de sus captores, para ser arrestado y dar cuenta de su misión hedionda, así como revelar quiénes se aprovecharon de su capacidad sin límites para el crimen y le encargaron la siniestra tarea.

De este modo, el sensacionalismo para encuadrar las repercusiones del atentado en términos de la "caza de un animal", en el género de las operaciones policiales, sería una característica distintiva de *O Globo*, que tenía que ver con su estrategia comercial. El vespertino, al estar en la capital y en función de su amplia audiencia, tenía esta pretensión de incidir en el clima social donde se desarrollaban los acontecimientos, diferenciándose de los juzgamientos morales a la distancia y desde "lo alto" que proponía el periódico paulista.

Estos titulares mostraban hasta donde el vespertino llevaría su capacidad de inventiva para proyectarse comercialmente. Sin embargo, *O Globo* asumiría posiciones contradictorias en esta coyuntura. Por un lado, pareciera a partir del 13/14 de agosto exigir la renuncia del presidente, pero por otro, enfatizaría los elementos y declaraciones en función de resguardar la continuidad del orden institucional. La posición del vespertino era más ambigua que la de *O Estado de S.Paulo*, aunque la propia coyuntura iría variando en función del avance en las investigaciones y la emergencia de nuevos posicionamientos por parte de los distintos actores. Pero sin dudas *O Globo* se mantenía más distante en sus ataques a Vargas que el matutino, siendo que este último se había convertido en el vocero de la renuncia y la deslegitimación de la autoridad presidencial.

En este sentido, el periódico paulista colocaría el siguiente titular de la sección El Momento Político:[307] "No hay otra solución para el país fuera de la renuncia del ex dictador". La definición de Getúlio como un "presidente nominal", destacada en forma reiterada en los editoriales, sería retomada en los titulares, con lo cual se pretendía reforzar su efectividad. *O Estado de S.Paulo* adoptaría nuevas denominaciones para dirigirse al presidente,³⁰⁸ refiriéndose a este como el "jefe supremo de la *capangada* del Catete".³⁰⁹ El periódico denunciaba:

> Todos los brasileños que rechazamos el crimen y odiamos las inmoralidades, debemos estar avergonzados con la revelación de estos hechos tan deprimentes para la reputación del País y tan humillantes para la dignidad nacional. Frente a los crímenes de los que se trata es casi un pecado mantener presos en las cárceles a asesinos y ladrones, que sólo cuentan en su historia con crímenes menos importantes cometidos contra personas particulares sin el más leve aroma oficial... . Es necesario que la República se libere de esta banda de explotadores desbordados y que la autoridad del jefe de la Nación vuelva a ser prestigiada como requieren las delicadas funciones que le corresponden.³¹⁰

El matutino, al percibir que sus apelaciones de renuncia no se concretaban, continuaría con el encuadre de deslegitimación moral al gobierno por su vínculo con "asesinos" y "corruptos", ahora exigiendo una reacción contundente de todos los comprometidos con el país para extirpar a Vargas de la nación. Esta apelación se realiza recurriendo al "honor nacional" y a la percepción que se tendría de estos escándalos en otros países, destacando que los brasileños parecerían "cadáveres" por su falta de reacción frente a la destrucción del país por la corrupción y los crímenes que se estarían llevando a cabo. A la vez, se señalaba que la cantidad de crímenes cometida por el mandatario y su familia sería tal que volvería desigual la situación de encarcelamiento de los presos comunes, que habrían cometido menos crímenes que los primeros. Este enunciado tenía el propósito de provocar indignación y polémica, a la vez que por contraste se acusa a Vargas de haber cometido los peores crímenes, superando a otros criminales. El discurso reforzaba la imagen de un entorno presidencial "podrido", lo cual serviría como sustento argumental para esta exigencia de renuncia, asociando estas acusaciones con la "cruzada moral" previamente construida.

El titular en la tapa de *O Globo*,³¹¹ por su parte, pretendía, resaltando declaraciones opositoras, dar cuenta de que el presidente ya no tendría legitimidad para continuar su mandato por la envergadura que había adquirido la crisis: "Habría el Presidente de la República violado el compromiso sagrado de defender las leyes".

A dos días de que se produjera el suicidio de Vargas, el matutino paulista decía:

> La renuncia de su excelencia no destruirá las instituciones, ni implicará un quiebre de los moldes constitucionales. Se hará naturalmente en la forma de la ley, pasando su excelencia los poderes que le fueron atribuidos, a su sustituto legal, que es el vicepresidente de la República. La tranquilidad pública no será perturbada, ni una gota de sangre será derramada y la vida del país seguirá su ritmo normal.... El crimen se preparó y realizó, porque albergaban los criminales la certeza de que, practicándolo,

darían un gran placer al presidente de la República y de que éste como otras veces, no permitiría que ellos fueran castigados. La Providencia Divina, sin embargo, vino en auxilio del Brasil, haciendo que el delito fuera más allá de lo que deseaban sus autores y alcanzara, además del periodista, a un oficial de la Aviación de prestigio en su clase... La muerte del oficial de la Aeronáutica, no prevista por los matones, cambió la escena e hizo de un caso particular un caso nacional.[312]

Este discurso pretendia naturalizar la renuncia del presidente y sus consecuencias en el escenario político. El editorial pretendía señalar que lo que podría traer consecuencias catastróficas para el país sería la permanencia del presidente en el cargo, ya que contra éste estarían las "corporaciones más respetables, las voces más autorizadas, la opinión pública del País". De este modo, el periódico procuraba naturalizar las consecuencias de la renuncia, introducirla dentro de lo previsible, asegurando que no generaría alteraciones en el orden político, con el propósito de reducir las desconfianzas que una renuncia de este tipo pudiera generar. Luego se dirigía a un "brasileño" típico construido como *destinatario*, para situar en extremos contrarios a la moral y el patriotismo la permanencia de Vargas en el poder: "En forma insignificante considerará la dignidad de su Patria el brasileño, que, frente a estos hechos, sencillamente expuestos, entienda que el jefe de la Nación puede seguir al frente de ésta y de que conserva intacta su fuerza moral". De este modo, el matutino se colocaba, para afirmar sus intereses, en representación de los brasileños.[313]

Por su parte, *O Globo* destacaría lo siguiente en este contexto de agudización de la crisis política:

> Mientras que la pasión y la indignación, sin duda justificadas, cegaban a hombres públicos experimentados, incentivándolos a agitar los medios civiles e incitar a la sublevación de los líderes militares, *O Globo* no desertó un solo instante de su posición, que continúa siendo la suya, y que es el única en que se pueden colocar los hombres capaces de elevarse por encima de las emociones del momento para objetivar solamente los intereses de Brasil. Esta posición fue, y será, en cualquier circunstancia, la defensa intransigente de la legalidad.... En el clima de desgobierno y apatía ha crecido la ola de excesos verbales y de nerviosismo, sólo contenida por imperturbable serenidad de los jefes militares. Pero la disciplina se ha subvertido, el Gobierno se encontró sentado en el lugar de los acusados, y no tuvo por parte de su principal responsable la menor defensa. El resultado fue que la autoridad constituida se apagó gradualmente como una lámpara, dejando a las Fuerzas Armadas en una posición difícil para mantenerla, porque es una tarea gigantesca, si no imposible, defender lo que se quiere perder, elevar lo que naufraga voluntariamente en la degradación y el desorden.... Si mañana el presidente de la República fuera a perder formalmente el poder y a dejar el Palacio del Catete por un acto de su libre albedrío, como prefiere la naturaleza brasileña, o bajo la coacción de las circunstancias, cómo puede suceder,

Imagen 14. Caricatura que buscaba naturalizar una eventual transición política por medio de una broma elaborada en torno al precio del café. *O Globo*, 23 de agosto de 1954.

Brasil continuará siendo un Estado legalmente constituido y la suprema magistratura pertenecerá, en la ley, al Sr. Café Filho, vicepresidente de la República.... El vicepresidente de la República es, por tanto, en el caso de una vacante, el poder legítimo. Y será a su alrededor, ante tal emergencia, que el pueblo brasileño, desgarrado por el sufrimiento cívico de estos días de crisis moral y política, tendrá que unirse, amparado por la fuerza esclarecida de sus militares, cuyo espíritu de legalidad y de orden ha sido y seguirá siendo, la garantía de la paz social, que precisamos para prosperar y vivir.[314]

Para el vespertino, las Fuerzas Armadas habrían evitado hasta el momento la caída de Vargas, pero este gobierno, por su propia incapacidad, habría ido apagando su autoridad "como una lámpara", lo que dejaría en una situación incómoda a las Fuerzas Armadas. Trazando este diagnóstico, el editorial tenía la pretensión de naturalizar una próxima renuncia de Vargas, señalando a Café Filho y a las Fuerzas Armadas como los herederos "naturales" del gobierno del país, asegurando que con estos dos actores se produciría una manutención del orden dentro de lo esperable, conservando la "paz social". De este modo se garantizaría una transición ordenada entre la renuncia o destitución y la nueva asunción. *O Globo* se asignaba también una representación universal, al destacar que su posición frente a la crisis estaría reflejando "los intereses superiores de Brasil", a la vez que pretendía situarse nuevamente por encima de los intereses en pugna. La caricatura esbozada ese mismo día por *O Globo*[315] tenía este propósito de naturalizar una eventual transición política (Imagen 14, página 204). En esta se mostraba una conversación entre hombres de negocios, uno de ellos preguntaba: "¿El café continua cayendo?", refiriéndose al precio del mismo, a lo que el otro contestaría: "Para nada. ¡El café está muy valorizado!". Si bien el contexto de la caricatura lo constituían los vaivenes con respecto a la cotización internacional del precio del café, se utilizaba la ambivalencia de la palabra café, referida al vice-presidente Café Filho, que estaría en ascenso tras insinuarse en distintos medios del país la inminente renuncia de Vargas. De este modo, se aspiraba a "naturalizar" con esta caricatura el probable ascenso de Café Filho al máximo cargo del país.

El día del suicidio de Vargas,[316] con el editorial "En torno de la renuncia", *O Estado de S.Paulo* exigía la remoción del presidente por parte de los militares, definiendo que quienes no estuvieran de acuerdo con forzar su deposición, estarían actuando contra el "sentimiento nacional" y los intereses del país. Esto marcaba una diferencia entre los editoriales de los días previos que exigían la renuncia de Vargas por su propia voluntad, y este editorial que exigía su desplazamiento por parte de los militares:

> A nosotros nos parece, sin embargo, que la solución constitucional sería el pasaje inmediato del gobierno al vicepresidente. Es cierto que hay un período determinado para el ejercicio del mandato del presidente y que, dentro de ese plazo, debe ser mantenido en el cargo. Pero, cuando se torna incompatible con el sentimiento nacional, no hay porqué asegurarle el ejercicio del mandato hasta el final.
>
> Nadie podría impugnar que se produjo esta hipótesis. El sentimiento nacional no tolera ya frente al gobierno de Brasil a un presidente que se rodeó, hasta hace unos días, de una banda de matones, acostumbrados al asesinato y el robo, cuyo jefe se aprovechó de su situación especial junto al presidente, para entrar en negociados de todo tipo, enriqueciéndose y enriqueciendo a sus compañeros con la mayor desfachatez. De esa banda de maleantes salieron los asesinos del oficial de Aviación, el oficial Rubens Vaz, y los agresores del periodista Carlos Lacerda.... Si las Fuerzas Armadas creen que es servir al Brasil y respetar la Constitución mantener, en las funciones presidenciales, a un ciudadano totalmente desmoralizado, con la fuerza moral destruida, le darán carta blanca para nuevas inmoralidades o, incluso, para nuevos delitos. No puede continuar en el gobierno un presidente, desautorizado por una fracción de las Fuerzas Armadas y contra el cual se rebelan, más allá del pueblo, cientos de oficiales generales, en franca rebeldía. ¿Qué es lo que hará este hombre después de recibir garantías de que no será desplazado del gobierno?.... ¿Pasaremos por la vergüenza de ver premiado al máximo responsable por la degradación moral de Brasil y condenados al silencio, y quizás al exilio los que, animados por el patriotismo más saludable y el afán de moralizar la vida política y administrativa del País, reclaman la renuncia de este ciudadano como condición previa para la restauración de la moralidad en la vida política y administrativa del País?

O MOMENTO POL]

Unanimes a Marinha e a Aeronautica pela renuncia

Todos os almirantes apoiam a decisão dos brigadeiros — Dramatica reunião no gabinete do ministro da Marinha — A maioria dos generais que se encontra no Rio já assinou um pronunciamento pela renuncia do ex-ditador — Insustentavel a posição do governo — Historico discurso do vice-presidente Café Filho — Repele a UDN sondagens sobre o estado de sitio

Imagen 15. Tapa de la sección El Momento Político, donde *O Estado de S. Paulo* continuaba exigiendo la movilización de las Fuerzas Armadas para la destitución presidencial, 24 de agosto de 1954.

Una grave responsabilidad asumen frente a la Nación y la historia de Brasil los militares que, por un falso sentimiento legalista, están impidiendo que la Nación se libre de la presencia, en la Presidencia de la República, de un hombre divorciado totalmente de la moral y del decoro más elemental. Este hombre puede permanecer en la Presidencia de la República. No permanecerá, sin embargo, en el gobierno de la Nación. Será, dentro del Palacio del Catete, un fantasma errante de una habitación a otra a la búsqueda de un escondite donde no le lleguen las reprobaciones del pueblo.

Quienes defienden la permanencia de este hombre en el gobierno están separados de la Nación por un foso insalvable. Los militares que así proceden, están sacrificando a la Nación para salvar a un hombre que sólo ha intentado humillarla. Están al servicio de este hombre y no de la Patria. Si de ese procedimiento resultara cualquier agitación que terminara en olas de sangre, la culpa será de esos militares.

De este modo, el matutino exigía a los militares una reacción contundente contra Vargas, indicando que aquellos que buscaban su sostenimiento hasta el fin del mandato estarían inspirados por un "falso sentimiento legalista". En tanto este hombre se habría rodeado de ladrones y asesinos, se acusaba a los militares que sostendrían a Vargas de estar al servicio de un "fantasma", y no del "sentimiento nacional", ya que Getúlio habría perdido toda autoridad moral para estar al frente del país. Así, se pretendía desvirtuar de autoridad moral al presidente, para luego señalar que debería ser destituido, junto con el imperativo hacia las Fuerzas Armadas de canalizar esta demanda *destituyente* por el bien de la Nación. Según el matutino, si Vargas permaneciera en la presidencia, habría represiones contra aquellos que habrían defendido "los intereses de la Nación". El matutino planteaba una oposición entre los intereses de la nación y los de aquellos militares que desearían el mantenimiento de la constitucionalidad, excluyendo a estos de "la nación", e indicando que, si hubiera nuevos hechos de sangre, serían responsabilidad de éstos. En este sentido, el periódico destacaba que sostener a Vargas sería habilitar la posibilidad de que se produjeran nuevas inmoralidades.

En la sección El Momento Político de ese día, el matutino continuaría con contundencia exigiendo la movilización de las Fuerzas Armadas para la destitución presidencial, como se ve en la Imagen 15 (página 206).

En la página 4[317] el periódico titulaba sobre el ofrecimiento de Café Filho de una renuncia de ambos, presidente y vicepresidente: "El vice-presidente propuso al presidente la renuncia de ambos 'en una demostración de espíritu público'". El periódico, de este modo, mostraba su afinidad con la propuesta de Café Filho al endosar las palabras de justificación del discurso del vice-presidente en el Senado.

A partir del atentado, ambos medios de prensa, frente a la gravedad de la crisis política, irían erigiendo a las Fuerzas Armadas como garantes de los destinos del país. El atentado operaría como un *momento de condensación* de las construcciones efectuadas previamente por estos periódicos sobre Vargas y su gobierno. La "cruzada moral", la definición del gobierno como la "permanencia de la dictadura", las acusaciones al presidente y su familia por corrupción, adquirirían frente al atentado una "comprobación", resignificando las acusaciones y denuncias pasadas a la luz del presente, así como adquiriendo éstas en conjunto un nuevo sentido.

En un principio la prensa parecía considerar el atentado como un hecho de gravedad, aunque no fatal para el gobierno. Sin embargo, el avance en las investigaciones evidenciaría la dificultad del elenco gubernamental para esclarecer su participación—lo que hacía pensar en su complicidad con los crímenes-, así como llevaría al descubrimiento de documentos que involucraban a miembros de la guardia presidencial en la obtención de fondos públicos. Estas revelaciones, junto con el pronunciamiento de los altos mandos militares, colocarían al presidente frente a una crisis insuperable.

O Estado de S.Paulo enmarcaría el atentado desde una perspectiva moralista e ideológica, como era característico de su cosmovisión, con la pretensión de incrementar las posibilidades de una salida de Vargas del poder. Lo describiría como un "presidente nominal" que habría perdido toda autoridad, al haber conformado un gobierno integrado por ladrones y asesinos, exigiendo imperiosamente a las Fuerzas Armadas que interrumpieran su mandato.

O Globo se revelaría como un periódico de mayor pluralismo interno, dando

SUICIDOU-SE
O SR. GETÚLIO VARGAS
O CHEFE DO GOVERNO DESFECHOU UM TIRO NO CORAÇÃO NOS SEUS APOSENTOS

Morreu de fisionomia serena, esboçando leve sorriso — Uma declaração escrita — O desespero de D. Darcy e da Sra. Amaral Peixoto — Em pranto convulso o Sr. Oswaldo Aranha — Grande massa popular no Catete

Imagen 16. Titular de *O Estado de S.Paulo* anunciando el suicidio de Getúlio Vargas, 24 de agosto de 1954.

espacio a la versión del gobierno sobre los hechos, así como enmarcando el atentado en sus titulares y páginas informativas a través de encuadres sensacionalistas. En sus tapas, predominaría la descripción fáctica, explotando el hecho comercialmente en tanto crimen policial, desde un desarrollo temático de "la caza de los asesinos" con respecto a la búsqueda del culpable del atentado.

Tras el atentado, mientras rápidamente *O Estado de S.Paulo* exigiría una venganza y la renuncia presidencial, *O Globo* inicialmente se pronunciaría por la preservación del orden constitucional, exigiendo una canalización electoral de las tensiones políticas, buscando colocarse en una posición de cierta equidistancia frente a los actores en pugna. Posicionados finalmente ambos periódicos por la renuncia del presidente, así como existiendo una grave presión opositora y militar, el gesto trágico e imprevisto de Getúlio alteraría el escenario de un gobierno asediado.

3.8. El suicidio de Vargas: la preservación del orden y la "aceleración del duelo"

Ante el suicidio de Vargas y las manifestaciones de angustia colectiva que despertaría su muerte, los principales medios de prensa promoverían una inversión frente a un personaje intensamente criticado antes de su fallecimiento, presentándolo ahora como una víctima del contexto, un hombre acorralado por la traición de "falsos amigos". El acontecimiento sería presentado como una "tragedia" originada por la "crisis política", ocluyendo una indagación sobre las causas profundas que habían llevado a esta situación. De este modo, se pretendía diluir el papel desempeñado por los medios de prensa y sectores de la UDN en el asedio al gobierno, que habían constituido parte del contexto del suicidio del presidente.

Frente a este trágico acontecimiento, que produjo una reacción en el escenario político inversa a la esperada por los opositores udenistas, habría mutaciones en los medios de prensa.[318] Éstos terminarían acompañando el cambio de humor social y las movilizaciones que mostraban que el *getulismo*, a pesar de la muerte de su líder, resultaba un movimiento capaz de trascender esa desaparición.

El día del suicidio,[319] el vespertino ya informaba y se encontraba plenamente influenciado por la muerte de Vargas, tal como se puede ver en la Imagen 16 (página 208). El periódico colocaría de copete que Getúlio "murió de fisonomía serena, esbozando una leve sonrisa", con el propósito de aliviar la significación trágica del suicidio, pretendiendo restringir interpretaciones de esta muerte que pudieran llevar al conflicto. Es como si, en la interpretación de sus últimos gestos, se cifrara aquello que el vespertino pretendía difundir hacia la sociedad, una "paz" que todos los sectores deberían respetar imitando el ejemplo del fallecido presidente—contrariamente a las manifestaciones y destrozos que estaban sucediendo entonces a raíz de esta muerte-. Así, *O Globo* sería fiel a su tradición de exigencia de mantenimiento del orden constitucional frente al conflicto. Debajo y sin título, una descripción "objetivista" del vespertino daba cuenta de la dificultad existente para evaluar las consecuencias de este acontecimiento:

> [L]a revelación de documentos incautados en pleno Palacio del Catete creó una situación insustentable. No había forma de detener el movimiento iniciado por la Fuerza Aérea, al cual adhirió la Marina y, finalmente, el Ejército. De allí la decisión en la madrugada, de la cual damos información completa por separado, y que implicó el alejamiento del Sr. Getúlio Vargas del Gobierno en la forma de una licencia.
>
> Parecía entonces que la crisis había sido superada y que todo lo demás era una cuestión de formalidades. Pero, en verdad, el momento cumbre de la tragedia no había llegado todavía. Esto ocurrió a las 8,30 horas, en los aposentos privados del Sr. Vargas, cuando el Presidente de la República se disparó un tiro en el corazón, de este modo justificando la afirmación de que sólo saldría muerto del Catete. Del episodio, que viene a cubrir de luto y de preocupación a toda la Nación, damos también, una primera y amplia información.

En la parte inferior de la tapa estaba la carta testamento, presentada como "La Carta dejada por el Presidente Vargas",[320] representativa de la retórica populista encarnada por Getúlio. Allí, el presidente denunciaba a los explotadores del pueblo como instigadores de su muerte, pero también revelaba su perdón hacia los enemigos. La carta, *destinada* a la base popular de sustento del líder, en su búsqueda de producir identificación política, hacía referencia a imágenes místico-religiosas: la sangre, la redención, el perdón, la victoria final, la inmortalidad, y la defensa del pueblo más allá de la vida. La proclamación del paso a la muerte era realizada como si fuera un proceso natural en la continuidad de la lucha, pasar de la vida a la historia para continuar luchando de otro modo, con las implicancias religiosas que este mensaje tenía. A su vez, como documento, expresaba también el momento de extrema tensión que atravesaba el país entre las fuerzas del gobierno y las fuerzas opositoras, manifestando el lenguaje beligerante que caracterizaba a ambos espacios.

También en la página 2 el vespertino titulaba: "Se dirige a la nación el Sr. Café Filho", y como subtítulo "Después de la muerte del presidente Vargas el vice-presidente hace un llamado al pueblo y a todas las clases conservadoras por la concordia, el apaciguamiento de los espíritus y la unión nacional". De este modo, comenzaba *O Globo* a legitimar al nuevo presidente Café Filho como quien podría conducir el país hacia la paz y la estabilidad.[321] El cambio editorial en el vespertino resultaría notable por ser un periódico que, tal como hemos visto en otras coyunturas, resultaba más sensible a las oscilaciones en los humores sociales. Sin embargo, este llamamiento a aplacar el conflicto era reproducido por varios periódicos, tales como *Diario de S.Paulo* y *Tribuna da Imprensa*, puesto que éstos debían interpretar que sin la presencia de Vargas al frente del país ya no habría motivos para sostener los antagonismos. A la vez, frente a los posibles conflictos que podría despertar el suicidio de Vargas, la prensa llamaba a la concertación y la unión nacional para disolver los sentimientos de revancha y venganza, que expresarían quienes se manifestaban y aquello a lo que estimularía la llamada Carta-Testamento.

El primer editorial de *O Estado de S.Paulo* tras el conocimiento del suicidio de Vargas, resultaba sorprendente por el giro que proponía. El matutino parecía plantear—sin reconocimiento del cambio efectuado en su postura—la necesidad de un programa social de reformas, aunque considerando el clima político existente tras la muerte del presidente, parecía una propuesta destinada a los sectores conservadores de dar una parte para no perderlo todo. El tono conciliador que proponía en favor de concesiones a los trabajadores, contrastaba con los editoriales previamente analizados del matutino, donde éste, en forma mucho más beligerante que *O Globo*, exigía la renuncia de Vargas para liberar a Brasil de un "gobierno rodeado de ladrones y asesinos". Decía este nuevo editorial:

> Todos los partidos políticos tienen la obligación de honrar al nuevo jefe de la Nación, para que pueda cumplir sus deberes en un ambiente de respeto y tranquilidad. Su excelencia, por su parte, debe organizar un gran Ministerio Nacional, yendo a buscar en cada partido elementos valor moral y competencia técnica, para restablecer la confianza del pueblo en la acción del gobierno y para evitar que sus actividades sean neutralizadas por peleas o rivalidades de carácter político. Tenemos que mirar hacia

lo alto y competir para que sea productiva y brillante esta nueva fase de la política brasileña. Calmemos las pasiones y pongámonos a trabajar con firmeza y patriotismo. Con un jefe de la Nación de origen populista, pero dotado de un gran espíritu de justicia, será fácil realizar, en un ambiente tranquilo, la política de protección de las masas y de la armonía social por la que aspiramos y que es la única política apropiada para los tormentosos días que estamos viviendo. Hagamos todo porque no se desarrolle la lucha de clases y porque las masas trabajadoras encuentren en las leyes, en los poderes públicos y entre los patrones, la protección y la comprensión que merecen. No dejemos que entre en el espíritu público la desconfianza de que serán sacrificadas las conquistas sociales conseguidas hasta ahora, sino que esforcémonos por convencerlo, por actos precisos e inequívocos, de que entraremos en un período de estricta justicia social en el que, sin ningún tipo de demagogia, se fundirán todas las clases en el mismo anhelo de libertad y de respeto mutuo.[322]

Este editorial debe ser interpretado en el contexto de las movilizaciones que se produjeron tras el suicidio de Vargas. En este marco, el periódico expresaría la determinación de que las "conquistas sociales" debían ser mantenidas, así como la "protección a los trabajadores", como forma de evitar la "lucha de clases". El matutino comenzaría a resaltar las virtudes de un pueblo que previamente había sido adjetivado como ignorante, con el propósito de avanzar hacia una "paz social" entre el trabajo y el capital que liberara al país "de los extremismos tanto de izquierda como de derecha". Sin embargo, como en la mayor parte de los editoriales de *O Estado de S.Paulo*, el *destinatario* principal de este discurso serían los sectores dominantes, y el periódico apelaba en este contexto de revuelta para que éstos mantuvieran las "conquistas sociales" como forma de preservar el orden y aplacar los ánimos de revuelta popular. El matutino daba su apoyo a Café Filho, puesto que éste era identificado como el único que podría estabilizar la situación política en favor de los intereses dominantes. También, y sería de importancia en este contexto, esta operación discursiva "pacificadora" tenía por propósito acortar el período del "duelo popular" e iniciar el período de la transición política, en función de garantizar el orden. El matutino señalaba la necesidad de un tiempo de "pacificación", y al nuevo gobierno como de "unión nacional". A la vez, aquellos líderes que hacían una reivindicación política del legado de Getúlio eran definidos como demagógicos y extremistas, mostrándose así las intenciones del periódico de convertir al ex presidente en un monumento sin incidencia en los acontecimientos, pretendiendo acelerar el "duelo popular" y dar sustento al gobierno de Café Filho. Una crónica de aquel día, con el título "Manifestaciones populares", decía:

> Como sucedió en otros puntos de la ciudad, un numeroso grupo de populares se dirigió por la tarde a las inmediaciones del Palacio Nueve de Julio, llevando pancartas y carteles referidos a la situación política. Los manifestantes cantaban el Himno Nacional y pronunciaban 'slogans' muy del gusto de los extremistas de izquierda. Parte

del grupo, conformado por elementos alborotadores, pasó a promover disturbios y a amenazar a los coches de pasajeros. Una banda de choque de la Fuerza Pública estuvo en el lugar, disolviendo la manifestación. Diputados federales y estatales miembros del P.T.B., se encontraban entre los líderes de la manifestación, que fue desvirtuada, según dijeron algunos, por elementos agitadores y provocadores.[323]

Esta crónica estaba teñida por la descalificación hacia aquellos que pretendían retomar el legado de Getúlio, encuadrándolos como "extremistas de izquierda" o elementos "agitadores" que habrían desvirtuado las manifestaciones. Se procuraba resaltar aspectos negativos de estas manifestaciones para desacreditarlas frente a la sociedad. A partir de la página 6 no había más referencias a la muerte de Vargas, tratando de minimizar la cuestión por parte de *O Estado de S.Paulo*.

En un editorial informativo, titulado "Bandas contra periódicos y estaciones de radio", *O Globo* daba cuenta de los ataques sufridos por la *Radio Globo* y el vespertino *O Globo*:

> Cuando ayer, la ciudad atónita y consternada apenas se recuperaba del primer y desgarrador impacto de la noticia de la muerte dramática del presidente Getúlio Vargas, terminando así con la crisis política que venía emocionando a la Nación, las bandas de explotadores del legítimo sentimiento popular salieron a la calle. Pretendían dar la impresión de que eran grupos formados espontáneamente al calor de los primeros impulsos causados por la dolorosa noticia, pero no lo eran. Las circunstancias, los hechos, las intenciones los desmienten. No era necesario sino tener los ojos bien abiertos para ver que los grupos de petroleros se entregaban a sus violencias aislados de la masa popular, que se limitaba a observarlos.
>
> Está claro que se trataba de grupos de choque, de tropas de asalto promovidas y dirigidas por una organización de *pelegos*, de elementos vinculados a la corrupción que se venía produciendo en el país y de los comunistas, siempre y siniestramente dispuestos a sacar provecho del desorden y la confusión.
>
> Los matones movilizados por esta mafia y debidamente provistos de piedras y palos, fueron incitados contra los periódicos y las organizaciones que se han destacado en la lucha contra el estado de cosas que determinó el estallido de la crisis política actualmente terminada.
>
> Algunas de estas bandas de alborotadores realizaron manifestaciones hostiles frente a la redacción de *O GLOBO* y de los estudios de la RADIO GLOBO, lo que nos llevó a solicitar garantías de las Fuerzas Armadas, que actuaron con la prontitud posible y con una energía serena y loable.[324]

Este relato, similar al brindado por *O Estado de S.Paulo* sobre las manifestaciones, tenía por pretensión designar a un grupo como "subversivo" y dirigido por "comunistas" y "pelegos", contraponiendo la violencia que sería propia de éstos al resto del pueblo que lloraría pasivamente a Vargas, así como a las Fuerzas Armadas, que aparecían como garantes del orden. De este modo, el vespertino acusaba a un grupo que estaría previamente organizado de "subversivo", destacando que pretendía usufructuar el sentimiento colectivo para producir disturbios y explotar los acontecimientos para sus propios fines. Se planteaba entonces la legitimación del colectivo pasivo que homenajearía a Vargas, para contraponerlo a los "subversivos", que eran criticados. Además, se acusaba a los comunistas, en lo que ya era una tradición del vespertino, de estar detrás de los destrozos y ataques, como forma de involucrarlos en un plan de manipulación de los "legítimos sentimientos populares", lo que involucraría los ataques a *Radio Globo* y *O Globo*.

O Globo, que era un medio de mayor cercanía con el mundo popular que el matutino, así como un periódico de orientación más comercial y sensible a los humores sociales, proporcionaría mayor importancia a los funerales de Vargas.[325] El vespertino legitimaría la autoridad del vicepresidente Café Filho al igual que *O Estado de S.Paulo*, pero sin darle demasiadas instrucciones, como era propio de este último periódico. *O Globo* titularía "Ya se está formando un ministerio de unidad nacional", colocando como subtítulo: "Tres ministros elegidos: el brigadeiro Eduardo Gomes para Aeronáutica, el juez Seabra Fagundes para Justicia y el senador Alencastro Guimaraes para Trabajo – El general Juarez Távora en la jefatura del Gabinete Militar – El primer día del nuevo presidente".[326]

La postura de *O Estado de S.Paulo* se caracterizaría por una visión desde "lo alto" frente a los acontecimientos, sin demasiadas referencias a las manifestaciones populares hacia Vargas. Según esta visión, el gran actor de esta crisis habrían sido las Fuerzas Armadas, garantizando el orden y evitando la caída en una dictadura,[327] así como Café Filho, que habría colocado el interés nacional por encima de su carrera política, lo que habría sido demostrado con su ofrecimiento a Getúlio de la propuesta de una renuncia de ambos. La escasa relevancia destinada a las manifestaciones populares al presidente difunto, en este contexto, reflejaban el rechazo a la participación popular en la esfera pública que era propia de la mirada elitista de *O Estado de S.Paulo*.

La sección del matutino El Momento Político titularía: "Nuevo gobierno de confianza nacional" y el subtítulo "El presidente Café Filho confirma, por sus actos, el propósito anunciado de organizar un Ministerio capaz de imponerse al respeto de la Nación".[328] Estos titulares reflejaban las pretensiones del matutino paulista por definir al nuevo gobierno como de "concertación", proporcionando la idea de la continuidad del orden y de que el mismo se colocaría por encima de los conflictos, legitimando a Café Filho en tanto expresión de la "unidad de la nación" frente a la "crisis disolvente".

Bajo el título "Torpe explotación buscando la impunidad", un editorial de *O*

Globo continuaría en su crítica a los "explotadores de los legítimos sentimientos del pueblo":

> Ahora que las exaltaciones naturales van dando lugar al legítimo, sincero y profundo dolor por la muerte del Presidente Vargas, es tiempo de una palabra de advertencia contra quienes están explotando en su provecho, el lamentable y trágico gesto que enlutó el escenario nacional.
>
> Lo que se ve es el estímulo a la división de los brasileños, la apelación al desorden, la preocupación de lanzar a los unos contra los otros, de provocar la lucha y el caos.
>
> El mensaje de odio y de venganza que algunos periódicos y estaciones de radio están lanzando no será recogido por la población brasileña, que tiene el corazón mirando hacia el futuro, estimulado sólo por el amor mutuo, de confianza en la grandeza de nuestro país y la certeza serena de que vamos a construir para nuestros hijos una patria cohesionada, moralizada y libre.
>
> Se equivocan los que imaginan aprovecharse astutamente de un episodio dramático, que vino a angustiar a los brasileños de todos los partidos, para eximirse de la culpa tremenda de la que tendrán que rendir cuentas a la Nación.
>
> Los falsos amigos del difunto Presidente, los que provocaron la crisis, con sus desmanes, ofreciendo un espectáculo de la degradación en este punto único en la historia de los pueblos modernos, los que con sus maquinaciones criminales avergonzaron nuestra nacionalidad ante el mundo civilizado—tendrán que ajustar cuentas con la Justicia o el tribunal de la opinión pública. ¡De nada les valdrá el engaño, la mistificación, la perfidia![329]

El vespertino pretendía invalidar las reivindicaciones políticas, exigiendo pasividad frente a la muerte de Vargas, indicando que estas exigencias producirían la "división de los brasileños". Quienes expresaban su "exaltación" por Vargas eran denunciados como "falsos amigos" del ex presidente, que deberían rendir cuentas frente a la "Justicia o el tribunal de la opinión pública" por el caos que provocarían. Esto se vinculaba con una idea presente en varios medios de prensa, que consistía en encuadrar a Vargas como traicionado por sus "falsos amigos". De este modo, se pretendía no afectar su figura frente al reconocimiento que estaba teniendo en las manifestaciones. Este encuadre exculpatorio permitía también a los medios difuminar sus propias responsabilidades en los ataques a Vargas, a la vez que dirigir las críticas por este desenlace a estos "falsos amigos" que todavía estarían presentes. Especial relevancia tendría el señalamiento en este editorial contra el "mensaje de odio y venganza" que estarían lanzando "radios y periódicos", destacando que éste mensaje no sería recogido, porque el pueblo brasileño tendría "su corazón mirando hacia el futuro". Así, se verificaba la pretensión del vespertino por acelerar el proceso de "duelo popular", transformando a Vargas en un monumento sin incidencia en los acontecimientos políticos.

O Estado de S.Paulo, por su parte, legitimaba a Café Filho como un amigo de los trabajadores y los patrones, señalando que sabría construir los intereses comunes de Brasil sin antagonismos, restaurando la moralidad.[330] Se planteaba así un rumbo para el nuevo presidente, conformado en oposición—aunque sin nombrarlo—a su antecesor, el ex presidente Vargas. El nuevo mandatario, según el matutino, no gobernaría incentivando la "lucha de clases", haciendo demagogia o gobernando sólo para los trabajadores, sino que lo haría por la "unión nacional". El periódico, a la vez que legitimaba a Café Filho, colocaba límites que éste no debería atravesar, aspirando a condicionar su mandato, reduciendo posibles viajes populares e intentando mantenerlo atado a una política de moderación. El matutino construía estos límites aspirando a que el nuevo presidente se diferenciara de su antecesor, sin decirlo del todo, dada la cercanía del fallecimiento de Vargas. También, la negación de las asimetrías volvía a estar presente, destacándose que Café Filho debería fundir a obreros y patrones en una sola clase, en un país donde "las barreras sociales no existen". De esta manera aparecía una nueva operación discursiva de negación de las distancias sociales para naturalizar las desigualdades, propia de la ideología dominante (Ansart 1983).

O Globo, por su parte, sostenía en sus titulares apelaciones por una vuelta al orden social tras las manifestaciones, para invalidar la actuación radicalizada de quienes habían producido destrozos en distintos puntos del país. En su editorial el vespertino decía:

> La crisis volvió manifiesta la adultez democrática de Brasil, y nadie tiene derecho a mayores reconocimientos que nuestras Fuerzas Armadas. Ellas revelaron una noción profesional, una disciplina, un patriotismo, un legalismo que ha de ser motivo orgullo para el pueblo brasileño. Cuando el conflicto parecía irresoluble a no ser por el uso de la violencia, con o sin derramamiento de sangre, se verificó que los jefes y soldados querían encontrar una solución conveniente a los intereses del país, pero nunca a costa de ser la Constitución de la República desgarrada por las bayonetas.... Tenemos nosotros, brasileños, aún semi-devastados por la tormenta, el derecho de felicitarnos por el predominio de esos valores morales en el Ejército, la Marina y la Aeronáutica, tan unánimes y expresivos que están demostrando que Brasil ha entrado definitivamente en esa fase de la cultura política, en que no distingue civiles de militares sino porque unos usan y otros no usan el uniforme.... La nación está, afortunadamente, bien impresionada con las decisiones, que Su Excelencia está haciendo, de sus ministros y principales asistentes, hombres honestos y preparados para el desempeño de sus funciones. Continúe Su Excelencia en esta dirección, sin temor a las amenazas, que sólo interesan a los 'pelegos' y agitadores, que están viendo secarse la fuente de la corrupción y del atropello a los derechos individuales y de la colectividad.[331]

En este editorial, el vespertino se colocaba en una posición similar a *O Estado de S.Paulo*, la cual suponía legitimar a Café Filho como "un hombre del pueblo" en su acertada forma de conducirse, elogiando a su vez de forma contundente a las Fuerzas Armadas como garantes del orden. En este encuadre habría una convergencia entre ambos periódicos, de un modo similar a como sucedió durante el tiempo en que João Goulart había estado al frente del Ministerio de Trabajo. No casualmente, ambas cuestiones estaban vinculadas a lo que estos periódicos percibían como una "defensa del orden" frente a sectores que a su modo de ver pretenderían cuestionarlo. En este sentido, estaba presente la contraposición entre Café Filho, legitimado como un representante del orden y la unidad nacional junto con las Fuerzas Armadas, frente a los saboteadores que sólo parecerían querer provocar disturbios innecesarios. En este sentido, el vespertino titulaba: "Camina a la normalidad la situación en todo el país".[332] Así, se pretendía resaltar el orden y la "normalidad" como aspectos ya restaurados, relegando la conmoción y los disturbios originados tras la muerte de Vargas.

También, como hemos visto, a partir del suicidio de Vargas, *O Estado de S.Paulo* adoptaría un discurso "pacificador", pretendiendo respetar las "conquistas sociales", como un modo de lograr una preservación del *pacto conservador* frente a las auto-percibidas "amenazas". A la vez, se pretendía dar vuelta la página con Vargas y su legado. Así, el matutino señalaría:

> El Sr. Café Filho procedió, en esta dolorosa situación, con el mayor desprendimiento y, después de asumir el gobierno, se han multiplicado las expresiones de respeto y consideración a su antecesor.... Es respetable el dolor de los que lloran la pérdida del ex presidente de la República, pero, por más respetable que sea, no es motivo para ataques a un hombre que, durante la crisis tormentosa que estamos atravesando, se comportó con dignidad y todo intentó hacer, incluyendo el sacrificio de su posición política, para evitar al País la calamidad de una guerra civil. Ayudar a ese hombre, en este momento, es un deber de justicia y de patriotismo. Los partidos que olviden ese deber, estarán trabajando para el desorden y la anarquía, exactamente en una coyuntura en la que Brasil necesita orden y tranquilidad para resolver los principales problemas económicos a los que se enfrenta, y para vencer las dificultades contra las que, debido al alto costo de vida, están luchando todas las clases sociales excepto la de los millonarios.... ¿Por qué transformar el Brasil en un campo de batalla cuando se necesita, como nunca, de la armonía entre todos los brasileños, de la paz en todos los espíritus y la bondad en todos los corazones?[333]

Promoviendo respaldo y legitimación a Café Filho, desde la perspectiva de una "pacificación nacional", el periódico presentaría a éste como un estadista frente a la crisis, que habría resuelto los problemas con desprendimiento. Este discurso situaba al nuevo presidente en el lugar de la unidad y la paz social, y a aquellos que lo criticaban en el del desorden y la anarquía. Así, se invertían los términos, dado que mientras se desarrollaba el gobierno de Vargas, el caos estaría para *O Estado de S.Paulo* en el gobierno y el orden afuera, pero ahora con Café Filho sería al revés. Café Filho sería el "estadista" necesario para este momento de pacificación de los corazones y de "armonía de todos los brasileños". Se construía una especificidad del tiempo político que reclamaría unidad, que sería coincidente con la necesidad de un presidente como Café, contraponiéndolo frente a quienes querrían utilizar su fidelidad a Vargas para criticar al gobierno actual, lo que sería visto como antipatriótico.

O Globo titulaba, cuatro días después del suicidio, demostrando su apelación por la vuelta del orden: "Superada la crisis emocional resultante del suicidio del Sr. Getúlio Vargas".[334] De este modo, al señalar que la "crisis emocional por el suicidio de Vargas" estaría superada, el vespertino mostraría su pretensión de garantizar la continuidad del orden social y político, aspirando a producir un efecto de "aceleración del duelo". Este efecto suponía reducir la importancia en la agenda pública del suicidio de Vargas, transformando su figura en un monumento sin consecuencias para el futuro del país, a la vez que se legitimaba al nuevo presidente y se condenaba como "subversivos" a quienes hacían reivindicaciones políticas de la herencia de Vargas.

O Estado de S.Paulo criticaría a aquellos que identificaba como "aprovechadores" de la muerte del presidente, el "bajo *queremismo*", quienes utilizarían esta situación de tragedia para sus propios fines, procurando lanzarse sobre el cadáver del ex presidente para sacar provechos personales.[335] Con una serie de adjetivos como "tragedia" y "crisis política", el matutino pretendía diluir su propia participación en los acontecimientos, así como des-historizarlos. A la vez, se pronunciaba de forma contundente por la represión a quienes pretenderían explotar el suicidio del "ex presidente" como "instrumento de inconfesables pasiones".

O Globo, por su parte, haría énfasis en los "falsos amigos" del presidente, que estarían referenciados en el PTB, los denominados peyorativamente como "pelegos" y el sector más combativo del "trabalhismo":

> ¿Por qué no llegar, con más lógica, a la conclusión de que el Presidente, irremediablemente desesperado con las traiciones sufridas—no de sus enemigos, ya que los enemigos atacan, pero no traicionan—sino de sus estrechos subordinados, autores o cómplices de todas las miserias reveladas en la investigación del Galeão, haya sido llevado a rescatar con su sangre inocente los abusos de confianza, de los cuales fue víctima? Hay mucha más naturalidad en esta explicación que en la otra.... No hagamos la exégesis de los acontecimientos y sus causas que puede resultar ateniéndonos literalmente a la carta dejada por el Presidente, pasada a máquina y con su firma. No porque deba considerársela apócrifa. Las pruebas indican su autenticidad. Sin embargo, la asignación de su trágico designio a sus 'enemigos' no explica todo ni los discrimina entre aquellos que siempre lo combatieron en el plano 'político-partidario' y los 'enemigos-íntimos', los que mancharon, con el robo, el mandato de un crimen

de muerte, con las estafas más sucias, el propio domicilio presidencial.... El pueblo necesita entender que fueron esos traficantes—esos traficantes y sus cómplices y autores intelectuales, ¡más numerosos de lo que se imagina!—quienes traicionaron al Sr. Getúlio Vargas, que lo engañaron en su bondad, y confianza, que, a la sombra de su nombre y su autoridad, robaron el dinero de otros, que falsificaban billetes, que complotaron contra la vida de Lacerda y asesinaron al joven oficial Rubens Vaz.[336]

El vespertino continuaría criticando a los comunistas—destacando en el editorial a Goulart como quien estaría viviendo "últimamente de cama y mesa con los agentes de Moscú"—como un sector minoritario y ajeno a la patria que insistiría en provocar desorden, contrapuesto al orden que garantizarían las Fuerzas Armadas. Además, el editorial cuestionaba la denuncia de los "explotadores extranjeros" existente en la carta de Getúlio, señalando que estas ideas serían propias únicamente de comunistas o de simpatizantes de los mismos, como sería el caso de Goulart. Por otra parte, proporcionaba la interpretación de que Vargas se habría suicidado por la traición de sus "falsos amigos", descalificando a aquellos que denunciaban una conspiración de factores de poder en la muerte de Getúlio. Los "falsos amigos", según el vespertino, continuarían aprovechándose del ex presidente después de muerto, para provocar disturbios y continuar con la corrupción.

A su vez, el vespertino procuraba destacar a Café Filho como un presidente común, cercano al "brasileño típico", que tendría sus mismos hábitos, con el titular "El presidente come su *feijão* con harina".[337] Debajo había un epígrafe descriptivo que decía:

> Hombre modesto y de hábitos simples, el Sr. Café Filho continúa mostrando la misma sencillez ahora que ocupa el rango más alto al que puede aspirar un brasileño.... Tan pronto como asumió la Presidencia de la República por fuerza de la Constitución, viene el Sr. Café Filho tomando una serie de pasos que van restableciendo en el Gobierno de este país aquella austeridad sencilla cuya tradición se venía perdiendo.... Con todos estos pasos, quiso el Presidente Café Filho demostrar a todos sus conciudadanos su convicción rigurosamente democrática de que la banda presidencial no lo coloca en una categoría aparte, revestido de misterios, de grandezas o de barreras. Sabe el Presidente Café Filho que es sólo un brasileño como todo el mundo y que, como deben hacer todos, trata de cumplir con su deber.... Pero el Presidente allá estaba en la mesa de la comida dominical, comiendo como buen nordestino su feijão con harina, en compañía de su esposa y de la cuñada, como millones de otros brasileños.

A través de este texto, se buscaba identificar a Café Filho con el "brasileño común", "como millones de otros brasileños", comiendo un plato típico del nordeste, buscando la identificación con el presidente, un hombre que, a pesar de estar al frente del máximo cargo del país, mantendría los mismos hábitos que el resto de los habitantes, desprendiéndose de los privilegios. Es decir, la búsqueda de identificación se produciría por la postulación de una inexistencia de las asimetrías entre el gobernante y los gobernados, y además, esto se reivindicaba (aunque no se admitía) en contraste con lo que habría representado el gobierno de Vargas: la corrupción y el lujo de quienes se apropiarían de las instituciones estatales. *O Globo* se pronunciaba en apoyo a la tarea que venía emprendiendo Café Filho en estas "condiciones dramáticas", apelando a moralizar la administración pública de los "corruptos" que habrían llevado a esta coyuntura trágica, exigiendo quitar el apoyo a radios y periódicos del gobierno que no deberían existir.[338]

Como vemos, tras el gesto inesperado de Getúlio, ambos periódicos, al percibir en las manifestaciones de angustia y expresión colectiva de los humildes un riesgo para el orden dominante, tocarían la misma partitura. Cambiarían su percepción sobre Vargas, señalándolo como una víctima de sus "falsos amigos", pretendiendo transformarlo en un monumento del pasado, para reducir la incidencia política de su figura y de su gesto trágico en el presente. Ambos adoptaron una postura de legitimación de Café Filho y las Fuerzas Armadas como garantes del orden, así como de las primeras medidas tomadas por el nuevo presidente, en tanto conducentes a la "unidad nacional", la "paz social" y la "conciliación". De este modo, se construiría la idea de un proceso que iría hacia la normalización del país, aspirando a producir una *aceleración del duelo* por la muerte del ex presidente. A la vez, aquellos sectores que reivindicaban lo que interpretaban como el legado político de Getúlio serían denunciados como "subversivos" y aprovechadores de la situación para sus fines personales, "falsos amigos" que no se habrían quedado satisfechos siquiera con conducir al presidente a su trágico final. De este modo, atribuyendo la responsabilidad a los "falsos amigos", la prensa difuminaba su participación en el asedio contra el gobierno de Getúlio Vargas.

Conclusión

El análisis de la actuación de estos periódicos tradicionales durante el período evidenciaría la desconfianza de las élites frente a un proceso tendiente a la ampliación de la participación política en el país. En este sentido, las apelaciones populares de Vargas incrementan el temor de que pudiera alterarse este orden político restrictivo y excluyente. Aquellos, como Vargas y Goulart, que en forma contradictoria pretendían ampliar ese juego político, eran tildados de "demagogos" y de querer llevar al país a la guerra civil, contradiciendo el carácter consensual y conservador que era característico de la política brasileña.

La oposición pertinaz de *O Estado de S.Paulo* se revelaría como un rasgo característico durante todo el período, exigiendo la intransigencia de la UDN frente al gobierno, en tanto éste representaría una continuidad de la "dictadura". En este sentido, el matutino interpretaría el segundo gobierno de Vargas como una permanente marcha hacia la dictadura, hacia el pasado dictatorial del *Estado Novo*. Por eso, frente al gobierno, su consigna sería "confiar desconfiando". Así, el matutino se remite al pasado de un modo constante para justificar su crítica e interpretar las palabras y los actos presidenciales. En este aspecto, la revolución de 1932 se revelaría como un fantasma que, evocado desde las páginas de *O Estado de S.Paulo*, demandaría a esta "nueva dictadura" por los caídos y las humillaciones a San Pablo, destacando la necesidad de los paulistas de recuperar los valores de aquella "epopeya" para luchar nuevamente contra el "caudillo".

O Globo, por su parte, mostrará inicialmente una pretensión de situarse por encima de los antagonismos, incluso legitimando a Vargas como un "presidente popular". Este sería uno de los trazos del posicionamiento del vespertino en este período, pretendiendo colocarse por encima de las pasiones y por el "bien de la Nación", construyendo un lugar de enunciación ajeno a las polarizaciones.

En este sentido, un elemento que debe ser contemplado se explica por la divergencia de posiciones en términos del mercado. Mientras *O Estado de S.Paulo* era un periódico consolidado y de una tradición constituida, así como con una clientela conformada en función de la tradición ideológica liberal-conservadora, *O Globo* era un periódico que había ingresado hacía poco tiempo, pero con un éxito importante, en el mercado de Río. Por lo tanto, para el vespertino, haber sostenido una postura abiertamente contra el gobierno habría tenido consecuencias negativas en sus ventas, en una ciudad que sostenía mayor afinidad hacia Vargas que San Pablo.

Marinho se revelaba así —en comparación con los principistas liberales de *O Estado de S.Paulo*— como un empresario de medios pragmático en su negociación con el populismo de Getúlio, con una línea editorial flexible que le permitiría incrementar su audiencia y sus ventas en aquellos años. Esto último diferenciaba al vespertino carioca de la rigidez ideológica y el resentimiento que caracterizaban la línea editorial del matutino paulista con respecto al segundo gobierno de Vargas.

La visión despectiva que encarnaba *O Estado de S.Paulo* sobre los sectores populares como "masas ignorantes", llevaría a que el resultado electoral de 1950, que permitió el retorno de Vargas al gobierno, fuera entendido como la "comprobación" de la ignorancia del pueblo, al votar por un "caudillo manipulador y demagógico" que llevaría al país a la disolución moral. La visión de este periódico suponía a los pobres y los necesitados como habitantes de un submundo donde no existiría la capacidad del pensamiento. En este punto, eran considerados seres humanos sin *logos* y sin habla, seducidos como animales por la demagogia y las promesas fáciles. Como hemos resaltado, la visión del matutino sobre Vargas, en tanto representante de lo popular, reactivaría también la visión prejuiciosa y despectiva sobre estos sectores con los cuales el líder establecía un lazo de identificación.

Existía por parte de *O Estado de S.Paulo* una defensa de los principios liberales que coexistía con un cuestionamiento a las urnas como fuente de la soberanía popular, a partir de una exigencia de cualidades "ilustradas" que estarían ausentes en el electorado, de las cuales el periódico se consideraba custodio y voz expresiva. A través de sus editoriales, el matutino iría definiendo a la ignorancia de las masas como uno de los grandes problemas nacionales, argumento que justificaba las restricciones en la participación política.

El triunfo en San Pablo de Janio Quadros en las elecciones intermedias de 1953 expresaría el clima de "cruzada moral" existente, encontrando adhesión en estos dos periódicos, señalando a la corrupción como un mal que debería ser erradicado, y que amenazaría la existencia misma de la nación. El caso *Última Hora* sería aquel donde se manifestaría en forma más evidente este clima de "cruzada moral". Sin embargo, el modo en que ambos periódicos enfocaron el caso *Última Hora* reflejaría las diferencias que existían entre estos medios de prensa. Mientras *O Estado de S.Paulo* centraría el fuego sobre Vargas y el "sistema corrupto" del cual sería parte para minar su capital político, *O Globo* elegiría como principal responsable al periodista Samuel Wainer y su grupo, por la competencia que experimentaba el vespertino por parte de *Última Hora* en el mercado de prensa de Río de Janeiro. Las situaciones específicas de cada medio de prensa condicionarían el modo en que estos encuadrarían el caso *Última Hora*.

A su vez, la *moralización de la política* producida por parte de la prensa, es decir, la subordinación de los asuntos públicos a la distinción entre "honestos" y "corruptos", se revelaría como una condición indispensable para la *naturalización del orden social*, excluyendo de la agenda las apelaciones de Vargas por una reducción de las desigualdades.

Una denominación trascendente del período sería, especialmente en *O Estado de S.Paulo*, la calificación del Ministro de Trabajo, João Goulart, como quien iría a llevar al país a una "república sindicalista", en los moldes del peronismo argentino. Como hemos visto, esta asociación entre peronismo y varguismo venía siendo construida por la prensa por lo menos desde fines de 1940. En este sentido, estos dos periódicos que divergían frente a otros temas, coincidirían en sus denuncias frente a Goulart como "subversivo". *O Estado S.Paulo* iba alternando entre el encuadre que definía al Ministro de Trabajo como expresión de la "subversión" del gobierno de Vargas, y el encuadre que retrataba a Vargas como quien debería contener al ministro para preservar el orden. Por su parte, *O Globo*, que inicialmente legitimaría a Goulart por resolver con su capacidad de negociación la huelga de los marineros de 1953, luego emprendería contra el ministro subrayando la imprudencia de sus declaraciones, que según el vespertino serían más propias del "jefe de un partido populista" que de un funcionario de gobierno, acusándolo de promover la "subversión" en tapas de inflamados titulares.

Es notorio que ambos periódicos procuraban destacar que el accionar de

Goulart se situaría por fuera de lo esperado en el cargo que le correspondía, siendo críticos de la "agitación" para desvirtuar el acercamiento que éste pretendía sostener con los sindicatos. Este tipo de acercamiento, en tanto tendía a alterar el mecanismo de negociación preferencial desde lo alto propio de las élites políticas (Ferreira 2012), generaba una enérgica reacción de rechazo, en términos similares, por parte de ambos periódicos. En este contexto, la denominación de "república sindicalista", alusiva con respecto a la actividad del Ministro de Trabajo y su supuesta vocación por instalar en el país un régimen similar al de Perón en Argentina, cumplía la función del estereotipo y del bloqueo. Es decir, aspiraba a generar una descalificación y temor en los sectores medios frente a las iniciativas políticas de Goulart. Esta denominación de la "república sindicalista" deformaba la acción política del ministro, situándola bajo un manto de sospecha constante, limitando sus posibilidades. Vargas y Goulart recibieron en el período 1951-1954 semejante desprecio de *O Estado de S.Paulo*, pero también de *O Globo*, porque ambos se convirtieron a los ojos de las élites tradicionales en peligrosos representantes de aquella "barbarie" desarticulada y carente de *logos*. Proviniendo ambos de ricas estancias del sur *gaucho*, promovieron de forma contradictoria ese "desorden" que denunciaban histéricamente los periódicos, por su pretensión de ampliar el protagonismo y la participación de los sectores populares en una democracia restringida. Los fantasmas del advenimiento de ese mundo popular desconocido y despreciado desde "lo alto" fueron activados en la conciencia de las "élites ilustradas".

O Globo se caracterizaba por la promoción de un fuerte anticomunismo popular, donde éste era equiparado a una suerte de "encarnación del mal". *O Estado de S.Paulo*, por su parte, promovía un anticomunismo acorde con su ideología liberal, es decir, la asociación entre el comunismo y la dictadura. El tipo de anticomunismo esbozado por cada periódico era reflejo de una construcción orientada en función de distintas audiencias que les eran propias.

El atentado a Lacerda operaría como un *momento de condensación* de lo previamente construido por ambos periódicos, reforzando la crítica demoledora de *O Estado de S.Paulo* hacia un gobierno de "ladrones y asesinos", y la más matizada de *O Globo* hacia un gobierno que habría perdido autoridad moral, a pesar de la visión más apegada al orden constitucional que sostenía el vespertino. Una diferencia entre ambos medios residiría en sus encuadres sobre el atentado. Por un lado, desde su perspectiva moralizante, el matutino se indignaría especialmente por el "régimen de terror" y la llegada de prácticas de *cangaceiros* que el gobierno habría traído a la capital de la República. Por el otro, *O Globo* procuraría sacar tajada del atentado en términos comerciales, colocando el énfasis de modo sensacionalista en el desarrollo policial y espectacular de los acontecimientos que significaba la "caza de los asesinos".

El atentado de Toneleros, en agosto de 1954, oficiaría como la caja de Pandora que habilitaría la "comprobación" y la reunificación de estas construcciones críticas al gobierno por parte de la prensa. Este acontecimiento correría los límites de lo enunciable con respecto a las acusaciones hacia el gobierno, habilitando el "cerco de la prensa" y las exigencias de renuncia de los militares, que llevarían a Getúlio a resolver esta desesperada situación, luego de descartar otras alternativas, poniendo fin a su propia vida.

A la hora de los reclamos de renuncia, mientras *O Estado de S.Paulo* basaba sus exigencias al presidente en arrogarse la representación "ilustrada" de la "moralidad", *O Globo* reclamaba que el desenlace de la crisis política debería provenir de la expresión popular. De este modo, al igual que había sucedido con la interpretación de los resultados de la elección de 1950—cuando *O Globo* apoyaba la asunción de Vargas basado en la "legitimidad de la soberanía popular" y *O Estado de S.Paulo* la impugnaba invocando una "legitimidad ilustrada"—existía entre ambos una recurrencia a principios contrapuestos, entre la legitimidad ilustrada de los pocos frente a la soberanía popular de los muchos (Perelman & Olbrechts-Tyteca 1989). A la vez, mientras *O Estado de S.Paulo* exigiría en forma constante a los militares una intervención para desplazar a Vargas del poder, acusando de traidores al "sentimiento nacional" a aquellos que actuaran en forma legalista, *O Globo* mantendría cierto apego por la continuidad del orden institucional, pronunciándose por la renuncia en los últimos días, frente a su percepción del agotamiento de otras instancias de resolución de la crisis política.

El gesto trágico de Vargas sería la respuesta a una crisis que parecía no tenerla, un intento de resolverla con la desaparición de quien se había convertido en el principal objeto de la lucha política (D'Araujo 1992). Esta acción imprevista terminaría invirtiendo el sentido de los acontecimientos. El trágico final de Getúlio permanecería como una marca indeleble de su gobierno, ocluyendo un análisis profundo de su desarrollo. Frente al gesto del presidente, la prensa acompañaría la inversión de sentimientos que se produciría en la sociedad, quitándose responsabilidad en el acontecimiento, encuadrando su muerte como el resultado de la traición de los "falsos amigos", que con la corrupción provocada lo habrían llevado a la trágica decisión de quitarse la vida. Frente a la crisis política y las movilizaciones desatadas por el suicidio, ambos periódicos darían una importante legitimación tanto al papel de las Fuerzas Armadas como al vicepresidente Café Filho, designándolos como dos actores que podrían iniciar una nueva etapa de unidad nacional y pacificación, garantizando el orden. A la vez que construían este nuevo escenario de "pacificación", estos periódicos procuraban producir una "aceleración del duelo" por la muerte de Vargas. Esto último se pretendía lograr señalando que el país estaría en camino a la normalización, criticando las reivindicaciones políticas de Vargas como acciones de los "explotadores del legítimo sentimiento del pueblo", así como indicando que se estaría abriendo una nueva etapa en la política brasileña. De este modo, los medios de prensa pretendían reducir a Getúlio a un monumento sin incidencia en los acontecimientos políticos, para garantizar la reproducción del orden conservador.

Notas

1. Entrada "Getúlio Vargas, San Januário y el 1° de mayo" página del *Vasco da Gama*. Disponible en: http://www.semprevasco.com/conteudo/conteudo.php?id=1415 (consultado el 14 de julio de 2014).
2. Entrada "Getúlio Dornelles Vargas, biográfico" en la *Fundación Getúlio Vargas*, CPDOC. Disponible en: http://www.fgv.br/cpdoc/busca/Busca/BuscaConsultar.aspx (consultado el 03 de julio de 2014).
3. Este período se extenderá según nuestra delimitación desde el 31 de enero de 1951 al 10 de mayo de 1951.
4. Entrada "Hechos. 1953. La CPI de *Última Hora*" en el *Centro de Cultura y Memoria del Periodismo*. Disponible en: http://www.ccmj.org.br/fatos/1953/247 (consultado el 15 de julio de 2014).
5. Entrada "João Goulart, el aumento del salario mínimo y el manifiesto de los coroneles" en la *Fundación Getúlio Vargas*, CPDOC." Disponible en: http://cpdoc.fgv.br/producao/dossies/AEraVargas2/artigos/CrisePolitica/JoãoGoulart (consultado el 16 de julio de2014).
6. Entrada "João Goulart, el aumento del salario mínimo y el manifiesto de los coroneles" en *Fundación Getúlio Vargas*, CPDOC. Disponible en http://cpdoc.fgv.br/producao/dossies/AEraVargas2/artigos/CrisePolitica/JoãoGoulart (consultado el 16 de julio de 2014).
7. Este período abarcará desde el 20 de mayo de 1953 hasta el 22 de febrero de1954. Sin embargo, hemos suprimido el análisis durante el 17 de diciembre de 1953 hasta el 31 de enero de1954 por considerar que no habría acontecimientos fundamentales durante ese período de menor actividad política.
8. "Emoción en São Borja en el día en que fue sepultado el cuerpo del Sr. Getúlio Vargas", *Diario de S.Paulo*, Agosto de 1954.
9. Esta coyuntura abarcaría el período del 01 de junio de 1954 al 31 de agosto de 1954.
10. En los años 50, *O Estado de S.Paulo* tenía sus editoriales en la página 3, bajo el rótulo de "Notas e informaciones". Eran editoriales de gran extensión, e incluso podía tener 6 de ellos por día. Generalmente, uno se refería a la política nacional, otro a la política de San Pablo, otro a la economía y otro a temas internacionales. La primera página del periódico estaba dedicada de forma íntegra a temas internacionales, la segunda a temas del interior de Brasil y la tercera a editoriales.
11. "Intercambio de personajes", *O Estado de S.Paulo*, 31 de enero de 1951.
12. "Las transigencias deplorables", *O Estado de S.Paulo*, 3 de febrero de 1951.
13. "Los triunfos presidenciales", *O Estado de S.Paulo*, 4 de febrero de 1951.
14. "De la reestructuración de los partidos", *O Estado de S.Paulo*, 8 de febrero de 1951.
15. "Balance final", *O Estado de S.Paulo*, 21 de marzo de 1951.
16. "Nuevos intentos de seducción", *O Estado de S.Paulo*, 22 de febrero de 1951.
17. "Las luchas partidarias", *O Estado de S.Paulo*, 27 de febrero de 1951.
18. "La absorción de los partidos", *O Estado de S.Paulo*, 16 de marzo de 1951,
19. "Columnas vertebrales erectas o dobladas", *O Estado de S.Paulo*, 3 de abril de 1951.
20. "Las perspectivas de la oposición", *O Estado de S.Paulo*, 21 de abril de 1951.

21 Este aspecto será desarrollado con mayor profundidad en el próximo apartado.
22 "La convención nacional de la U.D.N.", *O Estado de S.Paulo*, 21 de abril de 1951.
23 "Precisamos velar por la vigencia del régimen democrático", *O Globo*, 2 de abril de 1951.
24 31de marzo de 1951.
25 "La función de los parlamentos", *O Estado de S.Paulo*, 31 de marzo de 1951.
26 Se refería al *mineiro* Gustavo Capanema, líder de la bancada del gobierno en el Congreso.
27 14 de abril de 1951.
28 19 de abril de 1951.
29 "Petrobras y Volta Redonda", *O Estado de S.Paulo*, 6 de octubre de 1953.
30 "Comunismo, exceso de impuestos y el deber de los demócratas", *O Estado de S.Paulo*, 19 de noviembre de 1953.
31 "La UDN de Pernambuco", *O Estado de S.Paulo*, 16 de julio de 1954.
32 "La cohesión de la UDN", *O Estado de S.Paulo*, 13 de julio de 1954.
33 Indagando en las razones más sociopolíticas de este conflicto, es posible remitirse a lo que señala Benevides (1981) sobre el mayor pragmatismo que era propio de las secciones de la UDN del nordeste, a partir de una composición distinta y menos intransigente moralmente que la sección udenista de San Pablo, de los *bachareis*.
34 "El precio de la complacencia", *O Estado de S.Paulo*, 31 de julio de 1954.
35 "El problema de la UDN", *O Estado de S.Paulo*, 17 de julio de 1954.
36 Esta cuestión será especialmente observable en el apartado "Comunismo, subversión y república sindicalista" de este capítulo.
37 30 de julio de 1954.
38 "Pernambuco y la UDN", *O Globo*, 15 de julio de 1954.
39 19 de abril de 1951.
40 Por el contrario, en ninguna parte del diario *O Estado de S.Paulo* de aquel día, 19 de abril de 1951, había indicios del cumpleaños presidencial. Tampoco en la sección "La sociedad", que incluía "cumpleaños", "fallecimientos", referenciando los eventos de la alta sociedad paulista, en la página 6.
41 "Plutócratas y demagogos", *O Estado de S.Paulo*, 27 de abril de 1951.
42 Con respecto a esta calificación de *O Estado de S.Paulo*, consideramos pertinente asociarlo a aquello que critica Rancière (1996) en *El Desacuerdo* (1996):
> La metáfora del gran animal no es una simple metáfora. Sirve rigurosamente para rechazar hacia el lado de la animalidad a esos seres parlantes sin cualidades que introducen la perturbación en el *logos* y en su realización política como analogía de las partes de la comunidad.... Puesto que, con anterioridad a las deudas que ponen a las gentes sin nada bajo la dependencia de los oligarcas, está la distribución simbólica de los cuerpos que los divide en dos categorías: aquellos a quienes se ve y aquellos a quienes no se ve, aquellos de quienes hay un *logos*—una palabra conmemorativa, la cuenta en que se los tiene—y aquellos de quienes no hay un *logos*, quienes hablan verdaderamente y aquellos cuya voz, para expresar placer y pena, sólo imita la voz articulada. (36)
43 Como sabemos, el líder udenista Carlos Lacerda había utilizado esta expresión.
44 "La cuestión económica y la cuestión social", *O Estado de S.Paulo*, 29 de abril de 1951.
45 En este punto, resulta posible recuperar al Marx de *La ideología alemana*, cuando señala que son las condiciones de existencia las que determinan la conciencia de los sujetos. El idealismo aparece como expresión de las condiciones de existencia de las elites dominantes

en Brasil, el *bacharelismo* (Benevides 1981) de los "udenistas", e, íntimamente ligados, los Mesquita como expresión de esta visión del mundo.

46 Según José Vidigal Pontes (correo electrónico del 30 de octubre de 2014), Coaracy fue un periodista e intelectual carioca que trabajaba en *O Estado de S.Paulo*, exiliándose con los Mesquita en 1932, manteniendo con esta familia un vínculo de cercanía ideológica. Nucci (2006) sostiene que Coaracy ya había tenido definiciones racistas que legitimaba en el discurso científico de la época frente a la inmigración de los japoneses al Brasil en los años '40, en sus artículos en el *Jornal do Commercio* y en su libro *El peligro japonés* (1942).

47 Como señalan Prado & Capelato (1980):
> Aquellos que incorporaron la ideología del carácter nacional hicieron de la raza y de la mezcla de sangre un factor determinante. Argumentaron que todos los cambios en la base racial de un pueblo, como los producidos por la absorción de un elemento racial extranjero, resultarían en una alteración correspondiente del carácter nacional. La aceptación de esta concepción por los representantes del periódico explica uno de los componentes de su ideología—el racismo. (117)

48 Juego de cartas.

49 "Comida de pobre", *O Estado de S.Paulo*, 11 de septiembre de 1953, firmado "V. Cy." por Vivaldo Coaracy.

50 Ostiguy (2009) entiende la política proponiendo una dimensión de análisis alternativa que se superpone al eje tradicional de izquierda-derecha. Ésta remite a la dimensión de lo que denomina como lo "alto" y lo "bajo". Como dice el autor "en lo alto, las apelaciones políticas consisten en reclamos para favorecer modelos de autoridad formales, impersonales, legalistas e institucionales. En lo bajo, las apelaciones políticas enfatizan en modelos muy personalistas y fuertes (generalmente hombres) de liderazgo" (Ostiguy 2009, 8). Además esto supone diferencias en "modales, conductas, formas de hablar y de vestir, vocabulario y gustos mostrados en público. En lo alto, las personas se presentan públicamente como bien educadas, adecuadas, calmas, y tal vez incluso estudiosas.... Los políticos de lo bajo son capaces de ser más desinhibidos en público y también son más propensos a utilizar un lenguaje popular. Ellos aparecen—para el observador desde lo alto—como más 'coloridos' y, en los casos muy extremos, algo grotescos" (Ostiguy 2009, 6).

51 No resultaba por lo tanto casual esta visión, en un periódico donde una de las estrategias retóricas más importantes suponía afirmar en forma reiterada que "no hay parte de los que no tienen parte", es decir, presentar las demandas populares emergentes como carentes de sentido.

52 "La hipocresía del palabrerío", *O Estado de S.Paulo*, 17 de abril de 1951.

53 "La aproximación de la elección", *O Estado de S.Paulo*, 15 de julio de 1954.

54 Columna De abajo para arriba (de un observador político), *O Estado de S.Paulo*, 18 de marzo de 1951.

55 "El idealismo en la política", *O Estado de S.Paulo*, 8 de junio de 1954.

56 *O Estado de S.Paulo* prefería ignorar todo lo "auténtico" que pudiera haber en la relación de Vargas con los sectores populares: el afecto y la vinculación entre el Estado y la protección a los desprotegidos. Esto suponía desconocer el lugar de participación que Getúlio asignaba a los sectores populares, tanto desde su interpelación retórica como desde los beneficios materiales. *O Estado de S.Paulo* lo reducía a "manipulación", "caudillismo", "intereses mezquinos", "engaño". Admitir una virtud significaría un cuestionamiento a la construcción ideológica que proponía el periódico, preocupado por su coherencia, donde

predominaba la representación de Vargas como una amalgama compuesta por el "engaño" y el "autoritarismo encubierto".

57 "La victoria de la rutina", *O Estado de S.Paulo*, 11 de junio de 1954.
58 "Las intrigas en torno del Brigadeiro", *O Estado de S.Paulo*, 1 de julio de 1954.
59 "Las hipocresías del embaucador", *O Estado de S.Paulo*, 6 de mayo de 1951. La referencia a los estadios de fútbol remitía a estos acontecimientos que provenían del *Estado Novo*, donde Vargas para el Día del Trabajador pronunciaba discursos en estadios, anunciando nuevos beneficios sociales. Esto acababa de repetirse el 1° de mayo de 1951, año de la vuelta de Getúlio al gobierno.
60 Columna "Hombres y partidos", *O Estado de S.Paulo*, 28 de mayo de 1953.
61 "El 'trabalhismo' del presidente", *O Estado de S.Paulo*, 14 de febrero de 1951.
62 "Las singularidades del presidente", *O Estado de S.Paulo*, 16 de junio de 1951.
63 "La situación económica", *O Estado de S.Paulo*, 4 de marzo de 1951.
64 "Contra los partidos y contra el régimen", 03/03/1951, *O Estado de S.Paulo*.
65 "Campaña de desmoralización", *O Globo*, 5 de abril de 1951.
66 Esta argumentación sería retomada en la crítica coyuntura de agosto de 1954 como explicación del suicidio del presidente. La misma suponía la idea de un presidente traicionado por sus propios "amigos", permitiendo la exculpación de su figura sin atribuir responsabilidad a la oposición.
67 Caricatura en la tapa de *O Globo*, 8 de octubre de 1953.
68 Caricatura en *O Globo*, página 2, 31 de agosto de 1953.
69 Político iraní derrocado por un golpe de Estado organizado por actores occidentales en 1953.
70 El 10 de noviembre es la fecha del golpe que instauró el *Estado Novo* en 1937. El 29 de octubre es la fecha en que Vargas sería desplazado del poder por los militares en 1945.
71 "Bocados de la demagogia", *O Globo*, 24 de octubre de 1953.
72 "Concepto de trabalhismo", *O Globo*, 4 de febrero de 1954.
73 Caricatura en *O Globo*, página 2, 15 de julio de 1954.
74 *O Globo* apuntaba a que sus caricaturas tuvieran relación con los editoriales que tildaban a Vargas de "demagogo", haciendo una utilización del humor como forma de desenmascaramiento y reforzamiento de ciertos prejuicios.
75 "Los problemas nacionales", *O Estado de S.Pablo*, 29 de mayo de 1953.
76 "Política económico-financiera, demagogia y gobierno", *O Estado de S.Paulo*, 16 de junio de 1953.
77 "Carestía, clases conservadoras y trabajadores", *O Estado de S.Paulo*, 14 de febrero de 1954.
78 "El Día de los Trabajadores", *O Estado de S.Paulo*, 1° de mayo de 1951.
79 "Instrumento de confianza", *O Globo*, 12 de septiembre de 1953.
80 "Y la confusión continua", *O Globo*, 9 de junio de 1953.
81 "El presidente y los ministros", *O Globo*, 6 de julio de 1953.
82 "Unidad del gobierno para huir al círculo vicioso de los aumentos", *O Globo*, 11 de julio de 1953.
83 Este sería uno de los encuadres que más se repetirían (5) en la segunda coyuntura.
84 "Inestabilidad ministerial", *O Globo*, 5 de julio de 1954.
85 "Encrucijada del gobierno", *O Globo*, 3 de agosto de 1953.
86 "El desastre administrativo", *O Estado de S.Paulo*, 10 de junio de 1953.

87 "Cambio de ministros", *O Estado deS.Paulo*, 16 de junio de 1953.
88 "Nueva oración presidencial", *O Estado de S.Paulo*, 24 de septiembre de 1953.
89 "Las fallas del gobierno federal", *O Estado de S.Paulo*, 13 de junio de 1954.
90 "La persistencia de la anarquía", *O Estado de S.Pablo*, 30 de julio de 1954.
91 "Las dificultades de vida", *O Estado de S.Pablo*., 1° de agosto de 1954
92 "Las insuficiencias del presidente", *O Estado de S.Pablo*, 7 de julio de 1953.
93 "Tristezas y desahogos del Sr. João Goulart", *O Globo*, 2 de agosto de 1954.
94 "La defensa del honor nacional", *O Estado de S.Paulo*, 11 de noviembre de 1953, y "El castigo de los corruptores", *O Estado de S.Paulo*, 26 de noviembre de 1953.
95 Página 3.
96 "La palabra oficial", *O Estado de S.Paulo*, 30 de mayo de 1953.
97 29 de mayo de 1953.
98 La figura de Jeca fue creada por Monteiro Lobato a inicios del siglo XX y tuvo su importancia en la historia de Brasil. Fue convirtiéndose con el tiempo en emblema del "brasileño tradicional", pasando a representar de forma estereotipada a los pequeños y rústicos agricultores del interior del país (Pereira & Queiroz 2005, 9). Hasta 1960, este personaje fue utilizado por Théo, el artista que dibujaba a Jeca en *O Globo* ("Getúlio Vargas y Washington Luís disputan el poder en las caricaturas de Théo Acervo". Disponible en: http://acervo.oglobo.globo.com/charges-e-humor/Getúlio-vargas-washington-luis-disputam-poder-nas-charges-de-theo-9055964.
99 Janio Quadros, que sería presidente durante 1961, daba entonces sus primeros pasos políticos. Con la "escoba" como emblema de campaña para "barrer la corrupción", explotó hábilmente las demandas de moralización política para ganar la intendencia de San Pablo en las elecciones de marzo de 1953. Su lema de campaña era "el centavo contra el millón", haciendo alusión a las grandes contribuciones con que contaría la amplia alianza partidaria (PSD-PSP-UDN-PTB-PRP-PR-PRT) a la que se enfrentaba, representante de la "política tradicional". Quadros se destacaría inicialmente por las denuncias de corrupción contra la gobernación de Adhemar de Barros en San Pablo. Como sostiene Fortes, "la elección de Jânio Quadros para la intendencia de San Pablo fue percibida por gran parte de los contemporáneos como un verdadero terremoto político", en Fontes 2013, 82.
100 "Diluvio de escándalos", *O Estado de S.Paulo*, 31 de mayo de 1953.
101 "Vuelta a la seriedad", *O Estado de S.Paulo*, 2 de junio de 1953.
102 "El fondo partidario", *O Estado de S.Paulo*, 6 de septiembre de 1953
103 El matutino identificaba a Adhemar de Barros como la expresión máxima de esta corrupción, a partir de las denuncias que existían sobre irregularidades durante su gobernación en San Pablo (Neto 2014). *O Estado de S.Paulo* construía una relación de *continuidad* y *asociación* entre lo que habría sido el gobierno paulista de Adhemar de Barros y el gobierno de Getúlio Vargas en la presidencia de la Republica. Serían ambos expresión de la inmoralidad y de un pueblo que "sin escuchar" en las elecciones de 1950, se habría dejado llevar por "promesas vacías".
104 "El problema de la sucesión", *O Estado de S.Paulo*, 13 de octubre de 1953.
105 "La unión de los hombres honestos", *O Estado de S.Paulo*, 1 de noviembre de 1953.
106 "La sucesión presidencial", *O Estado de S.Paulo*, 27 de agosto de 1953.
107 "El prestigio de los hombres públicos", *O Estado de S.Paulo*, 30 de agosto de 1953.
108 Columna "Ministros & 'Ministritos'", *O Estado de S.Paulo*, 30 de junio de 1953.
109 02/de junio de 1953.

110 El día 10 de junio de 1953; este editorial podemos encuadrarlo dentro de la "cruzada moral", pues visibiliza cómo una de las causas del impulso que daría la prensa de Río de Janeiro al escándalo de *Última Hora* se vinculaba con la insatisfacción de los periódicos tradicionales frente a la creación de éste nuevo medio de prensa.
111 10 de junio de 1953.
112 23 de junio de 1953.
113 Por ejemplo en esta noticia de la página 2 de *O Globo*, 3 de octubre de 1953.
114 Lacerda fue un hábil intérprete de la época, de los temores y demandas latentes en la clase media carioca frente al ascenso de lo *popular* y el temor de la pérdida de status social.
115 Sección El Momento Político, *O Estado de S.Paulo*, 3 de julio de 1953.
116 "El pueblo y el gobierno", *O Estado de S.Paulo*, 15 de julio de 1953.
117 Sección El Momento Político, *O Estado de S.Paulo*, 15 de julio de 1953.
118 17 de julio de 1953.
119 Según muestra la página de *O Estado de S.Paulo* correspondiente a su fallecimiento, 5 de junio de 1958: "Falleció ayer en Río el diputado y periodista Rafael Correia de Oliveira", Correia de Oliveira se había desempeñado como director de la sucursal de Río de Janeiro de *O Estado de S.Paulo*. Se exilió durante el *Estado Novo*, luego vinculándose a la campaña del *Brigadeiro* Eduardo Gomes. Fue posteriormente electo como Diputado Federal por la UDN en Paraíba.
120 Rafael Correia de Oliveira, en columna titulada "Cruzada contra la corrupción" en la sección El Momento Político, *O Estado de S.Paulo*, 26 de julio de 1953.
121 "El Banco de Brasil y la Prensa", *O Estado de S.Paulo*, 28 de julio de 1953.
122 "Los responsables por el escándalo bancario", *O Estado de S.Paulo*, 22 de agosto de 1953.
123 "Los financiamientos de favor", *O Estado de S.Paulo*, 10 de septiembre de 1953.
124 "El poderío financiero del presidente de la Republica", *O Estado de S.Paulo*, 2 de septiembre de 1953.
125 15 de septiembre de 1953.
126 Sin embargo, *O Globo* tematizaba esta cuestión reflejando un mayor pluralismo interno. El periódico, a la vez que demostraba la pretensión de dar visibilidad a las acusaciones del involucramiento de Vargas en el escándalo de *Última Hora*, daba lugar a testimonios que denunciaban operaciones opositoras, mostrando en sus páginas entrevistas a funcionarios del gobierno. Por lo tanto, había una búsqueda de representar en este periódico distintas visiones, lo que lo diferenciaba de *O Estado de S.Paulo*.
127 4 de noviembre de 1953.
128 "Guerra total contra la infamia", *O Estado de S.Paulo*, 13 de septiembre de 1953.
129 "La serie continua", 19/09/1953, *O Estado de S.Paulo*.
130 "Concurso de calamidades", *O Estado de S.Paulo*, 22 de septiembre de 1953.
131 "Símbolo de la corrupción de una época", *O Globo.*, 5 de noviembre de 1953.
132 "El gran papel del parlamento", *O Globo*, 3 de diciembre de 1953.
133 "Nuevas revelaciones, todavía más sensacionales", decía el gran titular en la tapa del 4 de diciembre de 1953, referidas al escándalo de la CEXIM.
134 Escritor que desarrolló una obra regionalista sobre el nordeste. Nació en Paraíba (1901-1957). Luego viviría en Rio de Janeiro, siendo durante años colaborador de *O Globo*.
135 "La nación y los malhechores", *O Globo*, 2 de febrero de 1954.
136 17 de febrero de 1954.
137 "Nuestra actitud y la realidad", *O Estado de S.Paulo*, 11 de diciembre de 1953.

138 "El proceso contra el presidente", *O Estado de S.Paulo*, 5 de junio de 1954.
139 "Las razones de la política", *O Estado de S.Paulo*, 12 de junio de 1954.
140 Según la Constitución de 1946, el mandato presidencial duraba 5 años. De los 1825 días que preveía el mandato, Vargas gobernaría por 1301 días, ya que el mismo se vería interrumpido por su suicidio.
141 2 de junio de 1954.
142 "El fin de la batalla", *O Estado de S.Paulo*, 19 de junio de 1954.
143 "Nuestro deber cívico", *O Estado de S.Paulo*, 1° de junio de 1954.
144 "De las sucesiones estatales", *O Estado de S.Paulo*, 4 de julio de 1954.
145 "La lección de Rio Grande", *O Globo*, 20 de julio de 1954.
146 Las cursivas son propias.
147 "¡Delenda San Pablo!", *O Estado de S.Paulo*, 19 de junio de 1953.
148 "La Unión y S.Paulo", *O Estado de S.Paulo*, 12 de agosto de 1953.
149 "Lecho de Procusto", *O Estado de S.Paulo*, 24 de junio de 1953.
150 "9 de julio", *O Estado de S.Paulo*, 9 de julio de 1953.
151 "9 de Julio, a la distancia", *O Estado de S.Paulo*, 10 de julio de 1953.
152 "Los estados y el sistema federal", *O Estado de S.Paulo*, 26 de agosto de 1953.
153 "Indispensable guión para las fuerzas paulistas", *O Estado de S.Paulo*, 20 de septiembre de 1953, y "La situación brasileña", *O Estado de S.Paulo*, 17 de febrero de 1954.
154 La Facultad de Derecho de la Universidad de San Pablo actuaba como caja de resonancia de la oposición anti-varguista desde el *Estado Novo*. Reconocidos *bachereis*, como Octavio Mangabeira (Bahía) y Milton Campos (Minas Gerais), conferenciaron allí entre 1951 y 1954, para dictar discursos que luego eran replicados en *O ESP*. Dulles (1984) muestra en su trabajo la importancia del núcleo antivarguista de la Facultad de Derecho de la USP durante el primer gobierno de Vargas. El autor señala que "durante el Estado Novo (1937-45), la voz de la resistencia se levantó con coraje en épocas y lugares diferentes … sin embargo, su persistencia se hizo sentir con claridad, más que en cualquier otro lugar, en la Facultad de Derecho de San Pablo" (Dulles 1984, 11). En este sentido, vale la pena resaltar que el origen de la revolución constitucionalista de 1932 tiene su epicentro en el movimiento estudiantil paulista, y que la Facultad de Derecho era llamada como la "cuna civil de la revolución" en referencia a los acontecimientos de 1932 (Abreu 2011).
155 El 11 de noviembre de 1953, en la página 4 se titularía "La resistencia académica contra el Estado Novo", y se reproduciría el discurso pronunciado en la Facultad de Derecho de la USP por el profesor Almeida Junior, además presidente a la sección paulista de la UDN.
156 "Determinismo golpista", *O Estado de S.Paulo*, 10 de febrero de 1954.
157 "La dignidad paulista", *O Estado de S.Paulo*, 13 de febrero 1954.
158 "El sentimiento paulista", *O Estado de S.Paulo*, 14 de febrero de 1954.
159 En una sociedad elitista como la brasileña, "aventurero" resultaba una denominación descalificadora presente en la prensa de la época, y remitía a quien rápidamente pretendía crecer en un medio, sin tener los capitales y la legitimidad de origen social necesarios admitidos por las elites.
160 Si bien este acontecimiento fue regularmente destacado con gran importancia en las páginas del matutino, comprobamos, consultando esas fechas en 1952 y 1953, que en 1954 fue dado al mismo una mayor cantidad de páginas en el matutino, así como mayor relevancia.
161 El periódico se refería a Rui Barbosa (1849-1923), jurista, diplomático y político de Sal-

vador, Bahía. De tendencia liberal, era identificado como un defensor de los postulados éticos y morales en la política.
162 Columna sin firma titulada "Nueve de julio", *O Estado de S.Paulo*, 8 de julio de 1954.
163 Esto se emparentaba con aquello que Benevides (1981) encuentra ligado a la interpretación de la UDN de las elecciones de 1945 y de 1950, donde fue derrotado su candidato Eduardo Gomes, pero los udenistas se contentaban con la transformación de las derrotas electorales en "victorias morales". En la interpretación legitimadora de la revolución de 1932, encontramos un vínculo relevante con aquella cosmovisión udenista.
164 "Nueve de Julio", *O Estado de S.Paulo* , 9 de julio de 1954.
165 09 de julio de 1954.
166 "El Ejército y el 9 de Julio", página 8, *O Estado de S.Paulo*, 9 de julio de 1954.
167 Carlos Lacerda (1978) sostendría en su testimonio, refiriéndose a la concepción de Julio de Mesquita Filho sobre Vargas, que la misma estaba más orientada por el desprecio que por las consideraciones sociológicas a partir de las cuales éste pretendía justificar sus apreciaciones.
168 09 de julio de 1954.
169 Página 5, 10 de julio de 1954.
170 "Nuevo brote de civismo", *O Estado de S.Paulo*, 11 de julio de 1954.
171 En aquel discurso del 7 de abril de 1951, Vargas diría:
> Ese es el marco desconcertante en el que mi Gobierno encontró el país; una verdadera orgía de transacciones sin escrúpulos, en la que los explotadores y los codiciosos se enriquecían a expensas de la economía del pueblo, a expensas del cambio negro y del aumento de los precios de todos los bienes.... El pueblo está sangrando en su propia carne. Sabe que muchas de las medidas encaminadas al interés público están siendo saboteadas. Él acompaña los pasos del gobierno, así como los caminos tortuosos de los que pretenden explotar impunemente la miseria ajena para satisfacer su propio egoísmo. No se burlen de los sufrimientos del pueblo, y vean que ya se agotaron sus reservas de paciencia y resignación. La desgracia es mala consejera, y deben temer el día en que el pueblo haga justicia por sus propias manos.

172 "Revuelta justa, increíble incitación", *O Globo*, 9 de abril de 1951.
173 10 de abril de 1951.
174 "Confesión inesperada", *O Estado de S.Paulo, 11 de abril de 1951.*
175 "El fin de la mistificación", *O Estado de S.Paulo*, 12 de abril de 1951.
176 "Las palabras incendiarias", *O Estado de S.Paulo*, 14 de abril de 1951.
177 "Todavía las palabras presidenciales", *O Estado de S.Paulo*, 17 de abril de 1951.
178 La concepción de *O Estado de S.Paulo* sobre el peronismo parece haber ido variando, desde cierta ambigüedad inicial en su emergencia como movimiento político (entre 1945-1948), hasta 1948 en adelante, cuando se fijaría una definición negativa que perduraría en la década del `50. En 1946, *O Estado de S.Paulo* tendría como corresponsal para cubrir los acontecimientos en Argentina a Paul Vanorden Shaw, norteamericano "objetivista" en sus análisis, profesor de la Universidad de San Pablo, que sería el intérprete del surgimiento del peronismo para el matutino. En la tapa de su edición del 12 de marzo de 1946, el corresponsal Vanorden Shaw, en una columna titulada "Peronismo y peronistas", haría referencia a conversaciones sostenidas con "varios peronistas" en Rosario, resaltando que "tengo la impresión de que creían sincera y patrióticamente en lo que decían y de que sería imposible convencerlos de que estaban poniendo su confianza y su fe en un

demagogo ... Es un problema muy humano. Buena gente, sin mucha cultura, pero con grandes necesidades sociales básicas y sin medios para satisfacerlas, en un ambiente en el que pocos han tenido de más y muchos han tenido de menos. Durante dos años y medio, sin un periodismo libre para esclarecerlos, sin jefes para guiarlos que situaran a la patria y el bienestar general encima de los intereses personales o partidarios, y seducidos por las promesas de un demagogo que tiene cualidades que atraen a las masas, no es de admirar que se agarren a Perón como a un salvavidas. El medio, el momento histórico y otras condiciones clamaban por una gran modificación social. Solo los Perón saben aprovecharse de estos momentos. Él lo hizo. Las masas tenían reivindicaciones legítimas. Nunca más volverán atrás". Además, agregaba "Los peronistas sinceros no quieren el nazi-fascismo, no quieren complicaciones con el Brasil o con los Estados Unidos, no son imperialistas y creo que incluso no les interesa estrechar de más relaciones con la Unión Soviética. Quieren justicia social y económica y nada más". Estos extractos muestran cómo en *O Estado S.Paulo*, durante 1946, no era dominante aquella visión negativa y estereotipada del peronismo que luego predominaría para atacar al gobierno de Vargas. Sin embargo, el artículo "Queremismo y peronismo" (08 de marzo de 1946) de Rubem Braga, señalaba que Getúlio y Perón habrían atraído a las masas proletarias como nunca antes con un modelo de "caudillismo vertical". Se refería a estas "dictaduras" como fenómenos "idénticos", en tanto "movimientos demagógicos", más allá de sus diferencias. Ya el 14 de abril de 1948, en la pág. 7 en la columna "Recorrido de Buenos Aires", Antonio Victor Ferreira criticaba la influencia de Perón y Evita como un "imperialismo cultural" y la influencia del peronismo en los sindicatos de Brasil, refiriéndose a Perón como el "dictador argentino" y a la presencia del embajador brasileño en Argentina, Bautista Lusardo, como amigo de Perón. Por lo visto, esta visión persistiría de aquí en más hasta la campaña de 1950.

El 21 de agosto de 1947, *O Globo* resaltaba en un gran titular en tapa la "presencia de la Sra. de Perón en la conferencia de Petrópolis" con el subtítulo "Polarizó todas las atenciones la primera dama argentina—Impresiones de su elegancia". El 7 de mayo de 1949 con el título "Perón juega una partida dentro de Brasil", firmado por Neiva Moreira, decía con referencia a una entrevista de Perón: "Toda la entrevista de Perón está llena de alusiones a nuestro país, de injurias a nuestra prensa, de ataques al actual Gobierno, que estaría destruyendo la 'obra social de Vargas', de insinuaciones de que vivimos bajo el dominio de los Estados Unidos.... En otras palabras: resuelve, sinceramente, meterse con nuestras vidas y venir a dar a nuestro Gobierno instrucciones de comportamiento diplomático y de independencia política.... Hay otro aspecto de la entrevista que merece importancia. Le correspondió al Sr. Baptista Lusardo conducir al reportero a la vivienda del general Perón, y en compañía del periodista, asistió a la audiencia, uno de los hijos de Vargas, el Sr. Manuel Vargas. No es la primera vez ni será la última en que el Sr. Lusardo establece conexiones entre el ex dictador y el general Perón. Hay evidencia de que tales actividades son abiertamente contrarias a los intereses de nuestro país, pero el Sr. Lusardo continúa con la entrada libre en el Catete".

La vinculación que estos periódicos trazarían entre Vargas y Perón preexistía a la vuelta al gobierno del primero en 1950. Sin embargo, la relevancia en *O Estado de S.Paulo* del tema del peronismo sería mayor que en *O Globo*, especialmente durante la década de 1940 (109 menciones) y 1950 (588 menciones) en el buscador de su Archivo Histórico digital, frente a *O Globo*, que tendría en la década de 1940 (22 páginas) y de 1950 (369 páginas) en su Archivo Histórico digital.

179 "Intercambio de personajes", *O Estado de S.Paulo*, 31 de enero de 1954.
180 "Nuevo golpe peronista contra La Prensa", *O Estado de S.Paulo*, 9 de febrero de 1951.
181 Ambos periódicos dieron amplia cobertura a la intervención de Perón al diario *La Prensa* en 1951. Sin embargo, sólo *O Estado de S.Paulo* lo enmarcaba en una lucha de la libertad y la democracia contra el autoritarismo y la dictadura que tenía claras resonancias en la política brasileña.
182 Columna de José Lins do Rego, "El estruendo de Perón", *O Globo*, 26 de marzo de 1951.
183 "Los enemigos de la prensa", *O Estado de S.Paulo*, 11 de febrero de 1951.
184 "El itinerario de una dictadura", *O Estado de S.Paulo*, 15 de abril de 1951.
185 23 de marzo de 1951.
186 Este episodio supuso la publicación por parte de varios militares en la *Revista del Club Militar* de un artículo en defensa de posturas nacionalistas que despertó críticas y polémicas, tanto por la defensa del nacionalismo, como por la toma de posición política de los militares.
187 "El Ministerio y la crítica", *O Globo*, 1° de febrero de 1951.
188 "Los ministros del nuevo gobierno", *O Estado de S.Paulo*, 2 de febrero de 1951.
189 Luego, en forma más intensa, Goulart experimentaría una crítica similar, al ser identificado como "comunista" o como representación del "peronismo" en Brasil. Ambos actores serían criticados al ser percibidos como quienes podrían alterar el status quo.
190 "Efectos de la indisciplina", *O Estado de S.Paulo*, 1 de marzo de 1951.
191 El discurso de Getúlio del 1° de mayo de 1951 en el Estadio del Vasco da Gama tendría los siguientes pasajes (D'Araujo 2011):
> Preciso de vuestra unión para luchar contra los saboteadores, para no quedar prisionero de los intereses de los especuladores en perjuicio de los intereses del pueblo. Preciso de vuestro apoyo colectivo, estratificado y consolidado en la organización de los sindicatos, para que mis propósitos no se esterilicen y la sinceridad con la que me empeño en resolver nuestros problemas no sea recogida de sorpresa y desarmada por la ola reaccionaria de los intereses egoístas, que, de todos los lados, intentan impedir la libre acción de mi Gobierno.... Quieran o no quieran oírme los enemigos del pueblo, voy a seguir proclamando en voz alta que no es posible mantener a la sociedad dividida en zonas de pobreza y zonas de abundancia; en donde unos disponen de lo superfluo y los otros carecen de lo esencial para la subsistencia. (676)

192 "En medio de reveses y nuevas ofensivas", *O Estado de S.Paulo*, 3 de mayo de 1951.
193 "Contra los partidos, contra el régimen", *O Estado de S.Paulo*, 4 de mayo de 1951.
194 Columna firmada por E.C., "En defensa del pueblo", *O Globo*, 2 de mayo de 1951. Esta habitual columna de la página 3 de *O Globo* firmada por un tal E. C., en general sostenía posiciones favorables al gobierno.
195 4 de mayo de 1951.
196 11 de junio de 1953.
197 Sin embargo, cuando se trataba de los empresarios, el vespertino exigía que el gobierno permitiera "la preservación de la libertad de iniciativa para que las fuerzas productoras puedan dar de sí todo cuanto desean en pos de la recuperación de nuestra economía" ("El nuevo ministro de Fazenda", *O Globo*, 19 de junio de 1953). El vespertino se manifestaba en favor de la libre empresa, contra lo que denominaba como las "tendencias socializantes".

198 16 de junio de 1953.
199 "Programa para ser leído, meditado y cumplido", *O Globo*, 20 de junio de 1953.
200 15 de julio de 1953.
201 "La lucha contra el Congreso", *O Estado de S.Paulo*, 21 de junio de 1953.
202 "Nuestra embajada en Buenos Aires", *O Estado de S.Paulo*, 7 de junio de 1953.
203 "Nuestras relaciones internacionales", *O Estado de S.Paulo, 14 de junio de 1953*.
204 "Hiriendo la sensibilidad brasileña", *O Globo*, 17 de junio de 1953.
205 16 de junio de 1953.
206 "Decepción", *O Estado de S.Paulo*, 20 de junio de 1953.
207 Sección El Momento Político, "Ninguna definición nueva de ministros", *O Estado de S.Paulo*, 23 de junio de 1953.
208 "Maniobras peligrosas", *O Estado de S.Paulo*. 23 de junio de 1953.
209 "La preparación del golpe", *O Estado de S.Paulo*, 25 de junio de 1953.
210 1° de julio de 1953.
211 "Peligros demagógicos", *O Estado de S.Paulo*, 4 de julio de 1953.
212 "En estado de alerta", *O Estado de S.Paulo*, 19 de julio de 1953.
213 28/07/1953.
214 "La explotación de los trabajadores", 04/08/1953, *O Estado de S.Paulo*.
215 4 de agosto de 1953.
216 4 de agosto de 1953.
217 "El foco de inquietud", *O Globo*, 6 de agosto de 1953.
218 En una entrevista a *O Globo*, "Mi presencia no constituye una amenaza para el régimen", página 6, 06 de agosto de 1953, Goulart daría su opinión sobre las acusaciones que los periódicos difundían sobre su figura:

> Lo que está claro de todas estas acusaciones es que ya han alcanzado proporciones verdaderamente ridículas los rumores de que mi presencia en el Gobierno constituye una amenaza para el régimen. A falta de hechos concretos, se acrecientan contra mí olas sucesivas de falsas habladurías, vislumbrando intenciones subversivas en los actos más rutinarios de mi administración. Al final, preguntaría, ¿De qué se me acusa? ¿De quedarme hasta altas horas de la noche atendiendo a quienes golpean las puertas del Ministerio de Trabajo, que buscan una solución para sus problemas?(...) Es cierto que yo podría no atender a los trabajadores, entregándolos a su propia suerte; podría, en lugar de quedarme hasta tarde en mi oficina, pasear por las elegantes reuniones, intercambiando homenajes con los felices poseedores del poder económico. Si así procediera, ganaría tal vez, entre otras cosas, la elogios más entusiastas de esas mismas fuentes que diariamente me agreden ... Los detractores de las clases trabajadoras no entienden que pueda un ministro de Estado hablar con espontaneidad y establecer incluso lazos de afecto con una criatura de condición humilde. En mi caso, además de los ataques infames a mi probidad, inventan las más sórdidas mentiras e intrigas, como es el ejemplo de esa pintoresca 'república sindicalista' que está en los encabezados de algunos periódicos. Me acusan de 'peronista', porque prestigio a las organizaciones de trabajadores, que son los sindicatos. Ahora, los sindicatos son los órganos de representación y defensa de los intereses profesionales y económicos de las diferentes categorías, tanto de los empleados como de los empleadores. Y el deber del Ministerio de Trabajo, por lo tanto, es favorecer y honrar la organización sindical. Jamás podría tener la intención de

transformar a estas entidades en instrumentos de acción política, no sólo porque eso sería tergiversar sus fines, sino también porque a eso se oponen los preceptos de la ley.... También no es más que una torpe intriga el rumor de que estoy en contra del capitalismo. Al frente del Ministerio de Trabajo estoy dispuesto a aplaudir y estimular a los capitalistas que hacen de su fuerza económica un medio legítimo para producir riquezas, dando siempre a sus iniciativas un sentido social, humanitario y patriótico". Las respuestas de Goulart contrastaban con el discurso de los periódicos y daban la pauta, en este contexto, del clima de *denuncismo* existente, estimulado por ciertos medios de prensa, que aspiraban a apartar a *Jango* del gobierno.

219 "El esquema de incoherencias", *O Estado de S.Paulo*, 24 de octubre de 1953.
220 "Gobierno heterogéneo", *O Estado de S.Paulo*, 3 de noviembre de 1953.
221 5 de agosto de 1953.
222 "El capital y el trabajo", *O Estado de S.Paulo*, 9 de agosto de 1953.
223 "Persiste la amenaza", *O Estado de S.Paulo*, 14 de agosto de 1953.
224 "La situación de Brasil", *O Estado de S.Paulo*, 15 de agosto de 1953.
225 "Las arengas del Sr. Goulart", *O Estado de S.Paulo*, 30 de agosto de 1953.
226 En su titular del 21 de agosto de 1953 decía "El papel del ejército frente a este momento político", y luego el subtítulo "Ninguna presión para la destitución del ministro de Trabajo".
227 27 de agosto de 1953.
228 *O Globo*, 27 de agosto de 1953.
229 "Reivindicaciones que se desvirtúan", *O Globo*, 14 de septiembre de 1953.
230 "Sombras y rayos", *O Estado de S.Paulo*, 15 de septiembre de 1953.
231 "Cristiano nuevo", *O Estado de S.Paulo*, 17 de octubre de 1953.
232 "La huelga y el ministro de la agitación", *O Estado de S.Paulo*, 18 de octubre de 1953.
233 "Las huelgas y el Ministro de Trabajo", *O Globo*, 19 de septiembre de 1953.
234 "El espionaje, institución oficial", *O Globo*, 7 de octubre de 1953.
235 "Ideologías antidemocráticas", *O Estado de S.Paulo*, 1° de octubre de 1953.
236 "De las conferencias políticas", *O Estado de S.Paulo*, 7 de octubre de 1953.
237 "Cuando el gobierno quiere realmente reprimir el desorden", *O Globo*, 19 de octubre de 1953.
238 21 de octubre de 1953.
239 "La invasión peronista", *O Estado de S.Paulo*, 19 de noviembre de 1953.
240 "La 'peronización' del País", *O Estado de S.Paulo*, 16 de febrero de 1954.
241 Esto se haría a través de naturalizaciones que deforman y restituyen sedimentaciones previas, con las cuales operaría el procedimiento de constitución del mito según Barthes (2004).
242 "Presidente revolucionario", *O Estado de S.Paulo*, 8 de diciembre de 1953.
243 3 de febrero de 1954.
244 9 de febrero de 1954.
245 15 de febrero de 1954.
246 15 de febrero de 1954.
247 "Síntomas promisorios", *O Estado de S.Paulo*, 17 de febrero de 1954.
248 Columna "El Manifiesto de los militares", *O Estado de S.Paulo*, 17 de febrero de 1954.
249 "La reacción de las Fuerzas Armadas", *O Estado de S.Paulo*, 18 de febrero de 1954.
250 "Otra cara del problema electoral", *O Estado de S.Paulo*, 16 de febrero de 1954.

251 "Las realizaciones del gobierno federal", *O Estado de S.Paulo*, 18 de febrero de 1954.
252 "De la marola al maremoto de las reivindicaciones", *O Globo*, 18 de febrero de 1954.
253 "Las reformas de base", *O Estado de S.Paulo*, 23 de febrero de 1954.
254 "El momento de la agricultura", *O Estado de S.Paulo*, 6 de febrero de 1954.
255 "El gobierno federal y la agricultura", *O Estado de S.Paulo*, 7 de febrero de 1954.
256 20/02/1954.
257 "Nuevos rumbos para el gobierno", *O Globo*, 22 de febrero de 1954.
258 21 de febrero de 1954.
259 "De la intranquilidad general", *O Estado de S.Paulo*, 3 de junio de 1954.
260 "El gobierno y la subversión social", *O Estado de S.Paulo*, 6 de junio de 1954.
261 "Embargos de declaración", *O Estado de S.Paulo*, 4 de agosto de 1954.
262 "Más demagogia", *O Estado de S.Paulo*, 4 de agosto de 1954.
263 "Del congelamiento de los precios", *O Estado de S.Paulo*, 8 de julio de 1954.
264 "Alarma sonando", *O Estado de S.Paulo*, 24 de junio de 1954.
265 Es notorio como, a partir de la divulgación del Manifiesto de los Coroneles, aumentaría de forma significativa en ambos periódicos la crítica al gobierno por encarnar la "subversión", incrementándose y convirtiéndose en el eje de los reclamos en los dos casos.
266 Con respecto al atentado de Toneleros, dada la importancia del acontecimiento en el curso de la relación de la prensa con el gobierno de Vargas, se hace necesario ampliar el nivel de detalle de los encuadres en esta coyuntura.
267 En este aspecto es necesario señalar que, como hemos visto, *O Globo* ya tenía previamente frente a Lacerda una actitud de reconocimiento.
268 Esta frase del Brigadeiro "Por la honra de la Nación, confiamos en que este crimen no quedará impune", también sería tomada en distintos manifiestos militares que aparecerían en ese entonces.
269 Página 6.
270 06 de agosto de 1954.
271 "Golpe de vandalismo", *O Estado de S.Paulo*, 6 de agosto de 1954.
272 6 de agosto de 1954.
273 6 de agosto de 1954.
274 Decimos que esto es así sólo en parte, porque este tipo de datos tenían también en esta coyuntura una función informativa. Sin embargo, el modo sensacionalista e instrumental en el que los mismos eran encuadrados manifestaban una utilización política y comercial de las víctimas de este acontecimiento.
275 Por su parte, en *Tribuna da Imprensa*, la columna de Carlos Lacerda del 9 de agosto de 1954, diría:
> Por la memoria del oficial Vaz, por mi hijo que vi atacado en plena calle, ya no por mí que tengo la vida jurada por tales bandidos, requiero al Congreso, expongo a las Fuerzas Armadas, imploro al pueblo, suplico a Dios, que tengan piedad de Brasil.

La columna de Lacerda del 19 de agosto de 1954, decía: "¡El mayor culpable se llama Getúlio Dornelles Vargas! Y cada día que permanece en el gobierno es un día de oprobio, un día de vergüenza y aflicción para a la nación brasileña".
276 6 de agosto de 1954.
277 "El atentado de ayer y el deber del presidente", *O Globo*, 6 de agosto de 1954.
278 7 de agosto de 1954.
279 "La responsabilidad del presidente", *O Estado de S.Paulo*, 7 de agosto de 1954.

280 "Triste aventura", *O Estado de S.Paulo*, 8 de agosto de 1954.
281 En cierta medida, en este discurso se destacaba una distinción entre "civilización" y "barbarie", que obedecía a los términos de legitimación/invalidación propios de las ideologías políticas, tal como ha sido señalado por Ansart (1983).
282 Tapa de *O Globo*, 8 de agosto de 1954.
283 "Represalia injustificable", *O Globo*, 8 de agosto de 1954.
284 En este punto, existía una notable diferencia con la posición de *O Estado de S.Paulo*, que con respecto al crimen de Vaz reclamaba "venganza" y señalaba que el mismo debería, si no era posible de otra manera, ser "lavado con sangre".
285 10 de agosto de 1954.
286 "Contra el crimen, pero siempre por la constitución y la democracia", *O Globo*, 9 de agosto de 1954.
287 En este sentido, se puede estar de acuerdo con Abreu & Lattman Weltman (1994) respecto de que *O Globo* fue más equilibrado en esta coyuntura. Sin embargo, la oposición del vespertino al gobierno, como hemos visto, se había desarrollado en forma notoria antes de esta coyuntura específica que emerge a partir del atentado de Toneleros.
288 "Posición insustentable", *O Estado de S.Paulo*, 10 de agosto de 1954.
289 "Coincidencia de opiniones", *O Estado de S.Paulo*, 11 de agosto de 1954.
290 11 de agosto de 1954.
291 "La gravedad de la situación", *O Estado de S.Paulo*, 12 de agosto de 1954.
292 12 de agosto de 1954.
293 "Excitación popular", *Folha da Manha*, 12 de agosto de 1954.
294 "Ganan la calle los últimos acontecimientos políticos", *O Globo*, 12 de agosto de 1954.
295 "El conjunto de barras y la unión de las Fuerzas Armadas", *O Globo*, 12 de agosto de 1954.
296 "El camino de los cariocas", *O Globo*, 12 de agosto de 1954.
297 "La situación del presidente", *O Estado de S.Paulo*, 13 de agosto de 1954.
298 En su último discurso y aparición pública, según D'Araujo (2011), Vargas se pronunciaría del siguiente modo:
> Difundiendo el germen de la discordia, tratando de minar la fuerza y el prestigio de la autoridad, distorsionando los hechos y fantaseando acerca de las intenciones, hay un propósito de generar confusión por la mentira, para llevar el país al desorden, el caos y la anarquía. Por el bien de nuestra patria, podemos confiar en las reacciones sanas de la opinión pública y en el sentimiento de patriotismo y disciplina de las Fuerzas Armadas. Las Fuerzas Armadas, sobre las cuales descansa la tranquilidad de la nación, mantendrán el orden y garantizarán el pleno ejercicio de las instituciones democráticas; la Justicia cumplirá su deber con independencia; y el pueblo, en las próximas elecciones, manifestará libremente su voluntad.... Por otro lado no tendré condescendencia con aquellos que se convierten en agentes del crimen o instrumentos de la corrupción. En el gobierno represento el principio de legalidad constitucional, que me corresponde preservar y defender. De ésta no me separaré y advierto a los eternos fomentadores de la provocación y el desorden que sabré resistir a todos los intentos de perturbar la paz y la tranquilidad pública. (770.)

Aquí, Vargas contraponía su encarnación como figura del orden frente a quienes querrían "desestabilizar" al gobierno. Se arrogaba el apoyo y la defensa del orden, colocándose en el mismo lugar que las Fuerzas Armadas. De este modo, el presidente aspiraba a invertir las acusaciones que lo colocaban como responsable de la "subversión".

299 "Catilina en Belo Horizonte", *O Globo*, 13 de agosto de 1954.
300 "La insensibilidad del presidente nominal", *O Estado de S.Paulo*, 14 de agosto de 1954.
301 14 de agosto de 1954.
302 14 de agosto de 1954.
303 14 de agosto de 1954.
304 "Devastación moral", *O Estado de S.Paulo*, 15 de agosto de 1954.
305 "La crisis político-militar y la perpetua coartada de Mr. Pikwick", *O Globo*, 15 de agosto de 1954.
306 17 de agosto de 1954.
307 18 de agosto de 1954.
308 Este tipo de denominaciones tenían por propósito invalidar (Ansart 1983) y devaluar las aptitudes del presidente para ocupar su cargo. Notoriamente, tendrían lugar a partir del atentado de Toneleros, ya que antes el matutino se refería al presidente únicamente como "su excelencia" en sus editoriales.
309 "La defensa del presidente", *O Estado de S.Paulo*, 19 de agosto de 1954.
310 "Acervo de podredumbre", *O Estado de S.Paulo*, 21 de agosto de 1954.
311 21 de agosto de 1954.
312 "La renuncia del presidente", *O Estado de S.Paulo*, 22 de agosto de 1954.
313 Resultaba sorprendente que el matutino se refiriera a la muerte de Vaz como un acto de la "Providencia Divina", creyendo que la misma obedecería a un orden superior. En este sentido, resultaba sugerente que se viera a la muerte como un acontecimiento auspicioso en términos de "sacrificio", como un medio que sería instrumento de un fin superior (la caída de Vargas). En este trágico contexto, comenzaría por lo visto a tener lugar en la narrativa de *O Estado de S.Paulo* una visión religiosa del tiempo político. Esto quizás se debiera también al contexto emergente tras la misa de la Iglesia Candelaria por Vaz y los abucheos al gobierno que se produjeron en la misma, así como al largo reclamo de la prensa por una "limpieza moral" de la nación, también en vinculación con los ideales sacrificiales de 1932.
314 "El momento de pensar en Brasil", *O Globo*, 23 de agosto de 1954.
315 23 de agosto de 1954.
316 Al haberse producido el suicidio de Vargas a primeras horas de la mañana, el matutino sacó la edición este 24 de agosto sin noticiar en sus páginas el acontecimiento.
317 24 de agosto de 1954.
318 *Tribuna da Imprensa* promovería un giro ya el día del suicidio, 24 de agosto de 1954, con el título "Se suicidó Getúlio Vargas. Su suicidio sirve de lección y de advertencia eterna. Paz al alma de Getúlio Vargas. Y, paz en la tierra, al Brasil y a su atormentado pueblo". Una columna firmada por Lacerda ese día se titulaba "Cómo comenzar la obra de reconstrucción nacional", señalando: "Lamentando, profundamente, la muerte trágica del Presidente Getúlio Vargas, no podemos permitir que los que lo llevaron al suicidio todavía se aprovechen de su muerte para continuar con el suplicio del Brasil".
319 24 de agosto de 1954.
320 La misma decía en sus párrafos:
> Cuando los humillen, sentirán mi alma sufriendo a vuestro lado. Cuando el hambre golpee vuestra puerta sentiréis en vuestro pecho energía para la lucha por vosotros y vuestros hijos. Cuando os vilipendiaren sentiréis la fuerza de mi pensamiento para reaccionar…. Mi sacrificio os mantendrá unidos y mi nombre será vuestra bandera

de lucha. Cada gota de mi sangre será una llama inmortal en vuestra conciencia que mantendrá sagrada vibración para vuestra resistencia. Al odio respondo con el perdón. Y a los que piensan que me han derrotado les respondo con mi victoria. Era esclavo del pueblo y hoy me libero para la vida eterna. Pero ese pueblo del que fui esclavo ya no será más esclavo de nadie. Mi sacrificio permanecerá siempre en su alma y mi sangre será el precio de su rescate.... Luché contra la expoliación del Brasil. Luché contra la expoliación del pueblo. He luchado a pecho descubierto. El odio, las infamias, la calumnia no abatieron mi ánimo. Les di mi vida. Ahora les ofrezco mi muerte. No recelo. Doy serenamente el primer paso hacia el camino de la eternidad y salgo de la vida para entrar en la historia.

321 Nótese que, como varios editoriales de la prensa, el vespertino llamaba a Vargas "presidente" y a Café Filho "vice" a pesar de que Vargas, por haber muerto, ya no estaba más al frente del cargo.
322 "Desenlace trágico", *O Estado de S.Paulo*, 25 de agosto de 1954.
323 *O Estado de S.Paulo*, 25 de agosto de 1954.
324 25 de agosto de 1954.
325 La tapa de *O Globo* del 25 de agosto de 1954, titulaba al respecto: "Se traslada a São Borja el cuerpo del Sr. Getúlio Vargas", llevando como subtítulo: "Empujado por el pueblo el coche fúnebre hasta el aeropuerto". También por ser vespertino, registraba acontecimientos que se habían desarrollado ese mismo día que *O Estado de S.Paulo* no registraba.
326 25 de agosto de 1954.
327 "Las Fuerzas Armadas y la crisis política", *O Estado de S.Paulo*, 26 de agosto de 1954.
328 26 de agosto de 1954.
329 26 de agosto de 1954.
330 "Nuevo gobierno", *O Estado de S.Paulo*, 27 de agosto de 1954.
331 "Filosofía de la crisis", *O Globo*, 27 de agosto de 1954.
332 Ese 27 de agosto de 1954, en la página 4.
333 "El gobierno y la opinión pública", *O Estado de S.Paulo*, 28 de agosto de 1954.
334 El día 28 de agosto de 1954.
335 "Que se calle el bajo 'queremismo'", *O Estado de S.Paulo*, 31 de agosto de 1954
336 "La fuerza y el sentido de las palabras", *O Globo*, 30 de agosto de 1954.
337 30 de agosto de 1954.
338 "Estímulo y advertencia al presidente", *O Globo*, 31 de agosto de 1954.

Capítulo 4

Prensa y política durante el primer gobierno de Lula da Silva (2003-2006)

4.1. Lula y el PT: del "nuevo sindicalismo" al "paz y amor"

Lula da Silva nacería en Caétes en 1945, un municipio localizado en el estado de Pernambuco, en lo que se denomina como el "sertão" nordestino. Este origen en la pobreza marcaría su trayectoria personal y política, pasando a convertirse luego en el primer presidente que conocería la experiencia de la miseria (Singer 2012b). Su familia migraría a San Pablo cuando éste tenía pocos años. De este modo, Lula crecería allí y tendría en este estado su proceso de socialización política.[1] Esta migratorio sería fundamental para el paso que haría Lula de la "cultura de la pobreza" a la "cultura de la transformación", convirtiendo su posición estigmatizada en una búsqueda de resolución colectiva de las asimetrías sociales.

Lula, que inicialmente mostraba desconfianza y prejuicios frente a la participación política, sería introducido en la actividad sindical por su hermano Frei Chico, que militaba en el PCB, el llamado entonces "Partidão" (Paraná 2010). A partir de su militancia sindical, comenzaría a construir su base de apoyo en el sindicato metalúrgico de São Bernardo do Campo. En la actividad sindical, Lula mostraría una capacidad innata, usando su popularidad para unir a distintos grupos, recibiendo votos en las elecciones sindicales por parte de facciones enfrentadas (Paraná 2010).

El municipio de São Bernardo se encontraba en la región del ABC paulista, zona en la cual se instalarían grandes empresas de automóviles, en el marco del desarrollo económico originado durante la dictadura. De este modo, el "nuevo sindicalismo" del cual Lula se convertiría en líder expresivo se originaría en el cruce entre su trayectoria personal y las condiciones del desarrollo económico de la época. Éste "nuevo sindicalismo" pretendía dirigirse a las necesidades concretas de la clase trabajadora, distante de la izquierda tradicional representada por el PCB, así como de las formas acostumbradas del corporativismo varguista de la CLT (Paraná 2010). Además, tenía un contenido clasista, contra la conciliación e independiente del Estado, lo que signaría la emergencia en 1983 de la Central Única de Trabajadores (CUT) (Antunes y Santana, 2014).

Esta convergencia destacaría a Lula como líder político en el marco de las huelgas sindicales contra la dictadura. De este modo, cuando surge el liderazgo de Lula como parte del "nuevo sindicalismo" que se iría gestando en las huelgas de 1978, la prensa interpretaría su aparición como la de un líder conciliador, y por eso obtendría por parte de ésta un tratamiento elogioso. Sostiene Paraná (2010) que:

> Los empresarios más liberales desempeñaban su papel: no estaban poniendo en riesgo sus intereses económicos, por el contrario, querían mejorar las relaciones de trabajo en los estrictos moldes del sistema capitalista. Para eso era preciso tener un interlocutor que representase de hecho a la clase trabajadora, que tuviese legitimidad y, al mismo tiempo, estuviese genuinamente desvinculado de movimientos y organizaciones de izquierda. ¿Quién sería ese hombre?
>
> La respuesta a esta pregunta se puede hallar en la generosa forma con que las empresas de comunicación —en especial las de diarios y revistas— trataron a Lula y al movimiento huelguista de 1978. Es a partir de ese período que Lula pasa a actuar en el escenario político brasileño, gana notoriedad nacional y poco después internacional.
>
> Las clases dominantes, deseosas de esta especie de "encuentro amoroso", saludaban el surgimiento del "príncipe encantado" de sus sueños. En vez de los ojos claros y de los músculos perfectos —inevitables clichés de las historias de príncipes—, Lula exhibía los dotes que seducían a esa extraña princesa (la burguesía): su declarada desvinculación política, asociada a la más completa legitimidad entre sus pares, los trabajadores. Por fin había llegado aquél cuyo liderazgo y autoridad podrían guiar —y especialmente contener— a una legión de obreros.... Al fin un gran líder de esa masa tan poderosa de plebeyos. (Parana 2010, 407)

Ricardo Kotscho, periodista de la *Folha de S.Paulo*, sería uno de los primeros en los medios en ir a retratar las huelgas del nuevo sindicalismo de la región del ABC paulista que lideraba Lula, en función del interés del periódico en favor de iniciativas contra el régimen militar y por la democratización brasileña (Pilagall 2012). Éste recordaba, en una entrevista que le fue realizada para esta investigación:[2]

> Cuando conocí a Lula en los años '70 en el ABC, él era líder metalúrgico y había espacio para él en la prensa, él era una novedad. En algún momento hasta tuvo bastante espacio y algún apoyo de los grandes medios. Eso cambió a partir del momento en que se volvió líder de un partido político. Cuando era líder sindical, no había problema. A partir del momento en que se vuelve líder de un partido político, y con chances de llegar a la presidencia desde la primera elección del '89, pasó a ser visto como un adversario y a ser combatido. Todas las cosas negativas de él fueron resaltadas y las eventuales cosas positivas escondidas.

La emergencia del liderazgo de Lula y la relevancia que iría adquiriendo el "nuevo sindicalismo" en oposición a la dictadura, posibilitarían la formación de un nuevo partido de izquierda en el contexto del comienzo de la apertura política. De este modo, la fundación del Partido de los Trabajadores (PT) se produciría en 1980 en el Colegio de Sion de San Pablo. Este surgimiento iría acompañado del paso de Lula como líder sindical al plano político. Esta transición produciría el rechazo y la crítica de los medios de comunicación a las nuevas aspiraciones del líder.

Como sostiene Secco, el PT se originaría en torno a distintos núcleos: el nuevo sindicalismo, el movimiento de la iglesia progresista, políticos del Movimiento Democrático Brasileño (MDB), intelectuales de izquierda, así como ex miembros de la lucha armada contra la dictadura (Secco 2011, 27). Desde su fundación, el PT se destacaría por la existencia de sus corrientes internas, que lo harían un partido democrático en su interior, así como lo distinguían del viejo PCB (Secco 2011). El "alma" de fundación del partido estaría marcada por un carácter de izquierda radical que signaría sus primeros pasos (Singer, 2010). Inicialmente, el PT apostaría a una inserción en la sociedad civil y los movimientos sociales, adoptando una postura de oposición al sistema político en su conjunto. Sin embargo, posteriormente se iría adaptando como una opción competitiva a nivel electoral, lo cual le permitiría conquistar tres intendencias de capitales en Porto Alegre, San Paulo y Vitória en 1988. En Porto Alegre es donde el partido instrumentaría el llamado Presupuesto Participativo, que sería una experiencia innovadora en la gestión y de identidad progresista.

Como hemos visto, la elección de 1989, en la cual se produciría la derrota de Lula frente a Collor de Mello en la segunda vuelta, revelaría la toma de posición de los grandes medios, y especialmente del *Grupo Globo*, contra la candidatura del petista. A partir de entonces, Lula incorporaría una visión negativa sobre la actuación de los grandes medios de comunicación (Porto 2012). Esta derrota conduciría también a una reformulación de su estrategia política para llegar a la presidencia.

Durante los '90, con la caída del Muro de Berlín, el partido se vería afectado. Considerando esta cuestión, comenzaría a defender una síntesis entre el marxismo y el social liberalismo (Secco 2011). Distintos estudios resaltan las transformaciones a nivel ideológico y partidario del PT, desde su inicial adscripción al socialismo democrático hasta su llegada al gobierno en 2003 (Sallum Jr 2008; Palermo 2003; Toer 2008; Samuels & Zucco 2014). Avritzer (2004), ha estudiado los orígenes del PT con su posición crítica respecto de la izquierda tradicional y la resistencia popular democrática al Estado desarrollista brasileño, reivindicando la autonomía de los movimientos sociales. El autor sostiene que durante los '90, las dificultades que suponía la caída del "socialismo real" situaban al PT a la defensiva, pero la adopción de una posición contra la corrupción por los miembros del partido en el Congreso y el éxito de los gobiernos locales petistas, mejoraron su imagen pública y capital político.

Sader (2009) considera que el período iniciado en 1994, con la victoria de Cardoso y la segunda derrota de Lula, supone un cambio en la correlación de fuerzas, dado que a partir de allí, el PT iniciaría un proceso de adecuaciones ideológicas que le conduciría al perfil asumido por el gobierno de Lula en 2003. Este último autor ha centrado su análisis en el derrotero histórico del PT, el cual supone un viraje que lo transformaría de fuerza anti-sistema a una fuerza reformista de carácter socialdemócrata. Otra serie de autores suponen que este proceso de adecuaciones ideológicas ha transformado progresivamente al PT en un partido adaptado al orden dominante, continuador de las políticas neoliberales de sus predecesores (Filgueiras 2006; De Oliveira 2009; Gonçalves 2006).

Durante los años '90, Lula comenzaría a sostener una autonomía del núcleo dirigente y programático del PT para el diseño e implementación de sus campañas políticas, orientándose hacia el Instituto Ciudadanía (hoy Instituto Lula).[3] Desde entonces, especialmente a partir de 1998 (Azevedo 2009), esbozó campañas profesionalizadas por el marketing político y no tan orientadas por las directivas ideológicas del PT (Kotscho 2006). Esto, como hemos destacado, supondría una mayor autonomía de Lula con respecto a las directivas del partido.

En este período de los años '90, José Dirceu detentaría la presidencia partidaria, concentrando poder al interior de esta organización. De este modo, iría restando autonomía a las tendencias internas de la izquierda radical (Secco 2011), así como impulsando al partido hacia el centro del espectro político, convirtiéndose en el "arquitecto del PT moderno" (Anderson 2011). Este viraje político en el PT desde la izquierda hacia el centro le permitiría tornarse más competitivo electoralmente (Anderson 2011; Secco 2011). En palabras de Paulo Vanucchi, ex director del Instituto Lula y ex Ministro de Derechos Humanos del gobierno de Lula (2005-2010),

En 1989, la campaña del programa de gobierno fue elaborada manteniendo la óptica de una denuncia del sistema, de rechazo al sistema político. Presentamos un programa de gobierno que después comenzamos a evaluar como un programa imposible de ejecutar.

> En los '90 Lula crea el Instituto Ciudadanía, donde fueron elaborados proyectos fundamentales como el Hambre Cero, de seguridad pública, así como el programa de gobierno para 2003-2004.
>
> El programa de 2002 cuida todo el tiempo de presentar una moderación política. No rompe con sus raíces históricas porque coloca en el centro del proyecto el combate a la pobreza y la miseria, la soberanía nacional en las relaciones internacionales, la inclusión y la participación democrática. Como con eso no bastaba se articuló una nueva intervención de Palocci, coordinador del programa del gobierno, ofreciendo garantías al sistema financiero y a los propietarios de que no había que temer ninguna ruptura o enfrentamientos fuera del juego institucional-democrático.[4]

Con el paso de los años, particularmente desde la derrota de Lula en 1989 por escaso margen en segunda vuelta frente a Collor de Mello, así como con las otras dos derrotas de 1994 y 1998 frente a FHC, el PT iría buscando en forma progresiva flexibilizar sus alianzas partidarias, así como orientarse hacia una moderación político-ideológica para alcanzar el poder político. Durante estos años, además, el PT se convertiría en un núcleo de oposición al gobierno de FHC y se tornaría cada vez más competitivo electoralmente. Para ampliar su capacidad de representación, el PT incorporaría en las elecciones de 2002 a su alianza electoral al Partido Liberal (PL), llevando como vicepresidente de la fórmula al empresario José Alencar, con la pretensión de tranquilizar a los sectores medios.

El temor de los grupos representantes del empresariado brasileño y del *establishment* frente a las posibilidades de que el candidato petista accediera a la Presidencia se manifestaría durante esta campaña electoral de 2002, cuando el reflejo en las encuestas de las crecientes posibilidades que el ex metalúrgico tenía de alcanzar la presidencia produjo por parte de los agentes financieros una alteración en las cotizaciones bursátiles que fue denominada como el "riesgo Lula" (Mundim 2010). Frente a estos signos de desconfianza emitidos por parte del *establishment*, desde el comando de campaña del PT se definió lanzar la "Carta al Pueblo Brasileño", que expresaba el compromiso de asegurar una continuidad con la denominada "estabilidad económica" que había caracterizado al anterior gobierno de Fernando Henrique Cardoso, respetando el acuerdo con el FMI, una política económica ortodoxa y de austeridad fiscal. A partir del triunfo electoral en octubre de 2002, Lula y su partido emitieron además una serie de definiciones políticas dirigidas a reducir la desconfianza del *establishment* que les permitiera ser percibidos como una alternativa posible dentro del sistema. Entre ellas, se encontraba la designación de Henrique Meirelles[5] como presidente del Banco Central, así como la de Antonio Palocci[6] como Ministro de *Fazenda*.

Durante la campaña de 2002, la capacidad del núcleo de campaña de Lula para esbozar una propuesta del "cambio como continuidad", diferenciada de un "cambio como ruptura" (Panizza 2004), considerando el rechazo que produciría en el electorado una ruptura con la ortodoxia económica, le permitiría a Lula el triunfo electoral, frente a la incapacidad de Serra de construir una fórmula viable de identificación (Panizza 2004). De este modo, Lula fue retratado en esta campaña ya no como una víctima del sistema, sino como un *self-made man* de la política, realista y responsable (Fortes & French 2012, 204).

Sin embargo, a pesar del éxito electoral, la victoria del PT coincidió con un momento de reflujo popular y desmovilización (Fortes & French 2012; Pomar 2012), tornando el acceso al poder más fuerte al partido a nivel institucional, pero más débil a nivel de sus bases populares, con el traspaso de sus miembros desde los movimientos sociales hacia la administración pública (Fortes & French 2012, 205).

La presencia del PT como fuerza partidaria en el gobierno de Lula marca a nivel comparativo una diferencia notable con respecto al gobierno de Vargas que acabamos de analizar. El partido representó, como veremos, un resguardo significativo para el gobierno y un nexo para la movilización de grupos sociales progresistas que le permitiría al Ejecutivo enfrentar con relativo éxito los momentos de crisis política que se producirían en este período.

4.2. La campaña de 2002: el ascenso del "líder pragmático" en O Estado S.Paulo y en O Globo

En Brasil, luego de la primera vuelta en las elecciones presidenciales de 2002, frente a la aspiración de cambio en el electorado con respecto de las directivas que habían conducido la presidencia de Fernando Henrique Cardoso, la segunda vuelta implicó una polarización entre las candidaturas de Lula (PT) y José Serra (PSDB). El resultado de estas elecciones cristalizó la expectativa social de cambio en la figura de Lula, que triunfó con el 61% de los votos en la segunda vuelta (Almeida 2010).

De esta manera, el día posterior a la segunda vuelta de la elección (28 de octubre), *O Estado de S.Paulo* presentaría como titular una declaración de Lula, que decía "Fui electo por el PT, pero seré el presidente de todos los brasileños". El 29 de octubre, el matutino publicaría un editorial analizando el acontecimiento. En éste, pragmáticamente —considerando que había apoyado a Serra durante la campaña de 2002— se hacía eco del triunfo con el título "Lula fue el gran vencedor". Al mismo tiempo, apuntaba a marcar los límites del resultado obtenido, deslegitimando la atribución de éste por parte del PT. Según el editorial, la situación de debilidad del nuevo gobierno supondría la necesidad de construir alianzas con otros partidos, resultando un riesgo la posibilidad de que se intentaran conformar "hegemonismos".

El matutino paulista realzaba el capital electoral obtenido por el nuevo presidente en comparación con el PT, en función de limitar posibles iniciativas imprevistas. De este modo, se comenzaba a construir una diferencia entre el nuevo presidente electo y su partido. El triunfo, para *O Estado de S.Paulo*, correspondería a Lula y no al PT:

> La inmensa mayoría de los 53 millones de brasileños que eligieron al petista Luis Inácio Lula da Silva presidente de Brasil votó por candidatos de otros partidos para gobernador de Estado, senador y diputado federal. Ese es el incuestionable punto de partida para cualquier apreciación objetiva de los resultados finales del pleito concluido el domingo. Y ese también debería ser el punto de partida de las decisiones estratégicas que Lula vaya a tomar, desde ahora, para que se traduzcan, a lo largo de los próximos años, las aspiraciones de la sociedad nacional. Sería, seguramente, desastroso si el candidato al Planalto consagrado en las urnas y sus principales colaboradores políticos dejaran fuera las debidas lecciones practicas de las preferencias de la mayoría

del electorado, cuyo lúcido pragmatismo, percibido a tiempo y hora por los mentores de la candidatura Lula, barrió de la escena electoral cualquier apelación ideológica.

En este párrafo comenzaría a esbozarse una diferenciación que resultaría importante a nivel de la caracterización del gobierno de Lula por parte del periódico. Esta sería producto de un discurso editorial de legitimación/invalidación (Ansart 1983) representado por el par de "pragmatismo" e "ideología". El primer término correspondería para *O Estado de S.Paulo* a la evolución realizada por el nuevo presidente en su campaña, que implicaría una "desideologización" pragmática, mientras que el segundo correspondería al partido. El PT aparecería como depositario de la ideología y esta sería la razón —a diferencia de Lula— de la menor votación que habría obtenido esta fuerza. De este modo, se construía una definición de Lula como un político pragmático y triunfador, en oposición con la representación correspondiente a su partido, definido como atrasado e "ideológico". La consideración se expresaba en este mismo editorial:

> El nuevo presidente, en definitiva, recibió un claro mandato. Pero su partido, definitivamente no. Además, ni a nivel estatal, ni en el Congreso, los resultados electorales autorizan a algún partido a considerarse hegemónico.... Por lo tanto, si "la mayoría de la sociedad votó por la adopción de otro modelo económico y social", como dijo él, es un hecho incontrastable que no delegó esa incumbencia al PT, sino al presidente electo Luis Inácio Lula da Silva.

En este último enunciado, si el editorial concedía respecto de la premisa enunciada por Lula acerca de la necesidad de adoptar "otro modelo económico y social", esto se admitía a condición de que resultara una tarea correspondiente al nuevo presidente y no al PT. La legitimidad popular obtenida a partir de la votación residiría para el periódico en el nuevo presidente electo, y no en el partido que sustentó su candidatura presidencial. En la tapa de aquel día, en sintonía con el editorial, un titular resaltaba que "Lula tuvo más votos que el PT en los Estados".

De un modo similar, *O Globo* comenzaba el 28 de octubre con una tapa que tenía por titular "Presidente Lula". En la página 3, un artículo comentando su victoria se titulaba "El obrero de la esperanza". El periódico carioca comenzaría elogiando el aterrizaje del PT en el "mundo real" en un editorial titulado "Los desafíos":[7]

> Para vivir con este mundo implacable, el gobierno de Luis Inácio Lula da Silva debe preservar las conquistas incorporadas al patrimonio de la sociedad brasileña. Dos de ellas: la responsabilidad fiscal y el mantenimiento del poder adquisitivo de la moneda, asuntos relacionados..... El presidente Luis Inácio Lula da Silva merece celebrar una victoria llena de tantas esperanzas y sueños. Su gobierno podrá hacerlos realidad, dentro de la estabilidad política y económica.

Asimismo, el periódico apoyaba el triunfo de Lula mientras el gobierno se mantuviera dentro de la "estabilidad política y económica", elogiando este aterrizaje del PT en el "mundo real", el cual supondría la preservación del modelo económico ortodoxo legado por FHC. De este modo, se exigía al futuro gobierno hacer concesiones al "realismo" para sobrevivir. El medio carioca elogiaba la actuación de Palocci, un petista cercano a las líneas económicas trazadas por el gobierno anterior, señalando que "no se gobierna con dogmas".

Por otra parte, Marcio Moreira Alves escribía una columna titulada "Sea bienvenido, Lula":

> El pueblo brasileño, siempre mejor que las élites, hizo una revolución silenciosa, a través de la expresión democrática del voto. Puso en la Presidencia de la República a un obrero, sobreviviente de la miseria de su Nordeste fatal. Es un hecho sin precedentes en la historia política de Brasil y América Latina. 'Soy un privilegiado por Dios', dijo él. Es cierto. Sea bienvenido.[8]

Así, el diario participaría del clima de expectativa y esperanza que conllevaba el hecho inédito del triunfo de un líder de orígenes populares como Lula en las elecciones presidenciales. Sin embargo, a nivel editorial, O Globo continuaría sosteniendo:

> En vez de ser en blanco y al portador, el cheque emitido por el electorado en favor del partido es nominal y con aplicación marcada. Es decir, la mayoría de los brasileños eligió al PT como el próximo inquilino del Palacio de Planalto para que haga un duro combate a los problemas sociales, pero sin abrir mano de los logros alcanzados en estos últimos años…. Así, Lula se acerca al mensaje de las urnas. Después de casi una década de estabilidad monetaria, el brasileño pide justicia social, pero no quiere volver al tiempo cuando el dinero se derretía en el bolsillo como una piedra de hielo.[9]

De este modo, se manifestaba el interés primordial del periódico por naturalizar la necesidad de preservar el modelo económico existente. Se sostenía que el mantenimiento de la "estabilidad monetaria" sería una condición indispensable para que el nuevo gobernante preservara la simpatía del electorado, siendo que este último no estaría dispuesto a sacrificar las "conquistas conseguidas en los últimos años".[10]

A la vez, el matutino paulista definiría un encuadre similar sobre esta cuestión, describiendo lo que entendía como los principales desafíos que enfrentaría el gobierno de Lula:

> El primer factor resulta lo inevitable de que gobierno Lula mantenga, hasta donde la vista alcanza, la actual política económica (respeto a los contratos, combate a la inflación y austeridad fiscal, con todo lo que eso implica), por más que el nuevo presidente electo hable de 'nuevo modelo' o 'proyecto alternativo'. El segundo factor es el previsible alcance limitado de sus reformas tributaria y de jubilación.[11]

En este editorial, la aspiración de O Estado de S.Paulo residía en definir de forma restringida las implicancias del llamado "cambio" que había caracterizado las expectativas de un importante sector del electorado brasileño en la contienda de 2002 (Almeida 2010). De esta manera, el matutino señalaba que por más que Lula hablara de "proyecto alternativo", resultaría inevitable preservar el actual esquema macroeconómico. Asimismo, proporcionando al discurso editorial una significación universal, se colocaba como "representante de la opinión pública", proclamando el carácter inamovible del modelo económico heredado de la presidencia de Fernando Henrique Cardoso. Continuaba el editorial señalando la necesidad de Lula de tomar distancia de su partido —dadas las presiones de los "radicales" en su interior— formulada a partir del discurso ideológico de legitimación/invalidación, representado en este caso por el par ideología/pragmatismo.

En esta naturalización del modelo económico, aparece la referencia a la concepción de mito de Barthes (2004), que supone la transformación de la historia en naturaleza.[12] La necesidad de mantener el anterior esquema macroeconómico, resultado de una correlación de fuerzas conformada históricamente entre actores sociales, era definida por ambos periódicos como inevitable, como un elemento constitutivo a partir de la redemocratización brasileña.

Posteriormente, con el título en tapa de "El mercado reacciona bien a los nuevos ministros y el dólar cae 3,49%", el matutino publicaría un editorial, "Dudas disipadas" cuyo título era sugerente sobre la aprobación del periódico al nombramiento de los nuevos ministros de gobierno por parte de Lula. De este modo, *O Estado de S.Paulo*, se mostraría favorable a las designaciones realizadas:

> Lula se muestra inequívocamente empeñado en constituir un cuerpo de colaboradores de gran competencia técnica, con la inclusión de nombres a-partidarios cuyas trayectorias y afiliaciones también indican la tendencia a una administración abierta a grupos sociales que, durante casi dos décadas, el PT hostilizó, tratándolos por miopía ideológica, como enemigos del progreso nacional, a ser vencidos por las "fuerzas populares". Ahora, al lanzar puentes robustos en su dirección, Lula comunica, con actos, que sus promesas de gobernar dialogando con toda la sociedad no eran meras palabras electoreras, la retórica de la "paz y el amor".[13]

El periódico nuevamente utilizaba aquí la oposición ideología/pragmatismo. La "apertura a la sociedad" que *O Estado de S.Paulo* identificaba en la selección de funcionarios, se producía proporcionando al discurso editorial una significación universal. Esta legitimación se encontraba ligada al reconocimiento de que habrían sido elegidos como parte del gabinete ministerial representantes de aspiraciones compatibles con su ideología política.

Al referirse a grupos cercanos al gobierno, *O Estado de S.Paulo* colocaba "fuerzas populares" entre comillas, en una operación de descrédito —inversión de la creencia— que implicaría que éstos serían en verdad colectivos obnubilados por la "miopía ideológica", propia de la distorsión de la realidad que afectaría al PT, implicando de este modo un cuestionamiento a la efectiva representación popular de estas fuerzas.

De este modo, el periódico concebía una definición de la ideología como adjetivación descalificadora, como aquello que impediría la posibilidad de percibir con amplitud la realidad. En estos términos, caracterizaba al PT —especialmente a su ala izquierda, que denominaba como "radical"— como contrapuesto al pragmatismo y los criterios de competencia en la selección de funcionarios que caracterizarían al "nuevo Lula", este último "aggiornado" a partir de las elecciones de 2002. Este par diferenciador construido por el discurso editorial de *O Estado de S.Paulo*, referenciado por el "pragmatismo" que encarnaría Lula, asociado a la competencia técnica y la estabilidad, frente a los "ideologismos" relacionados con los sectores de izquierda aliados al gobierno, definiría luego los encuadres del matutino durante la coyuntura de la reforma de la jubilación.

Una reacción similar frente a estos nombramientos tendría *O Globo*, que titularía en su tapa del 17 de diciembre de 2002, "El dólar cae un 3,7% y el riesgo país es el menor en seis meses", colocando como subtítulo "La entrada de recursos y la aceptación del equipo de Lula provocan optimismo". En un editorial de ese día, titulado "La voz de la razón", el periódico legitimaría los nuevos nombramientos al señalar que, "es estimulante constatar que el alto comando del Partido de los Trabajadores descendió con gran rapidez del pedestal, y hoy ya empuña la bandera de las reformas erguidas por el gobierno de FH". *O Globo* agregaría posteriormente que,

> [l]a política monetaria no es una cuestión ideológica. No se puede esperar al frente del Banco Central una gestión de izquierda, tal como sería un error rotular como de derecha el carácter conservador de la política monetaria ... En este sentido, la exposición de Henrique Meirelles en el Senado demostró que el presidente electo Luis Inácio Lula da Silva hizo una elección correcta para el comando del Banco Central.... La elección de alguien con el perfil de Henrique Meirelles para la presidencia del Banco Central es parte del esfuerzo de recuperación de credibilidad junto a los acreedores y los inversores. El presidente electo ha comprendido que la credibilidad será fundamental para el éxito de su gobierno.[14]

De este modo, el periódico carioca también legitimaría la designación de los nuevos funcionarios por parte de Lula, en tanto percibía que estos nombres representarían la posibilidad de preservar el modelo económico ortodoxo legado por el gobierno anterior. Al presentar la política monetaria como una cuestión que debía estar por fuera de consideraciones ideológicas, se pretendía encuadrarla como una necesidad inmodificable, naturalizando esta continuidad como la única vía posible para el país.

La única diferencia entre la caracterización de ambos medios residía en que mientras *O Estado de S.Paulo* identificaba al PT como el representante "ideológico" del atraso, contrapuesto a un "pragmático" Lula, *O Globo* identificaría a este partido como parte de la entrada al "mundo real", no diferenciando por el momento entre líder y partido.

Los encuadres en este momento político serían convergentes por parte de ambos periódicos, destacando que la llegada de un gobierno con pretensiones reformistas no debería afectar el modelo económico ortodoxo. La designación de funcionarios defensores de la ortodoxia económica, un hecho originado por la necesidad de Lula de mantener una posición conciliadora frente a las fuerzas del *establishment*, era legitimada por ambos periódicos como la expresión de un pragmatismo que significaría la entrada del presidente electo en el "mundo real". La naturalización de este modelo ortodoxo como inamovible, resaltando el apoyo con el que contaría la "estabilidad monetaria" —por parte de electores que habían votado mayoritariamente a un candidato que se había opuesto al gobierno saliente— sería el propósito principal de estos periódicos en este contexto pos-electoral. De este modo, se iría sedimentando la idea de que cualquier alteración de este modelo económico podría significar una vuelta al "caos".

4.3. El primer gobierno de Lula y la prensa: de la expectativa a la confrontación

El propósito de este apartado es introducir el modo en que se organizaría la lucha política en los partidos y en la prensa durante el primer gobierno de Lula, haciendo referencia a las principales tensiones del período.

La llegada en 2003 al Palacio del Planalto de un líder de origen popular por el Partido de los Trabajadores (PT)[15] supuso un recambio en la composición social de las élites políticas. En una sociedad marcada por históricas desigualdades estructurales y una política conducida por acuerdos de cúpula entre los sectores dominantes, la llegada de Lula a la presidencia implicó una *democratización social del poder político*. Sin embargo, el nuevo proceso político que comenzaba sería percibido con desconfianza por ciertos grupos representantes de los sectores dominantes. Encontró opositores entre las élites políticas tradicionales, en ciertos grupos económicos empresariales radicados en San Pablo, así como en varios medios de comunicación de importante audiencia. Podría sugerirse que, a partir de su llegada a la presidencia, la representación de Lula como máxima autoridad nacional actualizó, según Elio Gaspari, la *demofobia*[16] de ciertos grupos de poder en el país, que percibían el ascenso de Lula, especialmente aquel punto donde confluían su trayectoria política y su biografía personal, como un cuestionamiento del naturalizado lugar de privilegio que estos grupos ocupaban en la sociedad.

A pesar de haber representado durante estos años lo que ha sido caracterizado como un "reformismo débil", Singer (2013) sostiene que existiría una divergencia de los sectores dominantes con respecto al *lulismo*, dado que:

El proyecto del capital financiero es otro. Es un proyecto más conservador que este, más regresivo en relación al desarrollo económico del país, la distribución del ingreso y, por lo tanto, aquello que es el punto central de mi discusión, que es el problema de la igualdad. El capital financiero es muy refractario a mejorar las condiciones de igualdad. Y, en función de eso, aunque el capital acepte el lulismo, lo tolere algunas veces más, y otras veces menos —porque el lulismo es un sistema de arbitraje, y como no todos los intereses del capital están siendo atendidos todo el tiempo, hay una tensión— diría que el proyecto de corazón del capital no es un reformismo débil, sino un proyecto propiamente conservador.

Los medios de comunicación, concentrados en unos pocos grupos familiares que detentan la propiedad cruzada de los principales periódicos, revistas y canales de televisión (Azevedo 2008) ejercerían una importante posición en representación de estos intereses. La situación desfavorable en términos de representación de visiones afines al PT en los medios de prensa se mantendría en forma constante durante el primer mandato del presidente Lula, siendo una excepción entre los medios de prensa la revista *Carta Capital*.[17] Esta representación desfavorable al PT, predominante en los más importantes medios de la prensa brasileña, sería un aspecto resaltado por los propios petistas en reiteradas ocasiones. Anderson (2011), señalaba al respecto:

> Cualquiera cuyas impresiones de su gobierno vinieran de la prensa internacional tendría un choque al encontrarse con el tratamiento dado a Lula en los medios brasileños. Prácticamente desde el inicio el *The Economist* y el *Financial Times* ronronearon satisfechos con las políticas pro-mercado y la concepción constructiva de la presidencia de Lula, frecuentemente contrastada con la demagogia y la irresponsabilidad del régimen de Chávez en Venezuela: ningún elogio era demasiado para el estadista que colocaría a Brasil en el curso indestructible de la estabilidad y la prosperidad capitalistas. El lector de la *Folha* o del *Estadão*, por no hablar de la revista *Veja*, estaba viviendo en un mundo diferente. Normalmente, en sus columnas, Brasil estaba siendo gobernado por un grosero aspirante a caudillo, sin la menor comprensión de los principios económicos o respeto por las libertades civiles, una amenaza permanente a la democracia y la propiedad privada. (Anderson 2011, 37)[18]

A partir de la asunción de Lula como presidente, un núcleo de las tensiones políticas desarrolladas con los medios de comunicación fue relativo a su papel ejercido como comunicador popular (Singer 2012b),[19] en un formato que presentaba una lógica opuesta a la unidireccionalidad de los medios tradicionales (Lima 2006). En este sentido, el Secretario de Prensa en los inicios del gobierno de Lula, Ricardo Kotscho, destaca que hubo un "shock cultural" en Brasilia con la llegada de Lula al gobierno. A diferencia de FHC, Lula establecía en sus apariciones públicas un vínculo directo con su auditorio, lo cual generaba dificultades para la seguridad y los fotógrafos, siendo que "Lula paraba en cualquier lugar para conversar con las personas, cosa que Fernando Henrique no hacía." (Kotscho 2010, 430).

Se trataba de un liderazgo presidencial de alta popularidad, que a través de sus discursos directos dirigidos a las audiencias pretendía escapar a las mediaciones tradicionales de los periodistas, disputando así la construcción de la agenda pública (Porto 2012). Para este último autor, las tensiones que existirían entre el presidente y los medios de prensa se debían también a la concepción negativa que Lula tenía de los últimos, tomando como antecedente el boicot que habrían realizado contra su campaña en 1989.

Un acontecimiento a mencionar resultó una reunión en 2002 donde se encontraron el director de la *Folha de S.Paulo*, Otávio Frías Filho, y Lula, que terminó con el abandono de la reunión por parte del presidente electo, ante las preguntas de Frías Filho que hacían referencia a la falta de preparación de éste en términos de formación educativa para dirigir el país.

Las tensiones entre el gobierno y la prensa pudieron evidenciarse en otros casos como el de Larry Rohter, corresponsal del *New York Times* en Brasil, que escribió un artículo para este periódico señalando que la afición del presidente Lula por las bebidas alcohólicas le crearía dificultades para el cargo,[20] lo que provocó la amenaza por parte del gobierno de una suspensión de la visa de extranjero que portaba el periodista. Finalmente, este incidente se resolvió, pero demostró la desconfianza existente de los sectores gubernamentales hacia los medios privados, así como el prejuicio de los periodistas frente al gobierno.[21] También, una propuesta del Secretario de Prensa Ricardo Kotscho en 2004, en favor de la creación de un Consejo Nacional de Periodismo,[22] se encontraría con una fuerte resistencia de los organismos representantes de los medios de comunicación, que acusarían al gobierno de querer afectar la "libertad de expresión".

Este tipo de episodios manifestaban, como hemos señalado, la existencia al interior del PT y las élites políticas gubernamentales de una intensa desconfianza respecto de la prensa. Así lo señalaba Ricardo Kotscho:

> No había una política única dentro del gobierno, había muchas divergencias, principalmente en el área de comunicación.... Mi posición desde el comienzo hasta hoy posee divergencias y genera peleas con la posición de Lula. Mi posición era: "Intenta no pelear mucho. Si tratas bien a la prensa te van a criticar, pero si tratas mal a la prensa te van a criticar mucho más". Yo creía y defendía eso, durante los dos años que estuve en el gobierno, tuve contacto permanente en todos los niveles con los grandes medios, quería dejar un canal de diálogo abierto, aun sabiendo que quienes están del otro lado te van a criticar. Era muy difícil para mí conseguir arreglar entrevistas con Lula. Él no quería dar entrevistas, el no quería dar entrevistas colectivas. Yo le decía: "Si no hablas, si el gobierno no habla, entonces los otros van a hablar en contra". Era

eso lo que yo creía.

Lula estaba muy resentido, harto por las noticias que salían. "¿Por qué voy a dar entrevistas si ellos están contra el gobierno, sólo hablan mal del gobierno?", Lula decía esto.

No solo Lula, sino también José Dirceu que era Jefe de la Casa Civil y otros ministros. Era una cosa recíproca de malestar entre la prensa y el gobierno. Con algunas excepciones. Una de ellas era Antonio Palocci. Lula no quería hablar y Palocci le pedía que hablara.

A partir de estas tensiones entre el gobierno y la prensa que se desarrollarían durante el mandato de Lula, una fracción de los militantes petistas incorporaría la tesis de que existiría una "partidización de la prensa".[23] Es decir, la percepción de que, ante la debilidad de los partidos opositores, la prensa habría reemplazado a la oposición política para erigirse como la auténtica representación opositora frente al gobierno brasileño.[24] Sin embargo, las apreciaciones de estos partícipes relevantes se situaban al interior de las disputas existentes entre los distintos actores del campo político.

Durante el primer gobierno de Lula, sería el Partido de la Socialdemocracia Brasileña (PSDB) el principal partido de la oposición, principalmente representado en sus líderes paulistas: el ex presidente Fernando Henrique Cardoso, José Serra y Geraldo Alckmin. Las principales críticas que estos líderes harían al gobierno estarían centradas en las denuncias de corrupción, así como en la ineficiencia del partido para administrar el Estado.

El PSDB surge como una escisión del PMDB[25] en 1988, a partir de la iniciativa de una serie de parlamentarios con una reconocida trayectoria política que "se autodenominaban el ala más progresista y a la izquierda de este partido" (Roma 2002, 72). Como ha señalado Sergio Fausto (entrevista, 2012), el partido se origina con la pretensión de unir en Brasil una agenda socialdemócrata con una agenda liberal. Desde su fundación, el PSDB fue un partido conformado por líderes parlamentarios. Estos líderes tenían una baja inserción en las esferas de la sociedad civil organizada, pero una importante influencia en la opinión pública y los medios de comunicación, donde políticos como Serra y FHC tuvieron y tienen importante participación y relevancia.

Roma (2002) subraya que en las causas de formación del partido la primacía no fue ideológica, sino que propone una explicación de carácter organizacional, con base en la restricción de posibilidades en las carreras políticas de ciertos líderes de la bancada del PMDB. Desde esta perspectiva, la formación del partido tendría que ver con las estrechas posibilidades que dentro del PMDB tenían de prosperar en su trayectoria política el grupo de quienes fundarían luego el PSDB.

Más allá de las distintas interpretaciones sobre el surgimiento del partido, según nuestra visión, es posible identificar, en el desarrollo de la propia historia partidaria, una tensión entre ambas agendas: la liberal en lo económico y la socialdemócrata en lo político. Ciertos analistas como Celso Roma están de acuerdo en ubicar al partido como de centro-derecha en un sistema partidario con dos polos atrayentes de alianzas, donde uno ocuparía la centroizquierda (PT) y otro la centroderecha (PSDB). Sin embargo, dirigentes del partido como Fernando Henrique Cardoso han señalado en numerosas ocasiones la inscripción socialdemócrata del partido y su diferenciación con las políticas aplicadas por quienes adscriben al neoliberalismo.[26] Esta definición socialdemócrata del PSDB conforma una agenda "progresista" de competencia partidaria con el PT, donde en ciertas circunstancias se desarrolla una disputa por la representación de las mismas demandas. A diferencia del PT, que es un partido de orientación socialdemócrata con inserción sindical, el PSDB carece de ésta, por lo cual se reduce a sus liderazgos más importantes, careciendo de amplias bases partidarias (Roma 2002).

Definidas ciertas tensiones que atravesarían el vínculo entre el gobierno y los medios de comunicación, así como la dinámica partidaria durante este período, pasaremos ahora al análisis de contenido de los encuadres y discursos de *O Globo* y *O Estado de S.Paulo* durante el primer gobierno de Lula.

Notes

1 Agradezco este comentario a Pablo Martínez Sameck.
2 Periodista brasileño. Durante los años '70, cubrió para la *Folha de San Pablo* las huelgas del ABC y la emergencia de Lula da Silva como líder metalúrgico. Fue Secretario de Prensa del primer gobierno de Lula durante el período 2003-2004. Entrevistado el 27 de marzo de 2012 en San Pablo.
3 Conversación con Carlos Menegozzo, 4 de abril de 2012, archivista de la Fundación Perseu Abramo, San Pablo.
4 Entrevistado el 5 de abril de 2012 en San Pablo.
5 Este último, además de su trayectoria personal como CEO del *Bank of Boston*, había formado parte del PSDB, siendo elegido en 2002 diputado federal por Goiás. Sin embargo, no llegó a asumir el cargo, pues fue invitado a presidir el Banco Central durante la presidencia de Lula. Tanto Meirelles como Palocci fueron dos de los funcionarios más resistidos al interior del *Partido dos Trabalhadores* por las tendencias de izquierda del partido.
6 Este resultaba un histórico integrante del partido, que había sido intendente de Ribeirão Preto. De trotskista radical, este médico de profesión se convirtió luego en parte de la fracción más moderada del partido, defendiendo la ortodoxia económica y estableciendo una relación de cercanía con el empresariado.
7 28de octubre de 2002, p. 6.
8 *O Globo*, 29 de octubre de 2002.
9 "Cheque marcado", *O Globo*, 29 de octubre de 2002.
10 André Singer marca las tensiones que experimentó el gobierno de Lula en sus comienzos con respecto a la demanda de "estabilidad económica": "la continuidad del paquete 'FHC' fue puesta por la burguesía como condición de que no hubiera "guerra" de clases

y el consecuente riesgo del gobierno de ser acusado de destruir el Real" (Singer 2009, 97).
11   "La hora de la política", *O Estado de S.Paulo*, 30 de octubre de 2003.
12   Según Barthes (2004): "La semiología nos ha enseñado que el mito tiene a su cargo fundamentar, como naturaleza, lo que es intención histórica; como eternidad, lo que es contingencia. Este mecanismo es, justamente, la forma de acción específica de la ideología burguesa" (238).
13   "Dudas disipadas", *O Estado de S.Paulo*, 17 de diciembre de 2002.
14   "Credibilidad", *O Globo*, 19 de diciembre de 2002.
15   Como hemos visto, la excepcionalidad de este triunfo radicaba no solamente en las características de quien se erigía como primer mandatario, sino en las propias del Partido de los Trabajadores (PT), el cual había emergido en la política brasileña con una composición y democracia internas que constituían una experiencia excepcional a nivel latinoamericano.
16   Según Elio Gáspari:
     La descalificación del éxito de Lula con motivo de la buena percepción de su gobierno en el piso de abajo coloca en marcha uno de los mecanismos que generó el mito de Getúlio Vargas. Parte de la contrariedad deriva de una incontrolable demofobia. Cuando Lula es festejado por los banqueros, es un regenerado. Cuando es festejado en la favela, es un degenerado. Una cosa así: 'A la chusma puede gustarle quien a mí me gusta, pero a mí no me gusta quien le gusta a los pobres'. ("La demofobia ayudó a Lula, como ayudó a Vargas", *O Globo*, 28 de julio de 2006; citado en Anderson 2011)
17   Vincent Bevins de *Los Angeles Times*, señalaba también en una nota titulada "El Brasil de Dilma Rousseff es popular, pero no en los medios de noticias" a *Carta Capital* como "la única publicación de algún tamaño que apoya al gobierno. Vende 60.000 ejemplares por semana en un país de casi 200 millones" (Bevins 2013). Mino Carta, director de la revista *Carta Capital*, entrevistado el 9 de abril de 2012 en San Pablo sostiene que:
     La cuestión fundamental es el odio de clase, a partir del riesgo de alterar el status quo, se toma una posición en contra del gobierno Lula por parte de los medios. Porque en el fondo Lula hizo un gobierno mejor que los anteriores, reveló una preocupación social, pero no dejó de favorecer a los banqueros, no hizo un gobierno radical, lejos de eso. Dos puntos importantes implican un cambio: primero, el interés social, y segundo, una política internacional realmente independiente, que es una novedad grave para esa gente, que prefieren ser súbditos de los Estados Unidos, del capital internacional y no quieren cambios.... Toda la estructura mediática brasileña es una parte integrante de la clase dominante. Si usted recorriera los archivos de los periódicos de la prensa brasileña de 1963-1964, usted verá los editoriales que imploraban por el golpe militar, que después fue llamado de 'revolución'.
18   Señala Eugenio Bucci –profesor de la USP, uno de los creadores de la Revista *Teoría y Debate* del PT, así como director de la Empresa Brasileña de Comunicación (Radiobrás) designado por el gobierno Lula entre 2003-2007—en un mail personal (24 de enero de 2013):
     Por mi parte, ya no veo el conflicto entre Lula y el PT, de un lado, y la prensa, por el otro. Es necesario recordar que, hoy, tanto Lula como su partido son parte del poder y, en el poder, reúnen condiciones para influir sobre el comportamiento de los medios de comunicación. Eso desvirtúa una ecuación polarizada que podría ser de alguna utilidad metodológica hasta el momento en que el PT ganó las elecciones

presidenciales en 2002. Por otro lado, no hay una unidad orgánica en los llamados 'medios' o incluso en la 'gran prensa'. Hay muchas distinciones internas ahí. Hay disensos, desacuerdos, clivajes. Ni todos los vehículos se comportan tal como Perry Anderson supone. *Record* y *Globo* son radicalmente diferentes, por ejemplo. *Veja*, *Istoé*, y *Carta Capital* también son totalmente dispares. Por eso, pienso que debemos, hoy, buscar modelos más complejos de análisis.

19 Singer ha señalado en este sentido:
En cuanto a la cuestión de la comunicación directa, creo que existe, o sea, el ex presidente Lula es un gran comunicador popular, el hecho de haber nacido en el Nordeste, de haber sido el primer presidente que hubo pasado por la experiencia directa de la miseria brasileña no es algo de menor importancia, es algo significativo. (Singer 2012b)

20 "Luis Inácio Lula da Silva nunca ha escondido su debilidad por un vaso de cerveza, un *shot* de whisky o, incluso, un trago de *cachaça*, el potente licor de caña de azúcar brasileño. Pero algunos de sus compatriotas han empezado a preguntarse si esta predilección de su presidente por la bebida fuerte está afectando su rendimiento en el gobierno" escribió el corresponsal extranjero Larry Rohter en el primer párrafo de una noticia publicada por el *The New York Times* el 9 de mayo de 2004. El título: 'La Bebida del Líder Brasileño Se Transforma en Cuestión Nacional'" (Herscovitz 2007, 159).

21 Así lo señalaba Kotscho:
El episodio más dramático fue el de aquel periodista Larry Rohter, corresponsal del *New York Times* en Brasil, que hizo una noticia liviana e irresponsable diciendo que Brasil estaba muy preocupado por Lula, porque él estaría bebiendo mucho y no tenía condiciones para gobernar el país. Ese periodista hizo esa noticia. ¿Qué es lo que yo creía? Que debía ser procesado porque fue un texto ofensivo al Presidente de la República. Pero otras personas dentro del gobierno, la mayoría, creían que no, que él debería ser castigado de una forma más fuerte. Y como Rohter era extranjero y el pasaporte estaba vencido, querían que no le fuera renovado el pasaporte. En otras palabras, impedir que se quedase en el país. Yo creía que era un grave error, porque Rohter se transformó en víctima de la libertad de prensa.

22 Basándose en el apoyo a la iniciativa de los presidentes de la Federación Nacional de Periodistas y de 26 sindicatos estatales, Kotscho le llevó a Lula esta propuesta para crear un organismo de control externo de la prensa (Kotscho 2006).

23 Incluso un periodista afín al gobierno, Paulo Henrique Amorim, director del Blog *Conversa Afiada*, creó el término PIG (Partido de la Prensa Golpista) para referirse a una supuesta pretensión de desestabilización en bloque de los medios de prensa contra el gobierno de Lula.

24 Esta percepción de los petistas aumentó cuando Judith Brito, presidenta entonces de la Asociación Nacional de Periódicos (ANJ) y ejecutiva del grupo *Folha de S.Paulo*, declaró al diario carioca *O Globo* (18 de marzo de 2010):
La libertad de prensa es un bien mayor que no debe ser limitado. A ese derecho general, la contraparte es siempre la cuestión de la responsabilidad de los medios de comunicación y, obviamente, esos medios de comunicación están haciendo de hecho la posición opositora de este país, ya que la oposición está profundamente fragmentada. Y ese papel de oposición, de investigación, sin duda alguna incomoda en exceso al gobierno".

En referencia a esta declaración, Brito señalaba en una entrevista que le realizamos vía mail (18 de octubre de 2012) que:
> Nunca quise decir que la prensa debería sustituir a la oposición al gobierno. En las democracias, por más reducida que sea, la oposición política, partidaria y parlamentaria siempre tendrá un papel esencial que es insustituible. Pero llamé la atención hacia el hecho de que la prensa brasileña, en los últimos años, viene cumpliendo muy bien su misión de investigar eventuales fallas del gobierno. Es la esencia del periodismo independiente y de calidad, que busca servir a la sociedad, incomodar a los gobiernos. Eso es extremadamente saludable.

25 El Partido del Movimiento Democrático Brasileño (PMDB) resulta un partido pragmático, preponderante pero que no presenta candidatos a presidente (Salas Oroño 2009), sino que se mantiene en el juego político en función de la negociación que establece con los gobiernos, relativa al apoyo de sus cargos parlamentarios. Este partido se encontraría inicialmente dividido en su posición frente al gobierno de Lula durante este período. Luego del *mensalão*, en 2005, ingresaría al gobierno, fortaleciendo la base de apoyo del oficialismo.

26 João Moreira Salles, "O Andarilho", Agosto de 2007, Revista *Piauí*, edición 11.

Capítulo 5

El primer gobierno de Lula en los editoriales de *O Globo* y *O Estado de S. Paulo*

5.1. Selección y justificación de coyunturas

5.1.1. La reforma de la jubilación

La reforma de la jubilación fue una de las más importantes coyunturas críticas o "momentos traumáticos" (Sader 2010) que se desarrollaron durante el primer gobierno de Lula, al resultar el primer acontecimiento donde se expresaron en intensidad las contradicciones del proceso político brasileño. El comienzo de la presidencia de Lula se inició con tensiones al interior del PT, entre la tendencia del campo mayoritario, hegemónica al interior del partido, y las tendencias del ala izquierda. Las diferencias habían comenzado previamente con la publicación de la "Carta al Pueblo Brasileño" durante la campaña electoral de 2002, en la cual Lula se comprometía a respetar los compromisos económicos que heredaría del presidente saliente FHC. En este sentido, subrayan Singer y Sader:

> El poder de compra del salario mínimo fue prácticamente congelado en 2003 y 2004. Para completar el paquete, el 30 de abril de 2003 el presidente bajó la rampa del Planalto frente a una extensa comitiva para entregar personalmente al Congreso un proyecto con la conservadora reforma de la jubilación Social. Entre otras cosas, la PEC (Propuesta de Enmienda a la Constitución) 40 acababa con la jubilación integral de los futuros servidores públicos. (Singer 2012, 10).

> ...De forma coherente con la Carta a los Brasileños, Lula ... promovió una reforma regresiva de la jubilación y una inocua reforma tributaria, con la expectativa de tranquilizar a los inversores y generar un regreso de las inversiones.

El carácter conservador de esas medidas y la falta de una mayoría en el Congreso llevaron a las dos mayores crisis que marcaron el gobierno de Lula en sus primeros años, una de ellas por la izquierda, la otra por la derecha. La primera de ellas fue protagonizada por sectores de los movimientos sociales y del proprio PT contra la reforma de la jubilación y las medidas económicas conservadoras, que culminó con la salida de sectores del PT. (Sader 2013, 140)

A partir del ingreso al Congreso, en mayo de 2003, del proyecto de reforma de la jubilación, emergieron las tensiones al interior del PT entre la dirección partidaria y las tendencias de izquierda del partido, representadas estas últimas por la resistencia de los diputados João Batista de Araújo (Babá) (PA), Luciana Genro (RS), João Fontes (SE) y especialmente de la Senadora Heloísa Helena (AL) a acatar las resoluciones partidarias referidas a votar en favor de la reforma de la jubilación.

Esta reforma suponía—en el contexto de crisis económica en que se encontraba Brasil en 2003—la pretensión de establecer recortes a los beneficios de jubilación integral de los que gozaban funcionarios y empleados públicos, que les permitían recibir una jubilación equivalente al salario percibido como funcionarios.

Los parlamentarios petistas disidentes participaron de manifestaciones en contra de la reforma y expresaron públicamente sus opiniones adversas al gobierno, por lo cual fueron acusados de "indisciplina partidaria". Estos acontecimientos derivaron hacia la Comisión de Ética del partido, que analizó la expulsión de los parlamentarios.

El conflicto principal en este primer año parecía desarrollarse al interior del propio partido gobernante entre los sectores de la izquierda petista, que exigían una radicalización del proceso político a partir del debate sobre la autonomía del Banco Central, y los sectores del llamado "campo mayoritario" del PT, identificados con el centro político-ideológico. La discusión económica constituía el centro de la escena, ya que había sectores que cuestionaban la aplicación de las políticas ortodoxas por parte del Ministro de Economía Antonio Palocci y Henrique Meirelles, presidente del Banco Central.

El desarrollo de estos conflictos iniciales se dirimió con la expulsión de varios dirigentes pertenecientes a la izquierda partidaria,[1] dadas las tensiones que comenzaron a producirse con motivo de la votación de la reforma en el parlamento. La reforma contó en la votación con el apoyo de siete parlamentarios del PFL[2] y seis del PSDB. De este modo, el 27 de noviembre, el texto principal de la reforma fue aprobado en el Senado con 13 votos de la oposición.[3] Esto reflejaba que, a diferencia de las tensiones que atravesaban al propio partido de gobierno, el PSDB sostenía una tibia aprobación con respecto al rumbo económico continuista desarrollado durante los primeros meses del gobierno de Lula, en línea con su auto identificación como "oposición constructiva". En ocasión de la reforma de la jubilación, FHC declaró: "Estaba escuchando el discurso de Lula sobre las reformas (jubilatoria y tributaria). Parece escrito por mí".[4]

Sobre esta coyuntura, hemos producido una selección que comienza el 1 de mayo 2003 y termina el 27 de noviembre del mismo año. La misma fue realizada tomando como comienzo el día 30 de abril de 2003, durante el cual Lula entregó al Congreso el proyecto de reforma de la jubilación acompañado de los 27 gobernadores del país, hasta la aprobación de la reforma en el Senado el 27 de noviembre, luego de una primera aprobación en la Cámara de Diputados.

5.1.2. El mensalão y las acusaciones de corrupción

Las acusaciones de corrupción hacia el gobierno comenzaron en febrero de 2004, con el involucramiento de Waldomiro Diniz—asesor de la Casa Civil y cercano a José Dirceu—en relaciones con Carlos Cachoeira, un sujeto ligado al juego ilegal (Secco 2011).

Si bien la cuestión moral desde un comienzo fue uno de los aspectos a partir de los cuales el PSDB construyó su oposición al gobierno petista, el escándalo de Waldomiro Diniz, y luego más profundamente el "mensalão", fueron transformando el discurso moralista en una "ideología comodín" (Zertal 2010), aplicable a todas las circunstancias, para desacreditar las posiciones gubernamentales conforme se acercaban las elecciones de 2006.

Desde el comienzo de su mandato, este gobierno se encontró con una serie de restricciones político-institucionales que planteaban dificultades para cumplir con las expectativas que su llegada al poder despertaba. El "presidencialismo de coalición" que caracteriza al sistema político brasileño e implica un parlamento fragmentado (Amorim Neto 2007) obligaba al PT, que había obtenido la presidencia pero no tenía mayoría en el Congreso, a establecer alianzas con partidos de centro-derecha para asegurar la aprobación de leyes que le permitieran el ejercicio de la gobernabilidad. Para sortear estas dificultades el partido analizó, a principios del mandato, la posibilidad de componer una alianza con el PMDB, ejemplo de lo que se denomina en Brasil como un "partido fisiológico": definido exclusivamente por el pragmatismo de preservar sus posiciones de poder en el Estado y obtener beneficios, ya que éste conservaba una importante proporción de los cargos en el Congreso. Sin embargo, prefirió finalmente conformar alianzas con pequeños partidos como el Partido Laborista Brasileño (PTB) y el Partido Liberal (PL).

La crisis política del "mensalão" surgió justamente a partir de las tensiones que se produjeron al interior de esta heterogénea alianza que el PT había compuesto a nivel parlamentario. En mayo de 2005, la revista *Veja* publicó la transcripción de un video donde se acusaba al diputado Roberto Jefferson del Partido Laborista Brasileño (PTB) de estar detrás del desvío de dinero en la empresa pública de Correos. El entonces diputado, que habría intuido que no recibiría en este contexto apoyo del Palacio del Planalto (Pilagallo 2012), decidió en consecuencia realizar una serie de denuncias que tuvieron un efecto explosivo. En una entrevista el 6 de junio a la *Folha de S.Paulo*,[5] acusó al PT de estar pagando una mensualidad a los parlamentarios de la base aliada a cambio de apoyo al gobierno de Lula en el Congreso. La conmoción que la denuncia de estos escándalos produjo en la opinión pública tuvo por efecto: una importante erosión del capital político del gobierno, un incremento en la polarización entre el gobierno y la oposición, así como la apertura de varias Comisiones Parlamentarias de Investigación (CPI)[6] encargadas de investigar los acontecimientos en el Congreso.

Según la cobertura de los principales medios sobre el tema y la visión de la oposición política, se trataba de la formación de una "banda criminal" que involucraba entre otros al Jefe de Gabinete José Dirceu, al presidente del PT José Genoino y el tesorero del partido Delúbio Soares, que coordinarían un esquema de financiamiento ilegal a través de la agencia de publicidad del empresario Marcos Valerio. Los dirigentes del PT, por el contrario, sostenían que se trataba de la existencia de una "caja dos" de recaudaciones para pagar deudas de campaña no contabilizadas de 2002 y 2004, una práctica adoptada por varios partidos en la política del país.

Es preciso agregar que esto produjo al interior del PT una crisis interna que llevó al partido al borde de la fractura[7] e impactó fuertemente a nivel simbólico, dado que el partido había producido una *frontera ideológica*[8] desde su fundación con respecto al resto del sistema partidario al presentarse como defensor de la "ética en la política".

La crisis del mensalão, que redujo la popularidad del presidente y afectaría especialmente la imagen del PT, radicalizó las posiciones de los líderes de oposición. Estos enfrentaron un dilema, relativo a su acción política, acerca de la conveniencia o no de fomentar un proceso de juicio político e *impeachment* a Lula. Sin embargo, la ausencia de capacidad de movilización opositora frente a la organización de las bases petistas, que fueron convocadas como parte del arsenal del gobierno para sortear la crisis, dieron pauta a la oposición acerca de la inconveniencia de avanzar con la tesis del *impeachment*. Ante la caída de la popularidad presidencial en 2005, los líderes de oposición eligieron finalmente una táctica que implicaba, ante la cercanía de la campaña electoral, hacer "sangrar" al candidato oficial resquebrajando su popularidad, ya que según esta perspectiva, eso bastaría para derrotarlo en elecciones de 2006. El curso posterior de los acontecimientos mostraría la magnitud de ese error de cálculo político.

Finalmente, tras meses de crisis política, con la elección el 28 de septiembre de Aldo Rebelo (PC do B) de la coalición gubernamental como presidente de la Cámara de Diputados, se originó un contexto de mayor estabilidad para el gobierno brasileño[9].

Para la delimitación del período de análisis del mensalão seguiremos el criterio definido previamente en la tesis de Nunomura (2012), dedicado al análisis del mensalão en la *Folha de S.Paulo* y la revista *Veja*, que abarca desde el 14 de mayo al 9 de noviembre de 2005. El autor delimita la fase aguda del escándalo sobre la base del trabajo de Singer (2012), entre la aparición del reportaje sobre el tema en la revista *Veja* el 14 de mayo de 2005, hasta la entrevista presidencial en Roda Viva de la TV Cultura de San Pablo, que se produjo el 7 de noviembre de aquél año (Nunomura 2012, 77). Así, el autor circunscribe el período de análisis a seis meses comprendidos entre el 14 de mayo y el 9 de noviembre. En esta investigación, hemos definido adoptar este mismo criterio, ya que abarca la fase más relevante de este escándalo político.

5.1.3. Las elecciones de 2006

Las elecciones de 2006 resultarían un momento paradigmático, en tanto habrían de cristalizar la disputa política existente entre el candidato del PSDB Geraldo Alckmin y la continuidad del proyecto del PT liderado por Lula.

A partir de mayo-junio, el período comenzaría definido por la tensión entre Brasil y Bolivia, suscitada a partir de la decisión del gobierno de Evo Morales de estatizar las instalaciones pertenecientes a la estatal brasileña Petrobras en territorio boliviano, como parte de su programa de nacionalización de los recursos naturales. Una importante cantidad de críticas opositoras denunciarían la tibieza diplomática brasileña frente a este acontecimiento.

En este contexto generalizado de acusaciones de corrupción al partido de gobierno, el PSDB elegiría como candidato a la presidencia en 2006 a Geraldo Alckmin, quien se presentaba a sí mismo con el discurso de la "eficiencia" y la "transparencia" como valores constitutivos. Resulta un dato relevante acerca de la decisión programática del partido de constituir para las elecciones de 2006 a la cuestión de la corrupción en uno de los temas centrales de la agenda política (Goldstein 2012).

Para estas elecciones, Lula apeló al clivaje que oponía la intervención estatal a las privatizaciones, señalando las posibilidades, en caso de un triunfo de Alckmin, de un retorno de las privatizaciones realizadas durante el gobierno de FHC, así como criticando el carácter funcional del candidato *tucano* a los intereses más conservadores de la sociedad, como el Opus Dei. Por otra parte, sostenía que en caso de un triunfo del candidato del PSDB, correrían riesgo la continuidad de las políticas sociales implementadas durante su mandato—como el programa Bolsa Familia. El candidato petista, a su vez, se presentaba como el defensor de una recuperación de la intervención estatal que tenía efectos positivos para los sectores sociales de más baja renta (Goldstein & Comellini 2012).

Nuevas acusaciones hacia el PT, a fines de la campaña, a partir de la divulgación del dinero de la compra de un dossier por parte de un afiliado al PT para perjudicar la candidatura del *tucano* José Serra al gobierno de San Pablo, produjeron una nueva desacreditación del partido del presidente. Estos acontecimientos tendrían influencia para conducir la definición electoral hacia una segunda vuelta entre Lula y Alckmin, ya que las denuncias por el dossier produjeron una caída de Lula en las encuestas y un aumento de las intenciones de voto en Alckmin. Sin embargo, a pesar de las acusaciones contra el gobierno, Sader destaca que las inversiones en las políticas sociales comenzaron a fortalecer la base social y el apoyo al gobierno en los sectores populares y las regiones más relegadas del país. Como señala el autor:

> Frente a la posibilidad de que Lula desencadenara una gran movilización popular en defensa del gobierno y de su mandato, la oposición retrocedió y jugó todo en la posibilidad de sangrar al gobierno de los recursos en el Congreso y derrotarlo en las elecciones de 2006. Pero los efectos de las políticas sociales permitieron a Lula ser reelegido, consolidando un nuevo tipo de apoyo popular al gobierno, paralelo a la recuperación del crecimiento. Esa tendencia tuvo que ver directamente con el cambio del equipo económico del gobierno y de sus prioridades generales, que abandonó la orientación conservadora de la política económica, sustituyéndola por un modelo de desarrollo que articulaba estructuralmente crecimiento económico con políticas de distribución del ingreso. (Sader 2013, 140)

El período que va desde el "mensalão" de 2005 hasta las elecciones de 2006 demostró la capacidad de Lula para la construcción de un liderazgo centrado en los sectores populares del Nordeste, que habían mejorado su existencia a partir de las políticas sociales y de desarrollo económico. Éste fue el modo en que esta fuerza política pudo resolver entonces la crisis, a través de un presidente que, por encima de los partidos y trazando un antagonismo débil entre el pueblo y las élites, asumía la representación de los pobres, que se sentían identificados con su liderazgo.

Como criterio para la selección de los editoriales del período hemos delimitado como inicio la estatización de Petrobras en Bolivia el 1° de Mayo, por la politización de la campaña y el debate que generó en torno a la política exterior, hasta el fin de la campaña electoral que terminó con la reelección presidencial de Lula el 29 de octubre, cuando se definiría la segunda vuelta de las elecciones presidenciales de 2006.

5.2. Lula: del "líder pragmático" al "populismo chavista"

En este apartado proponemos analizar los encuadres y discursos que primaron en ambos periódicos sobre la imagen del presidente Lula. Como veremos, los medios de prensa que analizamos manifestarían afinidades en sus perspectivas con respecto a los principales acontecimientos y actores del período.[10]

Frente a la reforma de la jubilación, habría una importante convergencia de encuadres entre los periódicos. Ambos sostendrían que Lula estaría llevando a cabo una modernización que sería beneficiosa para el conjunto de los brasileños, señalando a quienes se oponían a estos cambios como sectores atrasados y guiados por intereses particulares. Este apoyo de la prensa se vinculaba con la consideración de que estas reformas serían expresión de las promesas incluidas por el candidato Lula en la "Carta al Pueblo Brasileño", en la cual prometía mantener el modelo económico ortodoxo de FHC.

A partir del envío al Congreso del proyecto de reforma de la jubilación, *O Estado de S.Paulo* intensificaría su definición de Lula como un líder pragmático y respetuoso del orden económico que lo antecedía. El presidente brasileño—tal como durante el período posterior a las elecciones de 2002—era descripto como un líder capaz de desprenderse del atraso ideológico representado, desde la perspectiva del periódico, por una parte de los miembros de su partido. De este modo, el matutino expresaría su legitimación hacia las reformas desde el día posterior al envío del proyecto al Congreso (1° de mayo de 2003) en distintos editoriales, donde manifestaría su defensa de los proyectos de reforma tributaria y de la jubilación frente a los "críticos".[11] Ese día, el periódico titularía, apoyando la actitud presidencial, "Lula le pide al Congreso rapidez en las reformas",[12] resaltando que el mandatario había estado acompañado de los 27 gobernadores del país. Los editoriales dirían:

> No es más que una cuestión de justicia reconocer que el presidente Luis Inácio Lula da Silva tiene un especial talento para agrupar y organizar apoyos para los proyectos que quiere ver aprobados. La conducción de los proyectos de las reformas tributaria y de la jubilación es una buena muestra de la habilidad política del presidente de la República.[13]

> …Lo que impresiona en el esfuerzo para convencer, al que Lula se ha dedicado prácticamente todos los días—más allá de la convicción que sus palabras transmiten-, es la calidad de la argumentación para justificar el carácter imperativo de los cambios, la lucidez que lo lleva a tocar con precisión quirúrgica los puntos cruciales en juego y la osadía para proclamar verdades sabidas o intuidas por el brasileño común, pero que las conveniencias políticas acostumbran a mantener escondidas.[14]

Al continuar con la producción de iniciativas que suponían una promesa de estabilidad hacia los sectores del *establishment*—entre las que se incluía la propuesta de una reforma de la jubilación—el presidente sería legitimado por el periódico, que se refería al mandatario—proporcionando a su discurso significación universal (Ansart 1983)—como quien proclamaba "verdades conocidas o intuidas por el brasileño común".

O Globo, encuadrando la cuestión de un modo similar, titularía "Lula lleva las reformas al Congreso, pide responsabilidad y rapidez",[15] legitimando esta iniciativa y demandando rapidez en su aprobación, resaltando como subtítulo que "todos los gobernadores acompañan al presidente pero todavía pretenden modificar la propuesta tributaria". El periódico sostenía que la propuesta de reformas enviada por Lula suponía que:

> una nueva oportunidad histórica tiene la clase política brasileña: la de adaptar el país a un mundo más interdependiente y competitivo que nunca... El alto comando del PT y el gobierno aciertan en identificar en las desigualdades de esa jubilación un gran obstáculo para que el poder público ejecute programas capaces de acelerar la reducción de las desigualdades.[16]

De este modo, *O Globo* se posicionaría legitimando las reformas que pretendía implementar el gobierno de Lula, designándolas, al igual que el matutino paulista, como medidas que darían impulso a la modernización, además de necesarias para ejecutar programas que pudieran reducir las desigualdades.

El conflicto desarrollado en torno a la reforma de la jubilación era encuadrado por parte de *O Estado de S.Paulo* en la clave de una modernización necesaria[17] que oponía a sectores que representarían el interés nacional—por la aprobación de una reforma que permitiría un mayor equilibrio en las cuentas estatales—frente a sectores "atrasados" que pretendían preservar sus intereses particulares, entre los cuales eran identificados los funcionarios públicos, el poder judicial, y los denominados "radicales" del PT. De este modo, la reforma era señalada como aquello que permitiría "el comienzo de la abolición de una de las más aberrantes inequidades sociales del País".[18]

O Globo titularía una edición con una frase de Lula que decía "Yo no cambié. Es la vida la que cambia".[19] El periódico decía lo siguiente, apoyando el rumbo definido por el PT y Lula:

> Los casi cinco meses de gobierno del PT marcan una de las adaptaciones más sorprendentes a la vida real que han ocurrido con un partido en la historia republicana del país. Hay varias explicaciones.... Es cierto que en la Carta al Pueblo Brasileño, divulgada en junio del año pasado, al comienzo del tramo final de la campaña, Lula ya anunció que propondría una reforma de la jubilación. El ala izquierda del partido no se puede sentir engañada.
>
> Los detalles de esta reforma y la línea de política fiscal y monetaria adoptada—la única posible en las circunstancias—continúan alimentando debates sobre la coherencia del PT. La frase de Lula sobre las contingencias de la vida ayuda a entender ese proceso de maduración del partido.[20]

A tono con su posición posterior a las elecciones de 2002, el matutino carioca naturalizaba el rumbo asumido por el gobierno como si fuera el único posible, brindando su apoyo a las definiciones que tomaba el gobierno de Lula. Asociado a este encuadre de las reformas como una "oportunidad de modernización", estaba la idea de que Lula y el PT se habrían adaptado al "mundo real". En este sentido, *O Globo* apoyaba el rumbo económico, a la vez que sostenía que quienes cuestionaban la política económica, como el vicepresidente Alencar, estarían atacando a Lula y perjudicando al gobierno.[21]

Así, *O Globo* definiría esta reforma como un avance modernizador y racional hacia la contención de gastos del Estado que era considerado como inevitable,[22] y esto sería asociado en varios editoriales con la maduración de Lula y el PT al llegar al poder. En este sentido, sostenía que "al apoyar la reforma, el PT entró en conflicto con parte de sus bases, pero en favor de la gran mayoría de la población brasileña, que fue quien eligió al presidente".[23] De este modo, se buscaba identificar al PT y Lula con el "interés nacional", frente al sectarismo e intereses particulares que serían propios de los "radicales".

Un influyente columnista de *O Globo*, Merval Pereira, también participaría de esta operación de legitimación de las reformas emprendidas por Lula como parte de una lucha entre el "interés nacional" y los "privilegios de las corporaciones":

> El presidente Lula está utilizando su capacidad de movilización popular, y gastando lo que le sobra de robustez en los índices de popularidad, para colocar la discusión en el camino correcto. Cuando compara a una cortadora de caña de azúcar con un magistrado, está intencionalmente estirando la cuerda para poner contra la pared a esas corporaciones que defienden sus privilegios sin ningún pudor.[24]

En sus editoriales del 17 y 19 de julio, titulados "Desatando los nudos de la reforma" y "El avance que es preciso preservar", el matutino paulista también defendería la reforma y criticaría a los sectores "corporativos" y "privilegiados", al señalar que:

> Es inconcebible que cuadros funcionarios de elite, los cuales se quejan de que el presidente Lula traicionó a su "clase" o cometió una "estafa electoral", como acusa el presidente del Tribunal Superior de Trabajo (TST), Francisco Fausto, no sepan perfectamente, en lo íntimo, que las cuentas del sistema hacen agua y que no hay discurso que las salve. Lo que ellos quieren, considerándose tal vez más iguales que los iguales, es quedar protegidos del naufragio cuando el barco se hunda.[25]

De este modo, el liderazgo de Lula era presentado como la encarnación del interés nacional, en tanto se oponía a las resistencias hacia las reformas que mostraban grupos que eran equiparados por su "irracionalidad" a los Testigos de Jehová, evocando una imagen de marginalidad y corporativismo para sostener sus propios privilegios.[26] Así, el periódico se oponía a las huelgas de los funcionarios públicos contra la reforma, descalificándolas como "sin lógica y sin pauta".[27]

Los editoriales de estos periódicos que se referían a la reforma de la jubilación como un avance modernizador, tenían por función legitimar una medida en la cual el gobierno se jugaba su capital político, considerando que la opinión pública se había polarizado sobre esta cuestión.[28] De este modo, se trataba de la primera disputa relevante que enfrentaba el gobierno de Lula y, en este marco, ambos periódicos proporcionarían su apoyo a esta medida, resaltando sus beneficios y criticando a quienes rechazaban su aprobación en el Congreso. En estos medios, la legitimación de la política económica y las reformas iba ligada de forma indisociable con la legitimación de la imagen presidencial. Estos aspectos estaban vinculados y se reforzaban en forma mutua en la primera coyuntura.

La afinidad que presentaba la línea editorial de estos periódicos con las principales políticas del gobierno reflejaba la "luna de miel" existente entre ambos sectores. La misma no era producto únicamente de un gobierno que recién se iniciaba ni de la fascinación en los medios que podía generar en este contexto la popularidad del presidente Lula. Involucraba también una convergencia ideológica establecida sobre la necesidad de realizar reformas ortodoxas que presentaban una continuidad con el gobierno anterior.

Por otra parte, Veríssimo, columnista de *O Globo*, desde una posición más de izquierda criticaba al gobierno:

> El presidente argentino Kirchner dijo en el gobierno al FMI lo que el PT decía afuera, que no pagaría la deuda con el hambre del pueblo. Un ataque a las reglas de comportamiento esperado, equivalente a sonarse la nariz en una toalla de lino de la Casa Rosada. El FMI sólo lo encontró pintoresco. Lula no se atrevió a probar lo que nos dirían si hiciera algo parecido. En lo demás, ha sido un presidente anti-convencional como nunca se ha visto. Se enfrenta sin miedo a la fina línea que separa el simpático del ridículo, al usar todos los sombreros y empuñar todos los instrumentos que le ofrecen, no se dejó avergonzar por las formalidades del cargo. Pero a una buena parte de su electorado le gustaría verlo contrariando las reglas que cuentan, haciendo caso omiso de las convenciones que nos ahogan.[29]

De este modo, *O Globo* habilitaba una voz que exigía un mayor cuestionamiento al modelo económico ortodoxo del cual Lula se presentaba entonces como su continuador, aunque esta visión era contraria a la sostenida por el periódico carioca en su línea editorial. Lo que vemos como una característica propia de *O Globo* es que ciertos columnistas entrarían en tensión con las ideas defendidas por el medio, expresando visiones divergentes a las mismas. A diferencia de ello, *O Estado de S.Paulo* se caracterizaría por la convergencia entre la línea sostenida por los columnistas y la de los editoriales.[30]

El 6 de agosto de 2003 se produciría la votación y aprobación en la Cámara de Diputados de la reforma de la jubilación, generándose destrozos en el edificio público por parte de sectores que se oponían a los recortes en los beneficios sociales que implicaba la reforma. Este proyecto, enviado al Congreso por el oficialismo, contó con 62 votos de los partidos opositores del PSDB y del PFL, así como los once partidos aliados le dieron 296 votos. De los parlamentarios petistas, ocho rehuyeron a votar y tres, los denominados "radicales", votaron en contra, manifestándose la tensión al interior de la coalición gubernamental. En una caracterización celebratoria, el periódico paulista festejó la aprobación con un editorial titulado "El gobierno vence la primera prueba":[31]

> La aprobación, en primer turno, del proyecto de la reforma jubilatoria fue, sin duda alguna, una importante victoria del gobierno. Modificar el sistema jubilatorio no es una tarea fácil. Intereses particulares y corporativos son perjudicados por este cambio y, siendo así, no son muchas las personas dispuestas a considerar que lo que se vislumbra es la corrección de un sistema que viene provocando enormes transferencias de ingresos de los trabajadores del sector privado para los del sector público, además de ser el mayor factor estructural de desequilibrio en las cuentas públicas. Hay, por lo tanto, resistencias generales a la reforma, que no puede ser hecha sin la eliminación de algunos privilegios, la carga a ciertas camadas de asegurados y la frustración de las expectativas individuales y colectivas.

La legitimación de la reforma por parte del periódico resultaría un aspecto importante de su línea editorial en estos meses. *O Estado de S.Paulo* presentaba la aprobación de la misma como el éxito de "la presión silenciosa y serena de la opinión pública" por sobre "la presión ruidosa y agresiva de las asociaciones corporativas". De este modo, atribuyéndose la representación de la opinión pública—dotando a su discurso de significación universal-, el periódico celebraba lo que consideraba como la victoria del interés nacional por sobre las corporaciones privilegiadas. Por su parte, *O Globo* decía que "la aprobación final, en primera instancia, de la reforma de la jubilación debe ser conmemorada por el gobierno y por cualquier ciudadano preocupado por la salud fiscal del Estado brasileño".[32] Así, vemos la convergencia que se manifestaba entre ambos periódicos con respecto a esta cuestión.

Durante este primer período *O Estado de S.Paulo* adoptaría, en torno a la reforma, una posición coincidente con la del gobierno, recurriendo a las declaraciones gubernamentales para legitimar su propio discurso y, a la vez, legitimar el discurso gubernamental.[33]

A la vez, Fernando Henrique Cardoso, desde la definición de una "oposición constructiva", tal como definía el PSDB su línea de acción frente al gobierno en este período, aspiraba a señalar lo positivo de la reforma en sus columnas en el periódico, así como sus defectos, que marcaba en el párrafo final del siguiente modo:

> Seria, como mínimo, paradojal que aquellos que con tanta vehemencia y ningún fundamento criticaban al supuesto "neoliberalismo" del gobierno anterior terminen comprometiendo el perfeccionamiento del Estado y del servicio público en Brasil, en el afán de generar resultados fiscales de corto plazo".[34]

Es relevante señalar la coexistencia en *O Estado de S.Paulo*, durante este período, tanto de encuadres legitimadores del liderazgo presidencial, referidos a la reforma de la jubilación, como de aquellos referidos a la crítica al autoritarismo y el mesianismo del liderazgo *lulista*. Esta coexistencia configuraría, durante este período, cierta distribución ponderada entre la crítica y la legitimación. En el caso de *O Globo*, la legitimación de las acciones del presidente se destacaría por sobre los pocos encuadres críticos que presentaría en esta coyuntura el periódico.

Los encuadres referidos al marketing electoral de Lula y su "autoritarismo/mesianismo" serían la manifestación de cierto cambio en la posición política de *O Estado de S.Paulo*, que iría pasando a una posición de confrontación, aunque esto se haría más evidente durante la crisis política de 2005. La incipiente desaprobación hacia ciertos rasgos del liderazgo presidencial manifestaría el modo en que el periódico comenzaría a desplegar sus críticas hacia Lula:

> El problema es que el tiempo pasa y el gobierno se continúa expresando mucho menos por gestos—actos concretos—que por los discursos prácticamente diarios de su jefe. Y esos discursos han asumido un tono cada vez más preocupante.
>
> Ya causaba desánimo la insistencia obsesiva del presidente de proclamar que su escolaridad incompleta no le impidió conocer los problemas nacionales, llegar a donde llegó y ser tratado con respeto y admiración por los poderosos de la Tierra. Hablando, por ejemplo, de sus realizaciones, que entiende como excepcionales, en materia de política exterior, se vanaglorió de haber conseguido, en seis meses, "aquello que muchos estudiaron la vida entera y no consiguieron".
>
> Aparte del autoelogio, la provocación vulgar a su antecesor y los malos tratos al portugués, Lula transmite el mensaje infeliz de que el estudio puede no ser necesario.... Lo que queda es la impresión de que el presidente cobija un sentimiento entre la soberbia y la megalomanía.... Lo que cuenta es que, después de todo por lo que ya pasaron las instituciones nacionales, el Presidente de la República—todavía más un presidente que se enorgullece de sus profundas convicciones democráticas—debería vigilar sin descanso sus propias aflicciones políticas para que, al expresarlas, ellas no bordeen el autoritarismo".[35]

En este editorial, la idea central consistía en criticar el supuesto autoritarismo y mesianismo del presidente, siendo que la retórica presidencial buscaría ocultar la incompetencia del gobierno. El carácter mesiánico y autoritario que el periódico paulista asignaba a Lula, acusado de creerse el salvador de la Nación, vulneraría las instituciones democráticas que sería necesario preservar. Otra de las críticas que el periódico realizaría al presidente remite al señalamiento de que haría apología de su ausencia de estudio y desconocimiento. *O Estado de S.Paulo* aspiraba a producir en este editorial una inversión (Verón 1987) de aquello que presentaba Lula en su propio discurso como atributos positivos—un presidente de origen popular capaz de realizar políticas en función de aquellos que poseían su mismo origen social-, sosteniendo que estas características resultarían un aspecto negativo.

Hasta el momento y probablemente desde el triunfo en las elecciones de 2002, el matutino paulista había resaltado el "pragmatismo" y la capacidad de persuasión del presidente. Ahora, éste era criticado por mesiánico, incompetente y autoritario, evidenciándose el cambio. Un encuadre que tramaría una relación importante con este último, resultaría aquel que enunciaba el marketing electoral del presidente, la diferencia entre sus discursos y hechos concretos, que se repetiría durante este gobierno. En editoriales como el titulado "El gobierno virtual del presidente",[36] el periódico plantearía una diferencia entre la ficción del gobierno y la realidad:

> Y aquí se llega al centro de la cuestión—la distancia entre la grandilocuencia de la retórica presidencial y la escasez de las realizaciones del gobierno. O, en el juego de palabras de la nota del PFL, el "crecimiento del espectáculo" en lugar del prometido "espectáculo del crecimiento".... Parece cristalizarse, mientras tanto, una correlación perversa: cuanto menos realizaciones el presidente tiene para presentar y cuanto más rica es la colección de episodios que testifican contra su equipo, tanto más pone énfasis en el verbo, en la auto-consagración y en promesas de hazañas políticas y administrativas sin precedentes. Eso no augura nada bueno.

El matutino definiría, a partir de estos encuadres, la siguiente interpretación: el carisma de Lula y su capacidad de comunicación servirían para el engaño, como una cortina que oculta la auténtica realidad de un gobierno ineficiente. La distancia existente entre la realidad y las declamaciones discursivas del gobierno brasileño, sería saldada desde esta interpretación a partir del carisma de Lula y su capacidad de comunicación.

La columnista Dora Kramer, de *O Estado de S.Paulo*, en una columna referida a un viaje al África que Lula realizó en 2003, decía sobre el presidente que éste:[37]

> No se informó, prefirió confiar una vez más en su intuición y, otra vez, cometió una de aquellas impropiedades que ya están—lamentablemente para aquellos a quienes representa—tornándose su marca registrada.

> La pregunta es cuánto tiempo y cuántos episodios de este tipo el presidente tendrá que protagonizar antes de escuchar a sus asesores acerca de la imposibilidad de seguir recurriendo a las improvisaciones.

La columnista retrataba así a Lula como quien actuaría por intuiciones en lugar de informarse, es decir, de un modo no racional. Con este tipo de definiciones, el matutino comparaba en forma implícita a Lula con FHC, señalando la contraposición entre el "príncipe ilustrado" y el primero, que actuaría a través de intuiciones e impulsos, improvisando en sus discursos.

En el caso de *O Globo*, las referencias al "mesianismo" o "populismo" de Lula

Imagen 17. Caricatura de Chico que retrata a Lula como alguien que discursea en exceso. *O Globo*, 23 de junio de 2003.

estarían presentes en las caricaturas o columnas, pero serían escasas en los editoriales, contrariamente a lo que hemos visto en *O Estado de S.Paulo*. Al respecto, una caricatura de Chico en la tapa de *O Globo* retrataba a Lula como quien estaría discurseando en exceso (Imagen 17, página 272).[38]

En cierta medida, esta ilustración representaba a Lula como un demagogo. Por su parte, Merval Pereira advertía: "Todavía estamos en el primer momento de un gobierno que tiene todo para llegar a buen puerto, con resultados sorprendentemente buenos en el área económica, que parecía la más delicada. Precisa ahora no dejarse caer en tentaciones populistas".[39] Vemos así como aparecía el fantasma de las acusaciones por "populista" a Lula desde el principio. En este sentido, el periódico carioca indicaba que los senderos "populistas" estarían superados, pero lanzaba la advertencia al gobierno de que habría que estar vigilantes con respecto a este tema:

> El Presidente, en casi siete meses de convivencia con la sociedad, ha dado pruebas sustanciales de entender el momento que vive el país y de conocer el estado de madurez de nuestras instituciones republicanas. Preferencias personales e ideológicas de uno u otro funcionario por un Fidel Castro o un Hugo Chávez no son motivo para temer que, un día, el Brasil sea nuevamente atrapado por una plaga clásica latinoamericana: el populismo mesiánico. Todo indica que ya adquirimos barreras inmunológicas contra este y otros males tropicales. Pero los anticuerpos necesitan ser reforzados diariamente.[40]

A la vez que el periódico destacaba que no habría posibilidades de caer en el "populismo", señalaba que habría que estar vigilantes, con el propósito de marcar un límite a la conducta del presidente. En las columnas de Merval Pereira, iría floreciendo esta crítica frente a los riesgos del "populismo", donde el columnista asociaba la popularidad de Lula con el peligro del mesianismo.[41] Esto sería retomado por el periódico carioca en la segunda coyuntura.

Con las advertencias en tono de amenaza sobre un eventual "populismo" o "mesianismo" en el cual podría caer el presidente, estos medios intentaban delimitar las acciones políticas de Lula, buscando que éste se adapte a un ejercicio sobrio, moderado y sin vinculación con actores sociales subalternos durante su mandato.

Durante el segundo período de análisis, se produciría una mutación significativa en las apreciaciones de *O Estado de S.Paulo* y de *O Globo* sobre el liderazgo político del presidente. A partir del escándalo del mensalão, ambos pasarían de la predominante legitimación del liderazgo de Lula hacia una perspectiva crítica.

A partir de la aparición en la agenda pública de las acusaciones de corrupción, se instalaría lo que ha sido denominado como un cerco por parte de los principales medios de comunicación (Singer 2009), produciéndose una exposición permanente de las acusaciones, que condicionarían la acción política gubernamental. Durante este período, resultaría visible la pretensión de ambos periódicos por incidir en la formación de una agenda pública centrada en torno a la corrupción. Desde esta perspectiva, cualquier iniciativa por parte del presidente Lula por situar la agenda pública en otros temas sería invalidada por parte de estos medios: mantener al gobierno centrado en torno a las denuncias de corrupción manifestaba una pretensión por condicionar su capacidad de acción.

Esta orientación reproducida por importantes medios de comunicación transformaría el clima político del país. Por parte de ciertos dirigentes petistas, se percibía una aspiración a desestabilizar al gobierno o destruir el capital político del presidente con vistas a las elecciones presidenciales de 2006. Sin embargo, es importante hacer una distinción entre los usos que haría la prensa del mensalão para atacar a Lula y al PT, y los usos que haría el PT de la "conspiración de las élites", incluyendo las acusaciones de la prensa, para desviar su responsabilidad sobre estos escándalos.[42]

O Estado de S.Paulo definiría una especial posición frente a la crisis política que experimentaba el gobierno. En este sentido, señalaría la conveniencia de la oposición de minar el patrimonio electoral de un presidente alienado, sin afectar la estabilidad institucional.[43] Esta sería la posición que asumiría el periódico durante el período, aspirando a reducir el conflicto cuando percibiera una posible radicalización del gobierno.[44] En este sentido, desde el principio apuntaría a desarticular las acusaciones gubernamentales de desestabilización, señalándolas como expresión de una "alienación" del gobierno, pretendiendo deslegitimar a las mismas a partir de una operación discursiva que apuntaba a reducir la existencia del conflicto y las asimetrías sociales.[45]

El matutino paulista centraría sus encuadres resaltando la incompetencia de Lula para gobernar y su "populismo", que conducirían a un agravamiento de la crisis política. De modo que, si en el período anterior podíamos percibir por parte de esta línea editorial cierta ponderación en la caracterización del liderazgo presidencial, esta situación cambiaría durante el segundo período de análisis. Con el surgimiento de las denuncias, originadas por el escándalo de los Correos y la entrevista a Roberto Jefferson en la *Folha de S.Paulo*, se visualizaría esta nueva percepción de *O Estado de S.Paulo* sobre el presidente:

> El presidente Lula no consiguió impedir que la oposición, con el apoyo de 18 parlamentarios petistas, consiguiera 276 firmas de diputados y senadores—69 más del mínimo necesario—para la creación de la CPI de los Correos. Son muchas las cosas que él no ha conseguido: hacer la reforma ministerial para apaciguar a los aliados y enflaquecer el bloque contra el gobierno del PMDB; mantener la presidencia de la Cámara sobre control petista; reconstruir, después de la 'corrida de ganado' que hizo posible el ascenso de Severino Cavalcanti,[46] su base parlamentaria; prevalecer en votaciones de variada importancia en el Congreso; mantener el tradicional poder del Ejecutivo sobre la agenda legislativa—y hacer creer a la población que el gobierno del PT no roba, ni deja robar.
>
> Cargando ese bolso de fracasos, revelador de la ineptitud de Lula y de su partido para el ejercicio de la política, incluso con la *p* minúscula de su registro habitual, el Planalto ahora se debate en busca de una salida para embarrar la CPI o neutralizarla (ni en relación a eso el núcleo dirigente consiguió definir una posición).[47]

La definición de Lula como un incompetente para el gobierno, que se había manifestado de forma ambigua durante el primer período, tendría a partir de entonces un espacio dominante en *O Estado de S.Paulo*. Durante esta coyuntura, con respecto a la figura presidencial, abundarían en el matutino el énfasis crítico y las adjetivaciones descalificadoras.

Frente a la agudización de la crisis política y las dificultades para divulgar una agenda propia debido a la cobertura centrada en la corrupción por parte de los principales medios, Lula reforzaría sus apariciones en actos políticos en distintas localidades del país con organizaciones sociales, con la pretensión por consolidar núcleos de apoyo que le permitieran sortear estas dificultades. Como indica Secco (2011):

> En aquellos días de tormenta, su agenda fue dirigida hacia actos populares. Lula no hablaba con la prensa y participaba de eventos con el MST y la CUT; iba al Sindicato de los Metalúrgicos del ABC y establecía un contacto personal y directo con el pueblo del interior del nordeste, como si frenara una amenaza de radicalización y de chavis-

mo en el caso de un intento de impeachment contra él. De hecho, Hugo Chávez lo visitó en aquellos días de graves dificultades. (Secco 2011, 228)

Esta dirección frente a la crisis asumida por Lula sería percibida por *O Estado de S.Paulo* como la asunción de una "campaña electoral permanente", que alejaría al mandatario de las labores presidenciales. El matutino respondía a las acusaciones gubernamentales de desestabilización con el argumento de que serían la propia incompetencia de Lula y su gobierno las que habrían conducido a esta profundización de la crisis política.[48] A su vez, destacaba que la incapacidad de conducción política del presidente no derivaría en una crisis institucional debido al comportamiento ejemplar que tendría la oposición del PSDB.[49]

En el representativo editorial del 23 de junio, "El discurso agrava la crisis", el periódico criticaría de forma ostensible la actuación de Lula el 21 de Junio en Luziânia (Goiás) en la apertura del Congreso de la Unión Nacional de Cooperativas de Agricultura Familiar y Economía Solidaria.[50] En este contexto, durante el cual el presidente se rodeaba de movimientos sociales con la pretensión de conformar apoyos frente al descrédito sostenido hacia su partido e imagen presidencial por los principales medios de prensa,[51] el periódico se colocaría en su papel más crítico frente al estilo de comunicación popular *lulista*:

> [S]u improvisación—rellena, como es habitual, de un rosario de estupideces—de nada sirve como garantía de inocencia de cualquiera de sus compañeros mencionados en las denuncias.... Además, el discurso del presidente agrava la crisis. Para dar su mensaje, eligió un congreso de una entidad de cooperativas de agricultura familiar, teniendo en la platea a los presidentes de la CUT y de la Contag. Las tres entidades entran en la categoría de los 43 'movimientos sociales' convocados por Dirceu a fines de la semana para salir en defensa del gobierno supuestamente amenazado por una conspiración de las elites. En su versión más blanda, esa imaginaria conspiración quiere 'anticipar el debate electoral' de 2006.[52]

El matutino paulista apunta a deslegitimar tanto la argumentación del gobierno de que habría intentos conspirativos de desestabilización, como a invalidar la aspiración de Lula por rodearse de los movimientos sociales como base de sustentación política. En este sentido, buscaba descalificar esta última pretensión como un signo más de la alienación del presidente que agravaría la crisis, al estimular el conflicto, así como se le acusaba de presionar mediante la movilización social a quienes realizaban las acusaciones de corrupción.

En su editorial del 13 de junio, titulado "Confesiones tácitas", *O Estado de S.Paulo* criticaría nuevamente sus discursos improvisados y la "parodia de asamblea sindical" que el presidente habría tenido la "imprudencia" de realizar en el Planalto:

> Lula continúa dando señales de no saber lo que significa la función para la cual ha

sido elegido. Fue así el mes pasado cuando comandó un simulacro de reunión ministerial, dando asiento en la gran mesa que sirve para eso a representantes de los "movimientos populares", encabezada por João Pedro Stédile, que fueron a hipotecarle solidaridad frente al "golpe en marcha de las élites".

Fue así cuando interfirió—como presidente de la República, ostensivamente, y no como figura mayor de su partido—para intentar resolver la crisis moral petista. Y fue así cuando transformó el bien público que es el palacio presidencial en un auditorio de la CUT, días después de nombrar ministro de Trabajo a su presidente Luis Marinho. ¿Estará el creador del "nuevo sindicalismo" queriendo resucitar el "peleguismo"?

El periódico criticaba lo que identificaba como la transformación de una institución como el Planalto en una "parodia de asamblea sindical", reaccionando frente lo que percibía como la producción de una *inversión simbólica* por parte del presidente. La convocatoria a determinadas organizaciones sociales a participar de encuentros en el Planalto era percibida como una profanación de los espacios de circulación de las élites políticas y, en consecuencia, como una vulneración de lo que sería la "esencia" de las instituciones nacionales. De este modo, el Planalto se habría transformado en una "asamblea sindical", perdiendo su sacralidad desde la perspectiva del periódico, que justamente se definiría por expresar un límite a la participación en el interior de las principales instituciones del Estado hacia sujetos de extracción social plebeya. Esta apertura de la participación era percibida por el periódico como una amenaza, en el plano simbólico, de disolver los monopolios y diferencias que hacen de los sectores sociales clases,[53] ya que sería discordante con los rituales que exigirían las altas instituciones del Estado.

A su vez, el matutino paulista continuaba alimentando su percepción sobre la incapacidad presidencial, señalando que "su inagotable incompetencia política tiene todo para agravar el cuadro ya de por si peligroso".[54] Según esta interpretación, la incompetencia política del presidente sería aquello que profundizaría la crisis política, así como su dificultad para comprender las complejidades del escenario político nacional, a diferencia de aquello que señalaba el periódico durante el primer período de análisis. En su editorial del 22 de julio, "En estado de alienación", el periódico expresaría:

> El presidente Lula no pierde oportunidad para mostrar su falta de preparación para el cargo—que la crisis de corrupción elevó a la enésima potencia. Mientras su mundo se derrite, amenazando con enterrar su biografía política bajo los mismos escombros en que se encuentra, sin esperanza de rescate, la *nomenklatura* del PT, y mientras la opinión pública, asombrada, se pregunta en qué va a dar todo eso, él sigue obsesivamente en campaña electoral.... Contra el ex presidente Fernando Henrique, que parece no salir de su cabeza, sustentó que 'gobernar es independiente de la cantidad de escolaridad (sic) y formación académica, dependiendo mucho más del carácter y

de la inteligencia'.

Aparte de la tosca noción de inteligencia como un atributo estático, que no se desarrolla con los conocimientos adquiridos a lo largo de la vida, la apología de la indigencia cultural sólo confirma una sospecha que no para de crecer a medida que Lula va ejerciendo su mandato: la de que, habiendo viajado y recorrido las cuatro esquinas del país, de lo que tanto presume, de la misa no entendió ni la mitad. Lula jamás captó la complejidad de la vida nacional, ni los diferentes tiempos históricos que en ésta coexisten, las relaciones entre el Estado, la política y los intereses múltiples en movimiento en la órbita del poder. De allí, entonces, su alienación, notable a simple vista, ante las revelaciones de los delitos que se propagan, como una metástasis, por el organismo de la administración federal. Alienación que sugiere la imagen de Nerón tocando su lira delante de la Roma incendiada.

Obviamente, esto no significa que Lula carezca de inteligencia. El problema es que ella está orientada a tiempo completo para su proyecto personal.

Este editorial resultaría expresivo, al condensar la crítica construcción que el periódico había efectuado durante este período sobre Lula. Describía a un presidente incapaz de comprender las tareas presidenciales y combatir la corrupción, orientado en forma exclusiva hacia su proyecto personal. Así, Lula nunca habría podido captar las complejidades de la política nacional, dada su indigencia cultural y su incapacidad producto de su simplicidad (relativa a su origen social). El periódico realizaría críticas alusiones a la pobre educación del presidente, en una descalificación elitista que se nutría también de la construcción de una "profecía autocumplida". La producción de una "profecía autocumplida" y la existencia de prejuicio elitista en estos editoriales se evidenciaba en el hecho de que para encontrar las razones de la crisis política que experimentaba el gobierno, *O Estado de S.Paulo* recurría a explicaciones que contenían referencias al origen social del presidente o a su ausencia de estudios, o a su desconocimiento del idioma inglés, entre otras. De este modo, no existía margen para una evaluación autónoma de su acción política, sino que esta era interpretada como el resultado de las limitaciones que serían producto de su origen social.

Nótese que esta crítica por una supuesta ausencia de formación, estaría especialmente presente en el caso de Lula, que venía de la pobreza del Nordeste. A diferencia de ello, en el caso de Vargas, que provenía de las oligarquías del Sur del país, hemos visto que éste no recibiría críticas elitistas. Esto marcaría una diferencia, más allá de las amplias similitudes, respecto de cómo serían tratados ambos líderes en función de su origen social, especialmente en las páginas del periódico paulista.

Por otra parte, en su página de editoriales, *O Estado de S.Paulo* difundía ilustraciones que señalaban la culpabilidad y complicidad de Lula con respecto a los escándalos (Imagen 18, página 278.[55]

Imagen 18. Caricatura donde se sugiere la complicidad de Lula con los escándalos del mensalão. *O Estado de S.Paulo*, 27 de julio de 2005.

A su vez, luego de las denuncias de Jefferson en la *Folha*, la tapa de *O Globo* contenía el título: "Denuncias de compra de votos llevan al gobierno de Lula a una crisis peor",[56] y como subtítulo: "La versión oficial del PT es desmentida en pocas horas y obliga al Planalto a admitir que el presidente sabía del mensalão". Durante el estallido de los escándalos, el periódico carioca colocaría una volanta titulada "escándalos en serie", tramando una continuidad entre las denuncias de un día y el próximo, pretendiendo centrar la agenda en torno a las nuevas informaciones que irían surgiendo sobre estos hechos. Sin embargo, mientras *O Estado de S.Paulo* situaría principalmente las causas de la crisis en la incompetencia del presidente (20 editoriales) y su populismo (10 editoriales), *O Globo* señalaría que las causas de la crisis política se encontrarían en la amplitud de los cargos del Estado, exigiendo realizar una reforma estatal "modernizadora" que redujera los contratos políticos (18 editoriales).[57]

De este modo, el periódico carioca titulaba que: "Los cargos en el gobierno se convierten en 'fabriquitas' de dinero",[58] señalando en un subtítulo que "el esquema, que tiene hasta seudónimo, financiaría a partidos y es el origen de la actual crisis política.". Así, se pretendía resaltar la corrupción del gobierno en el vínculo con las empresas estatales, que sería el encuadre preferencial del periódico carioca frente a esta crisis. En *O Globo* no aparecían tantas referencias directas al presidente, sino que los encuadres se centraban en el gobierno y las acciones que éste debería emprender para dar una respuesta a la crisis.

Como hemos visto, las soluciones propuestas apuntaban a reducir los "cargos políticos", realizar una reforma política, así como a conducir la economía por la misma senda que hasta entonces, lo que proveería al presidente de respaldo y sustentación. A diferencia de *O Estado de S.Paulo*, en *O Globo* habría una mayor preocupación por encontrar soluciones a la crisis, que serían enunciadas en los editoriales, mientras el matutino atribuía una culpa exclusiva a Lula y el PT como los responsables de la misma.

A pesar de lo arriba indicado, con la aparición de las iniciativas de Lula por ir a actos en el interior del país, el periódico carioca adscribiría a la caracterización de su gobierno como un "populismo chavista". En este sentido, tanto *Folha de S.Paulo*,[59] como *O Globo* y *O Estado de S.Paulo* compartirían en este contexto el mismo encuadre.[60]

El periódico carioca, en este sentido, procuraba alejar al presidente de la tentación "chavista", indicando que:

> Movilizar seguidores y grupos organizados para ganar las calles no ayuda a la estabilidad del país y puede contaminar la economía con las incertidumbres de la política. El discurso chavista sólo sirve de pantalla para proteger el esquema de corrupción montado en las cercanías del Palacio.
>
> La tesis de la existencia de las élites desestabilizadoras no puede resistir a ningún análisis realista de los hechos, ya que estas mismas élites son las que han protegido al presidente en el Congreso y fuera de él. Basta analizar los nombres de los aliados políticos del presidente.[61]

De este modo, *O Globo* exigía a Lula abandonar el discurso "chavista", alertando que el mismo podría atentar contra la estabilidad económica, a la vez que serviría únicamente como excusa para proteger a los acusados de corrupción. Además, procuraba indicar que las acusaciones de una desestabilización en marcha no resistirían un análisis realista, dado que serían las élites las que asegurarían la permanencia del presidente en el gobierno. Posteriormente, el periódico se mostraría crítico y decepcionado:

> Esta postura chavista parece haber conquistado a Lula, como fue evidente en el discurso de estilo de mitin, ayer, en Garanhuns.... El presidente Lula no debería confundirse con esa zona de sombras. Ni amenazar con instituir una democracia directa, al margen de las instituciones, de contacto demagógico con las llamadas masas—en verdad, grupos organizados de sindicalistas—olvidándose que la realidad brasileña es muy diferente a la cubana y venezolana.[62]

Así, *O Globo* procuraba definir el acercamiento de Lula con los movimientos sociales como parte de una orientación "chavista" que pretendía llevar al país a una "democracia directa". El periódico buscaba invalidar las acciones del presidente indicando que en Brasil las condiciones no serían las mismas que en Venezuela o Cuba. De este modo, se procuraba alertar en forma constante sobre el peligro que significarían estos discursos que postulaban un enfrentamiento con las élites, destacando que los mismos entrarían en un "terreno desconocido y peligroso". Estas acusaciones y estereotipos difundidos tenían como propósito reducir las alocuciones populares de Lula, exigiendo el retorno a un equilibrio pretérito que implicaba la subordinación de la acción del gobierno a la agenda de los principales medios, centrada en torno a la corrupción.

Se aspiraba así a producir una naturalización del orden político, similar a aquella que se había desarrollado durante el período de Vargas con la agitación de la amenaza de una inminente "república sindicalista". Así, se pretendía generar un temor de las mismas características cuando los periódicos resaltaban el peligro del "chavismo" y "el camino del populismo" que estaría transitando Lula, según las acusaciones del columnista Merval Pereira.[63] Miriam Leitão, columnista de *O Globo*, frente al mencionado discurso del presidente en Luziânia (Goiás), destacaba en esta misma línea: "Este camino de decir que la élite conspira contra él por sus orígenes supone alimentar delirios conspiratorios que el PT siempre tuvo y es, de los últimos movimientos hechos por el gobierno, el más equivocado".[64]

De este modo, los distintos columnistas y editoriales de ambos periódicos mostrarían su rechazo frente a los discursos populares de Lula, identificados como atentando contra un orden social que no debía ser cuestionado. Así, tal como había sucedido con Vargas, se aspiraba a naturalizar la figura del presidente como quien debería ser expresión de la mesura y la moderación. Como vemos, se asociarían los discursos de Lula con los fantasmas del desorden para construir el imaginario de un límite que el mandatario no podría traspasar en sus discursos y acciones políticas. Estos señalamientos tenían la pretensión de impedir a Lula ejercer sus alocuciones populares.

La estrategia de Lula de convocar a los movimientos sociales y dirigirse en discursos directos a sus audiencias frente a la crisis, le brindaba al presidente de una autonomía con respecto a la agenda construida por los medios que estos periódicos, con las acusaciones de "chavismo" y radicalización, pretendían reducir.

Sin embargo, en *O Globo* se evidenciaba la intención por convertir al mensalão en un *escándalo político* a partir de titulares que le permitieran ampliar sus ventas, como parte de su estrategia comercial. Esto lo diferenciaba de la radicalidad anti-petista y anti-lulista que era propia de los editoriales de *O Estado de S.Paulo*. *O Globo* colocaba durante la crisis títulos llamativos que impactaran en la audiencia, destacando revelaciones sucesivas que fueran alimentando este escándalo político por secuencias.[65]

A su vez, el columnista Zuenir Ventura señalaba que Lula habría "vendido el alma" por el poder y para ser reelegido[66] en el marco de estos escándalos, así como exigía su renuncia a la reelección, sosteniendo que "el gesto que podría revertir la crisis sería que Lula se abriera del apego al poder y renunciara al proyecto de reelección que, como sabemos, ha sido la madre de estos escándalos".[67] De este modo, el mensalão también operaría, en un contexto distinto al de 1954—ya que distintas eran las circunstancias, y el discurso se había democratizado, aceptando la legitimidad de los contendientes—como un *momento de condensación*, donde se correrían los límites de lo enunciable contra el gobierno. De este modo, serviría para la "comprobación" de Lula como un presidente "populista" e "incapaz" y del PT como un "partido corrupto". Estas consideraciones, muchas de las cuales estaban presentes previamente en *O Globo* y particularmente en *O Estado de S.Paulo*, tendrían su momento de redefinición y actualización con el escándalo del mensalão.

A pesar de la vehemencia de las críticas realizadas al mandatario por parte del matutino paulista, este descartaría la conveniencia de promover un *impeachment* al presidente.[68] El motivo de su oposición al mismo sería la extensión de la corrupción a las bancadas parlamentarias de otros partidos, lo que inhabilitaría a concentrar la culpa en Lula, así como la popularidad de éste, que lo situaba como favorito aún en los momentos de mayor gravedad de la crisis, donde alcanzaba como mínimo el 40% de aprobación en las encuestas. De este modo, el periódico rechazaba el *impeachment* contra el presidente, a pesar de sostener que sería difícil creerle su desconocimiento de los "procedimientos ilegales" que habrían llevado a su elección.[69]

Frente al contexto de agudización de la crisis política, *O Estado de S.Paulo* procuraría rescatar la agenda económica del gobierno, al tiempo que señalaba la necesidad de descomprimir el escenario de conflicto con las élites que planteaba Lula.[70] En la visión del matutino paulista, la cercanía del presidente con los movimientos sociales en su apoyo implicaría el riesgo de una radicalización del gobierno. Contra esta posibilidad el periódico publicaría el 26 de julio un editorial titulado "Cabeza fría y erguida",[71] reduciendo el énfasis crítico hacia el gobierno:

> Todo brasileño responsable implora para que el presidente Luis Inácio Lula da Silva recobre la lucidez, pare de enfurecerse contra una conspiración inexistente y vuelva a gobernar el País mientras las instituciones democráticas a las cuales les cabe lidiar con crisis como esta realizan, con ejemplar eficiencia hasta ahora, su trabajo.
>
> De la misma forma, ningún brasileño sensato desea que el presidente sobreviva políticamente como un zombi enflaquecido e incapaz de actuar.
>
> Si abandona las fantasías de persecución y ordena que sus peores consejeros se callen por un instante, el presidente percibirá que hay un número enorme de personas—de aquello que él llama la élite—empeñadas en evitar lo peor. Solo los insanos se expondrían voluntariamente a los costos de un desenlace de la crisis que acortara el mandato del presidente. Y, hasta ahora, solo el propio presidente está contribuyendo para este tipo de desenlace al intentar movilizar a las fuerzas populares para intimidar a los que cumplen su deber de afinar las denuncias.... Lo peor que podrá suceder al Brasil, en este cuadro, sería una paralización del gobierno, con un presidente desubicado y

recitando amenazas de tribuna, en el más puro estilo de su amigo venezolano Hugo Chávez. El consumidor que tenga juicio dejará de gastar. El empresario con memoria de las peores crisis políticas vividas en este país dejará de invertir.... Si los dirigentes de la Fiesp y de la CNI son la elite, lo que la elite reclama del presidente es cabeza fría y erguida y mucha disposición al trabajo. Solo el presidente y sus peores consejeros parecen rechazar este dato evidente".

La pretensión fundamental de este editorial aspiraba a reducir la sensación de Lula del "cerco-mediático", que lo alejaba de las pretensiones de los sectores dominantes. El tono del periódico era conciliador, resaltando que las acusaciones de desestabilización contra las élites por parte de Lula serían únicamente el resultado de sus fantasías de persecución, estando éstas interesadas en el buen desempeño de su mandato. Durante este editorial, al igual que en *O Globo*, aparecía la asociación con el presidente venezolano Hugo Chávez como *sobreestimación de la amenaza*, con la pretensión de establecer un límite ante el aumento del tono popular de los discursos de Lula y su acercamiento a los movimientos sociales.

El matutino paulista, para eludir la distinción de Lula, que construía una oposición entre los sectores populares y las elites, difuminaba la existencia de intereses por parte de las clases sociales, reducía las jerarquías, las desigualdades constituidas, así como la arbitrariedad histórica de las apropiaciones simbólicas y materiales de estos sectores (Ansart 1983). Como parte de la misma operación, una vez reducida la existencia de sectores sociales antagónicos y de sus asimetrías, presentaba como injustificado el afán gubernamental por "fomentar la división social". De este modo, la apelación a los movimientos populares era presentada por este periódico como un intento por parte del presidente de abroquelarse en apoyos para no asumir sus responsabilidades ante las acusaciones de corrupción.[72]

En un momento de incremento del conflicto simbólico entre el gobierno y los sectores más tradicionales de la prensa y la política, *O Estado de S.Paulo*[73] realizaría una crítica al conflicto social, así como una interpretación de la división social del país que persistiría como clave de lectura hasta el fin de este mandato: los ignorantes de abajo seguirían apoyando a Lula, y los más informados de los sectores medios entenderían la gravedad de la corrupción.

De esta manera, se visibilizaba un conflicto en el cual, frente a las acusaciones de "preconcepto" a las élites y de intentos de desestabilización por parte del propio Lula y el elenco gubernamental, el matutino paulista respondía con descalificaciones hacia el mandatario. Así, el editorial del 6 de agosto, "Abandono de empleo" señalaba sobre el presidente:

> Su conducta en esas excursiones electorales degrada la institución presidencial. Por si no bastara la inoportuna hora política para satisfacer su incontenible atracción por las tribunas, lo que dice y hace en éstas —para públicos que sólo consiguen verlo por las

lentes de la afectividad y de la identificación personal—hace avergonzar a las piedras del Planalto. Un día después de "van tener que tragarme de nuevo", lanzó un llanto agitado y tropezó feo en la historia al compararse a Getúlio Vargas, que habría creado la Petrobras "contra los intereses de la élite política brasileña". Si fuera menor su aversión por la lectura, sabría que esa misma élite, encarnada en la época en la UDN opositora, creó Petrobras como monopolio estatal—lo que no estaba en los planes de Vargas.

El presidente se está hundiendo en su propia desorientación frente a la crisis. Claramente, quedó en la miseria de los consejeros autorizados a ayudarlo a poner orden en sus descontroladas emociones y pensamientos desarticulados. A falta de algo mejor, parece pertinente la sugerencia de que el presidente convoque al Consejo de la República—lo que solo ocurrió dos veces desde su creación, en 1988…. El colegiado puede manifestarse sobre "cuestiones relevantes para la estabilidad de las instituciones democráticas … esa 'junta médica' podrá cuidar del peor efecto colateral de los escándalos hasta aquí—la conducta sectaria del presidente de la República.

El matutino destacaba que el presidente, con su ignorancia y su campaña electoral permanente, degradaría la institución presidencial y no reuniría las condiciones necesarias para su ejercicio, en su predisposición al parloteo y su ausencia de interés por el trabajo y la gestión. Aparecía la crítica a sus pensamientos y emociones desarticuladas, que lo ligaban con las masas o públicos que solo conseguían percibirlo por las lentes de la afectividad y la identificación personal. El periódico exigía entonces llamar al Consejo de la República para controlar la conducta del presidente, que sería el peor efecto de los escándalos y aquello que más impactaba en la profundización de la crisis.

En estos editoriales, podía reconocerse la función simbólica que cumplía la denominación despectiva de "populista" hacia el presidente brasileño. La palabra operaba como descalificación hacia aquel que establecía con los sectores populares una relación de identificación que apelaba a un componente emotivo, produciendo hacia estos sectores un horizonte imaginativo de mejora de la calidad de vida. En este sentido, tanto las denominaciones de "populista" como de "chavista" cumplían un rol similar en el contexto de nuestro análisis: resultaban denominaciones utilizadas en un significado negativo en función de descalificar al gobierno de Lula y su ejercicio de la política, designando su afán por "la división social del país", el ejercicio "autocrático" del poder y el enfrentamiento entre sectores sociales—este último presentado como vacío de sentido a partir de un discurso que producía una reducción de las asimetrías-. De este modo, se pretendía disuadir a Lula de acercarse a los movimientos sociales como modo de enfrentar la crisis.

Según la línea editorial sostenida por ambos periódicos, la tentativa de Lula de incrementar el tono "popular" de sus discursos y la convocatoria a los movimientos sociales como forma de sobrellevar la crisis política, conduciría a un agravamiento de la misma. Con este diagnóstico, se pretendía restar al presidente autonomía y recentrar la agenda sobre las acusaciones de corrupción esgrimidas.

En este contexto de confrontación, desde la oposición política, representada por el PSDB, Cardoso enunciaba una diferenciación descalificadora, legitimado por el prestigio que le reportaba su posición de ex presidente y su capital académico e intelectual.[74] Éste señalaba que el presidente:

> Asumió una postura autista, pasó a declarar abstractamente que lucha contra la corrupción ... continuó juzgando sus propios errores en la cuenta de la herencia que recibió y continuó tratando a la oposición (ahí incluyendo a "las élites" que a él nunca se le opusieron) como chivo expiatorio. Se despreocupó de la opinión pública ... hablando de grandezas que nunca existieron en su gobierno, con el propósito obvio de mantener la popularidad en la masa menos informada de los electores. Ilusión: no estamos en campaña electoral. El momento es para que el presidente asuma responsabilidades, ... y hacer lo que el país espera: gobernar. Parece, sin embargo, que ese es el oficio que menos le atrae.
>
> ...El propio presidente, con sus discursos diarios fanfarrones, presuntuoso y desafiante, debería meditar, por lo menos una vez en la vida, sobre porqué fue electo y lo que está dejando como marca en la Historia.[75]

Como podemos observar, existía cierta coincidencia entre la visión de descalificación intelectual y jerárquica que proclamaba FHC hacia Lula como presidente incapaz para el ejercicio de gobierno y la visión elitista de *O Estado de S.Paulo* que le atribuía esa misma incapacidad.[76] De este modo, la forma elitista de diferenciación de FHC coincidía con el tipo de enunciación de características similares del periódico, como producto de su pasado conservador y fundacional en el país. El periódico y FHC coincidían en señalar lo que interpretaban como la "alienación populista" del presidente Lula frente a la crisis política.[77] Esta coincidencia de perspectivas remitía a una cosmovisión del mundo que presentaba afinidades, en especial en lo referido a la percepción de que la figura de Lula produciría una vulneración de los valores que éstos pretendían defender.

O Estado de S.Paulo continuaría avanzando en la construcción descalificadora hacia el presidente, enfatizando su "populismo", en un editorial titulado "Plagiando a Vicente Celestino", del 19 de agosto (Imagen 19, página 285).

En este editorial, el periódico realizaba una crítica desde "lo alto" (Ostiguy 2009) hacia lo que denominaba como el "populismo" del mandatario brasileño. De este modo, lo referenciaba en forma despectiva como un "pastor de almas", como un "plagio del género sensiblero y vulgar de la música popular brasileña", para invalidar el liderazgo carismático que Lula tenía frente a los sectores populares, que se sentían identificados con sus alocuciones públicas. *O Estado de S.Paulo* descalificaba los discursos[78] de Lula como una manipulación demagógica hacia los sectores más bajos de

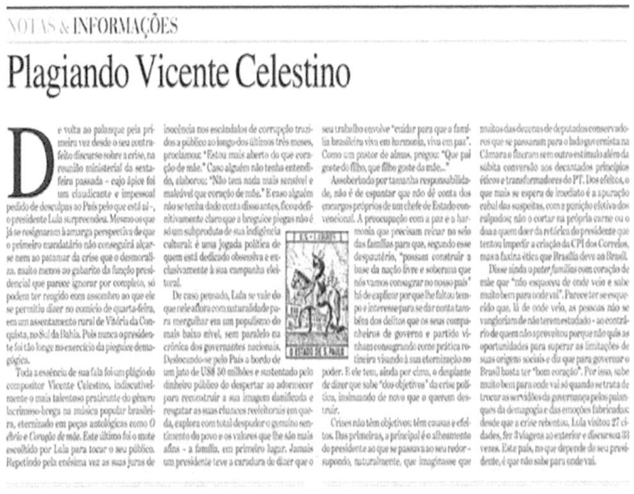

NOTAS & INFORMAÇÕES

Plagiando Vicente Celestino

De volta ao palanque pela primeira vez desde o seu contrafeito discurso sobre a crise, na reunião ministerial da sexta-feira passada – cujo ápice foi um claudicante e impessoal pedido de desculpas ao País pelo que está aí –, o presidente Lula surpreendeu. Mesmo os que já se resignaram à amarga perspectiva de que o primeiro mandatário não conseguirá alçar-se nem ao patamar da crise que o desmoraliza, muito menos ao gabarito da função presidencial que parece ignorar por completo, só podem ter reagido com assombro ao que ele se permitiu dizer no comício de quarta-feira, em um assentamento rural de Vitória da Conquista, no Sul da Bahia. Pois nunca o presidente foi tão longe no exercício da pieguice demagógica.

Toda a essência de sua fala foi um plágio do compositor Vicente Celestino, indiscutivelmente o mais talentoso praticante do gênero lacrimoso-brega na música popular brasileira, eternizado em peças antológicas como *O ébrio* e *Coração de mãe*. Este último foi o mote escolhido por Lula para tocar o seu público. Repetindo pela enésima vez as suas juras de inocência nos escândalos de corrupção trazidos a público ao longo dos últimos três meses, proclamou: "Estou mais aberto do que coração de mãe." Caso alguém não tenha entendido, elaborou: "Não tem nada mais sensível e maleável que coração de mãe." E caso alguém não se tenha dado conta disso antes, ficou definitivamente claro que a breguice piegas não é só um subproduto de sua indigência cultural: é uma jogada política de quem está dedicado obsessiva e exclusivamente à sua campanha eleitoral.

De caso pensado, Lula se vale do que nele aflora com naturalidade para mergulhar em um populismo do mais baixo nível, sem paralelo na crônica dos governantes nacionais. Deslocando-se pelo País a bordo de um jato de US$ 50 milhões e sustentado pelo dinheiro público do despertar ao adormecer para reconstruir a sua imagem danificada e resgatar as suas chances reeleitorais em queda, explora com total despudor o genuíno sentimento do povo e os valores que lhe são mais afins – a família, em primeiro lugar. Jamais um presidente teve a caradura de dizer que o seu trabalho envolve "cuidar para que a família brasileira viva em harmonia, viva em paz". Como um pastor de almas, pregou: "Que pai goste do filho, que filho goste da mãe..."

Assoberbado por tamanha responsabilidade, não é de espantar que não dê conta dos encargos próprios de um chefe de Estado convencional. A preocupação com a paz e a harmonia que precisam reinar no seio das famílias para que, segundo esse despautério, "possam construir a base da nação livre e soberana que nós vamos consagrar no nosso país" há de explicar por que lhe faltou tempo e interesse para se dar conta também dos delitos que os seus companheiros de governo e partido vinham consagrando como prática rotineira visando à sua eternização no poder. E ele tem, ainda por cima, o desplante de dizer que sabe "dos objetivos" da crise política, insinuando de novo que o querem destruir.

Crises não têm objetivos: têm causas e efeitos. Das primeiras, a principal é o alheamento do presidente ao que se passava ao seu redor – supondo, naturalmente, que imaginasse que muitos das dezenas de deputados conservadores que se passaram para o lado governista na Câmara o fizeram sem outro estímulo além da súbita conversão aos decantados princípios éticos e transformadores do PT. Dos efeitos, o que mais se espera de imediato é a apuração cabal das suspeitas, com a punição efetiva dos culpados; não o cortar na própria carne ou o doa a quem doer da retórica do presidente que tentou impedir a criação da CPI dos Correios, mas a faxina ética que Brasília deve ao Brasil.

Disse ainda o *pater familias* com coração de mãe que "não esqueceu de onde veio e sabe muito bem para onde vai". Parece ter se esquecido que, lá de onde veio, as pessoas não se vangloriam de não terem estudado – ao contrário de quem não aproveitou porque não quis as oportunidades para superar as limitações de suas origens sociais e diz que para governar o Brasil basta ter "bom coração". Por isso, sabe muito bem para onde vai só quando se trata de trocar as servidões da governança pelos palanques da demagogia e das emoções fabricadas: desde que a crise rebentou, Lula visitou 27 cidades, fez 3 viagens ao exterior e discursou 33 vezes. Este país, no que depende do seu presidente, é que não sabe para onde vai.

Imagen 19. Editorial donde se pretende descalificar al presidente Lula enfatizando su "populismo". *O Estado de S.Paulo*, 28 de julio de 2005.

la sociedad. Quienes estarían privados de mayor información, por lo tanto, se dejarían llevar por los discursos de Lula, dada su carencia de racionalidad. Podemos ver cómo este señalamiento se emparentaba en forma directa con lo que el periódico destacaba sobre Vargas y su relación con sus electores en los años '50.

Por otra parte, *O Estado de S.Paulo* volvía a criticar lo que percibía como el afán de Lula por reivindicar su ausencia de estudios—"Lula tuvo tiempo de superar su pobre educación delimitada por su origen social y prefirió no hacerlo"—rechazando su "apología de la indigencia cultural", que era interpretada a partir de la proclamación por parte del presidente de que para gobernar no era preciso tener título universitario, sino "buen corazón". La estructura argumental de este editorial apuntaba, en una construcción textual que tenía como *destinatarios* a los sectores medios ilustrados, a descalificar la representación que ejercía Lula hacia una importante fracción de los sectores populares.

A la vez, la cuestión emotiva de la política era asociada con el "bajo" origen de Lula y sus electores, a los cuales se asignaba una carencia de racionalidad, frente a los lectores del periódico paulista, que tendrían racionalidad y por ello se opondrían a Lula. Para el matutino paulista, la ausencia de racionalidad estaba vinculada en este contexto con una aceptación de la corrupción, y por lo tanto con la carencia de valores morales.

Por otra parte, el periódico carioca—al igual que *O Estado de S.Paulo*—señalaba la necesidad del presidente de blindar la política económica como forma de sostenerse ante la crisis política:

> Para el presidente Lula, lo importante ahora es proteger al verdadero corazón de su gobierno, la política económica, y mantener al ministro Antonio Palocci alejado definitivamente de esta crisis. El país, así como el presidente, necesita de un final de gobierno tan estable como sea posible. Y eso sólo la preservación de los rumbos de la economía lo puede asegurar.[79]

De este modo, persistía la legitimación del periódico hacia la conducción económica incluso durante la crisis del mensalão. Así, ambos periódicos exigirían preservar la política económica para sobrellevar la crisis política por parte del gobierno.

Sin embargo, *O Globo* mostraba un mayor pluralismo interno en sus columnistas, entre aquellos que defendían al PT y Lula como era el caso de Veríssimo, de otros que eran críticos del accionar del gobierno, como Denis Rosenfield. Había una mayor amplitud de visiones que en el caso de *O Estado de S.Paulo*. En el caso del matutino paulista, con la excepción de José Genoino hasta su renuncia, las posturas de todos los columnistas serían contrarias el gobierno.

El periódico carioca también, conforme iría avanzando esta crisis, incrementaría su tono crítico con respecto a la figura del presidente. En este sentido, el columnista Zuenir Ventura destacaría que el involucramiento de Lula en la crisis sería cada vez mayor:

> Cada día que pasa, cada declaración o divulgación, dan la sensación de que la crisis política se encamina hacia un desenlace que no queremos—por temer lo que podría venir más adelante—pero que parece inevitable: el descubrimiento de que la implicación del presidente con los acontecimientos es mayor de lo que se admite.... El problema es que Lula no ha cooperado y continúa cometiendo errores uno tras otro, manteniendo una relación esquizofrénica con la realidad.[80]

Estos medios de prensa difundían el encuadre de que la conflictividad estaría originada exclusivamente por las denuncias de corrupción y la falta de moderación de Lula, negando que la crisis manifestara la expresión de agendas contrapuestas en lo que refiere a la definición de la política nacional. De este modo, se pretendía diluir los orígenes del conflicto, atribuyendo la conflictividad a los pequeños movimientos o declaraciones que Lula podría o no hacer, pretendiendo difuminar su representación sobre determinados colectivos sociales.

A su vez, *O Globo* también destacaría en sus titulares que "El esquema de Valério con el PT fue usado en 1998 con el PSDB de Minas Gerais".[81] De esta manera, el periódico daría relevancia a la utilización del mismo esquema por parte del PSDB, lo cual mostraba cierto equilibrio en la cobertura sobre esta cuestión. En una caricatura también haría referencia a esto con valijas llenas de dinero (un símbolo de la

Imagen 20. Caricatura de Chico donde se hace referencia a las valijas de dinero que le caerían desde el cielo a Fernando Henrique Cardoso. *O Globo*, 6 de agosto de 2006.

crisis construido por los medios) que le caerían desde cielo a FHC (Imagen 20, página 287).[82]

Esta caricatura denunciaba el involucramiento del PSDB en la utilización del esquema del mensalão, en función del descubrimiento de su uso por parte del presidente del partido, Eduardo Azeredo, en su campaña de gobernador por Minas Gerais en 1998.

Sobre el programa social Bolsa Familia, que el gobierno estaba comenzando a desarrollar, *O Globo* sostendría una posición crítica, indicando que el mismo estaría siendo impulsado con fines electorales,

> el rápido crecimiento del Bolsa Familia, sin embargo, desafía cualquier intento de mejorar la eficacia del programa.... No cabe duda de que está en construcción un fuerte elemento para la campaña electoral del próximo año.
>
> Queda la duda sobre ese tipo de política social, devoradora insaciable de recursos públicos, mientras faltan fondos para sectores vitales como la educación, capaces de provocar de hecho verdaderos cambios sociales. Hay un riesgo real de que el Estado brasileño sea apenas un generoso distribuidor de limosnas entre pobres de bajo nivel educativo y definitivamente sin calificación para entrar en un mercado de trabajo cada vez más exigente.[83]

Se pretendía asociar este programa social con una "limosna" para los pobres que tendría meras intenciones electorales, pero que no cambiaría su situación social. Este encuadre aumentaría especialmente, como veremos más adelante, durante el desarrollo de las elecciones de 2006. Frente a estas políticas sociales del gobierno destinadas a colectivos desfavorecidos, el periódico difundiría para rechazarlas una argumentación individualista del ascenso social. Reinaldo Azevedo, columnista anti-petista que escribía en ambos periódicos, decía en *O Globo* sobre este tema:

> Su programa 'social', que tiene puerta de entrada, pero no de salida, no distribuye el ingreso o saca a las personas de la miseria. Por el contrario: es su mayor patrimonio. En lugar de la industria de la sequía, la industria de las *bolsas*. El petista es el coronel más grande de Brasil. A la clase media y a los ricos, el 'socialista antiimperialista' quiere posar de higienizador: limpia las calles de suciedad, de pobreza, de los niños miserables—lo que, por cierto, es una mentira.[84]

Este columnista designaba a Lula como el "mayor coronel de Brasil" para descalificar los programas sociales como el producto de meras intenciones electorales. El Bolsa Familia, como vemos, era concebido en ambos periódicos como un mero recurso electoral, argumento que tendría su punto de auge durante las elecciones de 2006. Con respecto a esta cuestión, *O Estado de S.Paulo* titularía en su tapa: "El Bolsa Familia se convierte en una base para la reelección de Lula",[85] colocando como subtítulo "El presidente usa un programa que tiene su imagen cuestionada por sospechas de fraudes".

Como hemos visto, mientras *O Estado de S.Paulo* situaría principalmente las causas de la crisis en la incompetencia del presidente y su "populismo", los encuadres de *O Globo* con respecto a Lula estarían definidos en torno a la necesidad de reducir los cargos políticos para resolver la crisis, la exigencia de abandonar el discurso "chavista" y las denuncias sobre el "asistencialismo" del Bolsa Familia. Es evidente, como hemos señalado más arriba, que existiría entre ambos periódicos una confluencia al señalar el carácter "chavista" de Lula, con la intención de reducir los discursos "populares" del presidente y subordinarlo a la agenda de las denuncias de corrupción.

Durante el tercer período, correspondiente a la campaña electoral de 2006, *O Estado de S.Paulo* enfatiza la orientación crítica hacia el presidente que había comenzado a partir del mensalão, y se dispondría a señalar su escasa predisposición al trabajo, así como la indistinción para beneficio propio que realizaría Lula entre sus funciones como presidente y candidato. A su vez, otros editoriales se referían a su carácter "populista", desacreditando a su electorado como ignorante o cómplice de la corrupción petista por los beneficios económicos y sociales que recibiría, seducido por la demagogia y la manipulación del caudillo-presidente.

El periódico sostenía, desde antes del inicio oficial de la campaña, que Lula estaría vulnerando la diferencia entre gobernante y candidato, al realizar una campaña electoral permanente:.Hablamos de su mensaje en cadena nacional de radio y televisión, con

Imagen 21. Caricatura que retrata al presidente Lula duplicado como un sapo, destacando el desprecio que *O Estado de S.Paulo* sentía hacia él, 22 de septiembre de 2006.

el pretexto de la conmemoración del Día del Trabajo, que fue una inequívoca y descolorida pieza de campaña electoral, por todo su texto y su tono. La convocatoria a la cadena nacional, por parte de jefes de gobierno, en Brasil, ya es una práctica antigua, puede ya haber sido usada con intenciones electorales, pero jamás había llegado a tal explicitación, a tal ausencia de escrúpulos, en una doble falta de respeto a la ley electoral: por el uso del instrumental de comunicación, destinado al interés general de la sociedad, en un proyecto de interés específico de una candidatura y de un partido, y por la falta de respeto a los plazos de la legislación electoral…[86]

Durante este período, un recurso del periódico resultaría destacar los "encubrimientos electorales" de Lula en campaña utilizando su cargo gubernamental, así como que el país estaría por fuera de la ley amparando actos de corrupción, en explícita referencia al mensalão.[87] Del mismo modo, el periódico criticaría lo que percibía como una campaña electoral permanente, basada en gastos públicos orientados de forma electoralista, aumentos salariales e inauguraciones virtuales.[88]

Una caricatura en *O Estado de S.Paulo*, en la página de editoriales, buscaba marcar despectivamente esta unión indebida que existiría entre el presidente y el candidato (Imagen 21, página 289).[89] La misma retrata al presidente duplicado como un sapo, expresando el desprecio que el periódico sentía por su figura. Era retratado como un habitante de un submundo que sería propio de las prácticas más bajas, lo cual, como veremos luego, sería equiparado con el electorado que lo votaría en las elecciones de 2006. Estas representaciones del matutino eran una manifestación de su percepción elitista sobre la sociedad y la política, similares a las que hemos podido analizar en el período correspondiente al segundo gobierno de Vargas.

Los editoriales resaltan la virtualidad de la campaña y el aprovechamiento por parte de Lula de las indistinciones entre presidente y candidato:

> Ahora él ya sabe cuándo será candidato y cuando será presidente. Será candidato, de forma asumida, todo el día, aunque no el día entero. En el tiempo que reste, será presidente, menos los fines de semana, que nadie es de hierro y la elección es un asunto serio, exigiendo el máximo de dedicación. Es oficial: el coordinador de la agenda de la campaña reelectoral, César Álvarez, anticipó anteayer a la prensa la rutina a la que el incansable candidato y el labor-fóbico presidente se someterá a partir del próximo lunes...[90]

Este editorial sostenía la invalidación hacia lo que denominaba como el carácter "labor fóbico" del presidente, que destinaría toda su labor a la candidatura y la campaña, ocultando su incompetencia y el desprecio por las funciones presidenciales. De este modo, distinguía para enfatizar su perspectiva entre el "incansable candidato" y el "labor fóbico presidente".

La extendida crítica sobre la manipulación del electorado, conforme iría avanzando la campaña iría centrándose en las acusaciones hacia el presidente de utilización demagógica del carisma, así como en la desacreditación de los ciudadanos que parecían identificarse con el gobierno.[91] *O Estado de S.Paulo* promovía la visión de que Lula utilizaría su carisma para generar complicidad en su electorado con la corrupción de su gobierno. En este sentido, destacaba que el mandatario habría contribuido a fomentar la cultura del fraude en el país. Así, criticaría al electorado que aprobaba la gestión de Lula como cómplice de la corrupción y como estando manipulado por el liderazgo caudillista y carismático del presidente:

> Proclamó que esta (elección) "nosotros la terminamos en primera vuelta". Es problema de él la cara con que quedará si no gana. Pero, si gana, será un problema de los brasileños tener, por cuatro años más, a un presidente cuyo gobierno fue una sucesión de escándalos protagonizados por sus más íntimos "compañeros" que, ahora, además de "imbéciles" e "insanos", llama traidores para poder compararse a Jesús y a Tiradentes. Así, intenta continuar engañando a los verdaderos traicionados "de este país", o sea, las decenas de millones de electores que creyeron en la predicada superioridad ética de Lula y de su partido. Se aprovechan del hecho de que la mayoría de esos electores no tiene condiciones de percibir el engaño. Eso Brasil no lo merecía.[92]

Comenzaría entonces a profundizar la desacreditación al electorado *lulista*, bajo la denuncia de la manipulación, la ignorancia y el engaño. Según el periódico, Lula sería el mandatario que a través de su carisma engañaría a un electorado que, por una mezcla de ignorancia y complicidad, estaría avalando la corrupción sistemática que el presidente y su partido habrían instrumentado sobre el Estado. En continuidad con estas caracterizaciones, el matutino sostenía:

> Él es el más comunicativo líder popular de la historia nacional, capaz de hacerse entender como ningún otro por la gran masa de la población –por lo tanto por los más imprudentes, iletrados, por lo tanto los más carentes de cultura cívica. Lula también provoca una empatía que daría envidia al "padre de los pobres", Getúlio Vargas, formal, distante e impersonal aún frente a las multitudes.
>
> ...Pues bien. Dotado de ese don literalmente excepcional de liderazgo político, Lula desperdició la oportunidad histórica de enseñar a la gran masa de sus electores los valores básicos de la democracia—lo que es, de hecho, el primer deber de cualquier auténtico líder político, principalmente en un país con un electorado con el nivel de educación del brasileño.... Por el contrario, como dice Gilberto Gil, lo que Lula enseñó a sus electores, a medida que se sucedían los escándalos en su gobierno, fue que la corrupción "es una práctica común" que todo el mundo practica.... La contribución del presidente para la actual indiferencia de la gran mayoría de los brasileños por la ética en la política—cuando sus condiciones materiales de existencia cambian para mejor—tiene un ingreso asegurado en la historia de la formación de las mentalidades en el Brasil contemporáneo..."[93]

El periódico criticaba las apelaciones populares y emotivas de Lula, señalando a éstas como una utilización "demagógica" del carisma para atraer a un electorado que se mostraría cómplice con la corrupción al percibir beneficios materiales. *O Estado de S.Paulo*, a su vez, pretendía enlazar la supuesta promoción de Lula de la ignorancia y la falta de estudio con la tolerancia hacia la corrupción y el desprecio por las formas institucionales. De este modo, señalaba que este líder tenía un atrevimiento particular para dirigirse a las masas e interpelarlas que utilizaba en su provecho, superando a quien fuera denominado como el "padre de los pobres", Getúlio Vargas.[94]

El periódico, con una concepción social individualista y de negación de las jerarquías y relaciones de dominación, inducía a pensar en un modelo del ciudadano culto y racional del cual Lula sería la negación. Así, el supuesto desprecio por la educación del mandatario se convertiría en un anti-modelo para la visión de *O Estado de S.Paulo* respecto de cómo debería comportarse el ciudadano brasileño.

En esta campaña donde predominaría por parte del periódico la descalificación elitista del electorado dispuesto a votar por Lula, así como las acusaciones hacia el presidente de "populismo" y manipulación electoral, Fernando Henrique Cardoso contribuiría también a aquella caracterización de la situación en el día de votación del primer turno de las elecciones presidenciales:

> Después de la avalancha de escándalos y de la desfachatez del presidente en librarse de cualquier responsabilidad por las muchas arbitrariedades y fraudes que sus más

íntimos colaboradores y los líderes de su partido orquestaron, sería de pasmar que ganase en la primera vuelta. Mientras tanto, aunque la votación por Alckmin y los demás candidatos de oposición nos lleve a segunda vuelta, como creo deseable y posible, un afluente de votos desembocará en el nuevo hechicero, el hombre que se cree la encarnación viva de nuestra Historia y de los destinos del País y que, sólo por olvido, no proclamó la independencia el último 7 de septiembre.

…Lo que está en juego es, por lo tanto, mucho más que discutir hasta que punto hubo avances sociales o económicos en el gobierno Lula y compararlos con el gobierno pasado. ¿Cuántos dictadores o populistas justificaron sus arbitrariedades o aumentaron su popularidad alegando mejoras materiales, reales o imaginarias, para el pueblo? No estoy hablando de "chavismo" o alguna cosa similar. Lula es bastante conservador y nada tiene de antiamericano o de antiglobalización para arriesgarse a tales propósitos. Hablo de algo más esencial: la degeneración de la función pública, el fomento del espionaje particular o partidario, el avance del PT y sus aliados en el control de la máquina pública y de las empresas del Estado, transformándolas en instrumentos viles al servicio de la indecencia…. En resumen, la destrucción de la virtud de la democracia.

Esta precisa consolidarse como un sistema en que las decisiones se basan en informaciones, en la deliberación, y no en la manipulación de las masas, en el control de una burocracia partidaria o en la idolatría de un líder. Quien mina el ideal democrático con estas prácticas no puede recibir el apoyo de los demócratas…. Los electores tienen motivos suficientes, por lo tanto, para impedir el descalabro de las instituciones y la desmoralización de las prácticas democráticas.[95]

En esta columna, que apareció en *O Estado de S.Paulo* el día de la votación, Cardoso establecía una diferenciación para la elección entre la democracia y el populismo, dado que en su visión, la corrupción petista y la manipulación carismática, habrían deslegitimado las credenciales democráticas del presidente. En términos similares a los del periódico, FHC dirigía su crítica hacia Lula por ejercer su gobierno manipulando a las masas, ocultando la corrupción y ofreciendo su figura para la identificación no racional de sus "desinformados" electores.

Si bien en el caso de *O Globo* existirían referencias a la corrupción del gobierno, no habría críticas tan directas y descalificadoras dirigidas al candidato Lula. Durante esta coyuntura, los encuadres del periódico carioca más importantes serían: las críticas al "asistencialismo" del Estado brasileño, a los aumentos que Lula daría a funcionarios con "pretensión electoral", el señalamiento de que Brasil no precisaría de un gobierno "populista", así como el encuadre de que al criticar las privatizaciones de FHC, Lula pasaría de "presidente" a "candidato".

El programa Bolsa Familia,[96] que comenzaba a evidenciar sus efectos redistributivos en el período de la campaña electoral de 2006 (Singer 2009), resultaría un aspecto central en la posición que adoptaría *O Globo* frente al gobierno durante esta coyuntura. El periódico decía con respecto a las políticas sociales de Lula que:

> Todas ellas se han revelado formas más o menos disfrazadas de asistencialismo. El Estado no puede comportarse como un padre rico y generoso, indefinidamente responsable por la subsistencia de sus hijos—porque no tiene condiciones materiales y tampoco es esta la razón de existencia de los Estados nacionales. Los programas sociales no deben confundirse con limosnas, porque las limosnas no alimentan ni fortalecen la ciudadanía. Y, para la salud y la supervivencia del Brasil, los pobres no pueden ser vistos, de forma fatalista, como eternos dependientes—o como un ejército numeroso y destrozado de hambrientos, analfabetos y desempleados sin perspectivas de ascenso. Para tener éxito en la asistencia a los necesitados, el gobierno debe racionalizar los programas sociales, y exigir de aquellos a quienes ampara el compromiso de esforzarse para salir de la condición de necesitados. Y atender a quien realmente necesita, sin paternalismo y desperdicios.[97]

De este modo, a partir de una concepción individualista sobre el ascenso social, el matutino carioca difundía una asociación del Bolsa Familia como una "limosna" que situaría a los pobres como dependientes del Estado. En este marco, el periódico titulaba: "Lula da un aumento pre-electoral de hasta 190% a funcionarios",[98] complementando las acusaciones de "asistencialismo" con el encuadre de que los empleados públicos estarían siendo favorecidos con aumentos impulsados por propósitos electorales:

> Lo que importa, en la perspectiva del espíritu de la ley, es que cientos de miles de empleados, casi todos de la administración pública federal, están siendo beneficiados a tres meses de la primera vuelta de la elección. Aunque no sea exclusivo el porcentaje de la revisión salarial, se promueve una acción con evidentes dividendos electorales.
>
> El presidente Lula se lanzó a una campaña de reelección hace algún tiempo y con indiscutible voracidad. El apetito electoral de Lula era ya visible al final del año pasado, en el lanzamiento del programa para tapar agujeros en las carreteras. Ahora, con la candidatura formalizada, el Presidente necesita contenerse de hecho en los límites de la legalidad.[99]

O Globo resaltaba la "voracidad electoral" del presidente y advertía que el voto estaría siendo condicionado en función de los aumentos a los funcionarios públicos. Esto se vinculaba con las críticas al programa Bolsa Familia, difundiendo el encuadre de un presidente que utilizaría los recursos estatales para beneficiarse electoralmente. En este sentido, destacaba que el dinero utilizado en las políticas sociales no proveería la infraestructura necesaria para superar la pobreza, así como produciría una "eternización del asistencialismo estatal" que permitiría la subsistencia del "populismo".¹⁰⁰ Así, el periódico indicaba que:

> El Bolsa Familia es una de las unanimidades en la campaña electoral. El presidente Lula utiliza el programa como estandarte, obviamente.... Detrás de esta unanimidad está el gran patrimonio electoral construido por el vertiginoso crecimiento del programa. A golpes de caja, el gobierno, por razones obvias, trató de alcanzar en el primer semestre a 11,1 millones familias beneficiadas, objetivo fijado para el año. La expansión en alta velocidad extiende los desvíos, reduce el foco de la asignación de recursos y pasa a beneficiar a quienes no lo necesitan. Pero el año electoral en Brasil es así.¹⁰¹

En el caso de este programa social, nuevamente se destacaría la convergencia de encuadres entre ambos periódicos. De este modo, *O Estado de S.Paulo* titularía "Lula lanza su candidatura en un tono populista" con el subtítulo "En medio del discurso, llamó al escenario a 6 beneficiarios del Bolsa-Familia".¹⁰² El periódico haría referencia a los efectos de esta política social como la "más poderosa arma electoral de Lula":

> El avance en relación al viejo asistencialismo clientelista es de la noche para el día. ¿Pero a qué viene todo ese progreso? El término recurrente es combate a la pobreza. Pero la expresión correcta es sustentación de la pobreza. El Bolsa Familia y los programas semejantes sin duda tornan la pobreza un tanto más soportable, cuando no salvan literalmente vidas pobres. Ayudan a disminuir la desigualdad del ingreso, pero no modifican la penosa condición de los pobres. Haga lo que haga por la calidad de vida de sus atendidos, el verdadero Ejército de Salvación movilizado por el gobierno no tiene como darles los medios para dejar de ser lo que son...¹⁰³

> ...Ahí está, precisamente, la distorsión mayor—aunque no inédita en la historia política del País, infelizmente—de la conciencia de la ciudadanía que motiva el voto popular. En el pasado eran las obras públicas hechas sobre la hora en vísperas de los comicios, para atraer votos. Hoy es el dinero sonante dado, directamente, a aquellos llevados a encarar la adhesión electoral como medio de supervivencia. Es el triunfo que 'mata' todas las 'manos' de cualquier adversario, por más bien diseñada que sea su campaña.¹⁰⁴

Estos editoriales muestran el modo en que *O Estado de S.Paulo* comenzaba a percibir la importancia de este programa social en las apreciaciones del electorado brasileño. Se descalificaba el Bolsa Familia como un garante de la reproducción de la situación de los pobres en favor del gobierno, que se beneficiaría con los votos de los asistidos. Éste programa social serviría para sustentar la pobreza, y no para sacar a los pobres de su situación estructural, lo que beneficiaría al candidato Lula. En palabras de *O Estado de S.Paulo*, esta política "no modifica la posición social, pero contribuye decisivamente para el saco de votos del presidente".[105]

Como vemos, el programa social sería percibido como otra manipulación del gobierno promovida hacia los sectores populares, que preservaría los votos del electorado como "forma de supervivencia". Esta visión sobre el Bolsa Familia serviría al matutino paulista para consolidar su interpretación sobre el electorado popular como manipulado por bonificaciones monetarias que ejercían un efecto clientelar, confirmando que éstos votarían "con el estómago" y no a partir de la razón. En este sentido, el columnista del periódico Gaudencio Torquato resaltaba que en el Nordeste y el Norte,

> se concentra la población más pobre del País, alimentada históricamente con migajas del asistencialismo y siempre dispuesta a responder satisfactoriamente a los llamados electoreros, cuyo foco está menos orientado hacia la mente y más para el estómago. Ampliar el programa Bolsa Familia de 8 millones a más de 11 millones de familias, en menos de seis meses, fue un tiro en el blanco electoral, más certero que las bombas de títulos extravagantes, como mensaleiros y sanguessugas.[106]

De este modo, su interpretación del Bolsa Familia le permitiría a este periódico reformular en 2006 aquella interpretación dicotómica que, como hemos visto, provenía por lo menos desde los años '50. La misma oponía a un electorado ilustrado y racional de San Pablo frente a quienes estarían "comprados" por las bondades del Estado en regiones consideradas periféricas, guiados únicamente por la necesidad de su estómago, careciendo de racionalidad.

La dicotomía planteada en los editoriales del matutino volvía a reeditar la visión elitista de los años '50, que tendía a percibir el país en función de una lucha entre la "civilización" y la "barbarie". No es casual que durante el gobierno de Lula volviera a aflorar esta visión arraigada. El temor de los sectores tradicionales del país ante el ascenso de los de abajo y la interpelación a los mismos por parte de un líder popular tendían a reactivar viejos fantasmas. Frente a un fenómeno nuevo, como el *lulismo*, que ponía en tensión simbólicamente el status quo dominante, los sectores tradicionales tendían a reeditar viejas antinomias como autodefensa.

A su vez, estos periódicos pretendían encuadrar la elección en los términos de una lucha de la ética frente a la corrupción. En la medida en que el discurso del candidato opositor Alckmin planteaba la cuestión en estos mismos términos, había una confluencia de agendas entre el candidato opositor y estos medios de prensa. *O Globo* procuraba situar a la corrupción como un encuadre temático relevante de la campaña, aspirando a colocar nuevamente al "mensalão" en la agenda durante este período. Con ese propósito, el periódico publicó el 6 de agosto de 2006 un editorial con el titular "Sob o fantasma do mensalão" (Imagen 22, página 296),[107] con el cual pretendía instalar este escándalo de corrupción como un tema principal de la campaña, buscando

> **O PAÍS** Eleições 2006
> # Sob o fantasma do mensalão
> A dois meses das eleições, partidos dizem ter arrecadado apenas 3,68% do previsto

Imagen 22. Editorial del 6 de agosto de 2006 con el cual *O Globo* pretendía instalar el escándalo del mensalão como un tema principal de la campaña de relección.

centrar el debate público en torno a esta cuestión. Sin embargo, en este contexto, el mensalão era también encuadrado por el diario como expresión del sistema político o como una responsabilidad de todos los partidos—aunque se lo procuraba asociar especialmente al gobierno de Lula. En este sentido, varios encuadres provistos por columnistas e incluso los titulares apuntaban a la clase política como responsable de la situación de corrupción y degradación de la actividad pública.

Es por ello que durante la campaña, *O Globo* realizaría encuadres relativos al castigo que merecerían los políticos acusados de corrupción, que desde esta visión debían ser excluidos de la política, exigiendo la actuación de la justicia y señalando que se debían crear "anticuerpos" en defensa de las instituciones.[108] Así, el periódico indicaba:

> Si hay algún consenso en la sociedad brasileña, éste se refiere a los bajos estándares éticos en la vida pública del país. Nadie discute la deplorable calidad moral de una alarmante proporción de representantes del pueblo. Frente a esa constatación, uno puede tener dos tipos de comportamiento. Uno, el del presidente candidato Luis Inácio Lula da Silva, que justifica todo y sostiene la convivencia con la corrupción y la desviación ética en la política, alegando que se trata de trazos de supuestas deformaciones del carácter brasileño.
>
> Otro comportamiento, el indicado, es rebelarse contra esa pasividad y tratar de luchar—por medios legales—contra la cultura de la indulgencia con el crimen de cuello

blanco institucionalizado en recovecos de los tres poderes.[109]

A pesar de esta pretensión que se manifestaba en el periódico por centrar la campaña en torno a la corrupción, Veríssimo, columnista de *O Globo*, defendía una visión opuesta a aquella que promovían estos periódicos frente al gobierno, que tenía que ver con los usos del moralismo:

> El hecho de que las denuncias de corrupción en el gobierno de Lula no estén, aparentemente, afectando el juicio de la mayoría de los votantes sugiere una de dos cosas, dos puntos. O el moralismo ya no tiene el poder político que tenía en nuestras elecciones (suspiros de alivio o decepción a voluntad), o los votantes declarados de Lula están sabiendo distinguir el moralismo de ocasión, cuyo objetivo es cualquiera menos la moralidad, del moralismo legítimo. O, por supuesto, están votando contra una inmoralidad mayor.[110]

De este modo, el columnista, al señalar el uso instrumental del moralismo que se estaría haciendo en la campaña, volvía a contrastar con los encuadres y opiniones dominantes que prevalecían en el periódico carioca.

Con el estallido del escándalo originado por la aparición de un dinero de miembros del PT para la compra de un dossier que tendría por pretensión perjudicar al candidato *tucano* al gobierno paulista José Serra, la temática de la corrupción ganaría mayor relevancia en la agenda, y ambos periódicos encuadrarían la elección en torno al enfrentamiento de la moral contra la corrupción.

En este sentido, la aparición del escándalo del dossier marcaría en *O Globo* un viraje, a partir del cual comenzarían a aparecer acusaciones directas al presidente por corrupción en editoriales y titulares. Desde entonces, el periódico titularía con la pretensión de vincular la imagen del presidente a este escándalo: "El principal acusado de la compra del dossier es asesor directo de Lula".[111] Así, se procuraban resaltar rasgos que involucraran al presidente en un escándalo de corrupción en los últimos días previos a la votación. En este sentido, Merval Pereira acusaba:

> Ya se está volviendo ridícula esta historia de que Lula nunca supo nada acerca de lo que hacen sus principales asesores, si creemos que se trata sólo de una mera excusa para librarlo del involucramiento en los crímenes que se han cometido delante de él. O se puede convertir en una historia trágica, si llegamos a la conclusión de que Lula es incapaz de saber lo que está sucediendo a su alrededor. La historia de este acto fallido de un guardia de seguridad llamado Freud, elevado a asesor especial del gabinete del presidente de la República, no es divertida únicamente porque es el retrato de un submundo que rodea al Palacio de Planalto, que ya generó una 'organización criminal', en la definición del procurador-general de la República.[112]

El columnista sostiene que Lula debía tener conocimiento de los escándalos que acontecían, o sería un "incapaz" en caso de no haber percibido lo que sucedía a

Imagen 23. Caricatura de Chico que pretendía representar a Lula como alguien dispuesto a hacer cualquier cosa para ganar, incluido "devorar" al electorado. *O Globo*, 26 de septiembre de 2006.

su alrededor. De este modo, el Planalto estaría rodeado por un "submundo" que sería parte de una "organización criminal". Así, se procuraba involucrar al presidente en los escándalos de corrupción del modo más directo posible para erosionar su imagen pública. En este sentido, el periódico resaltaba:

> La extrema dificultad de Lula para condenar ese aparato partidario se cristaliza en renuncias que se hacen 'a pedido', nunca por imposición jerárquica y disciplinaria; en las emotivas despedidas a responsables de delitos graves en que los infractores son tratados como 'hermanos'; se cristaliza en referencias cariñosas a 'nuestro' Delúbio Soares, culpable confeso de haber manejado dinero fuera de la ley; en patéticos intentos de justificar la existencia de la caja dos petista con el ridículo argumento de que se trata de un crimen supuestamente común en Brasil. Aunque lo fuera; una autoridad no puede admitirlo.... No importa que gane la elección en la primera o segunda vuelta. O hasta que vaya a perderla. La sombra de la duda acompañará a Luis Inácio Lula da Silva.[113]

De este modo, el periódico carioca procuraba señalar a Lula como responsable de una trama de corrupción, buscando desprestigiarlo frente al electorado como quien estaría involucrado en esta cuestión. La elección, como hemos señalado, sería encuadrada en términos morales, existiendo así la búsqueda de una subordinación de la política a la distinción entre "honestos" y "corruptos", de un modo similar al que he-

Imagen 24. Editorial del 1° de octubre de 2006 donde *O Estado de S.Paulo* sugería que Lula utilizaría su carisma para cegar a los brasileños con la intención de resquebrajar las instituciones democráticas y mantenerse en el poder por 20 años.

mos visto con la "cruzada moral" desarrollada durante el segundo gobierno de Vargas. Estos periódicos buscaban disputar la agenda de esta manera frente a un presidente popular como Lula.

Esto no significa que la proyección en la agenda pública de los escándalos de corrupción fuera una estrategia puramente instrumental y convergente de ambos medios de prensa. Sin embargo, el modo en que se buscaba en esta coyuntura influenciar la construcción del debate público a partir de una reiteración de esta temática, buscaba excluir cualquier otra referencia al proceso político-electoral que no estuviera vinculada a estas acusaciones. Esta actitud manifestaba una utilización política de la moral o, como ya ha sido señalado, la intención de producir una subordinación de la política a las categorías propias de los asuntos morales.[114]

En función de este momento crítico del periódico carioca frente al gobierno, la ilustración de Chico en la tapa manifestaba un supuesto engaño que Lula estaría cometiendo frente a sus electores (Imagen 23, página 298).[115] Así, se pretendía asociar a Lula como quien estaría dispuesto a todo para ganar la elección, con la pretensión de "devorar" al elector si fuera necesario para ganar. De este modo, se lo pretendía vincular con una falta de ética o de valores morales, y también con la demagogia, como veremos en otra caricatura más adelante.[116]

En este marco, el líder del PFL Jorge Bornhausen, decía en una columna en

O Globo que las elecciones se tratarían de una "confrontación donde los votantes van decidir entre la ética de Geraldo Alckmin y la corrupción de Lula",[117] Un día antes de las elecciones, *O Globo* colocaría en la tapa las fotos del dinero de R$ 1,7 millón que fueron atrapadas por la Policía Federal,[118] que servirían para la compra del dossier. Vemos así como el periódico carioca buscaba encuadrar los últimos acontecimientos centrando la agenda de la campaña en torno a la corrupción del gobierno.

O Estado de S.Paulo, por su parte, contribuiría a una interpretación similar ese mismo 1° de octubre, con un editorial crítico del gobierno titulado "Deber cívico" (Imagen 24, página 299). El editorial sostenía que Lula utilizaría su carisma para cegar a los brasileños de la apropiación del Estado por un grupo de poder que pretendería quedarse 20 años y que habría destruido las instituciones del país, resquebrajando su moralidad. Las críticas fundamentales estaban dirigidas contra la corrupción estatal y la demagogia de Lula, que ocultaría la corrupción a los ojos de los electores mediante su carisma y el asistencialismo del Bolsa Familia. Frente a esta situación que identificaba como de desmoralización de todas las instituciones públicas, el periódico llamaría a resistir a los brasileños el día de la votación en las urnas, defendiendo la necesidad de una "vuelta de la ética a la política".

La primera vuelta de las elecciones presidenciales de 2006 produjo el resultado de 48,6% para Lula y 41,6% para Alckmin,[119] llevando la votación a un segundo turno. *O Estado de S.Paulo* analizaba con satisfacción el resultado de esta primera vuelta como una derrota para el candidato petista por el cambio de las tendencias previstas. Profundizaría así su interpretación elitista de los resultados electorales:

> Al comenzar la última vuelta del circuito, era casi general la creencia de que el ex-gobernador paulista no conseguiría forzar la realización de un desempate el 29 de octubre por la casi absoluta imposibilidad de transferir para sí una parcela de los votos lulistas tenidos como inamovibles. Pues fue lo que sucedió: comparando las predicciones previas con los hechos consumados de anteayer, se ve que, en dos semanas, 5 millones de votos cambiaron de lado.

> ...Cambiaron, principalmente, en el Brasil que es de desear para todos los brasileños—el menos distante de las sociedades prósperas, educadas y modernas del mundo contemporáneo.... En resumen, se puede decir que Alckmin ganó en el Brasil que sustenta al gobierno federal y perdió en el Brasil que es sustentado por el gobierno federal. En el electorado del Brasil desarrollado calaron hondo los dos eventos singulares que al fin y al cabo privaron al presidente del éxito definitivo que le parecía plenamente asegurado. Fueron su ausencia en el debate de la Red Globo y la aparición en los medios de las fotos del dinero que serviría para comprar el supuesto dossier anti-tucano, que a todo costo el Planalto intentó esconder.[120]

El periódico construía una interpretación del resultado electoral marcada por

Imagen 25. Caricatura de Chico titulada "Y delante de aquella pared dorada del Alvorada". La caricatura sugería que mientras Lula ostentaba un supuesto discurso que elevaba el tono del debate, la auténtica naturaleza del candidato se veía en el fondo que mostraba una imagen conformada por el dinero incautado por la policía durante el dossier anti-tucano. *O Globo*, 3 de octubre de 2006.

una división cultural y de clase del electorado: proponía que Alckmin habría ganado en el Brasil desarrollado que sustenta al gobierno federal, habiendo perdido en el Brasil atrasado que era sustentado por el gobierno federal,[121] Como podemos reconocer, uno de los elementos importantes a considerar en el periódico remitía a la descalificación jerárquica y elitista de los votantes lulistas, como concentrados en el Nordeste subdesarrollado e incapaces de comprender por su ignorancia—a diferencia del Sudeste—las razones de la corrupción y la incompetencia presidencial, obnubilados por el carisma.[122]

El matutino paulista negaba autonomía de pensamiento a los electores *lulistas*, explicando su decisión de voto como producto de la ignorancia, la irracionalidad o la manipulación. En este punto, el periódico atribuía a sus electores la misma operación que realizaba con el presidente: restaba a ambos, por su origen social y supuesta ausencia de educación, una consideración autónoma sobre su pensamiento y sus actos. De este modo, la votación por Lula sería producto de la ignorancia propia de un determinado origen social, que les impediría a estos votantes discernir sobre la manipulación existente.

Luego del resultado de la primera vuelta, habría una nueva caricatura de *O*

Globo en su tapa (Imagen 25, página 301).[123] Esta caricatura de Chico versaba sobre la cuestión de la demagogia que tendría el candidato-presidente, procurando subrayar las contradicciones entre su discurso y las acusaciones de corrupción, representadas por un fondo con las fotos del dinero incautado por el dossier. En esta ilustración, mientras Lula ostentaba un supuesto discurso que tendría por propósito elevar el tono del debate, se presentaba como fondo una imagen conformada por el dinero incautado por la policía, suponiendo que esto último revelaría la auténtica naturaleza del candidato.

El columnista Merval Pereira, a tono con estos encuadres, destacaba que el resultado de la elección en esta primera vuelta habría significado una "derrota moral" para Lula.[124] Así, a través de sus columnistas, el periódico carioca procuraba encuadrar el resultado de la primera vuelta de la elección en los términos de una derrota moral para Lula y el PT, que iría a ampliarse en la segunda vuelta.[125] En los últimos días antes de la segunda vuelta, los titulares de *O Globo*, a pesar del favoritismo en las encuestas de Lula por sobre Alckmin, parecían querer reactivar la cuestión de la corrupción en la agenda.[126] En tanto existía afinidad entre la agenda del candidato Alckmin y los periódicos, éstos tendían a favorecer al primero otorgando relevancia a las acusaciones de corrupción en sus encuadres de la campaña electoral.

A su vez, el debate en la segunda vuelta estaría marcado por la acusación de Lula hacia Alckmin de pretender, en caso de lograr la presidencia, privatizar las empresas "estratégicas" estatales, lo que remitía a las interpretaciones sobre el legado del gobierno de FHC. En este sentido, *O Globo* señalaba que el "riesgo Alckmin" de las privatizaciones que el PT denunciaba sería una maniobra de campaña, interesada únicamente en dividendos electorales y no en las condiciones económicas reales y necesarias para el país.[127] El periódico sostenía que cuando Lula criticaba la privatización de Telebrás y Vale, el presidente se convertía en "candidato".[128] *O Globo* defendería las privatizaciones de empresas, así como resaltaría que el triunfo de ese discurso de campaña de Lula sería expresión del atraso de los brasileños, que querrían volver a una "pesadilla estatista".[129] Por su parte, *O Estado de S.Paulo* defendería las privatizaciones de las empresas estatales, al considerar que las mismas habrían mejorado la eficiencia[130], criticando la incompetencia "de los que hablan mal de las privatizaciones y que usarían las estatales, si más estatales hubiera, para dar empleo a los compañeros".[131] De este modo, la agenda de Alckmin, más ligada a una reducción del gasto público y de la intervención estatal, encontraba afinidad con la agenda económica que era promovida por estos periódicos.

Sin embargo, *O Globo* daría signos de moderación, alternando críticas con elogios al presidente, al percibir que éste tenía oportunidades de ser reelegido. En este sentido, una caricatura de Chico, mostraba la superioridad en la elección de Lula frente a Alckmin, siendo que este último era descripto como un "helado de hortaliza"

Imagen 26. Caricatura de Chico que evidenciaba el cambio de postura de los medios frente al triunfo inminente de Lula. *O Globo*, 18 de octubre de 2006.

(Imagen 26, página 303), en función de su falta de carisma y del aburrimiento que produciría, tal como ese fruto sin gusto.[132] La caricatura evidenciaba como, frente al triunfo inminente de Lula, comenzaría el periódico a destacar ciertas virtudes del mandatario. De este modo, luego de una cobertura que tendía a perjudicar al candidato del PT, en tanto había estado centrada sobre la temática de la corrupción del gobierno, *O Globo* empezaría a exigir un acercamiento entre los candidatos:

> La declaración del candidato tucano Geraldo Alckmin de que un posible segundo gobierno de Lula acabará antes de comenzar, debido a una supuesta anticipación del calendario electoral de 2010, es tan exagerada como el mantra petista del 'golpismo'. No es verdad que un victorioso Lula asumirá un gobierno condenado a no existir, ni tiene sentido acusar de golpismo a quien desea aclarar, por medios legales, los escándalos del mensalão, de los sanguessugas y del dossier.
>
> ...Debe haber conciencia en ambos lados de la disputa electoral de que el día 30 continuará existiendo un país a ser gobernado.... Un acercamiento político en el alto nivel entre el gobierno y la oposición, para enfrentar esta misión, es de interés suprapartidario y no puede ser dañado por herencias de campaña.[133]

Así, a partir de la percepción sobre el favoritismo de Lula en las encuestas, el periódico procuraba volver a la posición de una pretendida neutralidad. De este modo, el centramiento sobre la temática de la corrupción que el periódico mostraba días atrás se iría reduciendo para dar lugar a nuevos encuadres más favorables al candidato a la reelección. La mayoría de las columnas en estos días previos ya asumían prácticamente como un hecho el triunfo de Lula en esta segunda vuelta, y por este motivo reducirían el tono de crítica al gobierno.

El día de la votación del balotaje, en un editorial titulado "Votando sin saber en qué", el matutino paulista señalaría, reconociendo las amplias posibilidades de un triunfo de Lula:

> Esta vez, Lula partió a la reelección teniendo tres triunfos en la mano: su personalidad, sus realizaciones y los errores de los adversarios. Personalidad, en este caso, significa más que carisma y talento poco común para comunicarse con el pueblo en el nivel exacto de la frecuencia. Significa también asociar de forma inextricable, en la percepción del elector, atributos personales y biografía. Acto tras acto, era como si dijese: soy lo que soy porque vine de donde vine. Son decenas de millones los electores que se reflejan en su origen y, al oírlo, rehacen mentalmente su propia trayectoria. Con ese formidable patrimonio y plena disposición para poner la historia al revés, Lula llevó a legiones de brasileños a creer que sus realizaciones económicas y sociales resultaron del rechazo de lo que hacía "el gobierno de las élites"—y no de la adhesión a una política fiscal que terminó con la inflación, beneficiando a los más pobres en primer lugar.[134]

El periódico de San Pablo, frente al inminente triunfo del mandatario brasileño, que se produciría por el 61% de los votos contra el 39% de Alckmin, comenzaría a cambiar su posición como actor político, reduciendo su énfasis crítico y manifestando cierto reconocimiento hacia las capacidades del liderazgo del presidente.

Como hemos visto en este apartado, *O Estado de S.Paulo* y *O Globo* coincidirían en varios encuadres. La reforma de la jubilación sería entendida por ambos como un proceso modernizador que beneficiaría al conjunto de los brasileños, criticando a quienes se oponían como guiados por intereses particulares y corporativos. Esto manifestaba una convergencia de encuadres que se presentaba desde el escenario posterior a las elecciones de 2002, cuando Lula sería definido como un "líder pragmático" que habría ingresado en el "mundo real". Ambos periódicos defenderían en este contexto la continuidad del modelo económico ortodoxo promovida por el mandatario.

En la segunda coyuntura, veríamos algunas diferencias en el encuadre de la crisis del mensalão. Mientras *O Globo* la encuadraría como una crisis que se debía a la amplitud de cargos estatales, exigiendo modernizar la "máquina pública" y reducir los cargos políticos, el principal responsable de la crisis para *O Estado de S.Paulo* se encontraría en Lula, por su "populismo" e "incompetencia". Sería predominante durante este período en el periódico paulista la crítica a la incompetencia del presidente, denunciando que estaría en campaña permanente, lo que se complementaba con el señalamiento de que realizaría una manipulación de las masas basada en su carisma.

En la medida en que Lula apelaba a los movimientos sociales como base de apoyo para salir de la crisis política, ambos periódicos condenarían este accionar. La crítica se basaba en vincular los discursos del presidente con el peligro del advenimiento de un "populismo chavista", con el propósito de reducir sus alocuciones populares. Estas posiciones de la prensa en favor de la reproducción del orden conservador adquirían rasgos notoriamente similares con las posiciones por ésta esgrimidas en la década del '50 frente al segundo gobierno de Vargas.

En la campaña electoral, ambos medios de prensa buscarían enmarcar la contienda como una disputa entre la corrupción y la moralidad, manifestando encuadres que convergían con la agenda de campaña del opositor Geraldo Alckmin. La convergencia de la agenda de estos periódicos con la del candidato Alckmin se produciría en torno a dos puntos: la defensa de la moralidad frente a la "corrupción", y el apoyo a las privatizaciones frente a la intervención estatal.

Sin embargo, mientras *O Estado de S.Paulo* centraría sus ataques en Lula como un presidente "labor-fóbico" que manipularía con su carisma a un electorado desinformado, el eje de la crítica al gobierno en *O Globo* estaría más centrado en la utilización electoral del Estado. Entre los columnistas, existiría una mayor pluralidad en *O Globo* que en *O Estado de S.Paulo*, el primero expresando visiones distintas a su propia línea editorial, lo que no estaría presente en el segundo.

Ambos periódicos serían críticos del Bolsa Familia como un asistencialismo electoralista que aseguraría la reelección del presidente, sometiendo a sus beneficiarios. Esto demuestra el prejuicio que existía contra este programa social en ambos medios, que convergían en la idea de que éste permitiría a Lula preservar la situación de los pobres y conseguir votos.

5.3. La cruzada moral y el PT como "partido corrupto"

Como hemos referido, a comienzos del gobierno de Lula tendría lugar al interior del PT un conflicto entre los sectores del denominado "campo mayoritario" (*Articulación*) y los sectores de la izquierda partidaria que se intensificaría a partir del debate en el Congreso sobre la reforma de la jubilación. Esto fue así porque la definición de la conducción petista de priorizar la estabilidad económica por sobre las demandas expresadas por las tendencias de la izquierda partidaria produciría tensiones al interior de esta fuerza política.

Frente a la explicitación pública de estas tensiones, *O Estado de S.Paulo* y *O Globo* se posicionarían legitimando al gobierno e invalidando a quienes denominaban como los "radicales del PT".[135] Durante este primer período, los encuadres entre ambos periódicos serían similares en la crítica a los "radicales del PT", defendiendo la reforma de la jubilación y al gobierno, así como en la crítica a los petistas por el *aparelhamento* del Estado. La única diferencia sería que *O Estado de S. Paulo* acusaba al partido de autoritario, lo que en este período no sería compartido por *O Globo*.

El matutino paulista publicaría dos editoriales titulados "El proceso disciplinario contra los radicales"[136] y "Los despiertos y los adormecidos",[137] donde haría explícita su crítica posición hacia quienes denominaba como "radicales del PT":

> Además de ser militantes del izquierdismo más radical, la senadora Heloísa Helena y los diputados João Batista de Araújo (Babá) y Luciana Genro tienen en común el hecho de ser disidentes del Partido de los Trabajadores. Si no fuera por eso, las opiniones que expresan sobre los problemas nacionales hace mucho habrían caído en el pozo común de las excentricidades que mal merecen un pequeño registro en la prensa diaria. Como divergen ruidosamente de proyectos considerados vitales para el éxito del gobierno del PT, y continúan afiliados al partido, reciben toda la atención de la prensa. Y solo por eso permanecen en un partido con el cual ya no tienen afinidades ideológicas.
>
> El problema principal del presidente, no obstante, es despertar a sus compañeros adormecidos, que no solamente se resisten a abrir los ojos para las incuestionables realidades del país, sino que tampoco se conforman con el vigoroso despertar de su líder histórico.
>
> Como se sabe, los llamados disidentes del PT se cuentan con los dedos, pero su bullicio repercute en los medios —y en la dirección partidaria están teniendo dificultades para deshacer la interpretación de que ellos serían expulsados por discordar de la línea del partido, o sea, por crimen de opinión, lo que de hecho sería una violencia. En verdad, si ellos fueran castigados sería por indisciplina—participación en actos hostiles a la reforma de la jubilación y su promesa de votar contra el proyecto-, desafiando abiertamente la orientación del partido.

La operación consistía en justificar la crítica a los "radicales" por su ausencia de fidelidad partidaria, como pretexto para descalificar su posición de izquierda. El periódico promovía una acentuación de las diferencias entre la cúpula petista y los sectores de la izquierda del partido, presentando a los parlamentarios disidentes como "adormecidos" e incapaces de ponerse en sintonía con los desafíos del país, en contraposición con el "sensato pragmatismo" que expresaría Lula. Se aspiraba a acrecentar las posiciones de marginales que ocuparían a nivel ideológico y político los primeros, definiéndolos como "tres legítimos representantes de la 'vanguardia del atraso'". En este sentido, la columnista Dora Kramer defendía la posición de la dirigencia del partido: "Se puede discordar de los métodos del PT para mantener el orden en el rebaño. Pero no hay que dejar de reconocer que de alguna forma su aplicación introduce un nuevo patrón de comportamiento para los partidos".[138]

Al interior de esa disputa, el presidente del PT José Genoino escribía en *O*

Estado de S.Paulo con la intención de reivindicar la identidad de izquierda para su partido—teniendo como adversarios a los parlamentarios disidentes, que acusaban al PT haber traicionado su identidad-, justificando como una política anti-corporativa la reforma de la jubilación, e introduciéndola como parte de las reivindicaciones de la izquierda:

> La propuesta de la reforma de la jubilación es coherente con una actitud de izquierda, también, porque combate privilegios y permitirá una distribución más equitativa de los fondos públicos entre los diversos grupos sociales carentes ... el PT rechaza el camino del discurso del radicalismo estridente. Ser de izquierda es incompatible con la defensa de privilegios corporativos arraigados y con la conservación de un modelo de Estado que está al servicio de la concentración de ingresos y riquezas.[139]

Durante este período, Genoino aspiraría a preservar la identidad del partido y la fidelidad de sus militantes, en un momento de acusaciones hacia el PT de no representar más una política de izquierda. Éste reiteraba la posición oficial del gobierno,[140] coincidente con el discurso editorial de *O Estado de S.Paulo*, de reprobar la postura de los parlamentarios disidentes en función de que éstos supondrían una amenaza para una actuación eficaz del partido. Para dar fuerza a su argumento, Genoino explicaba los condicionamientos que el gobierno recién iniciado experimentaba, que producirían limitaciones en su accionar político, con la pretensión de reducir las declaraciones de "traición" hacia el PT.

En este primer período de tensiones intra-partidarias e intra-gubernamentales, el periódico, en sintonía con los editoriales de la transición pos-electoral de 2002, pretendía aumentar las diferencias entre el gobierno y el partido, entre lo que denominaba como los sectores "pragmáticos" o el "PT gobierno", que representarían un avance, y los sectores "ideológicos y atrasados", que representarían la regresión. Se reproducía el par pragmatismo/ideología en esta interpretación sobre el partido y el gobierno petista, designando a los sectores "atrasados" como quienes debían estar fuera del gobierno, ya que para el matutino estarían más preocupados por preservar su izquierdismo radical que en el interés general del país.

Al igual que el periódico paulista, y por los mismos motivos ideológicos, *O Globo* descalificaría a los parlamentarios petistas que se oponían a la reforma por "desinformación o rigidez ideológica":

> Por desinformación o rigidez ideológica (o ambas), la llamada ala izquierda del PT se niega a apoyar la reforma imprescindible de las pensiones estatales, y por eso está bajo la amenaza de encuadramiento por la cúpula petista.
>
> Se trata de una saludable evolución en la estructura partidaria brasileña. Si los petistas radicales llegaran a ser expulsados, gana autenticidad la geografía partidaria del país, porque la izquierda radical ganará una representación más auténtica en el Congreso.

De lo contrario, si los radicales fueran encuadrados, se refuerza el concepto de fidelidad partidaria.[141]

De este modo, *O Globo* considera justificable la expulsión de los "radicales" de la izquierda petista, en tanto éstos se oponían a la reforma de la jubilación que el periódico naturaliza como imprescindible, necesaria e impostergable. El matutino carioca consideraba que tanto la expulsión como la obligación de los petistas disidentes de votar a favor de la reforma favorecerían una evolución de la política del país. Sin embargo, el columnista Petronio Souza Gonçalves diferíria de estas opiniones,

> mientras tanto, hemos visto al ex guerrillero y presidente del PT José Genoino apuntar su ametralladora a sus compañeros y tener más poder, en este gobierno, que muchos parlamentarios, representantes elegidos por el pueblo, que confió a ellos una representación nacional.
>
> Y Lula, que hasta hace poco era paz y amor, va dejando a sus antiguos aliados ser quemados en la hoguera ardiente de la vanidad y de la servidumbre a los intereses antinacionales.[142]

Esta columna era crítica del "giro pragmático" del PT, que estaría dejando de lado a viejos militantes y parlamentarios del ala izquierda, a partir de lo que eran consideradas como prácticas autoritarias y una traición a la historia del partido. De esta manera, *O Globo* permitía, si bien con una línea editorial definida, la existencia de visiones distintas sobre los denominados "radicales del PT". En este período, el periódico mostraba un mayor pluralismo interno, permitiendo la expresión de posiciones alternativas a la sostenida en sus editoriales. Sin embargo, en términos generales, el discurso de la mayoría los columnistas de *O Globo*, junto a sus editoriales, era de apoyo a las reformas, contra las pretensiones de los denominados "radicales del PT".

La caricatura de Chico en la tapa de *O Globo* (Imagen 27, página 309) buscaba representar la "paradoja" de que serían los "rebeldes del PT"—como eran nombrados ese día en el periódico—quienes pretendían estropear la fiesta de Lula, mientras estaría obteniendo el apoyo de los *tucanos* del PSDB, así como recogiendo los resultados de una buena conducción económica y de las reformas.[143]

A su vez, el columnista Merval Pereira apoyaba el curso de las reformas y el liderazgo de Lula contra los "radicales":

> Lo que le falta a los llamados radicales no es coherencia política, sino la comprensión del momento que el país y el partido viven, la misma falta de comprensión que llevó al PT a tomar actitudes radicales que hoy lamenta. Una paradoja política con la cual Lula está conviviendo sorprendentemente bien, manteniendo una coherencia de actitudes pocas veces vista en nuestros políticos. No es coherencia partidaria, que pueda medirse con la comparación de las decisiones anteriores, sino coherencia política en consonancia con el deseo de ser presidente de todos los brasileños.[144]

Imagen 27. Caricatura de Chico que buscaba representar la "paradoja" de los "rebeldes del PT", quienes pretendían estropear la fiesta de Lula, mientras éste obtenía el apoyo de los *tucanos* del PSDB. *O Globo*, 18 de mayo 2003.

De este modo, la línea editorial de *O Globo* acompañaba al gobierno "modernizador" frente a los atrasados del PT, quienes no comprenderían "el momento que vive el país", y llevarían a la destrucción del gobierno por su incapacidad para entender el carácter impostergable de las reformas. El periódico se mostraba en favor de la expulsión de los "radicales" ya que esto preservaría la "fidelidad partidaria", en correlato con la modernización del partido y la "correcta dirección económica".[145] Es decir, el periódico se colocaba del lado del gobierno frente a los "radicales", tal como *O Estado de S.Paulo*. También, al igual que en el matutino paulista, justificaba la expulsión de los "radicales" en nombre de la "fidelidad partidaria". Así, se mostraban convergentes la agenda de reformas conservadoras del Ejecutivo y la agenda de los principales medios de prensa, apoyando éstas y estigmatizando a los opositores a las mismas.

Otro de los encuadres a partir de los cuales se estructuraba la visión de *O Estado de S.Paulo* sobre el PT, suponía cuestionar sus credenciales democráticas y definirlo como un partido autoritario, un discurso que no estaría presente en este período en las páginas de *O Globo*. En este sentido, el periódico de San Pablo señalaba:

> Los petistas en el poder a veces recuerdan al personaje central del clásico Dr. Strangelove, de Stanley Kubrick, interpretado en el film por Peter Sellers. Trabajando para el gobierno americano, después de servir a Hitler, y supuestamente convertido a la democracia, él padece de un tic incontrolable: cuando menos lo espera, su brazo de-

recho, como si tuviera vida propia, se extiende para hacer el saludo nazi. Lo mismo sucede, metafóricamente, en el gobierno Lula.

También cuando menos se lo espera, personajes centrales de la nueva administración, cuando no el propio presidente, parecen sucumbir a impulsos heredados, que se suponían bajo control o hasta curados, y sorprenden al País con declaraciones inconvenientes—cuando no irresponsables—del género de aquellas que eran parte del fracasado plan de desestabilización del gobierno de Fernando Henrique.[146]

Este encuadre resultaría expresivo de la concepción que el matutino paulista tenía sobre el partido en este período, acusándolo de un escaso compromiso con la democracia y criticando su "autoritarismo". Para *O Estado de S.Paulo*, el gobierno experimentaría actualmente las consecuencias de su actuación partidaria irresponsable como "aprendices de hechicero",[147] en el "laboratorio" de la democracia brasileña. Se cuestionaban las credenciales democráticas del PT, posiblemente para descalificarlo y obligarlo a adoptar una actitud de "nuevo converso", más respetuoso que el resto por posibles cuestionamientos.

A mediados de 2003 aparecería en ambos periódicos un nuevo encuadre referido al denominado *aparelhamento* del Estado, donde se criticaba la supuesta distribución, orientada de forma exclusiva por criterios político-partidarios, de los cargos y nombramientos en los organismos públicos estatales.

O Globo, que titularía, "El gobierno privilegia un criterio político para llenar los cargos",[148] acusaría al PT de haber ocupado el Estado con criterios ideológicos y "corporativistas", propios del sindicalismo,[149] que perjudicarían el funcionamiento de la "máquina pública". En este sentido, señalaba que:

> Es comprensible que los partidos victoriosos en las urnas ocupen espacios en las administraciones. Los problemas surgen cuando la lapicera que nombra no tiene en cuenta el claro principio de la necesidad de que el nombrado tenga competencia técnica para el cargo—sin olvidar la calificación ética.
>
> ...La llegada al poder de grupos que jamás participaron de él causaría un choque y acomodaciones en el terreno. Pero no era previsible que exactamente el partido cuyo discurso es el de la modernización y la moralidad sería el agente de la vuelta de la práctica arcaica del amiguismo, ejercida también cuando los cargos son ocupados en función de trajes ideológicos.[150]

De este modo, con el propósito de invalidar el accionar del partido, el periódico carioca sostenía que el PT estaba restaurando el "fisiologismo" al ocupar el Estado con nombramientos guiados por criterios políticos. Por su parte, la periodista Lucía Hippolito sería crítica de lo que consideraba como el "modelo compañero-militante", el cual estaría "poblando la máquina pública de sindicalistas y participantes de movimientos sociales, que parecen ignorar los requisitos mínimos para gobernar un Estado ya bastante complejo y sofisticado como el Estado brasileño".[151] Esta cuestión manifestaba cierto prejuicio de clase, al señalarse de forma implícita que el Estado sólo podría ser administrado por funcionarios que tuvieran determinadas "competencias", desvalorizando los nombramientos de sindicalistas e integrantes de los movimientos sociales por parte del PT.

Sin embargo, *O Globo* habilitaría frente a este tema la expresión de visiones alternativas, como la columna de Henrique Fontana que denunciaba los prejuicios de esta perspectiva, en defensa de la posición petista:

> La administración pública está profesionalizada y formada por funcionarios de carrera, pero es correcto asignar un cierto número de cargos a quienes van a garantizar la visión programática elegida por la mayoría de la población. Llamar a eso de *aparelhamento* de cargos y de partidización de la administración pública es difundir prejuicios que buscan incluso tergiversar la voluntad democrática.[152]

Por su parte, *O Estado de S.Paulo* realizaría una crítica de lo que percibía como la ocupación del Estado por parte de los militantes petistas, reproduciendo en esta cuestión también el par que diferenciaba entre pragmatismo/técnico e ideología/criterios políticos,

> en una escala probablemente sin precedentes en el Brasil contemporáneo, la administración federal fue transformada en una extensión, o mejor, en un instrumento de los manejos políticos del PT. Con las conocidas excepciones en el área económica, no hay espacio disponible en la máquina que no haya sido apropiado—o, como se dice, "aparateado"—por el partido del presidente, quedando las sobras para las siglas de la coalición que lo eligió.[153]

> [Estos espacios] estaban ocupados por técnicos calificados, indispensables para el funcionamiento de la máquina estatal, cuando el PT llegó al gobierno. Su sustitución en masa por militantes partidarios, ajenos a la rutina y los procedimientos burocráticos de la administración, sólo podía resultar en la parálisis de la máquina estatal, en una enorme confusión en las distribuciones y en la lentitud del proceso de toma de decisiones. No se pensó, en ese proceso, en el usuario del servicio público.[154]

Así, el matutino condenaba esta situación como la mayor ocupación del Estado orientada por criterios partidarios desde la redemocratización del país. Durante estos días, *O Estado de S.Paulo* construiría una sección de noticias dedicada específicamente a las denuncias por *aparelhamento* del Estado, que llevaba el título de "Gobierno Loteado", prolongándose durante varios días. El periódico colocaba el titular: "La máquina pública está atascada; 70% de los nombramientos son políticos".[155]

Frente a estas acusaciones de avance partidario sobre las instituciones estatales por parte del PT, José Genoino señalaría en respuesta a los editoriales de *O Estado de S.Paulo*:

> Al contrario de lo que se afirma, el PT actuó para que se respetase la continuidad funcional de los sectores técnicos de los órganos públicos, de las empresas estatales y de las autarquías.... Es justo reconocer no obstante que es legítimo que el PT y sus aliados, respetando y preservando siempre las especificidades técnicas y los criterios de competencia e idoneidad, nombren representantes propios para las direcciones superiores y los cargos comisionados de órganos de empresas públicas. Ese es un habitual procedimiento cuando cambian gobiernos con orientaciones políticas y partidarias distintas. ¿O será que el gobierno de Lula deberá gobernar con las direcciones y las personas representantes del gobierno anterior?[156]

En esta columna, Genoino contraponía, frente a las acusaciones del periódico sobre el *aparelhamento* del Estado, la legitimidad del partido de definir nombramientos partidarios capaces de hacer efectivas sus propias políticas. Por otra parte, señalaba que las acusaciones de la prensa sobre el nombramiento de funcionarios con criterios únicamente políticos serían falsas. Indicaría además que la cantidad de nombramientos del partido a nivel estatal resultaría menor que en el gobierno FHC, y que en ese entonces no se habrían realizado tales acusaciones.[157]

Como hemos mencionado, durante el segundo período, correspondiente al escándalo del "mensalão", la agenda pública exhibiría un centramiento en torno a la temática de la corrupción partidaria y gubernamental. La Tabla 2 (página 313), elaborada por Miguel & Coutinho (2007) sobre los encuadres asumidos por los editoriales en *O Globo*, *Folha de S.Paulo* y *O Estado de S.Paulo* durante el período que duró el escándalo, resulta relevante para nuestra comprensión.

Así podemos apreciar, en comparación con otros medios de prensa, la importancia que tenían las acusaciones de corrupción en el matutino paulista, centradas en Lula y el PT como forma de explicación de la crisis política. Según Miguel & Coutinho:

> En *O Estado de S.Paulo*, la corrupción fue centrada en el PT y sus dirigentes, más que en la administración federal, al contrario de lo que ocurrió en los otros dos periódicos. También en *Estado*, la inexperiencia del presidente y de su partido aparecen como motivos importantes para la crisis –fue el tercero más citado del periódico, presente en casi un cuarto de los editoriales que enfocaron el tema–, y que no se verificó en la *Folha* o en *O Globo*. (Miguel & Coutinho 2007, 116)

Durante este período habría en *O Estado de S.Paulo* una predominancia de editoriales referidos a un encuadre que denunciaba el paso del PT de "denunciante de la corrupción a líder en corrupción: de proyecto político a proyecto de poder". Este encuadre supondría la acusación de que se habría producido una inversión de valores o una perversión ética en el PT. Para el periódico, el partido habría pasado de protago-

Encuadre \ Publicación	Folha	Estado	Globo	Total
Corrupción del PT y/o de sus líderes	56%	62,5%	50%	57,2%
Corrupción de la administración petista	56,5%	51,6%	54,5%	54,0%
Denuncias de corrupción inespecíficas	20,2%	16,1%	13,4%	16,9%
Fisiologismo	12,5%	18,2%	15,2%	15,5%
Falta de experiencia de Lula y/o del PT para gobernar	8,3%	23,4%	6,3%	14,0%
"Aparelhamento" de la máquina pública/Estado	1,2%	8,9%	26,8%	10,4%
Elección de Severino Cavalcanti	6%	5,2%	5,4%	5,5%
Corrupción del Legislativo	4,2%	3,6%	1,8%	3,4%
Corrupción generalizada	3,0%	1,6%	3,6%	2,5%
Marco legal	-	1%	7,1%	2,1%
Cultura brasileña poco respetuosa de las leyes	3,6%	-	1,8%	1,7%
Falta de gobernabilidad	0,6%	1,6%	2,7%	1,5%
Oportunismo de la oposición	1,2%	-	3,6%	1,3%
Otros	-	1%	4,5%	1,5%
Ninguno	3,6%	1%	2,7%	2,3%
	n = 168	n = 192	n = 112	n = 472

Tabla 2: Causas de la crisis de acuerdo a aquellos editoriales que trataron del tema, mayo/diciembre de 2005. Fuente: Miguel & Coutinho 2007.

nista en la lucha contra la corrupción a realizar el gobierno más corrupto de la historia del país, con el propósito de perpetuarse en el poder.

A su vez, el resultado de nuestro análisis confirma los señalamientos de Miguel & Coutinho (2007) de que *O Globo* sería el periódico que más acusaría como causa de la crisis al *aparelhamento* del Estado que habría realizado el PT, exigiendo una reforma política y una modernización estatal para reducir los cargos públicos. Es decir, el encuadre del *aparelhamento* como causa de la crisis política estaba más representado en O Globo que en el matutino paulista. Como hemos señalado, *O Estado de S.Paulo* centraría su ataque en Lula y el PT, encontrando a éstos como los responsables de la crisis. En este sentido, los autores indican que en el periódico existió un anti-petismo y un anti-lulismo más acentuados que en otros periódicos. Los analistas sostienen también que en comparación con los periódicos paulistas, *O Globo* resultó más moderado frente a esta crisis (Miguel & Coutinho 2007, 116). Además, el periódico carioca habría presentado más propuestas de soluciones a la crisis que los periódicos paulistas. Como explicación para esto, los autores señalan que las:

> Las Organizaciones Globo, un conglomerado mucho más grande e influyente que las empresas del *Estadão* y de la *Folha*, mantenían una relación privilegiada con el

gobierno, con una conexión íntima con el Ministro de Comunicaciones (nombrado en medio de la crisis, en agosto de 2005), su ex funcionario Hélio Costa, y eran interesadas directas en una crucial decisión que estaba siendo tomada en el período, la norma de la televisión digital brasileña. (Miguel & Coutinho 2007, 118-119)

El periódico de Rio de Janeiro sostenía que esta crisis definiría el futuro del PT. Así, entendía que el gobierno debía dar respuestas a la crisis modernizando el Estado y reduciendo los cargos políticos, ya que éste sería el origen de los escándalos de corrupción:

> El escándalo proporciona al país un favor exponiendo esta red existente en la máquina pública, por la cual la política se degrada y deviene un negocio sin escrúpulos. Como la fuente de alimentación de las cajas dos y los *mensaloes* está, obviamente, en estos cargos de administración directa y las empresas estatales, está claro que la manera más eficaz para luchar contra la corrupción es reducir o eliminar los espacios de acción de la corrupción, a través de una reforma que reduzca el tamaño del Estado.[158]

> ...La profesionalización absoluta de la administración pública, incluyendo a las empresas estatales, es una meta que debe ser perseguida con obsesión. Los nombramientos allí deben ser hechos por méritos y no por influencias político-partidarias. Una importante lección de la crisis actual es la necesidad de retomar la reforma del Estado.[159]

Así, el periódico promovería el encuadre de que las causas de la crisis estarían en la amplitud estatal y en la ausencia de profesionalidad en los nombramientos. Por lo tanto, la solución a la misma residiría en una reforma que redujera los cargos políticos y el "tamaño del Estado". *O Globo* también indicaba que esta crisis sería una oportunidad para introducir una reforma política que tornara más rígida la fidelidad partidaria, impidiendo el "troca-troca" de los partidos, reduciendo su número y las negociaciones.[160]

Por su parte, a partir de la emergencia del mensalão, *O Estado de S.Paulo* actualizaría una cuestión que tenía historia en su tradición ideológica.[161] Se trataba de la crítica descalificadora hacia el PT, que se mantendría como una constante durante esta coyuntura. La misma pasaría de estar centrada en torno a la crítica del partido como "radical e irresponsable" a inicios del gobierno, hacia una nueva descalificación del mismo como "partido corrupto". La emergencia del mensalão le permitiría al periódico redefinir en forma más efectiva su función discursiva descalificadora hacia el partido. De este modo, primaría el encuadre que acusaba al PT de haber cambiado su proyecto ético por un mero proyecto de poder, habiendo pasado de la lucha contra la corrupción, a realizar el gobierno más corrupto de la historia brasileña,

> cada día el Planalto consigue producir actos y palabras más penosos que los del día anterior—capaces de sorprender incluso a todos los que saben de qué materia—prima

se hacen muchas veces las decisiones políticas y nunca alimentaron ilusiones sobre lo que sería el 'modo petista' de conservar el poder.

En esa escalada de degradación del pasado de un partido en el que no faltaba lo que criticar—pero en el que había también que respetar el inconformismo con las inequidades sociales brasileñas y una convicción no menos autentica de que la política no está determinada a ser sinónimo de robo—, el PT palaciego mostró a qué vino. Con obstinación y cinismo, se excedió en las prácticas que los petistas no se cansaban de reprobar, sin siquiera tener para invocar una causa noble para justificar las manos sucias.

…Reproduciendo con impecable fidelidad las prácticas que otrora prometían remover de la escena política, los compañeros alojados en el Planalto y los que a ellos obedecen en el Legislativo abrieron los cofres e instalaron el látigo.[162]

Comenzaría a esbozarse así en *O Estado de S.Paulo* el encuadre de que el PT, en su afán desmedido de poder, habría invertido su práctica política, transformándose del partido de la ética al partido del "vale-todo" para permanecer en el gobierno. Esta organización, que había nacido con la consigna de la ética en la política, habría pasado de esa posición de denuncia frente a la corrupción a transformarse, según la óptica del periódico, en el partido que habría institucionalizado la corrupción.[163] Así, el columnista João Mellão Neto, expresaba en forma radicalizada esta línea editorial:

Redujeron el parlamento a la condición de un burdel, un repugnante mercado de carne humana donde compraban conciencias a precio de oferta … Chuparon la sangre de los bancos públicos para financiar la organización del partido. Fueron promiscuos con la basura humana. Desdeñaron las instituciones, menoscabaron los poderes constituidos y se burlaron de los programas partidarios. Orinaron en las leyes, defecaron en la Constitución y transformaron la República en una gran letrina, una cloaca donde lanzaron su basura ideológica.

Los usos y costumbres, la moral, la ética, el espíritu cívico, todo esto ha sido reducido a escombros por los santos cruzados del socialismo.[164]

De este modo, la crisis brindaría al periódico la oportunidad de estigmatizar el pasado de izquierda del partido, haciendo al PT responsable exclusivo de estos acontecimientos. Soslayando los discursos que vinculaban la emergencia de la crisis con la naturaleza propia del sistema político, se resaltaba que el PT sería el único que podría haber hecho esto en función de su pertenencia de izquierda. De este modo, se instrumentalizaban las causas y los efectos de la crisis para promover una interpretación funcional a la línea ideológica del matutino.

El periódico paulista en sus titulares[165] y columnas procuraba dar la idea del PT como un partido en descomposición, que habiendo perdido su ética, ahora perdería a sus militantes. Persistiría augurando de forma constante un agravamiento de la crisis política y la aparición de nuevos escándalos. Destacaría que cuanto más declaraban los petistas, menos motivos habría para terminar con las indagaciones.[166]

Por su parte, *O Globo* compartía este encuadre de la inversión, aunque sin tantos editoriales y columnas de opinión referidos a la cuestión:

> La crisis actual marca la derrota de un proyecto de poder autoritario, y que desarrolló una deformación letal para cualquier sociedad: una faceta criminal, con vínculos en el bajo mundo de los negocios, en el cual procuraba abastecerse de dinero oscuro para financiar las campañas electorales y sellar alianzas parlamentarias. Y así perpetuar en el poder a un grupo.
>
> Es posible establecer vínculos entre el rostro ilegal y criminal de la actuación por parte del PT y los avances de carácter autoritario, realizados por el gobierno petista contra la libertad de expresión y los derechos civiles.[167]

De este modo, para el diario la crisis también significaría la demostración del autoritarismo del PT, así como de su carácter corrupto y criminal, invalidando el futuro del partido y su continuidad como proyecto político.

Frente a las numerosas de acusaciones de corrupción que caían sobre el entorno partidario y gubernamental, José Genoino ensayaría una defensa de las acciones políticas ejecutadas hasta el momento. Así, el presidente del PT criticaba la tesis de que se trataría de una crisis institucional:

> Puede existir la impresión, en la opinión pública, de que hay un aumento de las prácticas corruptas. Pero, en verdad, se trata de un aumento del combate a la corrupción.... En ningún otro momento del pasado la corrupción y la impunidad fueron tan combatidas como durante el gobierno Lula.[168]

> ...Lo que la oposición parece querer ... es perturbar el ambiente político del País, impedir que el presidente Lula gobierne con tranquilidad y anticipar la disputa electoral de 2006. Para la sociedad, lo que debe importar es que la corrupción está siendo combatida de forma dura y contundente por el gobierno.[169]

Genoino desarrollaría una argumentación recurrente por parte del PT con respecto a la corrupción durante el período, que supondría que esta última emergía porque se estaría habilitando la investigación, a diferencia de lo que sucedía antes, cuando el Estado no colocaba sus recursos para inspeccionar las violaciones a la ética pública. El presidente del PT insistía en resaltar la contundencia del partido en el combate a la corrupción, denunciando la instrumentalización de la cuestión que estaría siendo realizada por distintos grupos de poder con pretensiones de desestabilizar al gobierno.

En oposición a esta visión, aprovechando la coyuntura con la pretensión de

diluir el capital político del oficialismo, el ex presidente Fernando Henrique Cardoso
señalaba:

> Que se investigue todo lo que ocurrió, ahora o en el pasado, sin perder de vista que
> nunca hubo en la Historia de Brasil una secuencia de desvíos de conducta tan deprimente como la que fue montada en el país sobre los auspicios de un partido, el PT,
> que se arrogaba el monopolio de la ética y que, sobre esta excusa, estaba construyendo
> una estructura de poder gigantesca basada en la arrogancia y en la corrupción.[170]

Cardoso planteaba, a través de la comparación con su gobierno, una serie
de diferenciaciones políticas, principalmente aquella que coincidía con el encuadre
sostenido por parte de *O Estado de S.Paulo*: el gobierno actual representaría un mero
proyecto de poder, frente al PSDB que representaría la posibilidad de un gobierno dotado de proyecto.[171] De este modo, pretendía asociar el "mensalão" con la búsqueda de
la reelección por parte del gobierno, como prueba de la perversión ética de los petistas
para preservar un proyecto de perpetuación en el poder.

Por su parte, el presidente del PT, José Genoino, procuraría contrarrestar las
acusaciones de perversión ética hacia el partido realzando la historia fundacional de
los petistas en el presente:

> Nosotros, en el PT, construimos una historia de 25 años de luchas y de compromisos,
> de conductas y de valores. Historia construida antes de llegar al poder y que queremos y lucharemos para que se continúe propagando indefinidamente hacia el futuro.
> No tendría sentido haber llegado al poder para abandonar esta historia de luchas y
> compromisos.... No podemos permitir que acusaciones falaces se conviertan en sentencias, que denunciantes movidos por el deseo de venganza y por el deseo de destruir
> se conviertan en jueces y verdugos. No podemos permitir que se instaure en Brasil un
> proceso de pre-juzgamiento político y moral, sustentado en la mentira diseminada
> irresponsablemente.[172]

Como podemos observar, para enfrentar las acusaciones de corrupción por
parte de los medios más importantes, el PT definiría como posicionamiento político
una abolición del tiempo histórico (Aboy Carlés 2001) que suponía defender la inocencia de las prácticas actuales en nombre de las prácticas fundacionales, es decir, la
pureza petista del origen.[173] De este modo, la legitimidad del origen sería recuperada
como un elemento purificador de las prácticas políticas presentes.

José Genoino proponía a la vez un encuadre alternativo para explicar la crisis,
atribuyendo su origen a la corrupción histórica de las instituciones políticas, así como
pugnaba por una reforma de éstas como forma de reducir la corrupción sistémica. De
este modo, planteaba una alternativa al encuadre dominante de *O Estado de S.Paulo*,
que apuntaba a una personalización de las responsabilidades en los dirigentes petistas
y en el gobierno.[174]

Con el agravamiento de la crisis, nuevas acusaciones de corrupción produjeron la renuncia del entonces presidente del PT. Ésta se originó luego de que el asesor parlamentario de su hermano José Nobre Guimarães (PT) fuera detenido, al intentar embarcar en el aeropuerto de Congonhas con R$ 200 mil en una valija y US$ 100 mil en su ropa interior. La renuncia de Genoino a la presidencia del partido supondría la renuncia a sus columnas representando las definiciones partidarias en el *O Estado de S.Paulo*.

Por su parte, el periódico continuaba en su pretensión de impugnar el pasado del partido, invalidando su existencia desde el origen,

> el PT se dio el derecho de hacer lo que condena en los demás partidos, porque estos lo hacen por mera ambición—y él, para transformar el País. En rigor, la lógica de los que pasaron a hacer, en nombre de la *Causa* y en todos los niveles del gobierno, lo que decían abominar, es idéntica a la de muchos de los cuadros del futuro PT, en el giro de los años 1960 para los 1970. Con el pretexto de combatir la dictadura, ellos 'expropiaban' bancos para reunir recursos que les permitieran llevar adelante su proyecto guevarista. Ahora, expropian el Estado. Por lo visto, en el PT o se es extremista y arcaico, o se es moderno y corruptor.[175]

El periódico, en el momento de explicar las causas de lo que percibía como la "corrupción petista", se remontaba a los orígenes del partido para explicar las conductas actuales de sus miembros. De este modo, pretendía invalidar la práctica política del PT en sí misma, utilizando las acusaciones de la coyuntura como forma de desacreditar su existencia partidaria. Así, este diario insinuaba que la opción política petista, por estar "podrida como una manzana", quedaría deslegitimada a partir de entonces.

Como vemos, *O Estado de S.Paulo* construiría una apelación al pasado para potenciar la fuerza con que se condenaba el presente, buscando el origen de la corrupción en una "marca de nacimiento" que condicionaría toda la existencia posterior del PT. En contraposición con la definición petista, que aspiraba a penalizar a ciertos militantes que identificaba como responsables de las acusaciones de corrupción, recurriendo a su historia como legitimación de sus prácticas presentes, el periódico pretendía enjuiciar al partido mismo y su existencia política.

En continuidad con esta operación discursiva, el matutino sostendría que lo que habría realizado el PT a nivel nacional no sería más que la institucionalización de la corrupción municipal previa.[176] El matutino asociaba las acusaciones de corrupción de este contexto con una corrupción intrínseca en el partido, que se remontaría a la administración de las intendencias.[177] Como podemos observar, tendría lugar frente a la crisis la activación de una disputa entre el partido, los medios y sus opositores por la definición legítima del origen petista.

De este modo, conforme se desarrollaba la crisis política, *O Estado de S.Paulo* procuraba acrecentar su definición de este gobierno como el más corrupto de la historia nacional. Sostenía que mientras el PT se dedicaba, cuando estaba en la oposición, a denunciar la corrupción de "los que estaban", estos últimos eran una banda de aprendices frente a lo que el PT habría de realizar en el poder.[178] Así, el periódico criticaba "la podredumbre del partido, carcomido por el oportunismo sin límites y la corrupción".[179] De este modo, aseveraba que: "si Lula no quiere que su gobierno se termine, debe separar la ética del gobierno de la ética del PT".[180]

El matutino sostiene que el partido habría derivado en un grupo totalitario que, en la mezcla de un afán de poder sin límites con una "ética revolucionaria"—que le hacía creer poseer el monopolio de la moral viendo la corrupción sólo en los otros—habría destruido las instituciones, transformándose en un proyecto totalitario de permanencia en el poder.[181] El matutino condenaba a todos los petistas ya que, desde su visión, el mensalão habría resultado una realización colectiva. La corrupción sería generalizada, en función de la aspiración partidaria de apropiarse del Estado para perpetuar un proyecto de poder. Esta argumentación terminaba de dibujar las aristas de una crítica que aparecía también en la oposición política al gobierno, que condenaba de forma simultánea al gobierno y al partido por su vocación exclusiva de poder a cualquier precio, y por su ideología que teñía la realidad en lugar de proporcionar una visión "pragmática". En la concepción del periódico paulista sobre el partido, cada aparición era reconocida como representando el exceso: o el ideologismo extremo o los deslices éticos, estableciéndose vínculos entre ambas definiciones. Como hemos visto, el matutino lo señalaría claramente: "Por lo visto, en el PT o se es extremista y arcaico, o se es moderno y corruptor".[182]

Otro encuadre relevante del período por parte de *O Estado de S.Paulo* remitía a la acusación de que el gobierno buscaría impedir que se avance en las investigaciones de las acusaciones de corrupción que surgían. En este sentido, el matutino señalaba el interés del gobierno en negar las pruebas existentes y clausurar las CPI que investigaban la corrupción,[183] desvirtuando las investigaciones con una mezcla de medias verdades y mentiras.[184]

Una definición significativa del periódico, vinculada con las acusaciones de querer desvirtuar las investigaciones sobre las acusaciones de corrupción, suponía la cuestión de la culpabilidad de Lula frente al "mensalão". De este modo, presumiendo la culpabilidad de Lula, se oscilaba entre señalar que el presidente era o un lunático como pocos, o un fingidor, puesto que no podría ignorar haber tenido informaciones sobre la existencia del mensalão previo a las declaraciones públicas del diputado del PTB Roberto Jefferson: "O el presidente fingió, o su memoria falla".[185] El periódico insistiría en la culpabilidad de Lula en el mensalão, al ser máxima responsabilidad y obedecer el Jefe de Gabinete José Dirceu todo lo que el presidente mandaba,[186] señalando que habría una "objetiva responsabilidad política del presidente de la República por las violaciones de la ley que lo benefician".[187]

Como hemos referido, una de las causas que *O Estado de S.Paulo* identificaría para la crisis política, y en este sentido compartida con *O Globo*, sería la excesiva ampliación del Estado promovida por el gobierno petista. El periódico señalaba que,

> cuanto mayor sea el espacio ocupado por el Estado, o el número y el tamaño de las empresas estatales, tanto mayor será el margen de maniobra del fisiologismo político-partidario, para el clientelismo y los desvíos de recursos públicos con finalidades electorales o cualquier otra, aumentando, así, aquello que se denomina como crimen de corrupción.[188]

Así, la extensión estatal sería causa de la crisis política, defendiendo el matutino paulista a las privatizaciones como reductoras del volumen de cargos existente. Al percibir la debilidad política del gobierno, *O Estado de S.Paulo* intentaba condicionarlo produciendo una vinculación entre la amplitud del Estado y el *aparelhamento*, aludiendo a una restricción de las capacidades estatales y del número de cargos públicos como solución para afrontar la crisis política.[189]

La situación comenzaría a cambiar con la elección de Aldo Rebelo, del PCdoB, para la presidencia de la Cámara de Diputados, en reemplazo de Severino Cavalcanti. Ambos periódicos a partir de entonces reducirían las críticas dirigidas al PT y las enfocarían en la clase política en su conjunto, así como en la denuncia de un "gran acuerdo" que encubriera los hechos de corrupción que se estaban investigando.

En el caso de *O Globo*, a partir del triunfo de Rebelo como presidente de la Cámara en octubre de 2005, comenzarían a cambiar los encuadres referidos a la crisis del mensalão. El periódico carioca sostenía que todo podría terminar en "pizza", tapado por conveniencias políticas, enunciando la necesidad de que las investigaciones continuaran. Este aspecto se convertiría en un encuadre importante del periódico durante el período:

> A pesar de los descubrimientos y las revelaciones hechas sobre el propinoducto del PT—cuya existencia es incuestionable—acciones coordinadas por petistas, discursos que pretenden disimular y cierta clemencia en la conducción de las CPIs ayudan a consolidar la idea del fracaso irreversible en las investigaciones. Y de que habría un acuerdo entre parte de la oposición y del oficialismo, para preservar los mandatos de los cuestionamientos, inaceptable para la opinión pública.
>
> ...Le corresponde a las CPIs y a las autoridades responsables del gobierno evitar la distorsión de las investigaciones. No se puede ser complaciente con recursos "no declarados", de caja dos, como el propio Ministro de Justicia, Marcio Thomaz Bastos, afirma.
>
> Ni fingir que la dificultad para localizar con exactitud el origen del dinero del mensalão puede encubrir la existencia del propio mensalão.[190]

Imagen 28. Caricatura de Chico titulada "Plato de la semana" donde se representaba a Rebelo como trayendo una "pizza"; es decir, un posible acuerdo político que buscaba poner fin a las pesquisas del mensalão. *O Globo*, 10 de octubre de 2005.

De este modo, el periódico se pronunciaba contra un "acuerdo" a partir de la elección de Rebelo como presidente de la Cámara de Diputados, el cual podría significar desde esta visión que no se investigara más el mensalão en el Congreso. En este sentido, la caricatura de Chico "Plato de la semana" hacía referencia a esta cuestión (Imagen 28, página 321).[191] En ella se ve a Rebelo trayendo una "pizza" que representaba un posible acuerdo político entre los partidos que tendría por objeto poner fin a las pesquisas, y acompañaba lo que el periódico definía a partir de sus editoriales, que señalaban el "riesgo" de un pacto que entorpeciera las investigaciones del mensalão.

Por otra parte, el nuevo presidente del PT, Tarso Genro, procuraba rescatar la imagen del partido frente a las críticas que sufría, expresando su parecer en una columna en *O Globo*:

> El resultado de las elecciones internas del PT ofreció dos claros indicadores sobre nuestro futuro: en primer lugar, la idea de una izquierda socialista democrática en Brasil, que tiene en nuestro partido una de las principales referencias, no fue relegada por la crisis; en segundo lugar, nuestra militancia, con los resultados de la elección –aunque los militantes hayan enviado un mensaje político claro a sus dirigentes—está dispuesta a 'refundar' o reconstruir el PT.[192]

De este modo, frente a las críticas que el partido sufría, referidas a que se encontraría terminado su proyecto en función de la corrupción, Genro sostenía que el PT presentaba perspectivas de "refundación" y de futuro, defendiendo una visión distinta de aquellos editoriales que interpretaban esta elección interna como expresión de la descomposición partidaria.

O Estado de S.Paulo también moderaría su línea editorial hacia noviembre, en conjunción con la asunción de Aldo Rebelo como presidente de la Cámara de Diputados y la pretensión del periódico de reducir las acusaciones de los petistas contra las elites y los grupos de poder. A fines de esta segunda coyuntura, el periódico utilizaría un tono más moderado, cambiando los encuadres que culpabilizaban al PT íntegramente por la crisis política y comenzando a incluir encuadres que abarcaban a todos los políticos como responsables de la crisis. De este modo, ambos periódicos actuarían de un modo similar a partir de la elección de Rebelo como nuevo presidente de la Cámara.[193]

Durante el tercer período de análisis, correspondiente a las elecciones presidenciales, la cuestión de la corrupción sería uno de los temas dominantes de la campaña, como hemos visto. En este sentido, Mundim señala que:

> Un espectro rondaba la elección presidencial de 2006: el espectro del Mensalão. A comienzos de año la magnitud de sus efectos sobre los electores era una incógnita y una incomodidad para el gobierno que buscaba la reelección, todavía más con una cobertura mediática tan negativa. (Mundim 2010, 119)

En este período, *O Globo* promovería encuadres que estaban dedicados a señalar la necesidad de castigar a los corruptos, pero de un modo que hacía entrar dentro de aquella denominación a la clase política en su conjunto. Como hemos visto, el periódico carioca plantearía la elección en los términos de una disputa regida por la lucha de la ética contra la corrupción, y especialmente a partir de la aparición del dossier contra José Serra, difundiría un encuadre relativo al PT como un partido sin moral e integrado por delincuentes.

O Estado de S.Paulo, por su parte, situaría al PT como responsable de la corrupción, preservando el encuadre dominante de la perversión ética del partido, que identificaba a éste con el paso de un proyecto político a un proyecto de poder. El matutino paulista volvería a criticar la "corrupción inherente para permanecer en el poder" del PT. Nuevamente, se recurriría a la genealogía que planteaba la falsedad en el origen, señalando la "esencia" de la corrupción petista, instalado primero en las intendencias y luego a nivel nacional para preservar el poder y conseguir la reelección.[194] De este modo, el matutino seguiría insistiendo en el origen corrupto de esta trama partidaria que se expresaría en toda su intensidad en el presente.[195] Señalaba el periódico,

> nunca antes se vió a un presidente brasileño—y nunca antes esa denominación de Lula ha sido tan apropiada—ir tan lejos en la defensa de las manos sucias en la vida pública, aunque sus palabras, tomadas por su valor superficial, fueran de resignación

frente a lo que sería una realidad amarga, aunque inmutable.

...El soborno sistemático de diputados—llamese mensalão, valerioducto, uso de recursos no contabilizados, lo que se quiera—fue la indeleble y, por la amplitud y frecuencia, inédita marca de Caín del 'juego real de la política' jugado en la era Lula..

...En realidad, se hizo lo que se eligió hacer para que él, al fin y al cabo, pudiera llegar a las vísperas de la sucesión en una situación altamente confortable. La meta última del mensalão, como de todo lo demás que el presidente y sus compañeros hicieron, era la reelección.[196]

El periódico repetiría así que la corrupción del mensalão sería inherente al proyecto de reelección del PT para asegurar su permanencia en el poder. Por su parte, desde su posición política, Cardoso acusaba al presidente y su partido de ser los promotores de la corrupción y la destrucción de los valores de la República.[197]

O Estado de S.Paulo reiteraba la disposición de los petistas a cualquier ruptura ética con el fin de perpetuarse en el poder, así como señalaba a los acusados de corrupción como parte de una "organización criminal", tal como lo había señalado el Procurador General de la República.[198] El matutino sostenía:

Pero la realidad es que a toda hora aumenta el papel de los bandidos del petismo, permitiendo que se trace una línea que avanza desde las sombras para el centro visible del sistema.

La trayectoria del PT, desde su inserción en el movimiento sindical, muestra que es típico de sus dirigentes y asociados recurrir a cualquier medio para destruir a aquellos a quienes marcaron, incluso al riesgo de ser afectados ellos mismos—lo que tiende a suceder cuando no se tiene sentido de los límites éticos, o cuando la transgresión sin frenos, aunque reconocida como tal, es legitimada en nombre de una causa.... Por eso llega a ser bizantino discutir si Lula sabe de sus delitos desde antes o mientras son cometidos: él sabe de lo que su gente es capaz, porque de ella no se distingue. Ni en el *modus operandi* ni en los fines.[199]

De este modo, no resultaba importante para el periódico definir si Lula sabía de la existencia previa del mensalão: el partido y sus integrantes ya estarían condenados de antemano por su *modus operandi*, el cual prescindiría de consideraciones éticas. Así, en la exhibición de las acusaciones de corrupción por parte de los principales medios de comunicación, operaba el principio de "presunción de culpa" (Lima 2007).

En el caso de *O Globo*, la cuestión de la corrupción era denunciada en términos más amplios, ya que se acusaba al PT, pero también a la clase política en su conjunto. El periódico encuadraba la elección en términos morales, al indicar que:

En uno de los peores momentos de su historia reciente, el Congreso tiene una oportunidad preciosa para demostrar que el espíritu público todavía se cultiva en la Casa como un valor por encima del corporativismo y el clientelismo.

El elector debe también contribuir a perfeccionar el Poder Legislativo. Estrictamente hablando, él es el único capaz de purificar el Congreso y las casas legislativas en general con el arma más simple y eficaz de la democracia: el voto. Cada uno de estos escándalos tiene un fuerte contenido pedagógico a ser metabolizado por los votantes para que en las próximas elecciones hagan una buena selección de candidatos.[200]

De este modo, se señalaba que la votación debería servir como una oportunidad para el castigo que debería ejercer la ciudadanía hacia los políticos corruptos. El periódico carioca exigía del electorado un "voto útil", indicando que "felizmente, la crisis ética coincide con las elecciones. Hay, por lo tanto, una posibilidad concreta de que la sociedad actúe para, con el voto, ayudar en la limpieza de la administración pública".[201] Se pretendía así situar a la cuestión moral como la temática más importante de la elección y, en este aspecto, la condena moral que se esbozaba presentaba similitudes con el período de 1953 que hemos analizado, cuando ambos periódicos llamaban a excluir de la política a los corruptos. A la vez, el principal culpado de esta crisis moral sería el PT, si bien las acusaciones no serían únicamente realizadas hacia este partido:

> El patrimonio ético del PT fue dilapidado. Tanto es así que el candidato Lula se desdobla para mantener distancia del partido que fundó: el rojo fue retirado de la campaña, substituido por el azul.
>
> Intentar socializar la culpa del PT no es la mejor manera de mejorar las instituciones políticas. Así como supeditar la purificación de la vida parlamentaria a una amplia reforma política, que necesita ser debatida minuciosamente, sin prisas, no es más que la mitad de la verdad.[202]

Existía una intensa pretensión de ambos medios en sus titulares y columnas de centrar la agenda en torno a la corrupción, envolviendo en los acontecimientos a la dirigencia del PT. Así, se procuraba subordinar la agenda de la campaña electoral a una distinción entre "honestos" y "corruptos", excluyendo otras temáticas de la misma y desacreditando al PT como un partido destruido por la corrupción.

Como hemos mencionado, a fines de la campaña de 2006 los medios tuvieron un importante papel al divulgar el descubrimiento de un dinero para un supuesto dossier que el PT pretendería adquirir para perjudicar al candidato *tucano* al gobierno paulista, José Serra. Este acontecimiento centraría en forma definitiva en torno a la corrupción la agenda de la campaña. En este sentido, *O Estado de S.Paulo* acusaba al gobierno de esconder antes de las elecciones los datos del dossier, poniendo al Estado y las instituciones al servicio del proyecto reelectoral.[203] A su vez, titulaba que el "El presidente del PT sabía del encuentro en el que fue ofrecido el dossier contra Serra",[204] para involucrar a las autoridades del partido en este escándalo.

En el caso de *O Globo*, la aparición del tema del dossier marcaría un giro en su cobertura. Los columnistas del periódico, como Tereza Cruvinel, señalaban que la aparición del mismo transformaba en impredecible el rumbo de una elección donde hasta el momento Lula era el favorito.[205] Por su parte, *O Globo* sostenía,

> otro caso de involucramiento de militantes petistas con dinero de origen oscuro, esta vez con la compra de un dossier sobre el presunto involucramiento de los candidatos tucanos José Serra y Geraldo Alckmin con los sanguessugas, es una nueva y fuerte señal de degradación ética de la vida política y, específicamente, del partido que se lanzó hace más de 20 años con la propuesta de refundar la forma de ejercer las funciones públicas en el país.
>
> …El PT llegó a hacer una desmentida formal de cualquier implicación del partido en el escándalo. La poca credibilidad de una leyenda donde los *mensaleiros* tienen buena recepción reduce la efectividad de cualquier desmentida. Y el surgimiento en la trama de personas del partido cercanas al presidente Lula—Freud Godoy y Jorge Lorenzetti—aumenta el impacto del caso y hace innecesario, por inocuo, el intento del PT de desvincularse de la historia.[206]

De este modo, *O Globo* centraba sus acusaciones sobre este nuevo escándalo y lo vinculaba con el mensalão y otras denuncias contra el partido. La aparición del "dossier" sobre el cierre de la campaña electoral de la primera vuelta implicaría que el periódico carioca, que había sostenido cierto equilibrio hasta el momento, comenzara a centrar su agenda en torno a la cuestión de la "corrupción petista". En este sentido, destacaba que:

> Detrás de esa delincuencia pública, habría una ética capciosa por la cual todo es válido en nombre del bien del pueblo, "ideología" que acaba de ser sorprendentemente adoptada por algunos artistas e intelectuales. El caso actual del dossier parece revelar algo aún más grave: la aparición de un bandidaje sindical, personas con largo kilometraje en los embates del ABC paulista, para quienes mantenerse en el poder es razón suficiente para justificar cualquier crimen. Hasta contra las instituciones.[207]

El periódico de Rio de Janeiro sostendría, vinculando al PT con la "delincuencia sindical", que habría inoculado en el partido el "virus de la delincuencia".[208] Esta aseveración se producía al sostener que existiría una "ética capciosa" que justificaba las liviandades morales en nombre del "bien del pueblo", de este modo estigmatizando la pertenencia de izquierda de esta organización.

Es notorio como en *O Globo* el estallido del escándalo del dossier implicaría un cambio, donde el periódico pasaría a señalar al PT como un "partido de delincuentes", y a colocar sus denuncias en torno a la corrupción como eje de sus encuadres sobre la campaña. Esto tendría relevancia, considerando que sería realizado en el tramo final y más importante de la disputa electoral.

Por su parte, Valter Pomar, entonces secretario de relaciones internacionales del PT, destacaba en una columna en *O Globo*,

> a pesar de la histeria y del discurso golpista, Lula será reelecto. Pero la derecha quiere evitar que el próximo mandato sea superior al primero y que la izquierda gane en 2010. Tiene por objeto evitar la consolidación de una hegemonía democrática y popular de larga duración. Para ello, necesita debilitar al PT y al conjunto de la izquierda. De allí los esfuerzos para desacreditar al partido, y que se produzca un resultado electoralmente débil, provocar una ruptura entre 'lulismo' y petismo, para que tengamos la menor influencia posible sobre el próximo gobierno y la menor oportunidad de elegir al sucesor de Lula.[209]

Vemos como en *O Globo*, a pesar de la cobertura intensamente crítica frente al PT en este último tramo de la campaña, se permitiría la expresión de voces disidentes con la línea editorial del periódico, denunciando maniobras de desestabilización contra el gobierno.

Por su parte, ante el triunfo inminente del PT en la segunda vuelta de las elecciones, el matutino paulista retomaría la tesis del "totalitarismo" petista que hemos visto en los distintos períodos de nuestro análisis, para generar una *sobreestimación la amenaza* sobre las consecuencias negativas que sobrevendrían en caso de producirse este triunfo.[210]

Durante este apartado, hemos visto como ambos periódicos irían produciendo una estigmatización progresiva del PT, lo cual se acentuaría con la emergencia del mensalão. A comienzos del mandato *O Estado de S.Paulo* y *O Globo* se pronunciarían por la defensa del gobierno, descalificando como "atrasados" a los "radicales del PT". Esta posición expresaba el compromiso de estos medios con las reformas conservadoras que aspiraban a sostener las líneas económicas de FHC. Por otra parte, en *O Estado de S.Paulo* surgían críticas al PT como un partido "autoritario", así como en ambos periódicos se manifestarían las acusaciones hacia esta organización por colonizar la máquina del Estado con militantes petistas, el denominado *aparelhamento*.

Con el surgimiento del mensalão, *O Estado de S.Paulo* sostendría que éste escándalo sería el resultado de la transformación del PT en un mero proyecto de poder, demostrando el fracaso de un partido autoritario y corrupto. Así, el mensalão sería instrumentado por el matutino paulista para invalidar la posibilidad de que un gobierno de izquierda administre el país, indicando que se habrían terminado las perspectivas de este partido.

En *O Globo*, las críticas al PT estarían presentes en términos similares, pero éste asignaría como principal causa de la crisis a la existencia desmedida de cargos políticos, exigiendo una modernización del Estado y una reforma política. Frente a este escándalo político, *O Globo* propondría soluciones, a la vez que pretendía responsabilizar por el mismo al conjunto de la clase política. Esto lo acercaba a la invocación de una "cruzada moral" en los términos en los cuales hemos visto que enmarcarían la cuestión los periódicos en los años '50.

Durante el período electoral de 2006, ambos periódicos encuadrarían la elección en términos morales, con el propósito de que la temática de la corrupción—especialmente a partir de la aparición del mencionado dossier contra Serra—fuera el tema más debatido, pretendiendo involucrar al partido en los escándalos para afectar su imagen. De este modo, nuevamente verificamos que estos periódicos pretendían subordinar la agenda pública a la distinción entre "honestos" y "corruptos".

Como hemos visto, el discurso de ambos periódicos pretendía desacreditar al PT frente a sus militantes y potenciales electores, situación de la cual podrían beneficiarse opciones políticas alternativas. En parte, el ataque de ambos medios de prensa al partido como "máximo representante de la corrupción" se debía a que allí residía, para el gobierno de Lula, una estructura de apoyos sólida con la cual enfrentar la crisis política. Esto quedaría demostrado con la elección interna que se realizó durante la crisis de 2005, que contó con una activa participación de su militancia.

Encontramos así una diferencia en la capacidad de Lula de resistir la crisis política y las acusaciones de corrupción de los periódicos, logrando su reelección en 2006, a partir, entre otros factores, de la fortaleza de la estructura del PT. Con este sustento no contaba Getúlio Vargas en su segundo gobierno, dado que el PTB era un partido que dependía exclusivamente de su liderazgo; sin autonomía, vida interna o un vínculo movilizador con los movimientos sociales.

5.4. *Las relaciones del gobierno con el MST: "apagar el fuego con gasolina"*

En su tesis dedicada al estudio de la cobertura de *O Estado de S.Paulo* sobre las relaciones entre el gobierno de Lula y el MST[211] durante 2003, Bezerra de Paiva (2006) indica que el acceso a la presidencia de Lula suponía el establecimiento desde el Ejecutivo de una alianza con los movimientos sociales. La afinidad que existía entre el PT y el MST era conocida y se remontaba a la propia fundación del partido (Bezerra de Paiva 2006, 10). En este contexto, señala el autor, analizando la reacción del periódico:

> La postura históricamente defensora de los postulados liberales y su vínculo con las oligarquías rurales brasileñas hacen adoptar al periódico *O Estado de S.Paulo*, respecto al tema agrario, una posición manifiestamente en favor del derecho casi absoluto de propiedad y contra las proposiciones más progresistas, como la de reforma agraria. (Bezerra de Paiva 2006, 11)

Uno de los ejes característicos del discurso editorial en este periódico, en torno al cual se definiría su invalidación hacia el gobierno de Lula, serían las relaciones del gobierno con el MST, en tanto éste resultaba el movimiento social más importante

Folha de S.Paulo

	93	94	95	96	97	98	99	2000
MST	-	1	7	11	31	17	9	11
Reforma agraria	-	1	10	16	11	6	6	0
Contag	-	0	0	0	2	0	0	0
CUT	-	5	9	12	6	7	1	2

O Estado de S.Paulo

	93	94	95	96	97	98	99	2000
MST	-	-	26	37	48	45	27	31
Reforma agraria	-	-	4	13	12	4	2	3
Contag	-	-	4	6	1	1	4	2
CUT	-	-	42	43	21	6	10	10

Jornal do Brasil

	93	94	95	96	97	98	99	2000
MST	0	4	9	17	36	19	14	21
Reforma agraria	0	5	6	14	9	14	5	0
Contag	1	0	0	0	1	0	0	0
CUT	14	18	45	25	15	17	6	5

O Globo

	93	94	95	96	97	98	99	2000
MST	-	-	5	30	33	27	12	14
Reforma agraria	-	-	5	15	6	6	4	3
Contag	-	-	0	0	1	0	0	1
CUT	-	-	5	13	4	5	2	0

Tabla 3. Reproducción de la tabla comparativa sobre la presencia del MST en relación a otras entidades sociales, en los editoriales de los periódicos *Folha de S.Paulo*, *O Estado de S.Paulo*, *Jornal do Brasil* y *O Globo*, en el período de 1993 a 2000. Fuente: Comparato 2003, 123-124, citado en Bezerra de Paiva 2006.

que presentaba relaciones con el gobierno. El tradicional matutino paulista repudiaría enérgicamente la afinidad que percibía entre las dirigencias de estos movimientos sociales y las del gobierno.[212] Existía en la historia de este periódico una especial sensibilidad en la defensa de la propiedad rural,[213] relacionada con el compromiso que *O Estado de S.Paulo* mantiene desde sus inicios con la preservación del orden social y la propiedad privada.

Es necesario aclarar que *O Globo* manifestaría frente al MST una postura similar, aunque el vínculo histórico de *O Estado de S.Paulo* con los grandes propietarios del campo paulista sería determinante en la sensibilidad que tendría este último con respecto a esta cuestión. En la medida en que el Movimiento Sin Tierra (MST) amenazaba la propiedad rural con sus exigencias de profundizar la reforma agraria, así como a través de las ocupaciones de haciendas, sensibilizaba en los medios de comunicación una reacción conservadora que diferiría por su virulencia de aquella proferida hacia otros grupos organizados representantes de posiciones subalternas, como la Central Única de Trabajadores (Comparato 2001). De este modo:

> El MST asumió un lugar destacado en el imaginario de las clases propietarias y empresariales como el adversario que ofrece peligro, o sea, puede obligar a un cambio en la organización de la sociedad. Lo que sucede es que la lucha por la reforma agraria asusta mucho más que la lucha sindical. (Comparato 2001, 111)

Comparato, en este sentido, realiza un conteo de los editoriales referidos a la temática en los distintos periódicos. Como se observa en la Tabla 3 (página 328), *O Estado de S.Paulo* resultaba el periódico que mayor cantidad de editoriales dedicaría al MST en los años previos al gobierno de Lula.

Durante el primer período de análisis, los acontecimientos que produjeron mayor controversia en la agenda pública resultaron los nombramientos de personas vinculadas al MST en la presidencia y las superintendencias regionales del Instituto Nacional de Colonización y Reforma Agraria (Incra), así como en el Ministerio de Desarrollo Agrario (MDA).[214] Otra cuestión que introduciría una importante polémica resultaría el uso del sombrero del MST por parte del presidente Lula, en ocasión de recibir a este movimiento en el Palacio del Planalto (Bezerra de Paiva 2006).

La primera coyuntura sería aquella donde ambos periódicos dedicarían una mayor cantidad de editoriales al MST. Este período, que se caracterizaría por una mayor división temática de la agenda en comparación con los dos posteriores, sería aquél donde predominarían los editoriales sobre esta cuestión. A pesar de permanecer similares en el tiempo en sus características fundamentales tanto durante el "mensalão" como durante la campaña electoral de 2006, los encuadres referidos a esta cuestión se reducirían en ambos medios. De este modo, el énfasis de estos periódicos sobre el accionar del MST se manifestaría a comienzos del gobierno, donde la serie de acontecimientos que hemos mencionado arriba incrementarían la atención dedicada a la cuestión agraria en la agenda pública.

Con respecto a los acontecimientos que eran expresión de una conflictividad rural, constituida por los enfrentamientos entre los *fazendeiros* y las movilizaciones del

Movimiento Sin Tierra, O Estado de S.Paulo definía estas tensiones como un problema social y no económico, por lo cual la pertinencia de una reforma agraria—reivindicación fundamental del MST—resultaría innecesaria. En este sentido, realizaba una vehemente defensa de la importancia del *agro negocio* como uno de los sectores más dinámicos y eficientes de la economía, capaz de brindar sustento con su productividad a los sectores pobres de la población. El periódico señalaba entonces que, en su alianza con el MST, el gobierno perjudicaría una de las actividades comerciales más importantes del país, afectando potencialmente la estabilidad económica.[215] Para alcanzar esta caracterización, aplicaría una modalidad propia de su enunciación, reiterada en otras ocasiones, que consistía en diluir en sus argumentaciones la asimetría en las relaciones de poder entre los sectores sociales en conflicto. El matutino evidenciaría además una búsqueda por situar al movimiento por fuera de la legalidad, utilizando una enunciación de *sobrestimación de la amenaza* que se repetiría de forma recurrente durante el gobierno de Lula. Esta idea de *sobreestimación de la amenaza*, como hemos visto, ha sido desarrollada por Fonseca (2005) como uno de los componentes de la ideología del periódico.

Además, las posiciones que asumía el matutino paulista tenían una clara línea de continuidad con respecto a las enunciadas sobre la situación del campo en los años '50, cuando no se admitía la menor alteración del orden y se condenaba todo tipo de reforma.

De modo que desde el principio, *O Estado de S.Paulo* se expresaría contra la designación de funcionarios con afinidad hacia la reforma agraria como parte de la burocracia estatal:

> Además de inútil para la reforma agraria, el MST es un estorbo para Lula…. Es bueno subrayar que la entrega de puestos claves del Incra al MST y sus aliados, en lugar de representar una solución, representa un serio agravamiento del problema, una vez que los hábitos de irresponsabilidad—de los que jamás asumieron responsabilidad formal—pueden contaminar un importante sector de la administración pública brasileña.[216]

> …En muchas áreas de su gobierno, el presidente Luis Inácio Lula da Silva hizo una intervención directa para corregir rumbos o acabar con crisis—pero no en el ministerio encargado de la Reforma Agraria, que en mala hora entregó a un "militante" del MST.

> …Si no se corrige el error inicial que fue el nombramiento de Rossetto, la tempestad no se va a calmar. Por el contrario. Infelizmente, en ciertas regiones del mundo—y este es, precisamente, el caso de América Latina—no se puede dar el lujo de contemporizar con proyectos, que se van tornando notorios, de desmantelamiento de la Democracia.[217]

El periódico paulista situaba al MST fuera de la legalidad, destacando que el nombramiento de funcionarios que simpatizaban con un movimiento en esa condición podría "contaminar" la composición técnica de la administración pública. De este modo, la designación de Miguel Rossetto como Ministro de Desarrollo Agrario, el cual tenía una trayectoria de afinidad con los movimientos sociales, sería impugnada por el periódico. Comenzaba también a construirse el señalamiento de que cualquier entendimiento con el MST—deslegitimado como antidemocrático y autoritario— significaría un empeoramiento de la situación que se pretendía reparar.[218]

Con respecto a estos nombramientos también manifestaba su desacuerdo *O Globo*, y sostenía con respecto al MST:

> Exorcizado el temor de la quiebra financiera del país, las preocupaciones se centran sobre la amenaza de serios conflictos en el campo, que crecen en el espacio vacío dejado por la inercia de Desarrollo Agrario y del Incra. Está claro que fracasó la concesión del PT a los sin tierra. Al entregarles el Ministerio y el propio Incra, es posible que el alto mando petista imaginara vacunar al interior del país contra las tensiones. Esto funcionó en el sentido contrario. El MST se sintió fortalecido y avanzó sobre las vallas y las leyes.
>
> ...Dentro de la ley, y con firmeza, debemos evitar que la agricultura moderna sea perjudicada por la radicalización del MST, en el momento en que el campo ayuda al país a salir de una grave crisis externa.
>
> Hay dos países opuestos a punto de chocar frontalmente.[219]

Este encuadre del periódico designaba al MST como un actor peligroso para el orden instituido, resaltando que la "entrega del ministerio y del Incra" a este movimiento social habría provocado un efecto contrario al que se buscaba, generando inestabilidad. Según *O Globo* se trataría de un movimiento que se excedía por fuera de sus competencias legales. De este modo, se llamaba a evitar los perjuicios para la "agricultura moderna" que el accionar del movimiento y estos nombramientos afines al MST podrían generar.

En la tapa de *O Globo*, se titularía que "Los sin-tierra saquean camiones en Pernambuco y amenazan con invadir la ciudad del Pontal",[220] con una foto de los saqueos. Una nota firmada por una columnista del periódico decía ese día:

> Con guadañas, palos y troncos de árboles, militantes del Movimiento de los Sin Tierra (MST) bloquearon ayer por la mañana una carretera, entre los municipios de Goiana y Condado, en Pernambuco, interceptaron cuatro camiones y saquearon casi tres toneladas de alimentos, después de tomar a ocho conductores y sus ayudantes como rehenes.[221]

Como vemos, se asumían encuadres críticos del movimiento en ambos pe-

Imagen 29. Tapa de *O Estado de S.Paulo* del 3 de julio de 2003 que buscaba asociar al MST con la violencia y anarquía.

riódicos, donde el mismo era asociado a la violencia y el quiebre de la legalidad. Por lo tanto, existía por parte de estos medios una búsqueda de proporcionar relevancia a aquellos rasgos del movimiento que tendían a asociarlo con el desorden y la ilegalidad. El columnista de *O Globo*, Marcio Moreira Alves, destacaba el "ataque frontal" al estado de derecho que significaría el movimiento, resaltando que se trataría de un conjunto de bandidos que erosionaría las bases de la democracia.[222]

O Estado de S.Paulo, por su parte, conformaría una tapa (Imagen 29, página 332) con motivo de la reunión entre Lula y el MST. De este modo, el matutino paulista trataba de asociar al movimiento con la violencia y la anarquía, resaltando a través de fotografías a hombres armados que serían reflejo de la amenaza que este movimiento representaría para el campo. Por su parte, *O Globo* también apuntaba contra el vínculo que sostenía el gobierno con el MST a partir de los cargos estatales, titulando que estaríamos "Bajo el dominio del MST",[223] colocando como subtítulo que "La mayoría de las invasiones a tierras ocurrieron en los estados donde el Incra es dirigido por funcionarios indicados por el movimiento". De este modo, a pesar de que *O Estado de S.Paulo* daría mayor relevancia al MST que *O Globo*, ambos compartían el mismo encuadre.

A su vez, en *O Globo*, Luis Pinguelli, quien era presidente de Electrobras, defendía el acercamiento de Lula al MST:

Y el gobierno se posiciona como democrático de izquierda, aunque moderado. No se puede tener unión nacional, aliándose con el centro, si no se incluye a la izquierda. La misma paciencia que el Gobierno ha demostrado con los contratos leoninos de grupos extranjeros en Brasil, con los cuales no va a romper para no socavar la estabilidad financiera, también la demostró con el MST. Esto no significa, como algunos aventureros interpretan en los medios de comunicación, respaldar todas las acciones del MST, cuya radicalización no está entre las intenciones del gobierno.[224]

El funcionario defendía esta aproximación del gobierno con el movimiento contrastando con los encuadres de los periódicos, resaltando el conservadurismo de las críticas que descalificaban los vínculos del gobierno con el MST. Para Pinguelli, estos vínculos expresaban la necesidad de un "gobierno de izquierda moderado" de componer relaciones con distintos actores políticos, considerando que Lula debía asumir una posición de mediación entre intereses diferentes.

A su vez, el periódico carioca presionaba al gobierno en sus editoriales, buscando una definición que supusiera la disolución de los vínculos con este movimiento social:

> El PT necesitará, más temprano o más tarde, decidir: ¿el gobierno tendrá la cara del Ministerio de Agricultura o de Desarrollo Agrario? ¿Dará apoyo a un sector que, según la UNCTAD, en media generación podría convertir a Brasil en el mayor exportador mundial de alimentos, o correrá el riesgo de desmantelar el agro-negocio en nombre de una reforma agraria hecha 'a lo duro' con desempleados urbanos sin ninguna aptitud para el campo?
>
> La cúpula del gobierno y el comando del PT reaccionaron prudentemente a la declaración de guerra hecha a los *fazendeiros* por el líder del MST, João Pedro Stédile. Pero frente a este histórico movimiento, será necesario hacer algo más para hacer cumplir el Estado de derecho[225].

De este modo, *O Globo* buscaba afectar al gobierno con la acusación de que estaría arruinando un negocio sumamente promisorio, que sería el *agro negocio*, aquello que podría proyectar a Brasil en el mercado mundial. Así, los vínculos del gobierno con el MST podrían destruir una estabilidad que llevaría a la pérdida de negocios fundamentales para el país. Este discurso *destinado* al Ejecutivo procuraba, con una contraposición donde el MST representaría el "caos" y el *agro negocio* el "orden y la "estabilidad", que el gobierno adoptara una posición contraria y definida frente al MST. En este marco donde se desarrollaban las ocupaciones de haciendas, el periódico carioca señalaba que si el gobierno de Lula no tomaba las precauciones necesarias, podría acabar como 40 años atrás había terminado Goulart:

> El gobierno, sin embargo, no puede permitirse quedar atrapado en un atolladero semántico. Si todos los días surgen noticias de violaciones a la ley, sin las correspondientes medidas correctivas, en un tiempo muy corto se perderá una dosis de

autoridad que es indispensable para el gobierno en el camino difícil, y correcto, que eligió—el de las reformas. El brasileño común es ordenado; y, hasta por cuenta de las dificultades que enfrenta, definitivamente no le gusta ver siempre desafiada una idea mundana del orden público. Por no entender esta psicología de 'las calles' es que, hace 40 años, el gobierno de João Goulart selló su propio destino.[226].

Con el título "Ayuda para quien presiona",[227] *O Globo* pretendía además denunciar al gobierno, al MST y otros movimientos señalando que el PT los estaría financiando. La nota, firmada por Ricardo Gallardo, decía que "La dirección nacional del PT destina parte de su presupuesto anual de 43 millones de reales para estimular a los movimientos populares que hoy presionan al gobierno de Luis Inácio Lula da Silva a intensificar acciones en el área social".

Por otra parte, la deslegitimación progresiva por medio de la cual *O Estado de S.Paulo* iría construyendo definiciones negativas sobre el movimiento puede ser comprendida a partir de la noción de *mito* de Barthes.[228] A través de la producción de una naturalización progresiva, el periódico iría definiendo al MST como un movimiento al margen de la ley. En un editorial el matutino paulista caracterizaría al MST como "organización paraestatal",[229] para luego definirlo en otro como "guerrilla". Habría en el primer editorial una primera sedimentación/naturalización, que es la que permitiría la posterior deformación como segunda cadena significante.[230]

El nombramiento por parte del gobierno de funcionarios públicos afines a las demandas de los movimientos sociales sería percibido por *O Estado de S.Paulo* como un paso hacia la anarquía, pues contradecía sus principios de defensa del orden que beneficiaba a los propietarios rurales. Resultaría éste uno de los aspectos que sería más condenado, pues suponía, desde esa visión, la entronización en el aparato estatal de aquellos que amenazaban el orden a preservar. Continuando en este sentido, en un editorial del 25 de junio de 2003 titulado "Antes tarde que nunca", planteando la cercanía de una amenaza catastrófica, *O Estado de S.Paulo* señalaba:

> Está probado que se engañaban, redondamente, todos aquellos que juzgaban que el Movimiento de los Sin-Tierra (MST), por las afinidades elocuentes que siempre mantuvo con el Partido de los Trabajadores, cambiaría su comportamiento violento e irresponsable en el momento en que las fuerzas políticas que lo sustentaban llegaran al poder. Se fortalecía la expectativa positiva sobre la posibilidad de que el MST cambiara de rumbo y pasara a andar por la vía de la lucidez, en el momento en que el gobierno Luis Inácio Lula da Silva, por medio de su Ministerio de Desarrollo Agrario, pasó a ocupar todos los órganos federales de alguna forma ligados a la reforma agraria con miembros del MST—más allá de aquellos de la Comisión Pastoral de la Tierra y entidades sociales semejantes, de estrechas afinidades ideológico-agrarias. Lo que sucedió, en verdad, es que a esta altura, antes de que el gobierno Lula complete medio año, en cuanto a la cantidad de invasiones, extensión de las tierras invadidas

y el número de invasores, el MST ya realizó mucho más apropiaciones que aquellas realizadas durante todo el último año del gobierno de Fernando Henrique Cardoso.

El periódico representaría al MST en la figura de un promotor del caos y la anarquía del orden social. Así, el vínculo con este movimiento conllevaría necesariamente una subversión del propio gobierno. El título, "Antes tarde que nunca" evoca, por parte del periódico, la necesidad de detener la amenaza que supondría el MST, amparada por el Estado y que parecería no tener límites en su pretensión de atentar contra el orden instituido. El vínculo del gobierno con este movimiento, según el periódico, habría provocado un efecto inverso al buscado, aumentando las invasiones y ocupaciones de haciendas.

Un acontecimiento importante del período, por las repercusiones producidas entre los distintos actores políticos, resultaría una reunión realizada en el Palacio del Planalto, donde Lula recibió al MST con su cargo presidencial para negociar las ocupaciones, colocándose el gorro del movimiento. Ambos periódicos exhibirían un contundente rechazo hacia la recepción de Lula al MST y la utilización del gorro característico. La interpretación del matutino paulista sobre este acontecimiento resultó un primer paso hacia su producción de una nueva caracterización en las relaciones movimiento-Estado.

Las características del acontecimiento fueron señaladas en un artículo dedicado a esta cuestión por Reis Melo (2004),

> el MST fue recibido por el presidente en el Palacio del Planalto—ambiente oficial del Poder Ejecutivo, lo que significa, por lo tanto, una reunión formal y, sin embargo, el presidente colocó una galleta en la boca de sus integrantes, y el gorro—símbolo de la identidad del MST—terminó siendo valorizado, o, como mínimo, reconocido, al vestir la cabeza presidencial. Ese encuentro demuestra que el MST fue tratado por el gobierno como un actor político y social igual a cualquier otro de la sociedad brasileña, de forma diferente a lo que esperarían determinados sectores que perciben al MST como "marginal".

> [L]a fuerza reveladora de ese signo espectacular evidenció mucho más que a un movimiento social "marginal": es como si el gobierno le hubiera dado legitimidad al reconocerlo como un interlocutor entre aquellos implicados en la reforma agraria. (89)

Al haberse colocado el gorro del MST, mientras otros actores de la sociedad deslegitimaban su acción como ilegal, marginal y contra el Estado de Derecho, el presidente terminaría situando simbólicamente a este movimiento como un actor e interlocutor legítimo (Reis Melo 2004). En este sentido, frente a la inversión simbólica que realizaba Lula al colocarse, bajo la institucionalidad presidencial, el gorro de un movimiento social estigmatizado en la opinión pública, *O Estado de S.Paulo* respondería con una nueva inversión que aspiraba, no sólo a recolocar en su lugar de estigmatización al MST, sino al gobierno por haberse asociado con éste, como vemos en el editorial "Rendición incondicional", 4 de julio de 2003:

> La realidad es la rendición incondicional del gobierno a un movimiento que, bajo la inspiración de un guevarismo resucitado, pretende revolucionar—el verbo es ese, en el sentido más pleno—la economía rural brasileña, punto de partida de un proyecto de transformación radical del sistema de propiedad del País.
>
> Poco importa que los fines del MST configuren un caso clínico de patología política. Lo mismo no se puede decir de sus medios –que, para todos sus efectos prácticos, el presidente aprobó, al no darse cuenta de que está queriendo acabar con un incendio lanzando gasolina sobre las llamas.
>
> ...La incoherencia literalmente letal, por lo que todo indica, del Planalto es clara como el día. Por un lado, al confraternizar, negociar y contemporizar con la dirección de ese autentico partido revolucionario, el presidente, queriendo o no, le concedió, más que legitimidad, una autorización para el desastre.[231]

Con la intención de rechazar de forma terminante la afinidad mostrada en la reunión del gobierno con el MST, el periódico ahondaría en su argumentación de que negociar con el MST supondría "apagar el fuego con gasolina". La caracterización suponía que el Estado y el gobierno estarían anarquizados porque Lula no podía colocarle un freno a la avanzada del MST sobre el aparato estatal, recurriendo *O Estado de S.Paulo* a una *sobreestimación de la amenaza* para justificar una disolución del vínculo entre los representantes del Estado y el movimiento social. Resultaba éste un paso necesario hacia la imagen de inversión que se completaría posteriormente. Así, caracterizaba al Ministro de Desarrollo Agrario, que tenía afinidad con los movimientos sociales, como el "caballo de Troya" del MST en el gobierno, habiendo transformado al Incra en una "sucursal de ese movimiento". Esta caracterización también era producida al modo de la naturalización progresiva—primero se lo había definido como representante del MST en el gobierno, luego como el "caballo de Troya".

En un encuadre similar, con respecto al momento donde Lula se colocaría el gorro, *O Globo* señalaba:

> Luis Inácio Lula da Silva se centró, el miércoles, en trabajar contra su propio gobierno. Al colocarse el sombrero del MST en la cabeza, se despojó de la banda presidencial y volvió a subir a la tribuna de la campaña electoral.
>
> El mismo movimiento que, en los últimos días, promovió saqueos en el Nordeste, encendió la mecha de un conflicto armado en el Sur y amplió las tensiones en el interior de San Pablo, fue recibido en el Palacio del Planalto con grandeza y reconocimiento, de esos que se hacen sólo a grandes amigos. En el momento en que Lula endulzaba la boca de los compañeros del MST con galletas caseras, el mismo MST infringía

Imagen 30. Caricatura de Chico titulada "El sombrero en revisión" que mostraba a Lula con un gorro del MST para insinuar una falta de los rituales de su cargo. *O Globo*, 6 de julio de 2003.

capítulos del Código Penal y atropellaba la Constitución.

Así como es comprensible que la opinión pública concluya que Lula se ha entregado al movimiento—como si no fuera suficiente con haber entregado ya a los sin tierra el Ministerio de Desarrollo Agrario y el Incra—también es fácil predecir que los líderes del movimiento usarán la misma estrategia para continuar ganando favores del gobierno. Para ser recibido por un Presidente generoso y amable, perpétrense saqueos y ataques en el país. Una alfombra roja será extendida en Brasilia.[232]

El periódico carioca señalaba que Lula, al recibir al movimiento en Brasilia, se habría rendido frente a éste, teniendo el gesto de premiar a quienes violarían el orden legal por pretensiones "electorales". Así, estaría trabajando contra su propio gobierno y promoviendo el ejemplo de que serían premiados quienes cometieran faltas contra el orden legal. Por último, señalaba que estaría perjudicando a un sector dinámico de la economía como sería el *agro negocio*. Por su parte, la columnista de *O Globo* Tereza Cruvinel indicaba que: "La sorpresa de miembros del gobierno con las reacciones a las escenas de camaradería entre el presidente Lula y líderes del MST es un preocupante indicador de la desatención del gobierno a los ritos y la liturgia, ya demostrada en otras situaciones".[233] Distintos discursos, como vemos, pretendían estigmatizar a Lula por haberse colocado el gorro del MST, indicando desde una asumida posición de jerarquía la necesidad del presidente de restaurar la falta que habría cometido, al romper con lo que eran considerados los rituales estatales aceptables.

Además, con motivo de este encuentro, habría una caricatura de Chico (Imagen 30, página 337) donde Lula aparecía con el gorro del MST,[234] la cual se repetiría durante varios días, invalidando lo que era considerado una falta a lo que deberían ser los rituales consagrados desde las altas autoridades del Estado.

Estas caricaturas pretendían marcar así la contradicción entre las formalidades del cargo presidencial, simbolizado por el traje del presidente, y el haberse colocado el gorro del movimiento. Lo que se buscaba en esta ilustración era causar una impresión extraña por la contradicción que existiría entre el cargo, el traje y la gorra en el presidente, que representarían atributos incongruentes.

Las tensiones en el mundo rural continuarían incrementándose, también a partir de las declaraciones del principal coordinador del MST[235], João Pedro Stédile. *O Estado de S.Paulo*, en el formato de *sobreestimación de la amenaza* en el cual tendía a encuadrar la problemática referida a los conflictos rurales, se refirió a las declaraciones de Stédile como "La declaración de guerra del MST":

> Stédile—que no precisará decir más para merecer un procesamiento, con prisión provisoria, por incitamiento a la violencia—puede, o no, tener conciencia de que, en realidad, fue al gobierno que promete llevar la paz al campo al que él acaba de declararle la guerra. Los energúmenos de su especie no suelen pensar en los efectos de lo que dicen. Pero, y es esto lo que importa, el gobierno es el que no parece darse cuenta de que el MST testeó su disposición de hacer cumplir la ley, sintió que no es ninguna y se dispuso a andar sin frenos.... Es así, con la tibia 'política del avestruz', que el gobierno parece estar reaccionando, frente a un país aturdido, a la nueva estrategia del MST, con la activa complicidad de sus feudos duplicados en el Ejecutivo, el Ministerio de Desarrollo Agrario y el Incra. El Planalto actúa como si Stédile fuera solo un cabeza caliente—y no un aspirante a revolucionario cuyo fanatismo no le impide saber lo que quiere y como lo quiere. El resultado es que es el MST y no el gobierno el que está dictando, efectivamente, las reglas del juego.[236]

El discurso editorial sostenía como idea central que mientras el gobierno no tomara disposiciones firmes para encuadrar al MST dentro de la "ley", sería este movimiento "fascista",[237] que avanzaría sobre las instituciones estatales, quien definiría el orden de la legalidad, y no el gobierno. Así, argumentaría que si no se colocaba un límite a esta "capitulación", el movimiento acabaría dominando al gobierno, resquebrajando su autoridad y la confianza en la economía de los inversores. De este modo, *O Estado de S.Paulo* terminaba de construir su imagen de la inversión: el gobierno de facto sería el MST y el gobierno formal de Lula, en lugar de colocarle un límite, le concedería de forma indiscriminada, demostrando que sería el primero el que impondría las reglas como factor real de poder. El matutino destaca así que cualquier negociación con el MST estaría destinada al fracaso, por las mayores exigencias que de forma continua presentaba el movimiento, que tendría como fin destruir el orden existente para reemplazarlo por una revolución antidemocrática.

Contra esta perspectiva fuertemente delimitada por parte del periódico, José Genoino señalaría la importancia de la reforma agraria como forma de incluir sujetos marginados y lograr la paz en el campo, proponiendo un encuadre opuesto a la visión editorial del matutino.[238] También el columnista Veríssimo, de *O Globo*, proporcionaba una visión alternativa a la dominante sobre esta problemática:

> El gran, el imperdonable crimen de quienes empezaron a organizar el movimiento de los sin tierra fue, en primer lugar, organizarse ellos mismos y en segundo lugar querer transformar la retórica en realidad. Afrontaron uno de los presupuestos del patriciado brasileño y de sus discursos, que es que una buena intención basta, lo que los exime de hacer. Desafiaron una de las más arraigadas tradiciones nacionales.[239]

Esta opinión de Veríssimo, que defendía una posición distinta con respecto al fenómeno del MST, expresaba el pluralismo interno de *O Globo*, lo cual no estaba presente en *O Estado de S.Paulo*. Dados los vínculos históricos del matutino paulista con los grandes propietarios rurales, prevalecían las visiones críticas sobre el MST. Veríssimo proporcionaba una visión que vinculaba las críticas que sufría el movimiento con el grado en que el mismo sería cuestionador de las prácticas de las clases tradicionales del país, lo que demostraba nuevamente la mayor pluralidad interna del periódico carioca.

Nuestro segundo período de análisis se iniciaría con una Marcha Nacional por la Reforma Agraria del MST. La misma partió con una columna de 10.000 marchantes de Goiania, y después de 20 días de Caminata y 300 Km. de avance, llegaría a Brasilia, teniendo como objetivo que el gobierno cumpliera la meta del Plan Nacional de Reforma Agraria de asentar a 400 mil familias hasta 2006.[240] En este contexto, *O Estado de S.Paulo* repetiría la argumentación de "apagar fuego con gasolina" para retratar esta marcha, reiterando la imagen de la inversión, es decir, que el gobierno real sería el MST, y el gobierno de Lula asumiría la formalidad condicionada de los primeros, siendo éstos quienes definirían las reglas del orden político. En este sentido, el matutino resaltaba en el editorial la ayuda provista por las intendencias y el gobierno federal al movimiento y la marcha.[241]

En un editorial relativo al encuentro en Brasilia titulado "Lo que Lula puede dar al MST", del 18 de mayo de 2005, *O Estado de S.Paulo* sugería la "inscripción" del MST como partido político. Allí presentaba un encuadre sobre la relación entre el MST y el gobierno que suponía colocar al Ejecutivo como representación del "orden" frente a la desestabilización que representaría el MST,

> del todo recomendable sería que esa entidad se volviera, efectivamente, un partido

político y disputase elecciones, dentro de las reglas de nuestro sistema democrático de representación y gobierno, lanzando como candidato para competir con Lula, con cuyas políticas no acuerda, a su líder João Pedro Stédile.

...Las escenas grabadas por las fotos de los periódicos, mostrando a policías de ruta portando mochilas con grandes logotipos del MST, son una chocante demostración del nivel de cooptación obtenido, por ese movimiento fuera de la ley, de los agentes del Poder Público. Continuando así, no sería una sorpresa si, en la próxima marcha que emprendiera, el MST contara con apoyo logístico no solo de policías de ruta, sino de nuestras Fuerzas Armadas, con sus tropas y equipamientos colocados a disposición de la 'seguridad' de un 'movimiento social'—el cual intenta cooptarlas apoyando sus reivindicaciones salariales. Quiere decirse, no falta mucho para ver los gorros de la policía sustituidos por gorros rojos.

La interpretación que sugería este editorial resultaba de la inversión, en tanto postula nuevamente que el gobierno real resultaría el MST, mientras el gobierno formal estaría representado por Lula. El editorial reafirmaba su definición de la inversión de un orden social subvertido por el MST, y un gobierno que no podría controlar sus consecuencias, sino que concedería de forma irrestricta al movimiento que se iría entronizando en el aparato estatal. Como resultado de la recepción de Lula a los dirigentes de este movimiento social a partir de la marcha a Brasilia, se produjeron compromisos entre ambos actores, que el periódico interpretaría en la clave de la capitulación:

El gobierno va a gastar más para atender a las presiones del MST, sin tener en cuenta que hay otros gastos mucho más importantes y más urgentes, que vienen siendo reprimidos por la búsqueda de la austeridad fiscal. Esta vez, el presidente Luis Inácio Lula da Silva no se limitó al gesto ridículo e imprudente de usar el gorro de un movimiento con un amplio record de violaciones a la ley. Aceptó imposiciones que podrán costarle caro a su administración y, peor que eso, al País.... Es pertinente también recordar un punto raramente mencionado: ¿desde cuándo el contribuyente brasileño tiene la obligación de financiar al MST y pagar las canastas básicas a participantes de sus campamentos e invasiones—por no hablar de sus escuelas de adoctrinamiento marxista?[242]

Este editorial pretende invalidar las relaciones del MST con el gobierno, desde la contribución que supondría el ciudadano a los gastos del MST amparados por el gobierno de Lula, asegurando el carácter ilegal y antidemocrático del movimiento. El "ciudadano brasileño" estaría contribuyendo, según *O Estado de S. Paulo*, a financiar las escuelas de "doctrina marxista" de este último. De este modo, se aspiraba a producir el rechazo por parte de la ciudadanía hacia un movimiento "radical y marginal" que estaría colonizando las instituciones estatales. Con respecto a esta marcha del MST, Xico Graziano,[243] que escribía en ambos periódicos realizando una defensa sistemática de los intereses del *agro negocio*, resaltaba que el MST obtendría beneficios del Estado a través de la amenaza y de estar dispuesto a cualquier método por fuera de la legalidad y la democracia para obtener sus fines.[244]

El matutino paulista destacaría además que el MST estaría reduciendo la ocupación de haciendas para no perjudicar al gobierno de Lula, que atravesaba la crisis política del mensalão. La explicación que brindaba de esta merma en las invasiones se refería a la alianza entre ambos, garantizada por las dádivas estatales que el gobierno le proveería y las ilegalidades que éste permitiría al movimiento.[245]

Durante nuestro tercer período de análisis, un acontecimiento que produciría el rechazo por parte de ambos periódicos serían los destrozos causados a principios de junio en la Cámara de Diputados por parte del Movimiento de los Trabajadores Sin Techo (MTST).[246] Para reprobar lo que percibía como una falta de contundencia en la condena presidencial frente a estos hechos, *O Estado de S.Paulo* habría de referirse en su editorial del 8 de junio al presidente como "El comandante *honoris causa*" de los movimientos "radicales":

> El presidente nunca tuvo juicio—por decir lo mínimo—frente a la delincuencia recurrente, subsidiada con dinero del contribuyente, de los macacos del radicalismo. Muy por el contrario, de él se puede afirmar que se comportó, aún después de llegar al gobierno, como su comandante *honoris causa*, recibiéndolos en el palacio, haciéndose fotografiar con el gorro rojo de la organización en la cabeza. Les confirió, en resumen, la condición de interlocutores legítimos del Ejecutivo, como si sus aparentes reivindicaciones siempre se enunciaran en los marcos de la legalidad…. Dada la extrema gravedad de lo ocurrido, era de esperar que el presidente de la República fuera más allá de la reacción "protocolar", convocando a una cadena nacional de radio y televisión para manifestar al País, de viva voz y en términos compatibles con la dimensión del acontecimiento, su rechazo por la depredación de la Casa de las Leyes y su aversión por sus autores, instigadores y cómplices. ¿Pero cómo esperar eso de él, que es el principal cómplice de esa delincuencia organizada y a la cual entregó el Ministerio de Desarrollo Agrario y el Incra?[247]

En tanto habría proporcionado cargos a estos movimientos, el matutino definía al presidente como el patrocinador oculto de la "delincuencia organizada", *comandante honoris causa* que actuaria como auspiciador de la violencia de los "radicales". Desde esta visión, Lula contribuiría a anarquizar el orden que debería defender como autoridad máxima, operando como el primer promotor del caos y la anarquía. *O Estado de S.Paulo* buscaría vincular a los autores de los destrozos con la cúpula del PT, señalando en un copete que "El MLST destruyó lo que vio delante, en el mayor caso de salvajismo visto en la Cámara. La policía arrestó a 545 invasores, cuyo líder es parte de la Dirección Ejecutiva del PT".[248] Así, el periódico recurría a la producción de una

Imagen 31. Caricatura de Chico que muestra al líder del MST, Stédile, en primer plano y con una actitud desafiante y peligrosa. *O Globo*, 7 de junio de 2006.

equivalencia entre el gobierno y los movimientos sociales para generar el alejamiento del gobierno de estos últimos como efecto de su discurso.

En *O Globo*, un titular sobre este tema decía "El jefe de los invasores es de la dirección nacional del PT".[249] Al lado de este título, un editorial de ese día en la tapa llamado "Ataque a la democracia", criticaba que "la clemencia de las autoridades con la sucesión de actos ilegales y cada vez más violentos que han sido cometidos por el MST y similares sirven como un estímulo para acciones más audaces [como] la de ayer". Además, una caricatura ese día (Imagen 31, página 342) mostraba en primer plano a Stédile, el líder del MST, con una actitud desafiante y peligrosa, a tono con la imagen asociada a la violencia que solían construir estos periódicos sobre su figura.

Así, se retrataba al gobierno como rodeado de movimientos amenazantes y personajes corruptos, entre los cuales sería protagonista el MST. De este modo, según la caricatura difundida por Chico, los destrozos darían cuenta de que no era posible tener un acercamiento con estos movimientos, ya que producirían anarquía. En la página tres de ese día, el título era "El movimiento de los sin-límites". Editorialmente, el periódico señalaba:

> La invasión y depredación del Congreso por una organización sin tierra, el MLST,[250] es una obra construida por la clemencia del gobierno de Luis Inácio Lula da Silva y de ciertos dirigentes políticos frente a actos ilegales de bandolerismo, que hace tiempo vienen siendo practicados por estos movimientos.

El incentivo para la conversión de estos grupos en turbas al margen de la ley se da cuando el presidente de la República, en el Palacio del Planalto, donde representa al Estado brasileño por delegación de la sociedad, permite que sea desplegada la bandera del MST, e incluso ostenta un gorro de la organización en la cabeza. Lo que sucedió el martes en Brasilia deriva, también, de la cesión a estas organizaciones de un brazo de la administración pública.[251]

En un encuadre similar al del matutino paulista, *O Globo* sostenía la visión de que estos destrozos serían el resultado de la actitud de complicidad que el gobierno mantendría frente a estos movimientos sociales. La complacencia del gobierno fundamentaría la legitimidad de estos movimientos para actuar al margen de la ley, desde esta perspectiva. En este mismo sentido, el columnista de *O Globo*, Paulo Guedes, decía que "por la condescendencia del Presidente, por la complicidad del PT y por la ampliación de su financiamiento con fondos públicos, estos movimientos se han vuelto más audaces".[252]

Lo significativo residía en que tanto en *O Globo* como en *O Estado de S.Paulo* existía una escasa diversidad de miradas editoriales con respecto al MST y otros movimientos, ya que predominaba frente a éstos su encuadramiento como grupos antidemocráticos e interesados en la producción de hechos de violencia. Desde esta posición, ambos medios resaltarían que los vínculos de estos movimientos con el gobierno deberían disolverse, ya que atentarían contra el orden constituido.

Hacia fines de la campaña electoral de 2006, *O Estado de S.Paulo* insistiría en que el MST, que protagonizaba la violencia y no tenía existencia legal, se encontraba aliado al gobierno de Lula y por eso no realizaba invasiones a haciendas en la campaña:

> El presidente Lula, que suele usar los gorros y prestigiar los *arañazos* de dichos movimientos sociales que recurren a la violencia, si es reelecto, ¿qué condiciones tendrá para impedir que sus aliados ostensivos, pertenecientes a organizaciones clandestinas (porque no están sometidas al control que las obligaría una existencia legal), continúen practicando sus crímenes, imbuidos, como se sienten, del pleno apoyo oficial?[253]

De este modo, se conformaría una cadena de sedimentaciones progresivas que iba desde las denuncias con motivo de la ocupación de cargos por funcionarios afines a estos movimientos, hasta el uso del gorro del MST por Lula y la recepción de este movimiento en Brasilia. Así, ambos periódicos irían construyendo una cadena de asociaciones que encontraría su *momento de condensación* frente a estos destrozos que se producirían en el Congreso, de los cuales ambos medios culparían al gobierno por sus vínculos con estos movimientos.

En este apartado, hemos visto cómo estos periódicos presentarían encuadres similares sobre la cuestión de la relación entre el gobierno, el MST y otros movimientos sociales. Ambos convergían en difundir una visión unilateral sobre la cuestión, resaltando el carácter violento y antidemocrático del MST. También señalarían ambos que dado el radicalismo y la violencia que serían propios de estos movimientos, cualquier vínculo del gobierno con los mismos podía ser perjudicial para el sector más dinámico de la economía, que sería el *agro negocio*. En la medida en que el gobierno establecía vínculos con estos movimientos, se convertía para estos medios en un cómplice de la anarquía, permitiendo y avalando la destrucción del orden público y de la propiedad. Si bien *O Estado de S.Paulo* era frente a esta cuestión más sensible por sus vínculos con los sectores tradicionales del campo paulista, *O Globo* presentaría con los encuadres del matutino paulista una afinidad notable en los distintos períodos. Esto significaba que con respecto a las relaciones sociales en el mundo rural, ambos periódicos compartían una visión conservadora que los asemejaba, lo cual tendía a reflejar sobre este movimiento una perspectiva estereotipada y carente de pluralidad.

5.5. *El incidente Petrobras en Bolivia: la tradición perdida de Itamaraty y la "diplomacia bolivariana"*

Este apartado referido a la política exterior fue incluido en función de la relevancia que tendría un incidente entre Brasil y Bolivia durante los primeros meses de la campaña electoral de 2006. Las tensiones en esta relación bilateral tendrían lugar a partir de la decisión del gobierno de Evo Morales de estatizar las instalaciones pertenecientes a la estatal brasileña Petrobras en territorio boliviano, como parte de su programa de nacionalización de los recursos naturales. Sobre esta cuestión, Fausto sostiene:

> La acción mereció del gobierno brasileño una reacción diplomática considerada tibia, no solo por la gravedad del hecho en sí, sino por las informaciones de que la decisión de Morales contaba con el asesoramiento y el apoyo del gobierno de Venezuela. En la visión del gobierno brasileño, la reacción suave demostró que Brasil no ejercería su liderazgo regional con arrogancia y sin comprensión por las aspiraciones de los países vecinos, más pobres, al desarrollo. (Fausto S. 2012, 549)

Al analizar la política exterior del primer gobierno de Lula,[254] es preciso considerar que ésta fue percibida al interior del PT como una de las áreas más progresistas del gobierno, especialmente en contraposición con la ortodoxia asumida de forma inicial por la política económica. La política exterior estuvo así centrada en el nacionalismo, el desarrollismo y la orientación Sur-Sur (Hunter 2011, 320).

La crisis con Bolivia que hemos descripto daría relevancia a la temática de la política exterior en los editoriales de ambos periódicos, así como produciría un incremento de las posiciones críticas frente al gobierno a partir de este incidente. En el caso de *O Estado de S.Paulo*, la cuestión pasaría por la crítica hacia lo que se denominaba como una "diplomacia bolivariana" y "antinacional". El matutino paulista dedicaría varios editoriales a descalificar la reacción del gobierno frente al incidente, destacando que "Sólo el Planalto no lo previó":

> La decisión del presidente boliviano Evo Morales de nacionalizar la explotación de gas y petróleo en el país, formalizada de modo redundante en una instalación de Petrobras ocupada por el Ejército, fue un golpe letal para la política del gobierno Lula en América del Sur. Demostró así a la luz del sol la abismal alienación del presidente frente a las conocidas consecuencias de una crisis anunciada, cuya génesis también le escapa por completo…. Solo los lunáticos de Brasilia no se dieron cuenta de que Morales rifó al presidente que cometió la inconveniencia diplomática de apoyar visiblemente su candidatura a la presidencia del país vecino. Éste ya dejó claro que sus ídolos y gurús son Chávez y el dictador cubano Fidel Castro.[255]

> …Ya en sí misma, la transformación de Bolivia en satélite de Venezuela, ungida en la reunión de sus presidentes, más el dictador Fidel Castro, en La Habana, dos días antes de que Morales suscribiera al decreto de nacionalización, representa un problema de magnitud para la estabilidad de las relaciones entre los países sudamericanos…. La tibieza del gobierno brasileño quedó mucho más evidenciada en la reacción—o la falta de ella—a la decisión de Morales…. O sea, en el plano diplomático, Brasilia anunció su capitulación frente a lo que sería un hecho consumado…. Ningún otro país que quiera ser respetado en la escena global dejaría de enfatizar que la soberanía de las naciones con las cuales se relaciona termina donde comienzan las obligaciones libremente asumidas que aseguran los derechos de sus socios.[256]

> …La crisis evidenciada por la acción del presidente boliviano Evo Morales … es mucho más profunda y alarmante de lo que parece, por incidir en la estructura misma de las relaciones políticas entre los países sudamericanos, al abrigo del populismo en ascenso en el subcontinente, apuntando para un retroceso de proporciones catastróficas. De lo que se debería haber tratado ayer, en Puerto Iguazú, es del derrumbe prematuro de los inconclusos proyectos de integración regional[257].

El matutino presentaría este acontecimiento como el resultado de la incompetencia de Lula, y del divorcio que habría operado en su política exterior entre el interés nacional y esta "diplomacia bolivariana",[258] que parecería orientarse en función de pretensiones foráneas, perjudicando los intereses nacionales. La "pasividad" de Brasilia frente al "ataque" a una empresa brasileña por parte del gobierno boliviano, reflejaba su capitulación frente al eje "castro-chavista" de los populismos, que representan una seria amenaza para la estabilidad regional. *O Estado de S. Paulo* interpretaría la reacción brasileña frente a la crisis de Petrobras como una traición, dada la reunión que había sostenido Lula con su par venezolano, siendo que Bolivia resultaría un satélite de Venezuela, habiendo orquestado esta última la estatización.

A partir de este episodio, el periódico encontraría un modo de proveer significación a aquello que venía sosteniendo sobre el carácter "partidista" de la diplomacia brasileña, que en pos de sus objetivos "ideológicos" sacrificaría el interés nacional. El editorial del 6 de mayo de 2006, "Vergüenza en Puerto Iguazú", operaría como un *momento de condensación* de estos postulados:

> Después de estar encerrados a solas durante 3 horas en la ciudad argentina de Puerto Iguazú, para al fin y al cabo no ir a ninguna parte respecto del tema que los unió —la nacionalización inoportuna de la explotación del petróleo y el gas bolivianos-, los presidentes Lula da Silva, Néstor Kirchner, Evo Morales y Hugo Chávez cumplieron el protocolo de hablar con la prensa. Consideraron el encuentro "histórico" y el "mejor de los últimos años". Desde la perspectiva del coronel venezolano, sin duda. La conferencia de Iguazú sólo sirvió para confirmar la victoria obtenida con la decisión de su subordinado dirigente andino, estridentemente anunciada el 1° de mayo. O mejor, también sirvió para que Lula —el único perdedor en esta historia— desempeñara un papel vergonzoso.
>
> A Lula sólo le faltó pedir disculpas por lo que Morales hizo a la mayor estatal brasileña, cuyas improvisaciones, el mismo 1° de mayo del "decreto supremo", cantó en prosa y verso, para convertir en votos para la reelección la autosuficiencia nacional en petróleo. "Estamos a disposición para discutir cómo podemos trabajar juntos para elaborar proyectos que puedan contribuir al desarrollo de Bolivia y mejorar la calidad de vida de su pueblo", entonó Lula. Si no estamos engañados, él fue electo para cuidar por encima de todo —y, a pesar de todo— del desarrollo de Brasil y de la mejora de la calidad de vida de nuestro pueblo. Pero podría ser inapropiado insistir en ese lugar común, en el caso de un jefe de Estado que eligió el camino de la rendición para dar una buena imagen ante los vecinos que desprecian sus aspiraciones de liderazgo regional —que él y sólo él se niega a ver.
>
> Y dijo más: "Los cuatro presidentes aquí reunidos no harán ningún gesto para que la integración sudamericana fracase". Como si esa integración que él imaginaba no se hubiera desplomado ya, sustituida ahora por el bolivarianismo chavista, cada vez más amplio y dictando cada vez más el curso de las relaciones entre los países sudamericanos.
>
> …El comportamiento de Lula en el ámbito internacional deja perplejos a todos los que conocen, muchas veces por experiencia propia, el modo tradicional de actuar de los diplomáticos y líderes brasileños en situaciones de conflicto, incluso con naciones que juegan en la primera división del mundo. Ni el más mínimo rastro de esta tradición de firmeza sin agresiones en la pasividad de Lula frente a un país cuyo PIB no llegaría siquiera a obtener los magros US$ 9,8 billones, sino fuera por las ventas de gas a Brasil.

Para *O Estado de S.Paulo*, la "ideologización" de las relaciones externas que se habría producido durante el gobierno de Lula, habría divorciado a la diplomacia brasileña de los intereses nacionales, permitiendo esta "capitulación" frente a Bolivia. La crítica fundamental del periódico a la política exterior se relacionaba con su acercamiento a lo que denominaba como los populismos de Venezuela y Bolivia, que habrían conducido a la "diplomacia petista" al fracaso y al florecimiento de las "aventuras de Chávez y Morales". Así, la histórica tradición diplomática de "firmeza sin agresión" de Itamaraty habría sido sustituida por la pasividad frente al "bolivarianismo chavista": una política que sería funcional al crecimiento del populismo regional, siendo expresión del fracaso de Lula de constituir un liderazgo en América del Sur. El periódico señalaba de este modo la influencia que Chávez ejercería sobre la política latinoamericana, opacando a Lula y atrayéndolo hacia los objetivos del primero, que no podría sustraerse a su influencia.[259] El matutino paulista aspiraba así a producir como efecto de su discurso una desvinculación entre cierta visión común sobre la región que pudiera existir entre Lula y Chávez.[260]

De este modo, la diplomacia "ideológica" brasileña habría despreciado los intereses nacionales y se habría sometido al eje bolivariano,[261] cuya prueba cabal sería la "capitulación" frente a Bolivia. El periódico exigiría, a partir del señalamiento de estas impericias, la dimisión de los responsables en la formulación de esta política exterior.[262]

El matutino, a su vez, reclamaría una respuesta más enérgica del gobierno brasileño frente a las acciones del gobierno boliviano.[263] *O Estado de S.Paulo* señalaría el error por parte de Lula de haber apoyado a Morales en las elecciones bolivianas, siendo éste un "populista extravagante", que le habría devuelto su atención atentando contra los intereses brasileños y así, cristalizando la falta de unidad en la región.

O Globo compartiría, con respecto a esta cuestión, un encuadre similar. En este sentido, con respecto a la estatización, titularía: "Bolivia nacionaliza refinerías y Petrobras puede perder 1 billón de dólares".[264] Como subtítulo colocaría: "La decisión agarra a Brasil en 'pantalones cortos', dice un asesor de Lula. El Ejército ocupa campos de producción". El periódico colocaba la responsabilidad sobre este acontecimiento en Lula por su política "ideológica", en el mismo sentido en que lo hacía *O Estado de S.Paulo*:

> Los errores del presidente Luis Inácio Lula da Silva, y de aquellos que lo asistieron y orientaron en este capítulo infeliz de nuestra diplomacia, son muchos y no menos evidentes. Las simpatías y afinidades ideológicas no sirven como base para acuerdos comerciales. Lo que ata a un contrato, y le da el lastre de la credibilidad, son los intereses concretos y comparables de las partes involucradas.
>
> Lula fue imprudente, por no decir indiscreto, al apoyar al candidato Evo Morales hace meses, durante la campaña presidencial boliviana. Fue ingenuo al suponer que un supuesto vínculo político-ideológico protegería los intereses brasileños en Boli-

Imagen 32. Caricatura de Chico que sugería que Chávez estaría manipulando a Evo Morales. *O Globo*, 5 de mayo 2002.

via. Y fue poco previsor al dejarse afectar en "pantalones cortos", en palabras de un asesor.... Que se hagan responsables por el desastre—además del propio Lula y el presidente de Petrobras, José Sergio Gabrielli—el canciller Celso Amorim, el Secretario General de Itamaraty, Samuel Pinheiro Guimaraes, y el asesor presidencial Marco Aurelio Garcia. Juntos, ellos permitieron que la diplomacia brasileña—escapando de la tradición del pragmatismo inteligente iniciada por el Barón de Rio Branco—se dejara embaucar por el vecino boliviano.[265]

Como vemos, el encuadre sobre esta cuestión por parte de *O Globo* era similar al de *O Estado de S.Paulo*. La "errores" en la reacción de Lula frente a los hechos en Bolivia serían el resultado de una confianza ingenua en una política exterior "ideológica" que se distanciaba de las tradiciones históricas de Itamaraty. Esta política ideológica habría entrado en contradicción con los intereses comerciales del país, demostrándose ahora la equivocación que habría tenido Lula al apoyar a Evo Morales en su candidatura presidencial.

Frente a la reunión en Puerto Iguazú, *O Globo* difundiría un encuadre similar al de *O Estado de S.Paulo* a través de una caricatura de Chico sobre la cuestión (Imagen 32, página 348).[266] Esta interpretación era convergente con aquella sostenida por el *Estado* de que Chávez estaría manipulando a Morales, infligiendo un golpe a los intereses nacionales, mientras Lula mantendría unas expectativas de liderazgo regional condenadas al fracaso, siendo complaciente con el "populismo arcaico" que estaría en ascenso en el continente[267]. Era significativa la convergencia de encuadres con respecto a esta cuestión entre los dos periódicos, de una similitud equiparable a aquella mostrada frente a la cuestión del MST.

Sin embargo, en otro editorial el periódico carioca sostenía:

> Bolivia, gracias a la política equivocada de su presidente, está perdiendo un gran socio, y difícilmente encontrará en el continente otro país que haga tantas concesiones como las que obtuvo de Brasil. Es iluso Evo Morales si espera ayuda de Fidel Castro o Hugo Chávez. Cuba, que el presidente boliviano cita como modelo de desarrollo económico, vive marchita y sin perspectivas. Y su colega venezolano está más para el discurso populista que para acciones prácticas—no es una coincidencia que la infraestructura en Venezuela esté cada vez más dejando que desear.
>
> Evo Morales optó por distanciar a Bolivia de Brasil. El mal que está haciendo a su propio país tal vez sea irreparable.[268]

Este encuadre difería en cierta medida del enfoque de *O Estado de S.Paulo*, ya que tendía a hacer responsable de forma más notoria a Evo Morales por el acontecimiento, como socio subordinado de Chávez. Así, el periódico manifestaba un encuadre donde se situaba la crítica en el accionar boliviano sin culpar en forma directa a Lula. Pero a la vez, en otro editorial, *O Globo* reclamaba por la "diplomacia boliviariana" a la que habría adscripto el gobierno:

> Este hecho, aliado a la sangre castellana, produjo siempre retóricas estridentes, de las cuales Brasil sabiamente se mantuvo al margen. Pero ahora, es la "otra" diplomacia la que da las cartas—la diplomacia del grito, de las propuestas megalómanas involucradas en anuncios "bolivarianos"—y, por cierto, de la truculencia pura y simple. No por casualidad, figuras como el presidente Morales gravitan en la órbita del coronel Chávez, y no hacia la línea brasileña…. Lo extraño, en este caso, es que el país con el mayor peso político y económico de la región entre en la órbita de los otros; pase a hablar una especie de 'lenguaje común' que proviene de los Andes, y no de nuestras tradiciones políticas y diplomáticas.
>
> El sueño de la unidad continental no tiene que ser pura quimera. Se puede trabajar en este sentido. Pero la buena diplomacia supone que se ponga siempre la realidad por delante de los sueños, o de los discursos—y que se cuide del honor y los intereses nacionales.
>
> El Brasil no hizo eso ahora, por razones ya bastante recordadas. En consecuencia, asume una posición subalterna en los foros regionales. Con el argumento de entender los problemas de un país más pobre, se deja destruir en público; deja que se hable mal de una empresa que siempre representó el bien de nuestro país, y no tiene exactamente una historia de piratería en sus relaciones con otros países.

Es una comprensión de más de las aspiraciones de los otros; y de menos de nuestra propia historia.[269]

A diferencia de *O Estado de S.Paulo*, el periódico carioca asignaría en menor medida al presidente una responsabilidad por este acontecimiento. Sin embargo, acusaría al gobierno brasileño de haberse desviado de la tradición de Itamaraty, estando más atento a los intereses de los otros países que a los nacionales, lo que sería una contradicción. Así, se sostenía que Brasil se estaría subordinando a Chávez y su política "bolivariana", perdiendo sus tradiciones históricas y su autonomía, para someterse a estos gobiernos que eran considerados peligrosos con vistas a preservar la estabilidad de la región, y dentro de ella, los propios intereses del país. En este sentido, en un nuevo editorial, el periódico carioca destacaba que la diplomacia regional de Lula estaría "rompiendo con las buenas prácticas de Itamaraty", entre las cuales estarían las lecciones de "prudencia, racionalidad y multilateralismo del Barón de Rio Branco".[270] Estos aspectos, junto con la subordinación a la política "ideológica" de los petrodólares del "caudillo venezolano", explicarían el incidente frente a Bolivia. Sin embargo, en el caso de *O Globo*, una columna titulada "A quien le interesa" del senador petista Roberto Saturnino Braga diría:

> Hay un claro propósito para transformar todo este acontecimiento en una gran crisis continental, involucrando a Venezuela, que mine definitivamente la integración y el proyecto de formación de la Comunidad Sudamericana de Naciones, que, pienso, es esencial para el logro de los objetivos de Brasil. Los dueños del Alca saben perfectamente que, con la unidad sudamericana, será posible resistir las imposiciones de la política económica neoliberal dictada por ellos en todo el continente.[271]

En esta columna, Saturnino Braga sostenía que las críticas a la política externa tenían como propósito perjudicar la unidad sudamericana, siendo funcionales a una "política económica neoliberal" que se encontraría identificada con el Alca. Así, vemos nuevamente como en este área *O Globo* mostraba un mayor pluralismo interno, exhibiendo columnas que se contraponían con sus definiciones editoriales.

Por su parte, la columnista de *O Estado de S.Paulo* Dora Kramer, contraponía la reacción que habría tenido frente a este acontecimiento la política "ideológica" del gobierno de Lula con la tradición histórica de profesionalismo de Itamaraty.[272] Así, el periódico paulista procuraba encuadrar la estatización de Bolivia como una agresión hacia el país, que habría tenido una respuesta mansa e ingenua, mientras el gobierno difundía un encuadre distinto de la situación, orientándose en función de lo que sería el reconocimiento de la soberanía de Bolivia.

En forma constante, *O Estado de S.Paulo* procuraba marcar un supuesto contraste entre la gravedad que tendría la situación "real", y el mundo "imaginario" de la fraternidad latinoamericana en que estaría posado Lula, que en nombre de un ideal

Imagen 33. Viñeta de Leo Martins publicada por *O Estado de S.Paulo*, 9 de septiembre de 2006, donde se transformaba la figura del mandatario boliviano Evo Morales en petróleo, sugiriendo su ambición personal.

estaría sacrificando de forma ingenua e "ideológica" a una empresa representativa del patrimonio del país. De este modo, Lula estaría más preocupado por los intereses bolivianos que por los nacionales, traicionando a los brasileños y actuando como "primer mandatario boliviano".[273]

En el matutino paulista, esta viñeta sobre Evo Morales era exhibida por el caricaturista del *Estado* Leo Martins (Imagen 33, página 351).[274] En esta ilustración, se diluían los contornos del rostro de Evo Morales, transformando su figura en petróleo, pretendiendo resaltar lo que sería la ambición obstinada del mandatario boliviano. En varias caricaturas tanto de *O Estado de S.Paulo* como de *O Globo*, durante este período se representaba a Morales resaltando sus rasgos indígenas, formas cuadradas y de superficies duras, enfatizando la obstinación y la terquedad de la medida de estatización emprendida, así como señalando el atraso que sería propio de aquél país. De este modo, se recurría a estereotipos pre-construidos sobre la "obstinación" y el "atraso" que sería propio de los indígenas para evidenciar la terquedad del presidente boliviano frente al caso de Petrobras.

En este sentido, la caricatura de Chico[275] en *O Globo* (Imagen 34, página 352) también manifestaba una arbitrariedad que habría sido cometida en las acciones realizadas por Bolivia con respecto a Petrobras.

Un titular de *O Globo* decía: "Morales perjudica a Petrobras de nuevo y Lula quiere 'ayudar a Bolivia'".[276] De este modo, se procuraba acentuar la contradicción

Imagen 34. Caricatura de Chico que comentaba sobre "El nuevo orden internacional en Bolivia". *O Globo*, 15 de septiembre de 2006.

entre lo perjudicial que sería la actitud de Morales para Brasil y la pretensión de Lula de ayudar a este país. El periódico carioca sostenía la necesidad de adoptar una actitud firme frente a las consideradas arbitrariedades de la política de Bolivia frente a Petrobras,[277] destacando que "Lula necesita reconocer la ruina de la diplomacia tercermundista de paños calientes y definir—por la vía pacífica, es obvio—límites a las alucinaciones de parte del gobierno boliviano que afectan intereses legítimos y contractuales de Brasil".[278]

De este modo, ante este acontecimiento que sería de impacto a inicios de la campaña electoral de 2006, ambos periódicos adoptarían encuadres similares, destacando que la política exterior brasileña habría sido ganada por el "bolivarianismo". Para ambos medios, el incidente con Bolivia representaría una "derrota" para esta política "ideológica" que estaría subordinándose a Chávez, así como despreciando las tradiciones diplomáticas de Itamaraty. El presidente, que actuaría impulsado por sus deseos de lograr un liderazgo regional, terminaría perjudicando los intereses nacionales, favoreciendo a los bolivianos.

La similitud de los encuadres reflejaba así la convergencia en las concepciones entre ambos periódicos con respecto a la política exterior que debía adoptar el gobierno. A través de estos encuadres descalificadores, ambos periódicos buscarían reorientar la política externa del país hacia posiciones de mayor distanciamiento con Bolivia y Venezuela, exigiendo que las relaciones exteriores deberían establecerse en función de criterios comerciales, sin involucrar afinidades políticas.

Conclusión

En este capítulo, hemos analizado los encuadres y discursos dominantes de ambos periódicos con respecto a la imagen del presidente y los principales actores políticos del período. De este modo, hemos visto cómo durante los primeros meses del gobierno se mostrarían convergentes la agenda de reformas conservadoras del Ejecutivo y la agenda de estos medios de prensa. Estos últimos legitimarían las reformas y descalificarían a los opositores a las mismas, elogiando a Lula como un "líder pragmático" que habría entrado en el "mundo real". Ambos medios apoyarían inicialmente al gobierno en la reforma de la jubilación, entendiendo esta agenda de reformas como aquello que permitiría preservar la línea económica ortodoxa legada por el gobierno de FHC. Así, las mismas serían presentadas como parte de una modernización del país que favorecería al conjunto de los brasileños, frente a los intereses particulares e "ideológicos" de los "radicales del PT" y otros opositores. Quienes se oponían a las mismas, especialmente los parlamentarios del ala izquierda del PT, serían invalidados como "ideológicos", "atrasados" y sin criterio de realidad para identificar las necesidades del país.

Sin embargo, con el estallido del escándalo del mensalão y los discursos de Lula en actos en el interior del país para contrastar una cobertura mediática adversa, ambos periódicos percibirían que Lula se estaría distanciando de la agenda de reformas que permitirían preservar la estabilidad económica. En este marco, estos medios procurarían limitar este accionar del presidente señalando que se iría en camino hacia un "populismo chavista".

En estos editoriales, podía reconocerse la función simbólica que cumplía la denominación despectiva de "populista" hacia el presidente brasileño. La palabra operaba como una descalificación hacia aquel que establecía con los sectores populares una relación de identificación que apelaba a un componente emotivo, produciendo hacia estos sectores un horizonte imaginario de mejora de la calidad de vida. En este sentido, tanto las denominaciones de "populista" como de "chavista" cumplían un rol similar en el contexto de los editoriales de nuestro análisis: resultaban denominaciones utilizadas con un significado negativo en función de descalificar al gobierno de Lula y su ejercicio de la política, designando su afán por "la división social del país", el ejercicio "autocrático" del poder y el enfrentamiento entre sectores sociales—este último presentado como vacío de sentido a partir de un discurso que producía una negación de las asimetrías-.

Como veremos en la conclusión final, la acusación a Lula del "populismo chavista" tenía similitudes con la esgrimida hacia Vargas y Goulart en los años '50 relativa a la existencia de una "república sindicalista". Se trataba, en ambos casos, de estereotipos que deformaban su acción política, para generar temor en la población y que éstos redujeran sus alocuciones populares-reformistas.

Sin embargo, mientras *O Estado de S.Paulo* encontraría en el "populismo" y la incompetencia de Lula las causas de la crisis, *O Globo* la adscribiría principalmente a la extensión del Estado y la amplitud de los cargos políticos. Por eso, el periódico carioca exigiría modernizar el Estado, reduciendo la cantidad de cargos políticos, así como sostendría la necesidad de realizar una reforma política. De esta manera, *O Estado de S.Paulo* exigiría centrar la responsabilidad de la crisis en Lula para devaluar su capital político, y *O Globo* entendería a la misma como una expresión de la amplitud de cargos públicos, con la pretensión de reducir las capacidades estatales.

Ambos periódicos serían críticos del PT, y de como éste se habría transformando en un mero "proyecto de poder", deviniendo un "partido corrupto". En el caso del matutino paulista, esto estaría directamente vinculado a la identidad de izquierda del partido, señalando que este escándalo sería el resultado del fracaso de este proyecto que habría perdido toda ética. *O Estado de S.Paulo* instrumentalizaría el escándalo para señalar que este proyecto de izquierda no podría gobernar el país, invalidando la existencia del PT. En *O Globo*, algunos rasgos de estos señalamientos estarían presentes, pero la crítica al PT sería más reducida en su virulencia.

Como hemos mencionado, por lo menos en parte, el ataque de ambos medios de prensa al partido como "máximo representante de la corrupción" se debía a que allí residía, para el gobierno de Lula, una estructura de apoyos sólida con la cual enfrentar la crisis política. Esto quedaría demostrado con la elección interna que se realizó durante la crisis de 2005, que contó con una activa participación de su militancia.

Encontramos así una diferencia en la capacidad de Lula de resistir la crisis política y las acusaciones de corrupción de los periódicos, logrando su reelección en 2006, a partir, entre otros factores, de la fortaleza de la estructura del PT. Con este sustento no contaba Getúlio Vargas en su segundo gobierno, dado que el PTB era un partido que dependía exclusivamente de su liderazgo; sin autonomía, vida interna o un vínculo movilizador con los movimientos sociales.

Frente al MST, ambos periódicos procurarían reducir este movimiento a la violencia y las prácticas antidemocráticas. Así, resaltarían que los lazos del gobierno con el mismo perjudicarían la estabilidad del sector más dinámico de la economía, que sería el *agro-negocio*. *O Estado de S.Paulo* llevaría estas denuncias al extremo de sostener que el gobierno real del país sería el MST, y que Lula habría capitulado frente a este movimiento, permitiendo que avancen sus aspiraciones de destruir el orden social.

Durante este gobierno, *O Globo* revelaría un mayor pluralismo interno que el periódico paulista, el primero contando en la mayoría de los temas con columnistas que podían expresar puntos de vista discordantes con la línea editorial. Así, en *O Estado de S.Paulo* los encuadres sobre Lula eran mucho más parecidos a sus encuadres sobre Vargas que en el caso de *O Globo*, lo cual también manifestaba, como señala Porto (2012), la apertura de esta última organización periodística.

En la campaña electoral de 2006, hemos visto como ambos periódicos encuadrarían la elección en términos morales, enfrentando a un candidato de la ética a otro de la corrupción, y más allá de tomar postura por uno u otro, encuadrarían la elección para que la temática de la corrupción—especialmente a partir de la aparición del mencionado dossier contra Serra—fuera el tema más debatido. De este modo, nuevamente estos periódicos pretendían subordinar el debate sobre los asuntos públicos a la distinción entre "honestos" y "corruptos".

Además, la elección de 2006 revelaría las críticas de ambos periódicos al programa Bolsa Familia, que era encuadrado como parte de la estrategia de reelección del presidente, resaltando que no serviría para mejorar la situación de los pobres—al estar centrado en el "asistencialismo"—sino sólo para tenerlos atados a cuestiones electorales. Los encuadres de ambos periódicos con respecto a esta cuestión serían convergentes.

Tras el resultado de la primera vuelta electoral, *O Estado de S.Paulo* construiría una interpretación centrada en la descalificación de los electores de Lula, postulando su equivalencia con el mandatario: ignorantes en función de su procedencia regional nordestina, amparando la corrupción y siendo sostenidos a nivel monetario por el Sudeste, que soportaría económicamente al gobierno federal. Como vemos, en *O Estado de S.Paulo* aparecería una mirada que tendía a devaluar a Lula por corrupto y manipulador, evocando aquella visión despectiva sobre el mundo popular que habíamos visto durante el período de Vargas en los años '50.

Frente a la estatización de Petrobras en Bolivia, que se produciría a inicios de la campaña electoral de 2006, ambos periódicos adoptarían encuadres similares, donde señalaban que la política exterior habría sido ganada por el "bolivarianismo". Para ambos periódicos, esto significaría la adopción de una política exterior "ideológica" que terminaba subordinándose al "populismo" de Chávez, despreciando las tradiciones históricas de Itamaraty, que tendrían que ver con el profesionalismo. De este modo, Lula terminaría perjudicando los intereses nacionales, favoreciendo a los bolivianos.

La crítica al "bolivarianismo" de ambos medios reflejaba un desprecio por el ciclo de gobiernos progresistas que se estaba desarrollando en América Latina, del cual se pretendía alejar a Lula y a la política exterior brasileña. Así, la denuncia sobre una política exterior "bolivariana" manifestaba esta pretensión de alejar al país de la agenda de relaciones exteriores que buscaba un alineamiento con otros gobiernos latinoamericanos, centrada en la búsqueda de una integración política y comercial autónoma de los Estados Unidos. Por el contrario, el rechazo a este acercamiento *latinoamericanista* pretendía para Brasil una inserción internacional centrada en su proyección como potencia ajena a la región y preocupada exclusivamente por una maximización de las ganancias de las empresas brasileñas.

Como hemos visto, el mensalão resultaría un *momento de condensación* que cristalizaría las construcciones previas efectuadas por los periódicos para invalidar al gobierno de Lula y al PT. La expectativa inicial de ambos y la legitimación del liderazgo de Lula desaparecerían, siendo reemplazados por una posición crítica, que en el caso del periódico paulista llegaría a ser de abierta confrontación.

Para *O Estado de S.Paulo*, este escándalo posibilitaría la *condensación* de varios prejuicios acumulados que oficiaban como "comprobación" de que el PT no podría gobernar el país por su corrupción, y que Lula por su populismo e incompetencia tampoco estaría preparado para hacerlo. *O Globo* sería más matizado, pero también utilizaría esta coyuntura para señalar que estaría llegando a su fin el proyecto del PT, exigiendo varios columnistas de este medio, como Zuenir Ventura, que Lula no debería presentarse a la reelección para solucionar la crisis.

Con su centramiento sobre las denuncias de corrupción hacia el gobierno, ambos periódicos buscarían disputar la construcción de la agenda pública frente a un mandatario de alta popularidad que se dirigía a sus audiencias en forma directa, buscando prescindir de las mediaciones de los periodistas. En su convergencia de encuadres frente a las principales coyunturas y tensiones políticas del período, ambos periódicos revelarían su afinidad por la reproducción del orden preexistente, a pesar del mayor pluralismo de *O Globo*.

Notas

1. La expulsión en 2004 de ciertos dirigentes de la izquierda petista derivó en la formación del *PSOL—Partido Socialismo e Liberdade*—que se constituyó en oposición a lo que, desde esta perspectiva, se consideraba una renuncia del PT a su histórico horizonte socialista. Este partido presentó en las elecciones de 2006 la candidatura presidencial de la ex senadora petista Heloísa Helena, obteniendo el 6,85% de los votos.
2. Partido del Frente Liberal (PFL). Emerge en la transición democrática, situándose a la derecha del espectro ideológico. A partir de 2007, ha cambiado su nombre a Demócratas (DEM).
3. *Folha de S.Paulo*, 27 de octubre de 2003.
4. Entrevista a Fernando Henrique Cardoso en *La Nación*, 10 de julio de 2003.
5. El 6 de junio, a partir de una entrevista brindada por Roberto Jefferson a Renata Lo Prete en la *Folha de S.Paulo*, estallaría el escándalo. En esta entrevista, a la cual el periódico había dedicado el recuadro principal en su tapa, Jefferson acusaba al gobierno de distribuir una mensualidad de 30 mil reales a congresistas aliados por medio del tesorero del PT, Delúbio Soares. "Jefferson denuncia una mensualidad pagada por el tesorero del PT", *Folha de S.Paulo*, 6 de mayo de 2005.
6. Eduardo Graeff, Ministro Jefe de la Secretaría General de la Presidencia durante el segundo gobierno de Fernando Henrique Cardoso (1998-2002), nos explicaba en una entrevista en San Pablo, 13 de abril de 2012:

   Con respecto a los instrumentos básicos de fiscalización, el Congreso fiscaliza la ejecución del presupuesto por medio del Tribunal de Cuentas de la Unión, que es un órgano separado del Congreso aunque tiene una función auxiliar al Congreso. Este órgano analiza las cuentas, hace una relatoría sobre las cuentas y cualquier aspecto relevante sobre la ejecución del presupuesto en el Congreso. Las otras formas de fiscalización son las Comisiones Especiales y las Comisiones Parlamentarias de Investigación (CPI). Pueden convocar a ministros para que se presenten a una audiencia en el Congreso. Esas son especialmente las CPI y otros mecanismos con los cuales la oposición cuenta para funcionar y que pueden accionarse con una minoría. El caso de las CPI es uno de los más vistosos. La firma de un texto por parte de diputados es suficiente para instaurar y crear una CPI.

7   *Carta Capital*, 20 de julio de 2005, p. 29.
8   Según Aboy Carlés (2001), este concepto implica un proceso de diferenciación externa que introduce en una identidad política una *ruptura* con el pasado que la diferencia del resto de las fuerzas partidarias y redefine las características de quienes se encuentran en el interior y el exterior.
9   Una de las causas de la profundidad de la crisis se había producido por la elección de Severino Cavalcanti (PPS) para la presidencia de la Cámara de Diputados (Secco 2011). Esto generó el contexto para la instalación de las CPIs por parte de la oposición política.
10 En *O Estado de S.Paulo*, en la primera coyuntura, siete editoriales tenían como encuadre resaltar el "liderazgo pragmático" de Lula, y doce estaban referidos a la distinción entre los actores políticos que representarían el interés nacional frente a las corporaciones privilegiadas. Además, otros nueve editoriales estarían referidos a la recurrencia del presidente al "marketing para ocultar la realidad", y dosreferían al "mesianismo y la ignorancia" de Lula. Durante la segunda coyuntura, veinte editoriales tenían como encuadre la "incompetencia de Lula para gobernar como agravante de la crisis" y diez estaban referidos al "populismo presidencial que agravaría la crisis". En el tercer período, *O Estado de S.Paulo* se dispondría a criticar en catorce editoriales la escasa predisposición al trabajo, así como la indistinción que realizaría Lula entre presidente y candidato. Otros diez referían a su carácter "populista", desacreditando a su electorado como ignorante y cómplice de la corrupción petista, seducido por la demagogia del presidente. Así también, en la última coyuntura *O Estado de S.Paulo* reclamaría en nueve editoriales por el exceso de gastos "electoralista" que significaría el Bolsa Familia.

En el caso de *O Globo*, durante la primera coyuntura, diecinueve editoriales señalarían que las reformas serían una oportunidad para "la modernización y para el conjunto de los brasileños frente a los intereses particulares". cuatro dirían que "atacar la política económica es atacar a Lula y perjudicar al gobierno". Uno destacaba que "Lula debe tener cuidado, para no caer en el mesianismo populista". Otro señalaba la necesidad de "realizar una reforma política para terminar con un congreso de corporaciones y fragmentado". Otro más indicaba que "Lula y su gobierno tienen una actuación positiva, en tanto garantizan estabilidad".

Durante la segunda coyuntura, dieciocho editoriales estaban referidos a que "el gobierno y la clase política deben dar respuestas a la crisis, impulsando la reforma política y la modernización estatal (reduciendo los cargos políticos)". Cinco editoriales exigían que "Lula debe abandonar el discurso chavista-populista que lo enfrenta con las elites para recuperar estabilidad". Tres decían que "la crisis política no debe afectar la estabilidad económica". Dos indicaban que el "Bolsa Familia se ha convertido en una limosna electoral que no mejora la situación de los pobres". Otro sostenía que "el presidente acierta cuando se aleja del discurso chavista y admite la corrupción". Durante la última coyuntura, dos editoriales decían que "Brasil no precisa de un gobierno populista". Cinco que el Estado brasileño es "asistencialismo y limosna, y se le da un uso electoral". Tres decían que el "presidente se vale de la máquina pública con los fines de reelección". Otro exigía que "debe contenerse al presidente-candidato que hace campaña". Uno señalaba que "la elección está marcada por la cuestión ética". Tres indicaban que "al atacar las privatizaciones de FH, Lula pasa de presidente a candidato".

11 "Los réditos de una política seria", *O Estado de S.Paulo*, 1° de mayo de 2003.
12 1° de mayo de 2003.
13 "La suerte está lanzada", *O Estado de S.Paulo*, 2 de mayo de 2003, en referencia a las declaraciones de Lula del 30 de abril de 2012. "Los señores y las señoras son los dueños del juego" declaró Lula el 30 de abril de 2003, en referencia a los diputados y senadores, al entregar al Congreso el proyecto de Reforma de la jubilación. Agregó: "la suerte está lanzada", *O Estado de S.Paulo*, 1° de mayo de 2003.
14 "La convincente argumentación", *O Estado de S.Paulo*, 8 de mayo de 2003.
15 1° de mayo de 2003.
16 "Otra chance", *O Globo.*, 1° de mayo de 2003.
17 "Un país mayor que las corporaciones", *O Estado de S.Paulo.*, 5 de junio de 2003.
18 "La oposición y la reforma de la jubilación", *O Estado de S.Paulo*, 22 de julio de 2003.
19 28 de mayo de 2003.
20 "La vida real", *O Globo.*, 29 de abril de 2003.
21 "Doble error", *O Globo.*, 4 de junio de 2003.
22 "Cuestión racional", *O Globo*, 6 de junio de 2003.
23 "Justicia social", *O Globo*. 15 de junio de 2003.
24 Columna del 20/ de junio de 2003, "El buen combate (2)", *O Globo*.
25 "Desatando los nudos de la reforma", *O Estado de S.Paulo*, 17 de julio de 2003.
26 "El avance que es necesario preservar", *O Estado de S.Paulo*, 19 de julio de 2003.
27 "Sin lógica y sin pauta", *O Estado de S.Paulo*, 10 de julio de 2003.
28 A principios de 2003, el debate sobre la reforma de la jubilación se inscribía como parte de una disputa más amplia entre los distintos actores de la izquierda política y social que implicaba definir el carácter del nuevo gobierno. Las acusaciones de una traición del PT y Lula hacia sus banderas históricas era un aspecto que estaba en disputa. Mientras los líderes partidarios y el presidente atinaban a responder a las críticas reafirmando la coherencia de su trayectoria, ciertos intelectuales, así como sectores de la izquierda partidaria y de los movimientos sociales, reclamaban cambios en la política económica.
29 Columna "Gente fina", *O Globo*, 18 de septiembre de 2003.
30 Esto está relacionado con la apertura de las *Organizaciones Globo* (Porto 2012) que habían adoptado un patrón periodístico más moderno, mientras *O Estado de S.Paulo* continuaba siendo un periódico representante de una visión oligárquica. Esto se reflejaba en *O Globo* durante el período de Lula en que cuando el medio carioca abordaba un tema que pudiera resultar "controversial", especialmente en lo referido a las políticas públicas, solía contrastar su propia opinión con una columna que expresaba un punto de vista alternativo, con la sección "otra opinión".
31 7 de agosto de 2003.
32 "Una etapa", *O Globo*, 15 de agosto de 2003.

33 Señala Porto (2012, 16) que "los periodistas frecuentemente citan a otros actores para promover interpretaciones específicas de la realidad política. Como varios autores ya demostraron, los periodistas evitan presentar interpretaciones de forma directa y citan afirmaciones de otros actores para decir lo que ellas o ellos mismos piensan".
34 "La enmienda y el soneto", *O Estado de S.Paulo*, 1° de junio de 2006.
35 "El error de quien no puede errar", *O Estado de S.Paulo*, 26 de junio de 2003.
36 5 de octubre de 2003.
37 Columna "África es pobre, pero es limpita", *O Estado de S.Paulo*, 8 de noviembre de 2003. Esta columna hacía referencia a un viaje al África de Lula donde este declararía en un discurso en Namibia: "Estoy sorprendido porque quien llega a Windhoek no parece estar en un país africano. Pocas ciudades en el mundo son limpias y hermosas. La visión que se tiene de Brasil y de América del Sur es que todos somos indios y pobres".
38 23 de junio de 2003.
39 Columna "Tentaciones peligrosas", *O Globo*, 26 de junio de 2003.
40 "Señal de vida", *O Globo*, 27 de junio de 2003.
41 Columna "La gran familia (II)", *O Globo*, 7 de junio de 2003.
42 Agradezco a Francisco Panizza por este comentario sobre el trabajo.
43 "El 'mensalão' agrava la crisis", *O Estado de S.Paulo*, 7 de junio de 2005.
44 Como fue señalado por Miguel & Coutinho, existía un temor en los medios de prensa de que la crisis política se extendiera como un cuestionamiento más integral. Para estos autores, ya en el mes de noviembre-diciembre hay una caída importante de los editoriales referidos al tema. "La caída brusca en el mes de noviembre está asociada al crecimiento de la categoría 'evitar la crisis institucional'. Por primera vez, el escándalo llegó al entonces ministro de *Fazenda*, Antonio Palocci. Castigar a eventuales culpables se volvía un aspecto secundario frente a la necesidad de evitar la interrupción de la política económica, de la cual Palocci era considerado el principal responsable" (Miguel & Coutinho 2007,117).
45 La reducción de las asimetrías y jerarquías sociales según lo describe Ansart (1983), para invalidar las posiciones que pretenden cuestionar el statu-quo, resultaba un componente relevante de la estrategia de *O Estado de S.Paulo*. En este caso, el recurso era utilizado para deslegitimar las acusaciones de desestabilización hacia el gobierno por parte de los petistas.
46 Severino Cavalcanti, del PP (Partido Progresista) fue quien asumió la presidencia de la Cámara de Diputados, creando las condiciones para que prosperaran las Comisiones Parlamentarias de Investigación (CPI) dirigidas por la oposición que expandirían los efectos de las acusaciones del "mensalão" (Secco 2011).
47 "La CPI y el mal de raíz", *O Estado de S.Paulo*, 20 de mayo de 2005.
48 "El gran culpable", *O Estado de S.Paulo*, 8 de agosto de 2005.
49 En Miguel & Coutinho (2007):
> En *O Estado de S.Paulo*, la corrupción se centró en el PT y sus líderes, más que en la administración federal, al contrario de lo que ocurrió en los otros dos periódicos. También en el *Estadão*, la inexperiencia del Presidente y su partido aparecen como un motivo importante de la crisis—fue el tercero más citado en el periódico, presente en casi una cuarta parte de los editoriales que se centraron en el tema-, lo que no se verificó en la *Folha* o en *O Globo*. El periódico carioca, a su vez, fue el único en dar énfasis a la manipulación de la máquina pública. Llamó la atención, sin embargo, el hecho de que *O Estado de S.Paulo* no mencionó ni una sola vez el 'oportunismo de la oposición' como motivo de la crisis. Por el contrario, fue capaz

de exaltar el 'comportamiento ejemplar de la oposición', responsable por evitar 'la transformación de la crisis política en crisis institucional'. (116)
50 El 21 de Junio, en su discurso en Luziânia, Goiás, en la apertura del Congreso de la Unión Nacional de Cooperativas da Agricultura Familiar y Economía Solidaria, el presidente Lula señalaría:

>   Ellos no saben con quién se están metiendo. Voy a repetir aquí una cosa, que es lo siguiente: con la corrupción no se bromea. No se puede manchar el nombre de las personas, no se puede colocar a las personas desnudas delante de la sociedad, después no se prueba nada y nadie pide disculpas. Ya hemos visto esto a lo largo de la historia.... Les digo una cosa, mis compañeros, lo digo todo el día, ya lo dije en la televisión, que es lo siguiente: soy hijo de una madre analfabeta y de un padre analfabeto. Mi madre murió sin saber escribir una 'o' con un vaso. Y ciertas cosas la gente no las aprende en la universidad, no se aprenden en la política, nosotros no las aprendemos en la calle, se aprenden dentro de la casa. Tener vergüenza en la cara se aprende dentro de la casa.
>   Y, por lo tanto, ustedes nunca me van a ver nervioso ni enojado. No es ese mi papel, y ya tuve demasiados enojos. Yo ahora soy Presidente de la República. Yo, ahora... ¿Ustedes piensan que ellos no están incómodos porque yo estoy aquí sin corbata? Porque tienen un ritual, yo soy la negación del ritual histórico que fue creado en este país, pero no por mi ropa, porque yo hasta me visto mejor que mucha gente, sino por mi origen, de donde yo vine, eso es lo que hace la diferencia. Estar aquí con ustedes, haciendo lo que estamos haciendo, hace la diferencia, ¿Saben por qué? Porque incomoda, incomoda a mucha gente. ¿Saben cuánta transferencia del ingreso hicimos en este poco tiempo que hemos estado en el gobierno? Son 17 billones de reales de transferencia de ingresos, dinero que sale de las arcas públicas y va hacia las manos del pueblo pobre de este país, que va para las manos de aquellos que nunca tuvieron dinero.... Es por eso que el Bolsa Familia incomoda: 'pero ese Lula está dando dinero para los pobres'. Y nosotros todavía ni cumplimos aquello que vamos a cumplir. Yo creo que el dinero más sagrado, el dinero más sagrado que el Estado puede invertir es el dinero que puede garantizar a una persona tener acceso a la información, al trabajo, a la comida, y eso nosotros lo vamos a asegurar.

Como veremos, el estilo de comunicación popular lulista (Singer 2012b) planteaba una distinción política entre "pueblo/élites". Era cuando esta contraposición se planteaba en el discurso de Lula, o se hacía mayor énfasis en ella, cuando sobrevenían las mayores críticas por parte de *O Estado de S.Paulo* y *O Globo*.
51 Durante este período, si bien la *Folha de S.Paulo* sostuvo una línea editorial más plural y moderada, en tanto permitía la existencia de columnas de opinión y entrevistas que representaban perspectivas afines al gobierno de Lula, el periódico era parte del consenso mediático que acusaba al gobierno por la corrupción y el populismo lulista-chavista. No suponía en términos generales durante este período una voz disonante frente a las expresiones dominantes de la prensa escrita, sino una voz más plural que compartía el consenso de *O Estado de S.Paulo* y *O Globo*.
52 "El discurso agrava la crisis", *O Estado de S.Paulo*, 23 de junio de 2005.
53 Si es posible afirmar que la ideología burguesa se define por una naturalización de las jerarquías (Barthes 2004) y de los monopolios materiales y simbólicos que hacen de los sectores sociales clases, podemos retomar el señalamiento de García Linera, acerca de que

las posibilidades emancipadoras de un proceso político se definen a partir de las capacidades de subvertir esas naturalizaciones que configuran una "comunidad ilusoria", al decir de Marx. Para García Linera, es preciso restablecer, retomando a Marx, la concepción crítica de lo democrático como "modo histórico de la construcción de la des-subalternización de las clases laboriosas, como modo de revolucionarización social contra las carencias, las jerarquías, los monopolios materiales e inmateriales que hacen, de sectores sociales, clases", en García Linera 2010, 300-301.

54 "Incorregible presidente", *O Estado de S.Paulo*, 6 de junio de 2005.
55 27 de julio de 2005.
56 07 de junio de 2005.
57 Este encuadre de *O Globo* será desarrollado en profundidad en el apartado referido al PT, ya que el mismo se encontraba más vinculado a la imagen del partido que a la del presidente. *O Globo* tendría frente a la crisis una mayor cantidad de encuadres referida al gobierno y al PT que a la figura del presidente, lo que contrastaba fuertemente con *O Estado de S.Paulo*.
58 12 de junio de 2005.
59 En su editorial "La caída" del 12 de agosto de 2005, *Folha de S.Paulo* señalaba:
Hasta aquí, el presidente ha esquivado pronunciarse a la sociedad brasileira para ofrecer su visión sobre el escándalo. Prefiere manifestarse, de manera exaltada y emotiva, frente a audiencias previamente seleccionadas, en una línea de actuación ya llamada 'chavista', en referencia al presidente venezolano, Hugo Chávez—recibido ayer, de hecho, en una inesperada visita a Brasilia.
60 El gobierno de Chávez constituyó el contexto de fondo durante el primer gobierno de Lula, puesto que el proceso brasileño era constantemente comparado con el proceso venezolano tanto en los discursos periodísticos de los sectores anti-*lulistas* como en los propios dirigentes del PT.
61 "Idea fija", *O Globo*, 26 de julio de 2005.
62 "Fuera de tono", *O Globo*, 5 de agosto de 2005.
63 Columna de Merval Pereira, "Cuadro inestable", *O Globo*, 29 de junio de 2005.
64 Columna "Reacciones del gobierno", *O Globo*, 22 de junio de 2005.
65 Título "Valério avaló y pagó el préstamo para el PT", *O Globo*, 3 de julio de 2005; título "Cae el primero de la cúpula del PT", *O Globo*, 5 de julio de 2005, como insinuando la pronta caída de otros.
66 Columna "Vendiendo el alma", *O Globo*, 28 de mayo de 2005.
67 "Lo que enseña la crisis", *O Globo*, 15 de junio de 2005.
68 "No a los casuismos", *O Estado de S.Paulo*, 23 de julio de 2005.
69 "Mal con él, peor sin él", *O Estado de S.Paulo*, 13 de agosto de 2005.
70 "Lula sabe lo que lo amenaza", *O Estado de S.Paulo*, 25 de julio de 2005.
71 El periódico se refería al discurso del presidente en la ceremonia alusiva a la visita a las nuevas unidades de producción de la Refinería de Duque de Caxias en Rio de Janeiro, el 22 de julio de 2005:
Quiero decirles, mis compañeros y compañeras: en este país de 180 millones de brasileños puede haber alguien igual, pero no hay, ni mujer ni hombre, que tenga coraje para darme una lección de ética, de moral y de honestidad. En este país, todavía no nació nadie que me venga a querer discutir de ética. Porque yo digo siempre lo siguiente: soy hijo de padre y madre analfabetos, mi madre no era capaz

de hacer una 'o' con un vaso. Y el único legado que ellos dejaron no solo para mí, para la familia, era que andar con la cabeza erguida es la cosa más importante que puede suceder a un hombre y a una mujer.

Por lo tanto, mis compañeros, yo conquisté el derecho de andar con la cabeza erguida, en este país, con mucho sacrificio. Y no va a ser la elite brasileña la que va a hacer que baje mi cabeza. No va a ser.

De este modo, con el título "Cabeza fría y erguida", el periódico buscaba desacreditar la existencia de un proceso de desestabilización de las elites hacia el presidente, tal como era enunciado en los discursos de Lula.

72   "Las dos unanimidades", *O Estado de S.Paulo*, 27 de julio de 2005.
73   "Jamás con 'cascara y todo'", *O Estado de S.Paulo*, 5 de agosto de 2005.
74   La noción de *capital cultural* de Pierre Bourdieu remite a la adquisición de títulos, saberes y conocimientos validados socialmente que legitiman las posiciones de los sujetos y sus intervenciones en un campo determinado. Ver Bourdieu y Wacquant, 1995.
75   "Decisión y franqueza", *O Estado de S.Paulo*, 7 de agosto de 2005.
76   Sin embargo, en otros líderes del PSDB esta coincidencia no se produciría, puesto que el modo de diferenciación política de FHC durante el primer gobierno Lula, como lo hemos estudiado en otra ocasión, suponía una estrategia jerárquica y elitista, que coincidía con la visión propia del periódico. Para esta cuestión, ver Goldstein 2012.
77   En este sentido, vale señalar, para desvirtuar la hipótesis de una articulación constituida entre las oposiciones y los medios de comunicación para este período, que en el caso del periódico *Folha de S.Paulo* esta afinidad no se produciría, puesto que la crítica del periódico tiene una tradición editorial más liberal-progresista. Señala Secco (2011) respecto de la prensa:

> La crisis política de 2005 transmutada en debate moral sirvió mucho a sus intereses. Sirvió también a la oposición, aunque menos. Porque los partidos de la Derecha también son parte del terreno de la política que fue desmoralizado mientras que la prensa apareció encima del bien y del mal. Por lo tanto, tampoco había una identidad inmediata de intereses entre los grupos de oposición y la gran prensa, como pensaba la dirección del PT. (231)

78   El discurso al cual hace referencia el editorial se produjo en la inauguración de la electrificación del Asentamiento Amaralina en conmemoración a la llegada a 1.300.000 mil personas del programa Luz para Todos: Vitória da Conquista, Bahía, 17 de agosto de 2005. Lula señalaba:

> Sería mucho más fácil, para cualquier gobernante del país, gobernar sólo para la parte de los brasileños que ya conquistó la ciudadanía, sería mucho más fácil que nosotros gobernáramos sólo para aquellos que consiguen una audiencia con nosotros dentro del Palacio, que muchas veces van al Palacio con proyectos extraordinarios, proyectos importantes, pero que a veces cuestan billones y billones. Nosotros no queremos dejar de atender los grandes proyectos, pero no podemos, en ningún momento, dejar de dar al pueblo pobre de éste país la oportunidad de conquistar su ciudadanía, de vivir mejor, de estudiar mejor, de trabajar mejor, de comer mejor y de poder criar a sus hijos con dignidad. Y eso, no a todo el mundo le gusta.... Esas personas son tan brasileñas como aquellas que pueden y nosotros no estamos diciendo o hablando mal de aquellas que pueden, nosotros sólo estamos diciendo: hay una parte de Brasil que ya conquistó la ciudadanía, hay una parte de Brasil

que come tres veces al día, hay una parte de Brasil que tiene acceso a las mejores escuelas, a los mejores médicos, a las mejores casas, y nosotros precisamos cuidar de la parte más pobre que todavía no tuvo oportunidad en este país.

En este discurso, Lula vuelve a trazar la distinción entre el pueblo versus las élites. Al mismo tiempo que el discurso lulista apuesta por la despolarización ("no queremos dejar de atender los grandes proyectos"), señala como una exigencia ética prioritaria la atención hacia los sectores populares. A la vez, al resaltar el disgusto de las elites con la atención brindada hacia los sectores populares, da cuenta de la existencia de un conflicto latente que carga de sentido su distinción entre elites y pueblo. El papel como líder político que se atribuye Lula no se circunscribe únicamente a la pretensión de emancipar a los sectores populares de la marginalidad y la pobreza, sino que se propone emancipar a los sectores dominantes de lo que denomina como el "preconcepto" de las elites, que supone expresar su dominación en los términos de una racialización y una jerarquización de las relaciones sociales.

79 "Alejar la crisis", *O Globo*, 17 de junio de 2005.
80 Columna "El temido desenlace", *O Globo*, 20 de julio de 2005.
81 26 de julio de 2005.
82 28 de julio de 2005.
83 "Alto riesgo", *O Globo*, 4 de agosto de 2005.
84 Columna "He aquí Lula, reaccione", *O Globo*, 22 de octubre de 2006.
85 9 de octubre de 2005.
86 "Solemne desprecio a la ley", *O Estado de S.Paulo*, 3 de mayo de 2006.
87 "Tiempos extraños", *O Estado de S.Paulo*, 7 de mayo de 2006.
88 "Todavía la miseria política", *O Estado de S.Paulo*, 23 de mayo de 2006.
89 22 de septiembre de 2006.
90 "Presidente en tiempo parcial", *O Estado de S.Paulo*, 2 de agosto de 2006.
91 "La banalidad del mal", *O Estado de S.Paulo*, 27 de junio de 2006.
92 "Crisis de nervios", *O Estado de S.Paulo*, 26 de septiembre de 2006.
93 "Perjuicios prestados", *O Estado de S.Paulo*, 27 de septiembre de 2006.
94 La comparación de Lula con Vargas provenía no solamente de los editoriales del periódico, sino de los propios discursos del primero, especialmente en el momento más álgido de la crisis política de 2005. Las resonancias históricas que vinculaban la experiencia de Lula con Vargas en relación con una supuesta resistencia de la clase dominante frente a las reformas populares—el retorno del clivaje varguista "pueblo-oligarquía"—estuvieron presentes en el discurso presidencial, especialmente durante la crisis política del "mensalão" en 2005, durante la cual Lula acusaría a la oposición política de "lacerdismo", en referencia a Carlos Lacerda.
95 Columna "Voto por la democracia", *O Estado de S.Paulo*, 1° de octubre de 2006.
96 Señala Fausto S. (2012):
> La más importante de las políticas sociales fue, sin duda, el programa Bolsa Familia, que resultó de la unificación de cuatro programas de transferencia condicionada de ingresos creados en el gobierno de Fernando Henrique Cardoso. La decisión de unificarlos y transformarlos en el vagón principal de las acciones del gobierno en el área social ocurrió después de la breve y fracasada experiencia del programa Hambre Cero, basado en la idea de fomentar la agricultura familiar por la distribución local de alimentos a la población carente, que había sido una de las principales

banderas electorales del candidato Lula.... Creciendo en el número de beneficiados y el volumen de recursos transferidos, el Bolsa Familia desempeñó un papel importante en la reducción de la pobreza, en especial en el Nordeste, y contribuyó para consolidar la amplia mayoría electoral de Lula en la región. (534)

97 "Falta de foco", *O Globo*, 19 de mayo de 2006.
98 30 de junio de 2006.
99 "Límites en la elección", *O Globo*, 2 de julio de 2006.
100 "Ayuda eterna", *O Globo*, 17 de julio de 2006.
101 "Pobreza eterna", *O Globo*, 20 de agosto de 2006.
102 25 de agosto de 2006.
103 "Sustentación de la pobreza", *O Estado de S.Paulo*, 23 de junio de 2006.
104 "El triunfo que 'mata' todas las 'manos'", *O Estado de S.Paulo*, 1° de septiembre de 2006.
105 "Lamentación de fachada", *O Estado de S.Paulo*, 30 de junio de 2006.
106 Columna "Pie izquierdo para acá, pie derecho para allá", *O Estado de S.Paulo*, 10 de septiembre de 2006. En este contexto también tendría importancia el escándalo de los *sanguessugas* (sanguijuelas), que refería al tráfico de dinero y medicamentos entre empresarios vinculados a la salud y diputados, especialmente de Rio de Janeiro. El escándalo de los *sanguessugas* era distinto, en la medida en que se encontraban involucrados parlamentarios de distintos partidos, y la cuestión no hacía referencia exclusiva a la base aliada del gobierno. Los encuadres de *O Globo* sobre la cuestión de los *sanguessugas* tendían en general a responsabilizar a la clase política en su conjunto, a diferencia del mensalão que era más encuadrado como correspondiente al PT. *O Estado de S.Paulo* también intentaba colocar como una temática central en sus titulares y páginas de noticias al escándalo de los *sanguessugas*. Sus columnistas procuraban asociar este escándalo al mensalão.
107 6 de agosto de 2006.
108 "Respuesta inmediata", *O Globo*, 1° de septiembre de 2006.
109 "Fuera de sintonía", *O Globo*, 7 de septiembre de 2006.
110 Columna "De los usos del moralismo", *O Globo*, 7 de septiembre de 2006.
111 19 de septiembre de 2006.
112 Columna "Chanchada peligrosa", *O Globo*, 19 de septiembre de 2006.
113 "Sombra de duda", *O Globo*, 22 de septiembre de 2006.
114 Profundizaremos sobre esta cuestión en la conclusión del trabajo.
115 26 de septiembre de 2006.
116 La caricatura presentaba rasgos comunes con el cuadro de Francisco de Goya, "Saturno devorando a un hijo".
117 Columna "Tarjeta roja", *O Globo*, 28 de septiembre de 2006.
118 30 de septiembre de 2006.
119 Suplemento "Elecciones 2006", "Hora de estrategia", p. H1, *O Estado de S.Paulo*, 3 de octubre de 2006.
120 "Porqué Lula no lo logró", *O Estado de S.Paulo*, 3 de octubre de 2006.
121 Señalan Prado & Capelato (1980) que

cuando los problemas concretos ponen en juego la defensa de los intereses económicos o de la hegemonía política de San Pablo sobre las demás unidades de la Federación, el regionalismo asoma como fuerte característica del pensamiento del periódico, dentro de la visión extremadamente peculiar a sus representantes de 'servir al Brasil por el engrandecimiento de San Pablo'. En síntesis, podemos concluir

que el nacionalismo de los representantes de 'O Estado de S.Paulo' encuentra sus límites en la manifestación de su propio regionalismo". (128)
122 "El ejercicio de San Pablo", *O Estado de S.Paulo*, 21 de octubre de 2006.
123 3 de octubre de 2006.
124 "Atrás de los votos", *O Globo*., 3 de octubre de 2006.
125 Una lectura más equilibrada, sin embargo, mostraba que en la primera vuelta había existido una ventaja de 7 puntos del candidato oficialista por sobre el opositor Alckmin.
126 Título: "Petista confirmó que Freud lo mandó a comprar el dossier", *O Globo*, 20 de octubre de 2006. Título: "Un amigo de Lula coordinó la operación del dossier, dice la Policía Federal", *O Globo*, 21 de octubre de 2006.
127 "Maniobra electoral", *O Globo*, 12 de octubre de 2006.
128 "Mal de los tiempos", *O Globo*, 14 de octubre de 2006.
129 "Hechos y versiones", *O Globo*, 27 de octubre de 2006.
130 "Consagración de la privatización", *O Estado de S.Paulo*, 25 de octubre de 2006.
131 "El éxito de las privatizaciones", *O Estado de S.Paulo*, 28 de octubre de 2006.
132 18 de octubre de 2006.
133 "Tarea común", *O Globo*, 22 de octubre de 2006.
134 29 de octubre de 2006.
135 Durante este período, en la primera coyuntura, en *O Estado de S.Paulo* seis editoriales se referían al "*aparelhamento* del Estado por el PT", cuatro a "parlamentarios ideológicos vs. pragmáticos" y dos al "autoritarismo antidemocrático del partido". Durante la segunda coyuntura, un encuadre fundamental tenía que ver con treinta y nueve editoriales donde el PT era señalado como "de proyecto político a proyecto de poder". Siete adjudicaban la crisis al "*aparelhamento* del Estado del PT". Durante la tercera coyuntura, habría veinticinco dedicados a la denuncia del paso del PT "de proyecto político a proyecto de poder", así como cuatro a denunciar la "corrupción sistémica" del partido.
En el caso de *O Globo*, durante la primera coyuntura manifestaría su apoyo a los "pragmáticos" contra los "radicales del PT" en cinco editoriales. tres editoriales eran críticos de la selección de funcionarios por "criterios partidarios" en lugar de "técnicos". En la coyuntura del mensalão, siete señalaban que "el PT debe investigar la corrupción, procurar que aparezcan los responsables". Un encuadre fundamental eran dieciocho editoriales que sostenían que la crisis era una oportunidad para modernizar el Estado, reduciendo los cargos políticos, así como podía serlo para una reforma política. Cinco atribuían la emergencia de la crisis al *aparelhamento* del Estado. Otros seis exigían que el mensalão debía ser investigado y no tapado por un acuerdo político, y cuatro exigían que debía investigarse sin impedimentos a todos los políticos hasta el final. Además, tres editoriales señalaban que el mensalão sería el resultado del proyecto de poder del PT, y dos que el PT habría perdido su ética, mostrando prácticas atrasadas. En la última coyuntura, otros dos denunciaban que el elector debía expulsar de la política a los corruptos, así como seis denunciaban que los políticos corruptos debían ser suspendidos de la política. Cuatro más denunciaban que el PT habría producido corrupción y delincuencia.
136 14de mayo de 2003.
137 "Los despiertos y los adormecidos", *O Estado de S.Paulo*, 18 de mayo de 2003. En un almuerzo con diputados del PSDB, refiriéndose al cambio de actitud de su partido hacia a las reformas pro mercado que habían sido promovidas inicialmente por el gobierno de FHC, Lula había señalado que "no todo el mundo duerme y se despierta al mismo tiem-

po". Esta frase fue recuperada por el periódico en el titular de su editorial para legitimar su postura.
138 Columna "La fidelidad al alcance de todos", *O Estado de S.Paulo*, 9 de mayo de 2003.
139 "La Jubilación y la coherencia del PT", *O Estado de S.Paulo*, 24 de mayo de 2003. José Genoino, presidente del PT hasta julio de 2005, escribía entonces regularmente en *O Estado de S.Paulo* columnas de opinión representando la posición de la dirección partidaria.
140 Columna "Lo que piensa la base del PT", *O Estado de S.Paulo*, 19 de julio de 2003.
141 "Test en el PT", *O Globo*, 3 de mayo de 2003.
142 Columna "Quien diría", *O Globo*, 19 de mayo de 2003.
143 18 de mayo de 2003.
144 Columna "Sin culpas", *O Globo*, 18 de marzo de 2003.
145 "Rito de pasaje", *O Globo*, 14 de mayo de 2003.
146 "Un tic del pasado reciente", *O Estado de S.Paulo*, 10 de julio de 2003.
147 "Aprendices de hechicero", *O Estado de S.Paulo*, 25 de julio de 2003.
148 31de agosto de 2003.
149 "Corporativismo", *O Globo*, 20 de julio de 2003.
150 "Vuelta al pasado", *O Globo*, 27 de agosto de 2003.
151 Columna "Los compañeros ocupan la máquina", *O Globo*, 17 de julio de 2003.
152 Columna "Puro preconcepto", *O Globo*, 4 de septiembre de 2003.
153 "El Estado al servicio del PT", *O Estado de S.Paulo*, 28 de agosto de 2003.
154 "Los nombramientos apadrinados", *O Estado de S.Paulo*, 3 de septiembre de 2003.
155 31/08/2003.
156 Columna "El PT y los cargos públicos", *O Estado de S.Paulo*, 30 de agosto de 2003.
157 Columna "El PT no aparateó el Estado", *O Estado de S.Paulo*, 13 de septiembre de 2003.
158 "Reducir el Estado", *O Globo*, 25 de junio de 2005.
159 "Lección de la crisis", *O Globo*, 2 de julio de 2005.
160 "Evitar el retroceso", *O Globo*, 7 de julio de 2005.
161 A través de una lectura de los editoriales referidos al PT durante la década del '90, período anterior a su acceso al gobierno—por ejemplo, "La derrota del PT", de fecha 13 de agosto de 1997—, así como considerando los trabajos de Kucinski (1998) sobre medios y elecciones presidenciales, que involucran la cobertura de *O Estado de S.Paulo*, resulta posible constatar que la aversión hacia el partido por parte del periódico es una característica de su identidad ideológica presente desde la propia fundación del PT, posiblemente sólo atenuada en el período 2002-2003, cuando el PT adopta una moderación ideológica. Allí, los medios lo incorporan como un partido "responsable e integrado", y cambian su posicionamiento hacia cierta aceptación (Azevedo 2008).
162 "A qué punto llegaron", *O Estado de S.Paulo*, 26 de mayo de 2005.
163 "Ética de mano pesada", *O Estado de S.Paulo*, 1 de julio de 2005.
164 Columna "En el infierno de Dante", *O Estado de S.Paulo*, 8 de julio de 2005.
165 *O Estado de S.Paulo*, el 18 de septiembre de 2005 lo titulaba: "Las cuentas muestran la fiesta del PT con el fondo partidario". Subtítulo: "Los recursos públicos fueron usados hasta para pagar los gastos del asesor preso con dólares en los calzones".
166 "Partido desacreditado", *O Estado de S.Paulo*, 10 de junio de 2005.
167 "Victoria de la nación", *O Globo*, 14 de agosto de 2005.
168 "Momento político", *O Estado de S.Paulo*, 21 de mayo de 2005.

169 "El gobierno Lula y el combate a la corrupción", *O Estado de S.Paulo*, 4 de junio de 2005.
170 "Decisión y franqueza", *O Estado de S.Paulo*, 7 de agosto de 2005.
171 "Salir de la crisis", *O Estado de S.Paulo*, 5 de junio de 2005.
172 "Brasil está delante de una gran mentira", *O Estado de S.Paulo*, 18 de junio de 2005.
173 André Singer distingue en el Partido de los Trabajadores desde su fundación en la paulista escuela de Sion la existencia de un "alma radical" (Singer 2010), que se caracterizó, entre otros atributos, por la defensa de la ética en la política (Secco 2011). Como una experiencia que aspiraba a constituirse en renovadora de las prácticas políticas de la izquierda del siglo XX, el PT contenía en su aura fundacional un "romanticismo" que posteriormente se fue diluyendo. Sin embargo, esto podría explicar la recurrencia de sus militantes en el momento de crisis a su aura fundacional, recuperada por varios dirigentes durante la crisis de 2005, incluido Tarso Genro, que asumió la presidencia del PT en aquel momento con una propuesta de "refundación" partidaria.
174 "Las instituciones y la corrupción", *O Estado de S.Paulo*, 2 de junio de 2005. A pesar de que en el periódico este encuadre también estaba presente, resultaba minoritario. Existían una serie editoriales en el periódico que referían a la "corrupción sistémica", no obstante eran pocos, ya que el periódico pretendía centrar las responsabilidades de la corrupción en el PT y Lula.
175 "Paciencia, paciencia…", *O Estado de S.Paulo*, 27 de agosto de 2005.
176 "Corrupción organizada", *O Estado de S.Paulo*, 7 de junio de 2005.
177 "El presidente cambia de rumbo", *O Estado de S.Paulo*, 1° de julio de 2005.
178 "La primera renuncia", *O Estado de S.Paulo*, 3 de agosto de 2005.
179 "*Pizza* en la dirección del PT", *O Estado de S.Paulo*, 9 de agosto de 2005.
180 "Lo que es mejor para la economía", *O Estado de S.Paulo*, 21 de agosto de 2005.
181 "Para comprender la crisis", *O Estado de S.Paulo*, 29 de agosto de 2005.
182 "Paciencia, paciencia…", *O Estado de S.Paulo*, 27 de agosto de 2005.
183 "Operación de distracción", *O Estado de S.Paulo*, 5 de octubre de 2005.
184 " 'Mandrake' en la distracción'", *O Estado de S.Paulo*, 6 de octubre de 2005, y "Propuesta indecente", *O Estado de S.Paulo*, 8 de octubre de 2005.
185 "Soy, ¿pero quién no es?", *O Estado de S.Paulo*, 16 de junio de 2005.
186 "Errores, hechos y palabras" *O Estado de S.Paulo*, 29 de julio de 2005.
187 "La verdad ya llegó", *O Estado de S.Paulo*, 20 de octubre de 2005.
188 "El sofá de la sala", *O Estado de S.Paulo*, 26 de mayo de 2005.
189 "Aprovechar el momento", *O Estado de S.Paulo*, 10 de junio de 2005.
190 "La verdad de los hechos", *O Globo*, 5 de mayo de 2005.
191 10 de octubre de 2005.
192 Columna "El retorno de la utopía", *O Globo*, 14 de octubre de 2005.
193 Esto se produciría especialmente a partir de la aparición, a fines de julio, de información que vinculaba al presidente del PSDB Eduardo Azeredo con un esquema similar al del mensalão en la campaña al gobierno estatal de Minas Gerais en 1998. Supuso que se manifestara un menor interés por parte de *O Estado de S.Paulo* porque se produzca un avance en las CPIs, al tiempo que Lula señalaba la necesidad de ser cuidadoso con las investigaciones para que no afecten la economía. Esto era refrendado por *O Estado de S.Paulo*, que expresaba los reclamos empresariales de activar la "agenda positiva" y gobernar más allá de la crisis.
194 "Organizaciones criminales", *O Estado de S.Paulo*, 1° de mayo de 2006.

195 "De una CPI para otra", *O Estado de S.Paulo*, 22 de junio de 2006.
196 "La filosofía de las manos sucias", *O Estado de S.Paulo*, 30 de agosto de 2006.
197 "República de la Rapacería", *O Estado de S.Paulo*, 3 de septiembre de 2006.
198 "El 'modus operandi' de la reelección", *O Estado de S.Paulo*, 12 de septiembre de 2006.
199 "Esopo explica", *O Estado de S.Paulo*, 21 de septiembre de 2006.
200 "Pedagogía política", *O Globo*, 11 de mayo de 2006.
201 "Voto útil", *O Globo*, 8 de agosto de 2006.
202 "Media verdad", *O Globo*, 18 de agosto de 2006.
203 "Escándalo de la distracción del dossier", *O Estado de S.Paulo*, 30 de septiembre de 2006.
204 20 de septiembre de 2006.
205 Columna, "Crimen y castigo", *O Globo*, 20 de septiembre de 2006.
206 "Brujería electoral", *O Globo*, 19 de septiembre de 2006.
207 "Tropa de choque", *O Globo*, 20 de septiembre de 2006.
208 "Encrucijada", *O Globo*, 28 de septiembre de 2006.
209 Columna "Mala hierba y trigo", *O Globo*, 28 de septiembre de 2006.
210 En "Perdió el pelo, pero no el vicio" del 20 de octubre de 2006, *O Estado de S.Paulo* dice: [L]a tendencia totalitaria del viejo PT está viva, pasa bien y no tiene ninguna incompatibilidad con el indisoluble pragmatismo del nuevo PT, y su tendencia monetaria, por así decir. Y segundo, porque sustenta la previsión de que, en el segundo mandato que parece al alcance de la mano de Lula, el petismo volverá a la carga con sus intentos de controlar a la sociedad, intimidando a la prensa y la producción cultural, que el clamor de la opinión pública sepultó en los años recientes.
211 Comparato (2001) señala:
El MST surgió de la reunión de varios movimientos populares de lucha por la tierra, los cuales promovieron ocupaciones de tierras en los Estados de Rio Grande do Sul, Santa Catarina, Paraná, San Pablo y Mato Grosso do Sul, en la primera mitad de la década del `80.... Actualmente, el movimiento está presente en 23 de los 26 Estados de la federación, y es capaz de organizar manifestaciones en dos decenas de capitales simultáneamente. (105-106)
212 Para Bezerra de Paiva (2006),
el MST se constituyó en un tema fuertemente presente en el periódico en el primer año del gobierno de Luis Inácio Lula da Silva. En total, la palabra MST apareció 1253 veces en el periódico entre el 1° de enero de 2003 y el 31 de diciembre de 2003, en un promedio de 3,4 referencias por día. Estuvo en la tapa del periódico en 121 ediciones (un tercio de las ediciones, entre tapas y títulos menores), mereció 44 editoriales, 61 artículos firmados, 47 columnas de opinión y 132 cartas". (11)
213 En este punto, y como podrá observarse en el cuadro de Comparato, *O Estado de S.Paulo* se diferencia de forma notoria de otros periódicos importantes brasileños, como por ejemplo la *Folha de S.Paulo*, su principal competidor a nivel estatal.
214 Bezerra de Paiva (2006) explica:
El Incra es el órgano ejecutor de la reforma agraria, cabiéndole, entre otras atribuciones, la inspección de tierras pasibles de expropiación para la reforma agraria, la regularización de terrenos, la formación y administración de asentamientos rurales y la liberación de fondos de la Unión para su mantenimiento. (15)
215 "Un asalto al agronegócio", *O Estado de S.Paulo*, 28 de julio de 2003.
216 "El MST, organización 'paraestatal'", *O Estado de S.Paulo*, 11 de mayo de 2003.

217 "El MST ya se transformó en guerrilla", *O Estado de S.Paulo*, 23 de mayo de 2003.
218 Este tipo de encuadre de *O Estado de S.Paulo*, era concebido según Bezerra de Paiva (2006) a partir de la "tesis de la perversidad" de Albert Hirschman, en su libro *Retórica de la intransigencia*.
219 "Ruta de colisión", *O Globo*, 29 de junio de 2003.
220 2 de julio de 2003.
221 Columna de Letícia Lins, "El MST presiona con saqueos", *O Globo*, 2 de julio de 2003.
222 Columna "A las amargas, no", *O Globo*, 5 de junio de 2004.
223 13 de julio de 2003.
224 Columna "El sombrero del presidente", *O Globo*, 28 de julio de 2003.
225 "La cara del gobierno", *O Globo*, 29 de julio de 2003.
226 "Trampas", *O Globo*, 3 de agosto de 2003.
227 10 de agosto de 2003, p. 3.
228 Barthes (2004) dice:
> Como se ve, existen en el mito dos sistemas semiológicos de los cuales uno está desencajado respecto al otro: un sistema lingüístico, la lengua (o los modos de representación que le son asimilados), que llamaré *lenguaje objeto*, porque es el lenguaje del que el mito se toma para construir su propio sistema; y el mito mismo, que llamaré metalenguaje porque es una segunda lengua *en la cual* se habla de la primera". (206)
229 "El MST, organización 'paraestatal' ", , *O Estado de S.Paulo*, 11 de mayo de 2003.
230 En referencia a este tipo de producción ideológica, Barthes (2004) señalaba que "el vínculo que une el concepto del mito al sentido es esencialmente una relación de *deformación*", p. 214.
231 "Rendición incondicional", *O Estado de S.Paulo*, 4 de julio de 2003.
232 "Deservicio", *O Globo*, 4 de julio de 2003.
233 Columna "Ser y parecer", *O Globo*, 4 de julio de 2003.
234 6 de julio de 2003.
235 En un campamento en Canguçu (RS), Stédile definió al MST como "un ejército de 23 millones de personas" que no pueden "dormir mientras no acaben con ellos" (refiriéndose a los latifundistas), *Folha de S.Paulo*, 26 de julio de 2003, p. 5.
236 "La declaración de guerra del MST", *O Estado de S.Paulo*, 26 de julio de 2003.
237 "Solo falta el aceite", *O Estado de S.Paulo*, 23 de noviembre de 2003.
238 Columna "Avance en la reforma agraria", *O Estado de S.Paulo*, 22 de octubre de 2003.
239 Columna "Culpa mayor", *O Globo*, 10 de julio de 2003.
240 Columna de Dom Luciano Mendes de Almeida, "Marcha nacional por la reforma agraria", *Folha de S.Paulo*, 14 de mayo de 2005.
241 "Ellos los que mandan", *O Estado de S.Paulo*, 14 de mayo de 2005.
242 "Desperdicio con el MST", *O Estado de S.Paulo*, 22 de mayo de 2005.
243 Xico Graziano es un ingeniero agrónomo cercano al PSDB. Fue presidente del Incra durante el gobierno de Fernando Henrique Cardoso.
244 "La fuerza de la arbitrariedad", *O Globo*, 24 de mayo de 2005.
245 "Nuevo padrón de riesgo", *O Estado de S.Paulo*, 28 de octubre de 2005.
246 Este se autodefine como un movimiento que se inicia en la década de 1990, en la búsqueda de una reforma urbana, a partir de la lucha por viviendas contra la especulación inmobiliaria, movilizando sectores populares excluidos e informales de los barrios de la

periferia de grandes ciudades como San Pablo, Belo Horizonte, Rio de Janeiro y del nordeste del país. Accionan políticamente a partir de las ocupaciones de tierras y el trabajo de organización popular (Fuente: www.mtst.com.br).

247 "Dos crímenes, un sujeto oculto", *O Estado de S.Paulo*, 11 de junio de 2006.
248 7 de junio de 2006.
249 7 de junio de 2006.
250 El Movimiento de Liberación de los Sin Tierra (MLST) es una fracción disidente del MST que surgió en 1997, y tiene presencia en nueve estados del país, *Folha de S.Paulo*, 6 de junio de 2006.
251 "Divisor de aguas", *O Globo*, 8 de junio de 2006.
252 "Movimientos anti-sociales", *O Globo*, 12 de junio de 2006.
253 "Tregua por el aliado", *O Estado de S.Paulo*, 23 de octubre de 2006.
254 Durante el primer gobierno de Lula, la política exterior estuvo dirigida por tres funcionarios: el canciller Celso Amorim; Samuel Pinheiro Guimarães, secretario-general y canciller interno de Itamaraty, así como Marco Aurelio Garcia, Asesor de Política Internacional de la Presidencia, con un cargo al interior del Palacio del Planalto.
255 "Sólo el Planalto no lo previó", *O Estado de S.Paulo*, 3 de mayo de 2006.
256 "La capitulación del Planalto", *O Estado de S.Paulo*, 4 de mayo de 2006.
257 Este editorial hace referencia a la reunión realizada en Puerto Iguazú, Argentina, el 4 de mayo de 2006 con motivo del incidente originado entre Brasil y Bolivia por la estatización de la filial de Petrobras en territorio boliviano. Contó con la presencia de los presidentes Néstor Kirchner (Argentina), Evo Morales (Bolivia), Luis Inácio Lula da Silva (Brasil) y Hugo Chávez (Venezuela).
258 "Obsolescencia de lo inacabado", *O Estado de S.Paulo*, 5 de mayo de 2006.
259 "Viena, palco para Chávez", *O Estado de S.Paulo*, 8 de mayo de 2006.
260 En este caso, *O Estado de S.Paulo* recurría a la producción de la equivalencia (Itamaraty = "bolivarianismo chavista") para estimular un distanciamiento político entre los actores como efecto de su discurso.
261 "La alternativa americana", *O Estado de S.Paulo*, 13 de junio de 2006.
262 "Reaprender las lecciones de Rio Branco", *O Estado de S.Paulo*, 13 de mayo de 2006.
263 "Es hora de usar el garrote", *O Estado de S.Paulo*, 12 de mayo de 2006.
264 2 de amyo de 2006.
265 "Inconsciencia", *O Globo*, 3 de mayo de 2006.
266 5 de amyo de 2006.
267 "El precio de la retórica", *O Globo*, 2 de mayo de 2006.
268 "Irreparable", *O Globo*, 5 de mayo de 2006.
269 "Herencia perdida", *O Globo*, 7 de mayo de 2006.
270 "Ruina diplomática", *O Globo*, 12 de mayo de 2006.
271 27 de mayo de 2006.
272 "El amigo de la onza", *O Estado de S.Paulo*, 3 de mayo de 2006.
273 Columna de Roberto Macedo, "Lula para presidente…de Bolivia", *O Estado de S.Paulo*, 11 de mayo de 2006.
274 9 de septiembre de 2006.
275 15 de septiembre 2006.
276 15 de septiembre de 2006.

277 "Rigor contra Evo", *O Globo*, 15 de septiembre de 2006.
278 "Ruina diplomática", *O Globo*, 16 de septiembre de 2006.

Conclusiones finales

La naturalización del orden político. El temor y el desprecio al queremismo

Comenzaremos esta conclusión destacando brevemente las diferencias que presentaron los dos periódicos que fueron objeto de nuestro estudio en su cobertura durante estos gobiernos. *O Estado de S.Paulo* se revelaría como un medio de prensa caracterizado por una visión desde "lo alto", representante de las élites paulistas, que buscaba coherencia en sus definiciones a lo largo del tiempo, así como se distinguía por su desprecio hacia el mundo popular. Su pensamiento liberal se transmutaba en conservador ante la percepción de las oportunidades de ascenso de lo *popular*. Por el contrario, *O Globo* se revelaría como un periódico más comercial, en tanto se dirigía a un público más amplio, y expresaba una mayor sensibilidad frente a las variaciones en los humores sociales. Si bien su anticomunismo sería constante, los encuadres que promovería frente a estos gobiernos irían variando considerablemente a medida que se desarrollaban las distintas coyunturas. También expresaría un mayor pluralismo interno, permitiendo la existencia de visiones que contrastaban con su línea editorial.

No obstante, en este trabajo hemos podido verificar cómo frente a determinadas acciones emprendidas por Vargas o Lula que apuntaban a convocar procesos de movilización o de reforma que afectan el orden constituido, estos medios establecen un consenso que apuntaba a impugnar este accionar, promoviendo imágenes de la amenaza, el conflicto y el desorden. El análisis de los dos períodos muestra que, más allá del discurso de la profesionalización periodística y la modernización de la prensa que tendría lugar posteriormente a la transición democrática, la crítica feroz a quienes planteaban la cuestión de la desigualdad en la esfera pública no desaparecería. La búsqueda de una preservación del orden social acercará las posiciones de estos periódicos que en su relevancia otorgada a otras temáticas presentaban diferencias. De este modo, frente a los dilemas de la sociedad referidos a la reforma del orden o a la preservación del mismo, estos periódicos solían adoptar posiciones convergentes, siendo parte de un *consenso conservador* para asegurar la reproducción del orden existente.

En los períodos que hemos estudiado, las iniciativas promovidas por estos líderes reformistas se encontrarán con operaciones de naturalización de un orden político desigual. En este sentido, las reformas sociales que pudieran alterar lo instituido eran encuadradas por estos periódicos como una amenaza que atentaría contra los brasileños y podría llevar a la destrucción nacional. A partir de este análisis, vemos como resultaba éste un orden conservador donde los actores políticos dominantes no eran capaces de concebir la reforma social como una posibilidad interna al mismo, sino que ésta era percibida como un elemento extraño que debía ser eliminado. Es decir, resulta éste un orden que admitía modificaciones únicamente cuando éstas fueran pautadas a partir del consenso entre los actores dominantes que deberían definir estas cuestiones. Por supuesto, estos rasgos estarían más marcados durante el período de Vargas que durante el de Lula.[1]

Así, *O Estado de S.Paulo* procuraba naturalizar la concepción de que la sociedad brasileña debería reproducirse idéntica a sí misma a través del tiempo. En tanto, como diría Marx, para la clase dominante la historia no existe, se concebía al orden existente como eterno e inamovible. Aquello que pretendiera escapar a la fórmula positivista del "orden y progreso" era considerado como desprovisto de sentido y criticado como peligroso. Las élites brasileñas, que creían poseer el monopolio las virtudes del gobierno, no podían admitir la ampliación de la participación desde abajo. Estos sectores sólo se reconocían a sí mismos como quienes deberían gobernar el país y esperaban ser reconocidos por los otros como siendo los únicos que podrían desempeñar esta función. Esta existencia de un consenso sobre la defensa del orden por los actores dominantes suponía una definición de las élites políticas donde los acuerdos no debían ser cuestionados.

De allí la crítica furibunda en ambos periódicos tanto a la figura de Goulart durante su estadía en el Ministerio de Trabajo en el gobierno de Vargas, como al MST durante el período de Lula, ya que ambos serían dos actores que pretendían cuestionar las formas de reproducción consensuada del orden político. En este sentido, la reacción de *O Estado de S.Paulo* frente a la pretensión de estos dos actores de modificar las relaciones en el mundo rural era sintomática del conservadurismo de las élites y merece considerarse, ya que el tema agrario cumplía un papel organizador en el discurso del matutino paulista.

Durante el gobierno de Vargas, la susceptibilidad mostrada por *O Estado de S.Paulo* ante las pretensiones de Goulart de introducir reformas en el mundo rural sería expresiva de la representación que ejercía el periódico de los intereses tradicionales del campo paulista. Los editoriales de este matutino enunciaban que en el campo no habría desigualdades relevantes, sino que la distribución de la tierra sería producto de la naturaleza y de las distintas habilidades, negando las asimetrías sociales existentes para naturalizar el orden. De este modo, las aspiraciones de Goulart por modificar las relaciones rurales serían descalificadas, siendo enunciado que éste pretendía llevar la "república sindicalista" al campo para anarquizarlo.

El MST sería durante el gobierno de Lula descalificado en forma sistemática por ambos medios de prensa, ya que situaba en el centro del mundo rural, escenario de profundas inequidades, así como de negocios considerados fundamentales para los sectores dominantes del país y para las divisas del Estado (el *agro negocio*) la cuestión de la desigualdad. Este movimiento, al igual que Goulart en su momento, sería asociado por ambos periódicos al caos, la violencia, la anarquía y la destrucción de la democracia, resaltando que conduciría al autoritarismo. Estos dos ejemplos son relevantes para entender cómo estos medios procuraban construir visiones negativas sobre aquellos actores que mostraban una vocación por modificar el orden social. En este sentido, *O Estado de S.Paulo* no modificaría su línea con respecto al mundo rural entre 1950 y 2006, divulgando las mismas imágenes de naturalización del orden social, así como asociando a Goulart y el MST con la amenaza de la anarquía, ante sus pretensiones de alterar el *statu-quo* rural.

Frente a aquellas cuestiones que eran percibidas como amenazadoras para el orden en su conjunto, *O Globo* se situaba en posiciones similares a *O Estado de S.Paulo*. A pesar de haber sostenido una visión distinta a la del matutino paulista frente a la designación de Goulart, cuando *O Globo* percibió que el nuevo Ministro de Trabajo de Vargas podía representar una amenaza para el orden social, no dudaría en adscribir al discurso de la "república sindicalista" sostenido por el periódico de San Pablo.

En este sentido, Roberto Marinho buscaba conjugar la tensión de un vespertino que contenía una amplitud de temáticas, pretendiendo llegar a distintos sectores sociales, pero que procuraba construir un sentido común al servicio de la preservación del orden, cuya orientación fundamental era el anticomunismo. De este modo, durante los '50, el discurso en favor de la preservación del orden coexistiría en el vespertino con una estrategia comercial que encontraba en el sensacionalismo una posibilidad para expandir su llegada a audiencias más amplias. En este sentido *O Globo* se caracterizaría por ser un periódico que mostraba una mayor sensibilidad frente al cambio en los humores sociales que *O Estado de S.Paulo*. Como hemos mencionado, el periódico carioca mostraría en ambos períodos un mayor pluralismo interno que permitía la expresión de visiones distintas, discordantes con sus posiciones editoriales, lo que no estaba presente en caso de *O Estado de S.Paulo*. Esta apertura a miradas que entraran en contradicción con la visión editorial de *O Globo* sería mayor en el período de Lula, dando cuenta de cierta apertura de esta organización periodística, que como hemos visto se produciría durante los años '90.

En lo que refiere a las estrategias comerciales, estos periódicos podían tener divergencias significativas, en función de dirigirse a un público más ilustrado como *O Estado de S.Paulo* o un público más amplio como *O Globo*. Esto suponía que el matutino paulista tuviera una perspectiva más moralista y de encuadres con una toma de posición ideológica explícita sobre la política, mientras el periódico carioca enfocaba ciertos acontecimientos desde el sensacionalismo, eludiendo en ocasiones las tomas de posición explícita.

En tanto estos líderes encabezan demandas de los sectores populares, la concepción de estos periódicos sobre Vargas y Lula no se limitaba a sus figuras, sino que era expresiva de sus concepciones sobre los sectores populares y sus formas de organización política. En una sociedad elitista y jerárquica como la brasileña de los años '50, el triunfo de Vargas en elecciones democráticas vendría a actualizar en estos medios de prensa los prejuicios preexistentes sobre los sectores populares y su "manipulación", los cuales encontrarán su "confirmación" en esta nueva elección del "ex dictador". Esto sería especialmente acentuado en *O Estado de S.Paulo*, pero también estaría presente en *O Globo*, donde se manifestaron las definiciones hacia Getúlio y Goulart como "demagogos", así como las advertencias a los trabajadores para que no se dejaran manipular por "sindicalistas".

Un problema reside para *O Estado de S.Paulo* en los "caudillos" que con su carisma desviaron a las masas por fuera del camino de la ilustración y la racionalidad hacia el cual las conducirán las elites. Estos líderes manipulan a los sectores populares y sacarían provecho de su "ignorancia" para conducirlos hacia el comunismo o el autoritarismo. En este sentido, la visión despectiva sobre la racionalidad de los sectores populares que manifiestan ambos medios legitimaba la democracia restrictiva existente, que habilitaba el voto únicamente para la mitad de la población del país, ya que los analfabetos no podían votar.

Un aspecto que tendría relevancia en la cosmovisión del matutino paulista durante el período 1951-54 pero no sería así durante 2003-2006 sería la rememoración de la revolución constitucionalista de 1932. No obstante, lo que sí persistiría durante el gobierno de Lula sería el "sentimiento de desplazamiento" de los paulistas de los comandos del país, que entre 1930-1950 se habían sentido desplazados por los *gauchos* y durante 2003-2006 se sentirían desplazados por los nordestinos pobres. En este sentido, el período de Lula mostraría en un contexto democrático e institucional distinto al de los años '50, especialmente por parte de *O Estado de S.Paulo*, la persistencia del elitismo social. Incluso en la figura de éste presidente, por su origen social, la crítica por su "falta de formación" así como el desprecio y los prejuicios sobre el mundo popular se hacían carne en su figura.

En un país donde hasta 1988 los analfabetos no votaban, este desprecio por lo popular que aparecía en la prensa resultaba una característica relevante, expresión de una visión de las élites que excluían de la participación política a gran parte de la población como forma de reproducir su dominación. Esta mirada, si bien era compartida por ambos periódicos, se manifestaba especialmente en el matutino paulista. De este modo, se evidenciaba la mirada pretendidamente superior de las élites políticas, que se arrogaban una misión "redentora" sobre los destinos de la nación, y "protectora" frente a los apetitos desenfrenados de los de abajo, que justamente estarían inhabilitados para gobernar por su "ignorancia". En este sentido, otra de las cuestiones que compartía *O Estado de S.Paulo* tanto durante el período de Vargas como durante el período de Lula era la idea de que las reformas sociales no introducían una situación de cambio real para los necesitados, sino que serían meramente artilugios de la demagogia de estos mandatarios para seguir conservando el poder. Es decir, se buscaba producir una negación de que existieran reformas necesarias al orden social distintas de aquellas pautadas de forma gradualista por las élites ilustradas.

El vínculo que estos gobiernos establecían con los sectores populares era visto con desconfianza por *O Estado de S.Paulo* y *O Globo* desde una moralidad reprobatoria. En el caso de Vargas, destacando el clientelismo y la irracionalidad de las masas, que sólo votarían "con el estómago". En el caso de Lula, resaltando la "manipulación" y el "asistencialismo" del programa Bolsa Familia, que sólo serviría para mantener a los pobres atados al voto de Lula. Es decir, el lazo entre estos gobiernos y los sectores populares era encuadrado a través de los prejuicios pre-existentes sobre el mundo popular como carente de racionalidad, despojado de autonomía de pensamiento, únicamente guiado por necesidades materiales. Ese electorado despreciado desde los '50 y antes también, sería nuevamente descalificado en el período 2003-2006 a partir de su pertenencia al Nordeste, dado que allí se encontraba una importante base de sustento social del mandato de Lula.

Este tipo de consideraciones muestran cómo en Brasil la distinción que hacían las élites del país entre "civilización" y "barbarie" estaba totalmente cruzada con el clivaje de "centro" y "periferia", en función de una jerarquización de los regionalismos desde los sectores dominantes. En este sentido, eran atribuidos a Rio de Janeiro y San Pablo las características de la "civilización" y al *sertão* nordestino y las "fronteras" el lugar de la "barbarie". Esto estaría especialmente marcado en los editoriales de *O Estado de S.Paulo*.

Durante los años '50, la sociedad brasileña ingresaría en un proceso de modernización, pero a la vez, se mantenían características regresivas en términos de las desigualdades existentes.[2] Ambos periódicos reflejarían, frente a este proceso contradictorio, el elitismo y la incordia frente a los "aventureros" que cuestionaban las jerarquías del poder. El mayor damnificado por esto sería Samuel Wainer, quien al no contar con una posición aristocrática en el mercado de medios y obtener un préstamo del Estado para la creación de *Última Hora*, sería atacado en forma sistemática por ambos periódicos durante el gobierno de Vargas. Esto estaría especialmente marcado en *O Globo*, que buscaba desplazar a *Última Hora* como competidor en el mercado de prensa de Río de Janeiro.

A su vez, la atribución a los militares por parte de la prensa del rol de custodios del orden político reforzaba también esa imagen de una sociedad tutelada desde arriba por factores de poder que no admitían cambios en el *statu-quo*. Las Fuerzas Armadas, erigidas como representación del "orden" y opuestas a lo que estos periódicos identificaban como los propósitos de "subversión" del gobierno de Vargas, serían un actor fundamental durante los años '50, siendo evocadas y su accionar legitimado en forma constante.

En este trabajo hemos visto cómo el rol del presidente en ambos períodos sería retratado en forma estereotipada en la prensa como aquél que debería actuar como un agente de la prudencia y la moderación, en la defensa del orden existente. Así, las ocasionales alocuciones populares de Vargas y de Lula serían rechazadas con horror y desprecio, en tanto pondrían en cuestión esta visión naturalizada. Esa interpelación directa era lo que generaba mayor temor, pues allí residía la posibilidad de un empoderamiento popular que amenazara los privilegios constituidos de una democracia restrictiva. En este sentido es que sostenemos que Lula actualizaría en la prensa este *temor al queremismo* que había quedado como un resabio de los años '50 y '60, este temor a un líder popular que fuera capaz de modificar las características del orden conservador a partir de la movilización.[3]

Vargas y Lula serían dos líderes con una alta adhesión popular, una adhesión que suponía la posibilidad de inclinar la balanza del poder político, así como pretendían realizar reformas sociales—con mayor o menor profundidad—que sin apuntar a transformaciones estructurales, traían ante los sectores privilegiados los temores acerca de una posible desarticulación de este orden jerárquico y conservador. Así, a partir de esta mezcla de temor y desprecio frente al mundo popular, se expresaba a través de estos medios de la prensa tradicional la posición de los sectores dominantes.

Frente a ambos gobiernos, estos periódicos adoptarían una contraposición de visiones sobre los distintos ministros. Durante el período de Vargas, contrapondrían al Ministro de Economía, Osvaldo Aranha, como representación del orden y la moderación, frente a Goulart, que sería quien encarnaría la "subversión". Durante el período de Lula, contrapondrían al Ministro de Economía, Antonio Palocci, como representación de la ortodoxia económica y la moderación, frente a aquellos colectivos que encarnarían el "radicalismo" (PT) y la "subversión" (MST). De este modo, se legitimaba a los actores que velaban por posiciones moderadas y de preservación del orden, frente a aquellos actores que eran identificados como pretendiendo modificarlo y que serían demonizados.

Con respecto a Goulart durante su estadía en el Ministerio de Trabajo, el periódico paulista promovería dos encuadres complementarios: uno que situaba a Vargas como cómplice de las "agitaciones" promovidas por su ministro, y otro que exigía al presidente terminar con la "agitación" que estaría siendo realizada por *Jango*. De este modo, el "caos" que representaría Goulart permanecería estable en los encuadres, mientras el presidente era evocado como representación del "caos" en el primer encuadre, y como representación del "orden" en el segundo. El primer encuadre iba *destinado* a los sectores dominantes, exigiéndoles intervenir frente a la "subversión". El segundo iba dirigido hacia Vargas, exigiendo poner fin a la "agitación" de su Ministro de Trabajo.

En el caso del vínculo de Lula con el MST, los encuadres serían similares a aquellos utilizados por el matutino paulista frente a Goulart. Lula podía ser retratado como quien conduciría al país a la anarquía, en tanto era cómplice de la "subversión" del MST, a la vez que en otro encuadre se exigía al presidente que detuviera sus vínculos con el movimiento, en tanto ahora éste último era designado como representante del "orden".

En los editoriales, los periódicos describen una política constituida por personajes que prescindirían de los actores colectivos para restringirse a explicaciones individualistas. Estos encuadres naturalizaban, a través de la personalización de la política, las desigualdades existentes y la representación que los actores ejercen sobre determinados sectores sociales. De esta manera, resultaba posible aplicar una mirada cínica sobre las disputas sociales y colocar en cuestión la representación de los líderes políticos por sobre los colectivos, presentándolas como el mero resultado de su afán de poder o el ventajismo personal. Así, se difuminaban las relaciones de fuerzas entre los actores políticos y se tendía a ocultar las asimetrías sociales, confundiendo a los actores en una unidad, como forma de naturalizar el orden existente (Ansart 1983, 179).

De este modo, Goulart sería presentado por ambos periódicos como quien utilizaría a los sindicatos para garantizar sus aspiraciones de poder, así como Vargas y Lula también serían retratados como manipuladores que colocarían a las masas al servicio de sus intereses de preservarse en el poder. Así, se negaban las relaciones de fuerzas, la asimetría y la arbitrariedad histórica existente en las relaciones entre los actores sociales, para luego, una vez construida la apariencia de una falsa simetría (la "comunidad ilusoria" a la que hacía referencia Marx en *La ideología alemana*) descalificar por falsa, producto del resentimiento y del delirio, las luchas por el reconocimiento y la distribución (Fraser 2006) entabladas por actores que pretendían representar ciertas aspiraciones de los sectores populares. Postulada esta falsa simetría entre los actores, una comunidad sin fisuras, las luchas por la distribución y el reconocimiento aparecían como vacías y carentes de sentido. En este sentido, un elemento que aparecería como parte de la cosmovisión de *O Estado de S.Paulo* sería la pretensión por negar el papel desempeñado por los sectores dominantes en la política brasileña, disolviendo las jerarquías en un discurso liberal y legitimador del *statu-quo* que definía que todos tendrían las mismas oportunidades. Esto aparecería como un rasgo del periódico en ambos períodos.

Un recurso característico de ambos medios durante el desarrollo de nuestro análisis, que puede ser adscripto al imaginario de las derechas, consistía en exacerbar y magnificar el tamaño de los peligros contra el orden instituido que supondrían ciertas pretensiones de reforma, para justificar cualquier medio en pos de la disolución de aquello que atentaba contra el orden instituido. En este sentido, una recurrencia discursiva de ambos periódicos, especialmente de *O Estado de S.Paulo*, durante estos dos gobiernos sería la *sobreestimación de la amenaza*, la promoción de un terror a la anarquía. Este tipo de operaciones discursivas aspiraban a producir tres efectos complementarios en tanto tenían como *contradestinatario* a los sectores identificados como "radicales" de estos gobiernos, como *paradestinatario* privilegiado a los sectores de este mismo colectivo identificados como "moderados", y como *prodestinatario* a sus opositores (Verón 1987).

De este modo, estos periódicos rotularían las apelaciones populares de Lula como representando un "populismo chavista", con el propósito de que éstas fueran reducidas, así como Vargas y Goulart cargarían con el fantasma de la "república sindicalista" y el "comunismo". Estas construcciones de estereotipos manifestaban el interés de estos medios de prensa por evitar la reforma social, en un discurso que exagerando el potencial de ataque al orden existente que significarían estos líderes, pretendía estimular soluciones restauradoras del *statu-quo*.

De esta manera se pretendía 1) Aislar a los sectores identificados como "radicales" de estos gobiernos y sus exigencias de reforma a partir de la inversión de sus valores, acentuando una equivalencia gubernamental con los intereses de movimientos "radicales" para estimular una diferenciación como respuesta por parte de las autoridades del gobierno, 2) A los sectores identificados como "moderados" de estos gobiernos se les exigía restaurar el "orden", lo cual supondría aislarse de aquellos sectores enunciados como "radicales", 3) Hacia los opositores se pretendía exacerbar y magnificar el tamaño que estos peligros representarían frente al orden instituido para justificar cualquier reacción en pos de la disolución de aquello que atentaba contra ese orden en peligro.

También, las descalificaciones a Vargas de la "república sindicalista" y a Lula del "populismo chavista" mostraban, en períodos históricos distantes, la pretensión de la élite brasileña por definir su identidad en oposición a América Latina. En el primer caso, el *alter ego* negativo que debía evitarse y en el cual Brasil debía evitar transformarse resultaba el peronismo argentino, y en el segundo caso el chavismo venezolano. Ambos estereotipos clarificaban el proyecto anti-latinoamericanista de la élite brasileña, preocupada exclusivamente por sus ganancias comerciales. De este modo, su proyecto se erigía en oposición a la región, resaltando el origen del país como monarquía europea, a diferencia de los gobiernos de "caudillos" que existirían en el resto del continente.

Así, las posiciones adoptadas por estos periódicos frente a ambos gobiernos se caracterizarían por estas operaciones de naturalización del orden que apuntaban a excluir de la agenda las pretensiones de reforma social. Estas últimas eran rechazadas como una amenaza a partir de distintos estereotipos que pretendían inhibir las potencialidades de acción política de estos gobiernos.

Si bien con ciertas diferencias—como el legalismo de *O Globo* frente a la crisis política de agosto de 1954, mientras *O Estado de S.Paulo* reclamaba la intervención militar—el anti-varguismo y el anti-lulismo que manifestaban estos medios nos permiten identificar una característica que trasciende estos períodos históricos, que resultaría su visión conservadora sobre el orden social, así como las consecuentes operaciones de naturalización para garantizar la reproducción del mismo.

La moralización de la política

La comparación de la actuación política de estos medios de prensa a lo largo de estos períodos históricos lejanos en el tiempo, pero que presentan similitudes, nos ha permitido comprender su comportamiento frente a dos procesos protagonizados por líderes reformistas de alta popularidad.

Tanto en la coyuntura de 1953-1954 como en la que se desarrollaría entre el escándalo del mensalão en 2005 hasta la elección presidencial de 2006, los encuadres sobre la temática de la corrupción serían impulsados por ambos periódicos. A nuestro entender, esto no era solamente el resultado de la aparición pública de escándalos de corrupción, sino que evidenciaba una estrategia adoptada por estos medios de prensa como actores frente a estos presidentes. La misma tenía como propósito disputar la construcción de la agenda frente a estos mandatarios de alta popularidad para pautar la misma de un modo conveniente a sus intereses.

Las constantes tensiones entre los medios de prensa, los periodistas y los políticos por la definición de la agenda pública expresan un conflicto de legitimidades entre modos diferentes de representación (Rosanvallon 2011). Este conflicto de legitimidades tiene lugar ya que los periodistas y los políticos disputan, desde la lógica que es propia de su campo, el terreno común del espacio público por la definición del destino legítimo de la sociedad y su organización (Ansart 1983). En este sentido, Rosanvallon se refiere a la existencia de una tensión entre el pueblo-elector y el pueblo-opinión. Así, políticos y periodistas procuran ampliar el poder de definición de las reglas y la lógica que son propias de su campo hacia el resto de la sociedad.

De este modo, la prensa adoptaría durante estos períodos una estrategia para disputar la construcción de la agenda pública frente a mandatarios cuyas definiciones contaban con un alto respaldo popular. La moralización de la política, que suponía la reducción de los asuntos públicos a la esfera de lo moral (Rubim 2007), sería un recurso desplegado por los medios de prensa para recobrar protagonismo en la definición de la agenda. En este sentido, la búsqueda de subordinar el litigio de la política a la esfera de lo moral se revelaría como un recurso reiterado de la prensa en ambos períodos para incrementar su audiencia y sus posibilidades de pautar la agenda frente a mandatarios que contaban con una alta popularidad.

Estos medios de prensa, en función de su pretensión de naturalizar el orden político, buscaban excluir del debate público a la cuestión de la desigualdad, que era situada en la agenda por estos gobiernos. De este modo, la colonización de la política por el discurso moralista, regido por la distinción entre "honestos" y "corruptos", se tornaba un recurso para excluir a la cuestión de la desigualdad de la agenda pública. Aclaramos que esto no significa que la colocación de la temática de la corrupción no fuera importante como un modo de fiscalización de la prensa frente al poder político. Sin embargo, la modalidad a partir de la cual la prensa lo ejerció frente a estos dos gobiernos tenía el efecto de restringir las potencialidades de su accionar político en el marco de una sociedad desigual en la cual estos medios actuaban en defensa del orden existente.

La existencia de agendas contrapuestas entre la prensa tradicional y estos gobiernos llegaría a introducir en ambos períodos el conflicto entre aquellos preocupados con la "desigualdad" y el mejoramiento de las condiciones de vida de los sectores populares, frente a quienes tendían a excluir estas preocupaciones, centrados en una agenda cívica y moralista, referida al control institucional y la corrupción. La primera agenda era defendida por las fuerzas que presentaban afinidad con estos líderes populares: los sindicatos, el aparato estatal y los sectores populares, así como cierto empresariado vinculado al mercado interno. La segunda era representada por la burguesía aliada al capital externo, los periódicos más importantes, y los partidos políticos representantes de las elites, especialmente de San Pablo y Rio de Janeiro.

Esta "agenda mediática", que colonizaba la esfera pública con el discurso moralista, pretendía restar autonomía a estos mandatarios que contaban con una amplia adhesión popular, así como éstos buscaban resistir a las mediaciones de la prensa tradicional dirigiéndose en forma directa a sus audiencias. Al dejarse influenciar por la agenda de la prensa, subordinada a la distinción entre "honestos" y "corruptos", estos mandatarios no sólo relegaban la cuestión de la desigualdad, cediendo a la naturalización del orden social, sino que perdían autonomía en el vínculo con sus adherentes, al subordinarse a una agenda que presentaba intereses opuestos a sus directivas gubernamentales.

Este conflicto de agendas contrapuestas introducía en el caso brasileño un juego de suma cero por la definición de los destinos de la sociedad, como si una "agenda"—la de la moralidad o la de la desigualdad—debiera suprimir a la otra, resultando éstas mutuamente excluyentes u opuestas.

El conflicto de legitimidades entre los medios y el poder político era en el Brasil de los años '50 casi enteramente traducible al conflicto entre *getulistas* y *antige-*

tulistas. En este período parecía existir entre la UDN, *O Globo* y *O Estado de S.Paulo* una "comunión moral" de principios y valores, a la cual también pertenecía el director de *Tribuna da Imprensa*, Carlos Lacerda. Esta concepción suponía una visión moralista, elitista e "ilustrada" sobre el vínculo de los sectores populares con Vargas. En esta cosmovisión, Vargas ocupaba un lugar central como *alter-ego* negativo, definiendo la identidad de este colectivo.

Durante este período, la partidización de la prensa significaba que la adopción de una estrategia de *moralización de la política* era convergente con las líneas de la oposición *udenista*, existiendo escasa autonomía entre la prensa de oposición y los opositores al varguismo. Por el contrario, durante el gobierno de Lula, la estrategia de *moralización de la política* obedecía a una posición más corporativa y desligada de intereses partidarios directos. Esto no significa que la prensa estuviera durante el gobierno de Lula desprovista de intereses políticos, sino que éstos estaban más definidos en función de las necesidades comerciales o corporativas, y no tanto por los intereses partidarios inmediatos de la oposición política. Sin embargo, como hemos visto, durante la campaña de 2006 la agenda pautada por estos periódicos encontraría dos puntos fuertes de coincidencia con el candidato opositor Geraldo Alckmin: la defensa de la moralidad contra la "corrupción" y la defensa de las empresas privatizadas frente a la intervención estatal.

El triunfo de Janio Quadros—que, como hemos visto, en 1953 daba sus pasos iniciales—en las elecciones presidenciales de 1960 mostraría cuánto la carta del moralismo podía ser capitalizada electoralmente en la sociedad brasileña, que se encontraba ante un contradictorio proceso de transformación producido por la dinámica de la modernización industrial y las expectativas de ascenso de ciertas camadas sociales. El miedo al incremento de la participación política, el temor y el desprecio al protagonismo popular creaban las condiciones para la proliferación y la receptividad del discurso moralista, que permitía *reificar* las relaciones de dominación. El acceso a la presidencia de João Goulart en 1961 llevaría al máximo estos fantasmas, lo cual sería denunciado en la prensa con la estigmatización de que este gobierno representaría la "amenaza del comunismo".

Los testimonios de los periodistas y la mayor parte de la bibliografía pretenden indicar los cambios entre un período y otro en la relación entre los medios y el sistema político, en la medida en que se habría producido un proceso de profesionalización de la prensa y la incorporación del patrón norteamericano de la "objetividad". Esa mirada dominante marca las diferencias existentes, pero pretende obviar las similitudes entre ambos períodos. En este sentido, se olvida cuánto el triunfo de Lula en 2002 vino a actualizar la mirada elitista que atribuye la corrupción sólo a los reformismos populares, aplicando una ideología del republicanismo periférico (Secco 2015) de doble vara, donde los corruptos suelen ser los reformistas, escondiendo del público la apropiación privada de las élites que detentan el poder. En este sentido, este trabajo ha pretendido destacar las continuidades en la relación entre los medios y el sistema político durante estos dos gobiernos sin soslayar las diferencias existentes.

Hemos visto que en ambos períodos estos medios de prensa irían construyendo determinadas cadenas de significación sobre la base de la descalificación de estos gobiernos, y la aparición de determinados acontecimientos les permitiría *condensar* un sentido que hasta entonces aparecía disperso. Esta condensación también permitiría redefinir la efectividad de la significación de lo pre-construido en función de estos acontecimientos, operando los mismos como una "comprobación". Es decir, a partir de estos acontecimientos se habilitaría la *condensación* de los dispersos elementos significantes.

En este sentido, tanto el atentado de Toneleros como el escándalo del mensalão operarían como *momentos de condensación* de ciertos prejuicios previamente construidos por la prensa sobre estos mandatarios, así como sobre los actores sociales y el electorado que les daba sustento. Es como si el descubrimiento de las liviandades éticas de los mandatarios habilitara a los medios de prensa a rebajar el nivel de descalificación hacia los mismos y los colectivos aliados a éstos, operando un proceso de condensación de los prejuicios previamente construidos y un momento de "profecía autocumplida".

Para el matutino paulista, el atentado de Toneleros operaría como la confirmación de un gobierno dictatorial (repetición del *Estado Novo*) que, compuesto por ladrones y asesinos, debería ser desalojado del poder para restaurar la moralidad del país. En el caso del vespertino carioca, el atentado de Toneleros produciría una progresiva posición condenatoria frente al gobierno, aunque la posición del periódico frente al mismo estaría también marcada por el legalismo y el sensacionalismo, esto último en función de las directivas que eran propias de su estrategia comercial.[4]

El mensalão, si bien de un modo menos virulento, le serviría a estos periódicos para señalar el fracaso de un proyecto de izquierda como el del PT para gobernar Brasil, decretando rápidamente que habría devenido un mero "proyecto de poder". Si bien el matutino paulista manifestaría una posición más insidiosa sobre esta cuestión, para *O Globo* el mensalão determinaría que el PT habría perdido su ética, pasando a ser dirigido por sindicalistas corruptos del ABC paulista.

O Globo comenzaría cercano al gobierno de Vargas para irse distanciando cada vez más, especialmente a partir del atentado de Toneleros, cuando comenzaría a exigir la renuncia del presidente. Por el contrario, *O Estado de S.Paulo* desde el comienzo sería opositor a Vargas, desplegando su resentimiento por la intervención de Getúlio al periódico de los Mesquita durante el *Estado Novo*.[5] Por otra parte, en el período de Lula, ambos periódicos modificarían su posición en forma notable a partir del mensalão, pasando de reivindicar a Lula como un "líder pragmático" a rechazarlo como un "populismo chavista". Esta descalificación perduraría hasta las elecciones de

2006, donde como hemos visto, ambos medios encuadrarían la elección en los términos de una lucha de la moralidad contra la corrupción, favoreciendo la agenda del candidato opositor a Lula, Geraldo Alckmin.

De este modo, el análisis de estos escándalos, el de Toneleros y el mensalão, ha resultado relevante para evaluar los cambios en las posiciones políticas de estos periódicos, que se tornarían más críticas a partir de entonces. También el análisis de los mismos ha resultado central para entender la estrategia de estos medios de prensa frente a dos líderes populares, pues a partir de entonces, con la condensación que producirían, la política quedaría subordinada a la moral, restringiéndose las posibilidades de estos mandatarios de introducir la cuestión de la desigualdad en la agenda pública. De este modo, la estrategia de moralización de la política se revelaba como una condición para la naturalización del orden social por parte de estos medios de prensa, revelando su convergencia para la preservación del orden existente.

Notas

1   Durante el gobierno de Lula, podemos pensar que la elección de este presidente sería un momento de "democratización social del poder político" pero a la vez la expresión electoral de una sociedad que ya previamente se había tornado más democrática, en términos de reducir en cierta medida la distancia entre las jerarquías sociales.
2   Agradezco aquí una conversación con Philip Kitzberger sobre este tema y su comentario al respecto.
3   Agradezco, con respecto a esta cuestión, el comentario de Jorge Ferreira. En este sentido, si bien el temor de las elites frente a la movilización sería una constante desde los tiempos de la Independencia (Benevides 1981), durante el segundo gobierno de Vargas los sectores dominantes verían cerca el fantasma de un "despertar del bajo pueblo", lo que volvería a reaparecer con Goulart entre 1961-1964.
4   Analizando las posiciones adoptadas por *O Globo* durante 1953, podemos cuestionar la moderación que señalan Lattman Weltman & Abreu (1994) para este periódico durante la crisis de agosto de 1954. En este sentido, sostenemos que la "moderación" de *O Globo* residía más en el lugar autoproclamado en el cual este medio pretendía situarse con respecto a los otros periódicos en el contexto de un campo periodístico partidizado. El estudio que hemos realizado demuestra el acompañamiento y la adscripción de *O Globo* a la campaña moralista de Carlos Lacerda durante 1953, describiéndolo como un embanderado contra "la corrupción y el comunismo", así como publicitando sus programas de radio y los avisos del *Club de la Linterna*.
5   Como hemos visto, Vargas intervino el *O Estado de S.Paulo*, a diferencia de Lula que con respecto al mismo nunca tuvo un problema específico, y esto marcaría la relación de Getúlio con los Mesquita de un modo determinante.

References bibliográficas

Aarão Reis. (2004). "As esquerdas e a tradição nacional-estatista". Texto cedido por Jorge Ferreira.
Aarão Reis, Daniel. (2014). "A ditadura faz cinquenta anos: historia e cultura política nacional-estatista", en Reis, Daniel Aarão, Ridenti, Marcelo & Patto Sá Motta, Rodrigo (orgs.), *A ditadura que mudou o Brasil: 50 anos do golpe de 1964*. Rio Janeiro: Expresso Zahar.
Aboy Carlés, Gerardo. (2001). *Las dos fronteras de la democracia argentina. La reformulación de las identidades política de Alfonsín a Menem*. Rosario: Homo Sapiens.
Aboy Carlés, Gerardo. (2013). "De lo popular a lo populista o el incierto devenir de la *plebs*" en *Las brechas del pueblo: reflexiones sobre identidades populares y populismo* de Aboy Carlés, Gerardo, Barros, Sebastián & Melo, Julián, Los Polvorines: Universidad Nacional de General Sarmiento y Universidad Nacional de Avellaneda.
Abreu, Alzira Alves. (2005). "A mídia na transição democrática brasileira", *Sociologia: problemas e práticas*, 48, 53-65.
Abreu, Alzira & Lattman-Weltman, Fernando. (1994). "Fechando o cerco: a imprensa e a crise de agosto de 1954", en Ângela de Castro Gomes (comp.), *Vargas e a crise dos anos 50* (pp. 23-59). s/l: FGV.
Abreu, Marcelo Santos. (2007). "Os mártires da causa paulista: a criação do culto aos mortos da Revolução constitucionalista de 1932 (1932-1937)", *Patrimônio e Memória*, 7(1), 193-211.
Aguiar, Ronaldo Conde. (2004). *Vitória na derrota: a morte de Getúlio Vargas*, Rio de Janeiro: Casa da Palavra.
Albuquerque, Afonso. (2005). "Another 'Fourth Branch'. Press and political culture in Brazil", *Journalism*, 6(4), 486-504.
Albuquerque, Afonso & Roxo da Silva, Marco. (2009). "Skilled, Loyal and Disciplined: Communist Journalists and the Adaptation of the Model of the

American Model of 'Independent Journalism' in Brazil", *The International Journal of Press/Politics*, 14, 376.
Aldé, Alessandra. (2004). "As eleições presidenciais de 2002 nos jornais", en Antonio Rubim (org.), *Eleições presidenciais em 2002: ensaios sobre mídia, cultura e política*. San Pablo: Hacker Editores.
Aldé, Alessandra, Mendes, Gabriel & Figueiredo, Marcus. (2007). "Imprensa e eleições presidenciais: natureza e consequências da cobertura das eleições de 2002 e 2006", en Venício Lima (org.), *A mídia nas eleições de 2006*. San Pablo: Fundação Perseu Abramo.
Almeida Neves, Lucilia. (2005). "Brasil: 1954—Prenúncios de 1964", *Varia Historia*, 21(34), s/p.
Almeida Neves, Lucilia. (2012). "O Governo João Goulart e o Golpe de 1964: da construção do esquecimento ás interpretações acadêmicas", *Revista Grafia*, 9(Janeiro-Dezembro), 175- 191.
Almeida, Jorge. (2010). "Lula, Serra e o lugar de fala da mudança em 2002", en *Mídia, representação e democracia*, Miguel, L. F. & Biroli, F. San Pablo: Editora Hucitec.
Amaral, Roberto & Guimarães, Cesar. (1988). "A televisão brasileira na transição: Um caso de conversão rápida à nova ordem", en Fox, Elizabeth (ed.), *Medios de Comunicación y Política en América Latina: La lucha por la democracia*. México: GG MassMedia.
Amorim Neto, Octavio. (2007). "O Poder Executivo, centro de gravidade do Sistema Político Brasileiro", en *Sistema político brasileiro: uma introdução*, Lúcia Avelar & Antonio Octávio Cintra (orgs.), Konrad Adenauer Stiftung. Río de Janeiro: Editora UNESP.
Amossy, Ruth & Herschberg Pierrot, Anne. (2003). *Estereotipos y clichés*, Buenos Aires: Eudeba.
Anderson, Perry. (2011). "O Brasil de Lula", *Novos Estudos Cebrap*, 91(Noviembre), s.p.
Ansart, Pierre. (1983). *Ideología, conflictos y poder*. Puebla: Premiá.
Antunes, Ricardo & Santana, Marco Aurélio. (2014). "Para onde foi o 'novo sindicalismo'? Caminhos e descaminhos de uma prática sindical", en Reis, Daniel Aarão, Ridenti, Marcelo & Patto Sá Motta, Rodrigo (orgs.), *A ditadura que mudou o Brasil: 50 anos do golpe de 1964*. Río de Janeiro: Expresso Zahar.
Avritzer Leonardo. (2005). "El ascenso del Partido de los Trabajadores en Brasil: La democracia y la distribución participativas como alternativas al neoliberalismo", en César Rodríguez Garavito, Patrick Barrett y Daniel Chávez (eds.), *La nueva izquierda en América Latina. Sus orígenes y trayectoria futura*. Bogotá: Norma.

Azevedo, Fernando & Rubim, Antonio. (1998). "Mídia e política no Brasil: textos e agenda de pesquisa", *Lua Nova*, 43, 189-216.
Azevedo, Fernando (2006). "Democracia e mídia no Brasil: um balanço dos anos recentes", en Jefferson Goulart (comp.), *Mídia e democracia*. San Pablo: Annablume.
Azevedo, Fernando. (2008). "Imprensa, Partido dos Trabalhadores e eleições presidenciais (1989-2006)", presentado en el XVII encuentro COMPÓS. San Pablo: s/n.
Azevedo, Fernando. (2009, septiembre/diciembre). "A imprensa brasileira e o PT: um balanço das coberturas das eleições presidenciais (1989-2006)", *ECO-Pós*, 12(3), s/p.
Barbosa, Marialva. (2007). "Prefácio" en Goulart Ribeiro, Ana Paula, *Imprensa e historia no Rio de Janeiro dos anos 1950*. Río de Janeiro: E-Papers.
Barthes, Roland. (2004). *Mitologías*. Buenos Aires: Siglo XXI.
Becerra, Martín & Mastrini, Guillermo. (2009). *Los dueños de la palabra. Acceso, estructura y concentración de los medios en la América Latina del siglo XXI*. Buenos Aires, Prometeo Libros.
Becker, Fernanda & David, Antonio. (2013). "Os impasses do 'lulismo'", entrevista a André Singer en *Brasil do Fato*, 3 de enero 2013. Disponible en: http://www.brasildefato.com.br/node/11399. Consultado: 14 de junio de 2013.
Benevides, Maria Victoria. (1981). *A UDN e o Udenismo: ambiguidades do liberalismo brasileiro, 1945-1965*. San Pablo: Paz e Terra.
Bezerra de Paiva, Uilson Roberto. (2006). *O governo de Luiz Inácio Lula da Silva e o MST em O Estado de S.Paulo em 2003: estudo de elementos da ação política do jornal*, Disertación de Maestría en la Escuela de Comunicaciones y Artes (ECA) de la Universidad de San Pablo (USP).
Bezerra, Heloisa Dias. (2009). "Guerra eleitoral no Brasil: estudo comparativo das eleições presidenciais de 1998, 2002 e 2006", *Civitas: Revista de Ciências Sociais*, 8(2), s/p.
Biroli, Flavia (2004). "Jornalismo, democracia e golpe: a crise de 1955 nas páginas do *Correio da Manhã* e de *O Estado de S.Paulo*", *Revista de Sociologia e Política*, 22, 87-99.
Boelhouwer Menezes, Daiane. (2009). "A retórica da intransigência brasileira: mídia e política no primeiro governo de Lula", *Civitas: Revista de Ciências Sociais*, 8, 2, s/p.
Bourdieu, Pierre & Löic Wacquant. (1995). "Habitus, *illusio* y racionalidad", en *Respuestas por una antropología reflexiva*. México: Grijalbo.
Bresser Pereira, Luiz. (2013). "Empresários, o governo do PT e o desenvolvimentismo" en *Revista de Sociologia e Política*, 21, 47.

Calabre, Lia. (2004). "Conspirações sonoras: a rádio Globo e a crise do governo Vargas (1953-1954)", en Ana Baum (org.), *Vargas, agosto de 54: a história contada pelas ondas do rádio*. Río de Janeiro: Garamond.

Capelato, Maria Helena. (1989). *Os arautos do liberalismo: imprensa paulista 1920-1945*. Editora Brasiliense, 1989.

Capelato, Maria Helena. (2013). "Mídia e Populismo/Populismo e Mídia", *Revista Contracampo*, 28, 52-72.

Capelato, Maria Helena & Prado, Maria Lígia. (1980). *O Bravo Matutino: Imprensa e ideologia no jornal "O Estado de S.Paulo"*. San Pablo: Editora Alfa-Omega.

Carvalho, Aloysio. (2010). *A Rede da Democracia: O Globo, O Jornal e o Jornal do Brasil na queda do governo Goulart (1961-64)*. Niterói: Editora da Universidad Federal Fluminense.

Carvalho, Aloysio. (2012). *O caso Última Hora e o cerco da imprensa ao Governo Vargas*. Niterói: Editora da Universidad Federal Fluminense.

Chaia, Vera. (2004). "Eleições no Brasil: o 'medo' como estratégia política", en Antonio Rubim (org.), *Eleições presidenciais em 2002: ensaios sobre mídia, cultura e política*. San Pablo: Hacker Editores.

Comparato, Bruno. (2001). "A ação política do MST", *San Pablo en Perspectiva*, 15(4), s/p.

Conti, Mario. (1999). *Notícias do Planalto: a imprensa e Fernando Collor,* San Pablo: Companhia das Letras.

D'Araujo, Maria Celina (1992). *O segundo governo Vargas 1951-1954: democracia, partidos e crise política*. San Pablo: Ática.

D'Araujo, Maria Celina. (2011). *Getúlio Vargas, Perfis parlamentares*. Brasília: Cámara dos Deputados.

Duarte, Jorge. (2010). "Havia um clima de beligerância", entrevista a Ricardo Kotscho em André Singer, André (comp.), *No Planalto, com a Imprensa*. Brasília: Secretaria de Prensa, Presidência de la República.

Dulles, John. (1984). *A Faculdade de Direito de San Pablo e a resistência anti-Vargas (1938-1945)*. Río de Janeiro: Editora Nova Fronteira.

Entman, Robert. (1993). "Framing: toward clarification of a fractured paradigm", *Journal of Communication*, 41 (4), 51-58.

Evelin, Guilherme. (2014). "Daniel Aarão Reis: 'A tal consolidação da democracia é história da carochinha'", entrevista en *Revista Época*, 30 de marzo de 2014. Disponible en: http://epoca.globo.com/ideias/noticia/2014/03/bdaniel-aarao-reisb-tal-consolidacao-da-democracia-e-historia-da-carochinha.html.

Fausto, Boris. (2003). *Historia concisa de Brasil*. Buenos Aires: Fondo de Cultura Económica.

Fausto, Boris. (2006). *Getúlio Vargas: o poder e o sorriso*. San Pablo: Companhia das letras.
Fausto, Sergio. (2012). "Modernização pela via democrática", en *Historia do Brasil*, Boris Fausot (comp.), texto inédito cedido por el autor.
Ferreira, Jorge. (1994). "O carnaval da tristeza: os motins urbanos do 24 de agosto" en Ângela de Castro Gomes (comp.), *Vargas e a crise dos anos, 50*. Rio de Janeiro: FGV.
Ferreira, Jorge. (2012). "Os conceitos e seus lugares: trabalhismo, nacional-estatismo e populismo", en Pedro Paulo Zahluth Bastos & Pedro Cezar Dutra Fonseca (orgs.), *A Era Vargas: desenvolvimentismo, economia e sociedade*. San Pablo: Universidade Estadual Paulista.
Ferreira, Jorge Luiz. (2011). *João Goulart: uma biografia*. Río de Janeiro: Civilização Brasileira.
Filgueiras, Luiz. (2006). "O neoliberalismo no Brasil: estrutura, dinâmica e ajuste do modelo econômico", en Basualdo, Eduardo & Arceo, Enrique (comps.), *Neoliberalismo y sectores dominantes. Tendencias globales y experiencias nacionales*. Buenos Aires: CLACSO.
Fonseca, Francisco. (2005). *O consenso forjado: a grande imprensa e a formação da Agenda Ultraliberal no Brasil*. San Pablo: Editora Hucitec.
Fontes, Paulo. (2013). "Trabalhadores e associativismo urbano no governo Jânio Quadros em São Paulo (1953-1954)", *Revista Brasileira de História*, 33(66), 71-94.
Fortes, Alexandre & French, John. (2012, Junho). "A 'Era Lula', as eleições presidenciais de 2010 e os desafios do pós-neoliberalismo", *Tempo Social*, 24(1), s/p.
Fraser, Nancy. (2006). "La justicia social en la era de la política de la identidad: Redistribución, reconocimiento y participación", en Axel Honneth & Nancy Fraser (comps.), *¿Redistribución o Reconocimiento? Un debate Político-filosófico*. Madrid: Ediciones Morata.
Gamson, William & Modigliani, Andre. (1989). "Media Discourse and Public Opinion on Nuclear Power: A Constructionist Approach", *American Journal of Sociology*, 95(1), 1-37.
García Linera, Álvaro. (2010). "América Latina y el futuro de las políticas emancipatorias", *Crítica y emancipación: Revista Latinoamericana de Ciencias Sociales*, II(3), s/p, CLACSO.
Gáspari, Elio. (2006, 28 de julio). "La demofobia ayuda a Lula, como ayudó a Vargas", *O Globo*, s/p.
Goldstein, Ariel. (2011). "Los conflictos entre los medios y los gobiernos sudamericanos: el caso del primer gobierno de Lula en Brasil", *Argumentos. Revista de Crítica Social*, 13, s/p.

Goldstein, Ariel. (2012). "Liderazgos de oposición al primer gobierno de Lula da Silva: el caso del PSDB", *Memorias*, 17, s/p, Universidad del Norte, Barranquilla.

Goldstein, Ariel. (2015). *De la expectativa a la confrontación: O Estado de S.Paulo durante el primer gobierno de Lula da Silva*. Buenos Aires: Sans Soleil.

Goldstein, Ariel & Comellini, Sebastián. (2012). "Medios y política en América Latina: una comparación entre las elecciones del Brasil 2006 y el Perú 2011", *Question*, 1, s/p, La Plata.

Gomes, Ângela de Castro. (1994). *A invenção do trabalhismo*. Rio de Janeiro: Relume Dumará.

Gomes, Ângela de Castro. (1996). "O populismo e as ciências sociais no Brasil: notas sobre a trajetória de um conceito", *Tempo*, 1(2), s/p, Rio de Janeiro.

Gonçalves, Reinaldo. (2006). "Desestabilização macroeconômica e dominação do capital financeiro no Brasil", en Basualdo, Eduardo & Arceo, Enrique (comps.), *Neoliberalismo y sectores dominantes. Tendencias globales y experiencias nacionales*. Buenos Aires: CLACSO.

Goulart Ribeiro, Ana Paula. (2007). *Imprensa e historia no Rio de Janeiro dos anos 1950*. Rio de Janeiro: E-Papers.

Herscovitz, Heloisa. (2005). "Lula vs. Larry Rohter. Misconceptions in International Coverage", *Brazilian Journalism Research*, 1(1), s/p.

Hunter, Wendy. (2011). "The PT in power", en Levitsky, Steven & Roberts, Kenneth (comps.), *The Resurgence of the Latin American Left*. Baltimore: Johns Hopkins University Press.

Hunter, Wendy (2014). "Making Citizens: Brazilian Social Policy from Getúlio to Lula", *Journal Of Politics in Latin America*, 6 (3), 15-37.

Judt, Tony. (2014). *El peso de la responsabilidad*. Buenos Aires, Taurus.

Kitzberger, Philip. (2014). "Demands for Media Democratization and the Latin American 'New Left': Government Strategies in Argentina and Brazil in Comparative Perspective", GIGA Research Unit: Institute of Latin American Studies, N° 261.

Kotscho, Ricardo. (2006). *Do golpe ao Planalto: uma vida de repórter*. San Pablo: Companhia das Letras.

Kucinski, Bernardo. (1998). *A síndrome da antena parabólica*. San Pablo: Fundación Perseu Abramo.

Kucinski, Bernardo. (2007). "O antilulismo na campanha de 2006 e suas raízes" en Venício Lima (org.), *A mídia nas eleições de 2006*. San Pablo: Fundação Perseu Abramo.

Lacerda, Carlos. (1978). *Depoimento*. Rio de Janeiro: Nova Fronteira.

Laclau, Ernesto. (2007). *La Razón Populista*. Buenos Aires: Fondo de Cultura Económica.
Lamounier, Bolivar. (2005). *Da independência a Lula: dois séculos de política brasileira*. San Pablo: Augurium Editora.
Levín, Florencia. (2013). *Humor político en tiempos de represión: Clarín 1973-1983*. Buenos Aires: Siglo XXI.
Liedtke, Paulo. (2008). "Governando com a mídia: os presidentes e o uso político dos meios de comunicação de massa", *Comunicação & Inovação*, 9(16), 32-41.
Lima, Venício. (2006). *Mídia: crise política e poder no Brasil*. San Pablo: Editora Fundação Perseu Abramo.
Lima, Venício. (2007). "Eleiçoes presidenciais de 2006: Vitória de Lula coloca Mídia em questão", en *Se nos rompió el amor. Elecciones y medios de comunicación - América Latina - 2006*. Documento de trabajo N° 3. Centro de Competencia en Comunicación para América Latina.
Londoño, Catalina. (2011). *Framing Event-Driven News: The Promotion of the US Agenda in the Colombian Armed Conflict trough the Pages of* El Tiempo *Newspaper*. Bogotá: Editorial Pontificia Universidad Javeriana.
Miguel, Luis & Aline de Almeida, Coutinho. (2007). "A crise e suas fronteiras: oito meses de 'mensalão' nos editoriais dos jornais", en *Opinião Pública*, Campinas, 13(1), 97-123.
Modonesi, Massimo. (2011, octubre). "El Brasil lulista: una hegemonía al revés. Entrevista a Francisco 'Chico' de Oliveira", *OSAL*, 30, s/p, CLACSO.
Moreira Salles, João. (2007, agosto). "O Andarilho", *Revista Piauí*, 11, s/p.
Motta, Marly Silva da. (1992). *A nação faz cem anos: a questão nacional no centenário da independência*. Rio de Janeiro: Editora FGV.
Mouffe, Chantal. (2009). *En torno a lo político*. Buenos Aires: Fondo de Cultura Económica.
Mundim, Pedro. (2010). "Imprensa e voto nas eleições presidenciais brasileiras de 2002 e 2006", Tesis Doctoral, Instituto Universitario de Pesquisas de Río de Janeiro.
Mundim, Pedro. (2010b). *O papel da cobertura da imprensa no realinhamento eleitoral de 2006. Notas sobre a variável "esquecida"*, presentado en el XIX encuentro COMPÓS, Rio de Janeiro.
Neto, Lira. (2012). *Getúlio. Dos Anos de Formação à Conquista do Poder (1882-1930)*. San Pablo: Companhia das Letras.
Neto, Lira. (2013). *Getúlio. Do Governo Provisório à Ditadura do Estado Novo (1930-1945)*. San Pablo: Companhia das Letras.

Neto, Lira. (2014). *Getúlio. Da volta pela consagração popular ao suicídio (1945-1954)*. San Pablo: Companhia das Letras.
Nobre, Marcos. (2010, diciembre). "O fim da polarização", *Revista Piauí*, 51, s/p.
Nucci, Priscila. (2006). "O perigo japonês", *História Social*,12, 133-149.
Nunomura, Eduardo. (2012). *O mensalão impresso o escândalo político-midiático do governo Lula nas páginas de* Folha *e* Veja, Disertación de Maestría, Escuela de Comunicaciones y Artes, Universidad de San Pablo.
De Oliveira, Francisco. (2009). *El neoatraso brasileño. Los procesos de modernización conservadora, de Getúlio Vargas a Lula*. Buenos Aires: CLACSO-Siglo XXI.
Ostiguy, Pierre. (2009). "The High and the Low in Politics: A Two-Dimensional Political Space for Comparative Analysis and Electoral Studies". Papel de Trabajo N° 360, Helen Kellogg Institute for International Studies.
Palermo, Vicente. (2003). "El PT desde la oposición al gobierno y las gestiones de Fernando Henrique Cardoso", en Vicente Palermo (comp.), *Política brasilera contemporánea*. Buenos Aires: Siglo XXI.
Panizza, Francisco. (2004). "'Brazil Needs to Change': Change as Iteration and the Iteration of Change in Brazil's 2002 Presidential Election", *Bulletin of Latin American Research*, 23(4), 465–482.
Panizza, Francisco. (2011). "¿De qué hablamos cuando hablamos de populismo?", *RECSO: Revista de Ciencias Sociales de la Facultad de Ciencias Humanas de la Universidad Católica del Uruguay*, 2(2), s/p, Montevideo.
Panizza, Francisco. (2013). "What Do We Mean When We Talk about Populism?", en Carlos De La Torre & Cynthia Arnson (eds.), *Latin American Populism in the Twenty First Century*. Baltimore & Washington: The Johns Hopkins University and the Woodrow Wilson Center Press.
Parana, Denise. (2010). *Lula, el hijo del Brasil*. Editorial El Ateneo, Buenos Aires.
Pereira, João Baptista Borges & da Silva Queiroz, Renato. (2005). "Por onde anda o Jeca Tatu?", *Revista USP*, 64, 6-13.
Perelman, Chaim & Olbrechts-Tyteca, Lucie. (1989). *Tratado de la argumentación*. Madrid: Gredos.
Pilagallo, Oscar. (2012). *Historia da imprensa paulista: jornalismo e poder de D. Pedro a Dilma*. San Pablo: Três Estrelas.
Pomar, Valter. (2012). Entrevista para la revista alemana *Welttrends*, 30 de abril de 2012. Disponible en: http://valterpomar.blogspot.com.ar/2012/04/entrevista-para-revista-alema.html.
Porto, Mario. (2002). "Enquadramentos da mídia e política", trabajo presentado en el XXVI Encontro Anual da Associação Nacional de Pós-Graduação e Pesquisa em Ciências Sociais—ANPOCS, Caxambu/MG, Brasil, 22 a 26 de octubre de 2002.

Porto, Mauro. (2012). *Media Power and Democratization in Brazil: TV Globo and the Dilemmas of Political Accountability* (Vol. 8). Nueva York: Routledge.
Ranciere, Jacques. (1996). *El desacuerdo: política y filosofía*. Buenos Aires: Nueva Visión.
Reis Melo, Paula. (2004, julio/diciembre). "O boné do MST na cabeça presidencial: uma leitura semiótica", *Revista Fronteiras. Estudos midiáticos*, VI (2), 87-100.
Roma, Celso. (2002, Junho). "A institucionalização do PSDB entre 1988 e 1999", *Revista Brasileira de Ciências Sociais*, 17(49), 71-92.
Rosanvallon, Pierre. (2011). *La contrademocracia: la política en la era de la desconfianza*. Buenos Aires: Manantial.
Rubim, Antonio. (2004). "Visibilidades e estratégias nas eleições presidenciais de 2002: política, mídia e cultura", en Antonio Rubim (org.), *Eleições presidenciais em 2002: ensaios sobre mídia, cultura e política*. San Pablo: Hacker Editores.
Rubim, Antonio Albino Canelas. (2009, enero/febrero). "Mídia, política e eleições de 2006", *Teoria e Debate*, 69, s/p.
Rubim, Antonio Albino Canelas & Colling, Leandro. (2006). "Política, cultura e cobertura jornalística das eleições presidenciais de 2006", en Jefferson Goulart (comp.), *Mídia e democracia*. San Pablo: Annablume.
Sádaba, Teresa. (2008). *Framing: el encuadre de las noticias. El binomio terrorismo-medios*. Buenos Aires: La Crujía.
Sader, Emir. (2009). *El nuevo topo. Los caminos de la izquierda latinoamericana*, Buenos Aires: CLACSO-Siglo XXI.
Sader, Emir. (2010). "Brasil, de Getúlio a Lula", en Emir Sader & Marco Aurelio García (comps.), *Brasil, entre el pasado y el futuro*. Buenos Aires: Capital Intelectual.
Sader, Emir. (2013). "A construção da hegemonia pós-neoliberal", en Emir Sader y Pablo Gentili (comps.), *10 anos de governos pós neoliberais no Brasil: Lula e Dilma*. San Pablo: Boitempo.
Salas Oroño, Amílcar. (2009). "Idiosincrasias de terceros partidos en los sistemas políticos latinoamericanos: el caso del PMDB". Ponencia presentada en "Centros y Periferias: equilibrios y asimetrías en las relaciones de poder", IX Congreso Nacional de Ciencia Política, Santa Fe.
Sallum Jr., Brasilio. (2008, septiembre/octubre). "La especificidad del gobierno de Lula. Hegemonía liberal, desarrollismo y populismo", *Nueva Sociedad*, 217, s/p.
Samuels, David & Zucco, César. (2014). "Lulismo, Petismo, and the Future of Brazilian Politics", *Journal of Politics in Latin America*, 6(3), 129-158.
Secco, Lincoln. (2011). *Historia do PT*. San Pablo: Atelié Editorial.

Secco, Lincoln. (2014). "O poder moderador do Brasil", texto inédito cedido por el autor.
Secco, Lincoln. (2015). "Ódio sem fim ao PT", Blog da Boitempo, 25 de febrero 2015. Disponible en: http://blogdaboitempo.com.br/2015/02/25/odio-sem-fim-ao-pt/.
Sidicaro, Ricardo. (1993). *La política mirada desde arriba: las ideas del diario* La Nación *(1909-1989)*. Buenos Aires: Sudamericana.
Sigal, Silvia & Verón, Eliseo. (1988). *Perón o muerte. Los fundamentos discursivos del fenómeno peronista*. Buenos Aires: Hispamérica.
Singer, André. (2009). "Raízes sociais e ideológicas do lulismo", *Novos Estudos Cebrap*, 85, 83-102.
Singer, André. (2010). "A segunda alma do Partido dos Trabalhadores", *Novos Estudos Cebrap*, 88, 89-111.
Singer, André. (2012). *Os sentidos do lulismo: reforma gradual e pacto conservador*. San Pablo: Companhia das Letras.
Skidmore, Thomas. (1982). *Brasil: de Getúlio a Castelo*. Río de Janeiro: Paz e Terra.
Soares, Murilo. (2006). "Democracia, legitimidade e legalidade nos enquadramentos jornalísticos da campanha presidencial de 2006", en Jefferson Goulart (comp.), *Mídia e democracia*. San Pablo: Annablume.
Sodré, Nelson Werneck. (2007). *História da imprensa no Brasil*. Río de Janeiro: Mauad Editora Ltda.
Thompson, John. (2000). *Political Scandal: Power and Visibility in the Media Age*. Oxford, UK: Polity Press.
Tible, Jean. (2013). "¿Una nueva clase media en Brasil? El lulismo como fenómeno político-social", *Nueva Sociedad*, s/n(enero-febrero), s/p.
Toer, Mario. (2008). *De Moctezuma a Chávez, repensando la historia de América Latina*. Buenos Aires: Ediciones Cooperativas.
Venício Lima, (Org.). (2007). *A mídia nas eleições de 2006*. San Pablo: Fundação Perseu Abramo.
Verón, Eliseo. (1987). "La palabra adversativa", en *El discurso político*. Buenos Aires: Hachette.
Verón, Eliseo. (1987b). *La semiosis social. Fragmentos de una teoría de la discursividad*. Buenos Aires: Gedisa.
Wainer, Samuel. (1987). *Minha razão de viver: memórias de um repórter*. Río de Janeiro: Record.
Wainer, Samuel. (1996). Samuel Wainer I (depoimento). Rio de Janeiro: CPDOC/Associação Brasileira de Imprensa (ABI).
Waisbord, Silvio. (2000). *Watchdog Journalism in South America: News, Accountability and Democracy*. Nueva York: Columbia University Press.

Waisbord, Silvio. (2013). *Vox Populista. Medios, periodismo, democracia*. Buenos Aires: Gedisa.
Weffort, Francisco. (1999). "El populismo en la política brasileña", en Mackinnon, María & Petrone, Mario (comps.), *Populismo y neopopulismo en América Latina: el problema de la Cenicienta*. Buenos Aires: Eudeba.
Werneck, Paulo. (2012). "Cientista político André Singer explica sua tese sobre o lulismo", en *Folha de S.Paulo*, Agosto 19, *Ilustrissíma*. Disponible en: http://www1.folha.uol.com.br/ilustrissima/1139728-cientista-politico-andre-singer-explica-sua-tese-sobre-o-lulismo.shtml.
Zertal, Idith. (2010). *La nación y la muerte. La Shoá en el discurso y la política de Israel*. Madrid: Del Nuevo Extremo.

Entrevistas

Alberto Dines, 1° de abril de 2014, Río de Janeiro.
Aluizio Maranhao, 28 de marzo de 2014, Río de Janeiro.
Antonio Carlos Pereira, 24 de marzo de 2014, San Pablo.
Carlos Fico, 7 de febrero de 2014, Buenos Aires.
Carlos Menegozzo, 4 de abril de 2012, San Pablo.
Celso Roma, conversación vía mail 3 de abril de 2012.
Clovis Rossi, 9 de abril de 12, San Pablo.
Daniel Aarão Reis, 3 de abril de 2014, Río de Janeiro.
Edmundo Leite, 24 de marzo de 2014, San Pablo.
Eduardo Graeff, 13 de abril de 2012, San Pablo.
Eugenio Bucci, 30 de marzo de 2012, San Pablo y vía mail 24-01-2013.
Ferreira Gullar, 29 de marzo de 2014, Rio de Janeiro.
Gustavo Villela, conversación vía mail 25 de junio de 2014.
Jorge Ferreira, 3 de abril de 2014, Río de Janeiro.
José Alfredo Vidigal Pontes, conversación vía mail, 14 de abril de 2014.
José Neumanne, 20 de marzo de 2014, San Pablo.
Lincoln Secco, 19 de marzo de 2014, San Pablo.
Maria Helena Capelato, 5 de abril de 2014, Rio de Janeiro.
Mino Carta, 9 de abril de 2012, San Pablo.
Paulo Vanucchi, 5 de abril de 2012, San Pablo.
Ricardo Kotscho, 27 de marzo de 2012, San Pablo.
Sergio Fausto, 10 de abril de 2012 y 20 de amrzo de 2014, San Pablo.
Valter Pomar, conversación vía mail 23 de febrero de 2012.

Archivos consultados

Archivo de *Tribuna da Imprensa*, Biblioteca Nacional (Río de Janeiro).
Archivo de *Diário de S.Paulo*, Acervo Histórico del Estado de San Pablo (San Pablo).
Archivo de *Folha de S.Paulo*, disponible en internet.
Archivo de *O Estado de S.Paulo*, disponible en internet.
Archivo de *O Globo*, disponible en internet.
Archivo de Discursos Presidenciales, *Presidencia de la República*, disponible en internet.

Entradas en sitios web

Entrada "Directrices del Estado Novo—La prensa" en el CPDOC de la Fundación Getúlio Vargas. Disponible: http://cpdoc.fgv.br/producao/dossies/AEraVargas1/anos3745/EducacaoCulturaPropaganda/Imprensa.
Entrada "Hechos. 1953. La CPI de *Última Hora*" en el Centro de Cultura y Memoria del Periodismo. Disponible en: http://www.ccmj.org.br/fatos/1953/247.
Entrada "Getúlio Dornelles Vargas, biográfico" en el CPDOC de la Fundación Getúlio Vargas. Disponible en: http://www.fgv.br/cpdoc/busca/Busca/BuscaConsultar.aspx.
Entrada "Getúlio Vargas, São Januário y el 1 de Mayo" página del *Vasco da Gama*. Disponible en: http://www.semprevasco.com/conteudo/conteudo.php?id=1415.
Entrada "João Goulart, el aumento del salario mínimo y el manifiesto de los coroneles" en el CPDOC de la Fundación Getúlio Vargas. Disponible en: http://cpdoc.fgv.br/producao/dossies/AEraVargas2/artigos/CrisePolitica/JoãoGoulart.
Entrada "Lourival Fontes" del *Diccionario Histórico Biográfico Brasileiro pos 1930*. 2ª ed. Rio de Janeiro: Ed. FGV, 2001. Disponible en: http://cpdoc.fgv.br/producao/dossies/AEraVargas1/biografias/lourival_fontes.
Entrada "El suicidio del presidente" en el sitio de *Memoria Globo*. Disponible en: http://www.robertomarinho.com.br/obra/o-globo/o-inicio/o-suicidio-do-presidente.htm.
Entrada del sitio de *Memoria Globo*: "*O Globo* y el primer gobierno de Vargas." Disponible en: http://www.robertomarinho.com.br/obra/o-globo/o-inicio/o-globo-e-o-primeiro-governo-vargas.htm.
Entrada del sitio de *Memoria Globo*: "*O Globo* y los años de JK." Disponible en: http://www.robertomarinho.com.br/obra/o-globo/na-rua-irineu-marinho/o-globo-e-os-anos-jk.htm.

Entrada "Carlos Lacerda" en el CPDOC de la Fundación Getúlio Vargas. Disponible en: http://cpdoc.fgv.br/producao/dossies/AEraVargas2/biografias/carlos_lacerda. www.mtst.com.br.

Entrada en el acervo de *O Globo* "Getúlio Vargas y Washington Luís disputan el poder en las caricaturas de Théo". Disponible en: http://acervo.oglobo.globo.com/charges-e-humor/Getúlio-vargas-washington-luis-disputam-poder-nas-charges-de-theo-9055964.).

Recursos fílmicos

Moreira Salles, João. (2004). *Entreatos*. Brasil: VideoFilmes.

www.ingramcontent.com/pod-product-compliance
Lightning Source LLC
Chambersburg PA
CBHW021828220426
43663CB00005B/171